I0253047

www.ingramcontent.com/pod-product-compliance
Lightning Source LLC
Chambersburg PA
CBHW070716160426
43192CB00009B/1215
* 9 7 8 1 0 6 9 0 8 3 9 1 3 *

بسم الله الرحمن الرحيم

مقدمة الكتاب

الحمد لله رب العالمين، والصلاة والسلام على محمد النبي الأمي الكريم، وعلى آليه وصحبه أجمعين، والتابعين لهم بخير وإحسان إلى يوم الدين.

وبعد....

اخواني وأخواتي اليهود والنصارى والمسلمين (بإذن الله) هذا عرض لتوضيح بعض مفاهيم رسالات الله جل جلاله.

الرؤية مستوحاة من القرآن وقصص التوراة والانجيل

"اجرح شخصا بالحقيقة، ولكن لا تسعده بالكذب"

فمن شاء فليؤمن ومن شاء فليكفر، الدين لله والوطن لله.. ويسع الجميع

﴿وَقُلِ الْحَقُّ مِن رَّبِّكُمْ ۖ فَمَن شَاءَ فَلْيُؤْمِن وَمَن شَاءَ فَلْيَكْفُرْ ۚ إِنَّا أَعْتَدْنَا لِلظَّالِمِينَ نَارًا أَحَاطَ بِهِمْ سُرَادِقُهَا ۚ وَإِن يَسْتَغِيثُوا يُغَاثُوا بِمَاءٍ كَالْمُهْلِ يَشْوِي الْوُجُوهَ ۚ بِئْسَ الشَّرَابُ وَسَاءَتْ مُرْتَفَقًا﴾ صدق الله العلي العظيم

إخواني وأخواتي: اليهود، المسحيين، والمسلمين (بإذن الله)، البعض منكم ينتظر أحداث ستأثر في مستقبل العالم، فلن تأتي لإنها قد حدثت منذ زمان بعيد.

خلقنا الله جل جلاله أمم وشعوب حتى نساعد بعضنا البعض بتبادل المعرفة، ونعلم جيدا ان أفضلنا عند الله جل جلاله أتقانا، والتقوى لا يعلمها إلا الله، لإنه هو وحده العليم بسرائر القلوب وما تخفي الأنفس، إذا لا مجال للتكبر بين البشر، وبالطبع المؤمن الحق لا يتكبر أبدا.

من ظن أن الله جل جلاله اختاره لجنسه، أو لعرقه، او لونه، أو أرضه، أو ماله، أو اولاده...الخ..... الخ

فقد اصابه غباء إبليس عليه اللعنة وضل الطريق.

﴿لقد خلقنا الإنسان في أحسن تقويم﴾ صدق الله العلى العظيم

وهذا يعني أن كل البشر بجميع أجناسهم والوانهم سواء، فمن يدعي أنه ابن الرب او ان باقي البشر ليسوا ببشر فقد كفر بالله جل جلاله، لإنه يعترض بذلك على خلق الله، ولا يصح التقليل من شأن أي إنسان أو وصفه بالحيوان.

كل إنسان له الحق أن يؤمن بما يعتقده ويدين به؛ هذا لا يمنع من التعايش السلمي بين الأمم، أكبر مثال على ذلك أفضل فترة عاشها اليهود في سلام كانت في عصور الخلافة الإسلامية وآخرها الخلافة العثمانية، والدليل عل ذلك أن اليهود طردوا من إسبانيا بعد سقوط الحكم الإسلامي.

ولا إكراه في الدين، لإن الإكراه لا يولد (أو ينتج) مؤمنين، بل يولد منافقين؛ فمن أكره على الإيمان فهو كافر، ومن أكره على الكفر فهو مؤمن؛ والله جل جلاله أعلى واعلم.

الله جل جلاله فضل الإنسان بالعقل وأعطه حق الاختيار، فمن شاء إن يؤمن بالله ومن شاء فليكفر حرية تامة في الدنيا دار الاختبار، وفي الآخرة الحياة الأبدية إما في الجنة أو النار.

(الله تاب على آدم وحواء، لم يطلب من أحد منهما أن يصلب لكي يمحي ذنب آدم أو حواء، كان عليهم فقط أن يستغفروا الله لكي يمحي كل الذنوب، هذا هو الإسلام دين الفطرة، فطرة آدم وحواء والبشرية كلها، فلا تهودوا أو تنصروا أو تكفروا أولادكم)

﴿فَوَرَبِّكَ لَنَسْأَلَنَّهُمْ أَجْمَعِينَ﴾ ﴿عَمَّا كَانُوا يَعْمَلُونَ﴾

أخوكم

باسل أحمد عايد

مصممة الغلاف
@mary_hayman_

حقوق الطبع والنشر

الكاتب والنّاشر: باسل عايد، مونتريال، كندا

(Publish-Drive)

© 2024 Basel Ayed باسل عايد

جميع الحقوق محفوظة.

لا يجوز إعادة إنتاج أو تعديل أي جزء من هذا الكتاب بأي شكل من الأشكال، بما في ذلك النسخ الضوئي، أو التسجيل، أو بواسطة أي نظام لتخزين واسترجاع المعلومات، دون الحصول على إذن كتابي من الناشر.

لقد حدث المستقبل بالفعل

ISBN 978-1-0690839-1-3

Publisher and author by Basel Ayed, Montreal Canada

(Publish-Drive)

All rights reserved. No part of this book may be reproduced or modified in any form, including photocopying, recording, or by any information storage and retrieval system, without permission in writing from the publisher.

English version: **The future has already happened**
ISBN 978-1-0690839-0-6

4

تمهيد

إخوتي وأخواتي: اليهود، المسيحيون، المسلمون، وجميع البشر (بإذن الله)

الحياة كاليوم أو يومين؛ إنها قصيرة جداً مقارنةً بالآخرة

متى ستحدث معركة هرمجدون أو الملحمة الكبرى؟

دعونا نعيش في سلام لأن جميع نبوءات الرسل قد تحققت بالفعل. توقفوا عن الإنفاق على الأسلحة، وتوقفوا عن الحروب، وتوقفوا عن قتال بعضكم البعض؛ إن حياة الإنسان ثمينة جداً وذات قيمة ليس لها حدود. دعونا نساعد بعضنا البعض في العيش في سعادة، بغض النظر عن أعراقكم أو ألوانكم أو دينكم، لأن جميع النبوءات قد تحققت بالفعل.

إن نهاية العالم تقترب بسرعة، والله أعلى وأعلم. قد يقول البعض إن نهاية العالم لكل شخص هي عندما يموت؛ نعم، هذا صحيح، لكن إذا علمتم أن النهاية الحقيقية للعالم قريبة، لتوقفتم عن قتل بعضكم البعض لكي تتركوا ثروات ضخمة لأولادكم وأحفادكم.

بعد الاستمتاع بقراءة الكتاب، لن يكون لديكم أي شك، وستكتسبون رؤية أفضل للحياة والآخرة. استمتعوا بقراءة الماضي الذي لا يزال الكثير منا يعتقد أنه قادم.

الخيال والحقيقة

الحقيقة

الله جل جلاله له الاسماء الحسنة وكلها تدل على رحمته وعظمته وقوته

اسمه الحق جل جلاله يدل على صفة الحقيقة الواحدة، لإن الله واحد والحق واحد لا يمكن وجود حقين لحدث أو أمر.

كما انه جل جلاله الواحد الاحد، فاختيار اسمه الحق لإنه دليل قاطع ان الحق واحد

مثال بسيط لإثبات ان الحق واحد:

فرضا انه وقع حادث سيارة والشهود على الحادث ثلاث افراد

وكان في السيارة السائق وزوجته بجانبه

ففي هذه الحالة سوف نجد خمسة قصص مختلفة او متشابهة للحادث

في حالة الاختلاف يمكن ان تكون قصة واحدة هي الحقيقية او يمكن لشدة سرعة الحادث لا يوجد اية قصة حقيقية، في هذه الحالة، الله وحده هو الذي يعلم ما حدث

في حالة التشابه في القصة ممكن ايضا ان يكون التشابه كذب، في هذه الحالة، الله وحده هو الذي يعلم ما حدث وسجلت عنده لكي نعلمها في الآخرة

ويمكن ان الخمس أفراد من السرعة لم يروا الحقيقة او يكذبون لصالح من يعرفونه او يحبونه

إذا وجد تسجيل كاميرا واضح ففي هذه الحالة سنعلم الحقيقة في الدنيا.

لدينا الكثير من الأدلة على الإبادة الجماعية التي تحدث في فلسطين الآن، لكن النفاق أعمى

الانسان يميل الى الكذب عندما يريد ان ينجو من شيء سيئ فعله، أو أخطأ بدون قصد

في عصرنا الحالي الناس تميل وتحب الخروج عن الواقع، مثلا بمشاهدة فيلم، فهذا الفيلم يعتبر كذب حتى إذا كانت قصته حقيقية لأنها ليست كالحقيقة بالضبط، على سبيل المثال الفيلم مدته ساعتين ويحكي احداث 1000 عام.

الخلاصة ان الانسان بطبعه لا يحب القيود فلذلك إذا وجد نفسه مقيض بقوانين صعبة فسوف يحاول تغيرها. وإذا وقع في خطأ، وعقوبة هذا الخطأ كبيرة أو يجعله يغير كل مجريات حياته سوف يحاول الخروج منه بالكذب، هذا ليس بالطبع كل الناس لكن الغالبية منهم كذلك.

نسبية الوقت والوقت والزمان الفعلي

الوقت هو الحياة

الاوقات واللحظات السعيدة دائما تمر بسرعة

فيلم جميل ورائع وممتع لشخص يعشق هذا النوع من الافلام مدته ساعتين، ستمر عليه الساعتين مثل 20 دقيقة، بل يمكن أقل من ذلك

نفس الفيلم بالنسبة لشخص لا يعجبه هذا النوع من الأفلام، ستمر عليه الساعتين كما لو كانوا 4 ساعات، بل يمكن أكثر من ذلك

فالوقت الفعلي ساعتين، لكن الوقت النسبي للشخص الاول 20 دقيقة، بل يمكن أقل من ذلك انما للشخص الثاني 4 ساعات، بل يمكن أكثر من ذلك

المثال السابق يوضح الفرق بين الوقت الفعلي والنسبي، الوقت الفعلي الذي علمنا الله حسابه، وهو الوقت الحقيقي للعالم اجمع، والله هو الحق، والحق واحد فلا يوجد عند الله وقت نسبي، لإن الوقت النسبي كما وضحنا يختلف من شخص لأخر

وقت البشر الحقيقي، الله يسره لنا منذ خلق الكون بخلق الليل والنهار، حتى نعلم عدد السنين والحساب

{يدبر الأمر من السماء إلى الأرض ثم يعرج إليه في يوم كان مقداره ألف سنة مما تعدون} صدق الله العلى العظيم

في الآية السابقة الله جل جلاله، وضح لنا انه إذا اراد ارسال امر من السماء الى الارض ورجوعه اليه سبحانه وتعالى، فهذا يتطلب ألف سنة من وقتنا الفعلي، وهذا يعتبر غيب بالنسبة لنا

لكن نجد هنا معجزة من ضمن معجزات القران، وهي ان ألف سنة مما نعد هي سرعة الضوء

هذا يعني الحدث من السماء الى الارض ورجوعه اليه سبحانه وتعالى يستغرق لمحة بصر

بما ان الملائكة مخلوقة من نور فهذه هي أدنى سرعة للملائكة وهي سرعة الضوء

كيف عرف محمد صلى الله عليه وسلم سرعة الضوء منذ أكثر من 1444 عامًا؟ هل لا تزال لديك أي شكوك بأنه آخر رسول والمسيح الحقيقي

﴿وَلَقَدْ خَلَقْنَا السَّمَاوَاتِ وَالْأَرْضَ وَمَا بَيْنَهُمَا فِي سِتَّةِ أَيَّامٍ وَمَا مَسَّنَا مِن لُّغُوبٍ﴾ صدق الله العلى العظيم

ستة ايام واليوم يعادل ألف سنة تعني خلق السماوات والارض في ستة الاف سنة والله اعلم، فكرة ستة الاف سنة غير مؤكدة، لإن اليوم يعني أيضا مرحلة، أي على ستة مراحل.

هذه الآية ترد على العلم الذي قد كذب التوراة والانجيل، لان السماوات والا رض خلقت في أكثر من ستة أيام، هذه حسابات العلم، لكن الله جل جلاله يقول للشيء كن فيكون، لا ندري كم هو الوقت الفعلي بالنسبة لنا، الله يخلق أي شيء بكون فيكون، لكنه أعلمنا انها على مراحل لكي نعلم أن كل شيء في هذه الحياة يكون على مراحل، لا يمكن لطفل عمره أربع سنوات أن يتخرج من الجامعة.

لذلك لم يلزم الناس بشريعة التوراة من بدأ الخلق، ولم ينزل القرآن قبل التوراة، ولم يتم تفسير القرآن كله في عصر الرسول صلى الله عليه وسلم، لإن عقول الناس في عصره لن تدرك فهم بعض الآيات على سبيل المثال كما بينا من قبل سرعة الضوء، وكما سنرى سرعة تزيد 50 مرة عن سرعة الضوء.

الله جل جلاله أعلى وأعلم

الحمد لله انه أرسل عيسى عليه السلام بأمرين تمهيدا للبشر لكي يتدبروا ويدركوا، هما تصحيح ما حرف في التوراة، ولينبأ برسول يأتي من بعده اسمه أحمد فهو الماحي وكتابه (القرآن) سوف يلغي شريعة اليهود والنصارى

{كَأَنَّهُمْ يَوْمَ يَرَوْنَ مَا يُوعَدُونَ لَمْ يَلْبَثُوا إِلَّا سَاعَةً مِنْ نَهَار}

﴿فَاصْبِرْ كَمَا صَبَرَ أُولُو الْعَزْمِ مِنَ الرُّسُلِ وَلَا تَسْتَعْجِل لَّهُمْ ۚ كَأَنَّهُمْ يَوْمَ يَرَوْنَ مَا يُوعَدُونَ لَمْ يَلْبَثُوا إِلَّا سَاعَةً مِّن نَّهَارٍ ۚ بَلَاغٌ ۚ فَهَلْ يُهْلَكُ إِلَّا الْقَوْمُ الْفَاسِقُونَ﴾

﴿وَيَوْمَ يَحْشُرُهُمْ كَأَن لَّمْ يَلْبَثُوا إِلَّا سَاعَةً مِّنَ النَّهَارِ يَتَعَارَفُونَ بَيْنَهُمْ ۚ قَدْ خَسِرَ الَّذِينَ كَذَّبُوا بِلِقَاءِ اللَّهِ وَمَا كَانُوا مُهْتَدِينَ﴾ صدق الله العلى العظيم

في الآية السابقة يقول الموتى عند بعثهم يوم القيامة، ان المدة التي امضوها قبل البعث هي ساعة فهذا احساس نسبي للوقت، لأنه هناك

موتى قبلنا بملاين السنين، من وقت آدم عليه السلام، وسوف يكون هناك موتي بعدنا إلى نهاية العالم

او يمكن ان الوقت يوم البعث سوف يكون الوقت الفعلي لله، اي الوقت الحقيقي، لكن الأرجح أنه نسبي، لإنه هذا إحساس الناس يوم البعث، والله جل جلاله اعلى وأعلم فلا يعلم الغيب الا الله

أو هم يكذبون كما اعتادوا الكذب في الدنيا، وهذا هو الأرجح أي وقت نسبي

{تَعْرُجُ الْمَلَائِكَةُ وَالرُّوحُ إِلَيْهِ فِي يَوْمٍ كَانَ مِقْدَارُهُ خَمْسِينَ أَلْفَ سَنَةٍ}
صدق الله العلى العظيم

في الآية السابقة الله يحدثنا ان الملائكة والروح تذهب اليه سبحانه وتعالى، بسرعة خمسين ألف سنة وهذه السرعة تعادل خمسين مرة سرعة الضوء، وهذا يكون بالنسبة لنا شيء من الخيال، والعلم لم يصل لهذه السرعة بعد والله جل جلاله اعلى وأعلم

الملائكة سرعتهم مختلفة، جبريل عليه السلام سرعته 50 ألف سنة، الروح تعني أحيانا جبريل، لكن الذي يعرج في الآية الملائكة والروح، فيمكن أن ملك الموت يعرج بالروح، أو ملائكة سرعتهم كسرعة جبريل عليه السلام

الله جل جلاله أعلى وأعلم

تعرج

إعجاز قرآني: لم يقل الله تصعد لإن الصعود إلى السماوات العلى يكون بشكل منحني، فمن يشكك أو يشك لحظة ويقول إن هذا القرآن من صنع محمد صلى الله عليه وسلم، فهذه كلمة واحدة تمثل معجزة من معجزات القرآن التي لا تحصى، فمن أين أتي راعي غنم لا يقرأ او يكتب بهذا العلم، هذا يثبت أن القرآن هو معجزة محمد صلى الله

عليه وسلم الخالدة المنزلة، ودليل أن محمد صلى الله عليه وسلم كان يوحى إليه كل لحظة طوال 23 سنة من حياته النبوية، وهي فترة الرسالة، ويوجد أيضا معجزات في الأحاديث النبوية.

{قَالُوا لَبِثْنَا يَوْمًا أَوْ بَعْضَ يَوْمٍ فَاسْأَلِ الْعَادِّينَ} صدق الله العلى العظيم

الآية السابقة فيها ان المبعوثون يوم القيامة سوف يقولون ان مدة معيشتهم في الدنيا كانت يوم او بعض يوم

يمكن ان يكون الانسان قد رد الى الوقت الحقيقي وليس وقت الدنيا، ونجد في سياق الآية الاعجاز القرآني في قوله تعالى يوم او بعض يوم فعدم الدقة، لا تعني أن الله لا يعلم، بل تعني ان الشخص المبعوث لا يعلم بالضبط بالمدة الذي قضها لأنه عالم آخر بالنسبة له ولا يدرك بالضبط الوقت، فأصبح وقت نسبي له، او لإنه كان وقت ممتع للبعض فمر بسرعة.

{قَالَ كَمْ لَبِثْتُمْ فِي الْأَرْضِ عَدَدَ سِنِينَ} صدق الله العلى العظيم

وهذا يدل على عدم الاحساس بالوقت في الدنيا والقبر تماما كما نجده في الحياة الفعلية، إذا الانسان نام ثم استيقظ في حجرة مظلمة لا يمكن ان يعلم كم ساعة كان نائما وإذا سألته ممكن ان يقول لك ساعة او ساعتان او إذا كان نائما نوم عميق ممكن ان يقول ثماني ساعات والحقيقة هي ثلاث ساعات مثلا فالنوم هو الموتة الصغرى

اي سنين الدنيا شيء لا يذكر بالنسبة للآخرة والحياة الحقيقية في الآخرة في الجنة بإذن الله. والله جل جلاله أعلى واعلم كيف سيكون الوقت

{باب مَا جَاءَ فِي قَوْلِ النَّبِيِّ صلى الله عليه وسلم " بُعِثْتُ أَنَا وَالسَّاعَةَ كَهَاتَيْنِ". يَعْنِي السَّبَّابَةَ وَالْوُسْطَى} صدق رسول صلى الله عليه وسلم

قال محمد صلى الله عليه وسلم انه بعث قريب من يوم القيامة كقرب الاصبعين السبابة والوسطي أو يمكن

بالنسبة لأصحاب الكهف

﴿وَلَبِثُوا فِي كَهْفِهِمْ ثَلَاثَ مِائَةٍ سِنِينَ وَازْدَادُوا تِسْعًا﴾ صدق الله العلى العظيم

ثلاث مئة وزدنهم تسعة

وهذا يدل على دقة القرآن لان 300 سنة ميلادية تعني 309 سنة هجرية والله جل جلاله أعلى وأعلم

أهل الكهف لم يشعروا بالوقت ولا يعلموا كم سنة ظلوا نائمون، فهو وقت نسبي لهم.

قوله تعالى:

(يدبر الأمر من السماء إلى الأرض ثم يعرج إليه في يوم كان مقداره ألف سنة مما تعدون) صدق الله العلى العظيم

كما قلنا سابقا أن ألف سنة هي سرعة الضوء؛ ونحن نعلم جيدا ان الملائكة مخلوقات نورانية، فهذا يثبت أن الأمر الذي تحمله الملائكة تكون سرعته مثل مسار الضوء، أي سرعتهم الطبيعية، والله جل جلاله أعلى واعلم

نجد في قوله تعالى:

﴿تَعْرُجُ الْمَلَائِكَةُ وَالرُّوحُ إِلَيْهِ فِي يَوْمٍ كَانَ مِقْدَارُهُ خَمْسِينَ أَلْفَ سَنَةٍ﴾ صدق الله العلى العظيم

الروح هو جبريل عليه السلام أو الروح

فإذا كان الله جل جلاله يعني بالروح جبريل عليه السلام، فنحن نعلم جيدا أن جبريل عليه السلام من الملائكة المختارين، فيمكن أن تكون سرعته أضعاف مضاعفة من سرعة الضوء

أو أن خمسين ألف سنة تعني سرعة معراج الروح عند انتقالها إلى الرفيق الأعلى

أو

{وَكَذَٰلِكَ أَوْحَيْنَآ إِلَيْكَ رُوحًا مِّنْ أَمْرِنَا ۚ مَا كُنتَ تَدْرِى مَا ٱلْكِتَٰبُ وَلَا ٱلْإِيمَٰنُ وَلَٰكِن جَعَلْنَٰهُ نُورًا نَّهْدِى بِهِۦ مَن نَّشَآءُ مِنْ عِبَادِنَا ۚ وَإِنَّكَ لَتَهْدِىٓ إِلَىٰ صِرَٰطٍ مُّسْتَقِيمٍ} صدق الله العلى العظيم

وفي الآية السابقة؛ الروح هي القرآن، فخمسين ألف سنة يمكن أن تكون سرعة معارج القرآن عند قرأته، كما سوف نوضح ان القرآن كائن حي، لإنه كلام الله جل جلاله والله حي لا يموت.

الله جل جلاله أعلى واعلم

نبوءة النصارى ألف ولا تؤلفان

وهذه النبوءة كانت في الإنجيل وتعني أن نهاية العالم تكون قبل أو سنة ألفين ميلادية؛ لكن كما نرى أن المسيح الذين ينتظرون عودته لكي يحكم العالم ألف سنة لم يأت قبل تمام الألفين ولم ينته العالم كما زعموا.

إذا كان يسوع هو الله أو ابن الله، فنفترض أنه يحكم العالم الآن، لكن هذا ليس صحيحً، وإذا كان يحكم فلماذا سينزل؟!

هذا دليل على عدم صحة كتبهم وتحريفها

وعدم إيمانهم بالمسيح الحق الحبيب المصطفى محمد صلى الله عليه وسلم

فإذا صحة نبوءتهم ولم تكن محرفة، فنهاية العالم سوف تكون قبل أو عام ألفين هجري، لإن الحبيب المصطفى صلى الله عليه وسلم هو المسيح والله أعلى وأعلم، ولا يعلم الغيب إلا الله جل جلاله.

بحث وتعليق على بعض ما ورد في التوراة والانجيل

يتضمن هذا الفصل بحث في التوراة والانجيل لكي يدرك القارئ ان هذه الكتب مؤلفة ومن صنع بشر ويمكن ان تتضمن بعض من الحقيقة مثل القصص المؤلفة والمستوحاة من الخيال والواقع.

فالديانة اليهودية والمسيحية من صنع البشر والرب الواحد كما يدعون ليس له وجود في هذه الكتب.

هذه الكتب من صنع البشر، لكنهم أخطأوا ولم يذكروا في كتبهم أن اليهودية أو المسيحية دين. أتمنى ألا يضيفوا هذه المعلومة قبل نشر الكتاب، لكني لا أعتقد أنهم سيغيرون شيئًا، لأنهم إذا أرادوا إضافة تعديل للدين، فلن يفعلوا، لأن الدين المحذوف من الكتب هو الإسلام، وإن الدين عند الله الإسلام منذ بدء الخليقة. هذه الكتب محرفة، ويا يا للأسف، لا يتوقفون عن التحريف والتعديل

الأفكار الدينية المسيحية واليهودية

ما هي اللغة التي تكلم بها النبي ابراهيم؟

ومن المحتمل أن إبراهيم كان يتحدث أيضًا بأكثر من لغة، مثل الآشورية والآرامية. الآن، بيت الله في مكة، الذي يسمى الكعبة، والذي يتوجه إليه جميع المسلمين في صلواتهم اليومية، لم يبنه النبي محمد في الواقع، بل بناه النبي إبراهيم بمساعدة ابنه الأول إسماعيل

التعليق

بالتأكيد أن إبراهيم كان يتكلم العربية لان ابنه وزوجاته يتكلمون العربية ولأن اللغة العربية أصل اللغات التي تسمى بالسامية وعمرها أكثر من 8000 سنة، بل نشأت مع آدم عليه السلام

(هنا شك كبير في موضوع السامية لان العرب والعربية نشأوا قبل نوح عليه السلام فالسامية اختراع يهودي).

واول واحد نطق بها سيدنا آدم عليه السلام

أول كلمة قالها هي الحمد لله

عند نزول آدم وحواء وابليس من الجنة

نزل آدم في الهند وظل يبحث عن حواء حتى تقابلا على جبل عرفات ولذلك سمي بعرفات لتعرفهم ولقائهم مرة أخرى، وبدأ تناسل ذريتهم

الدليل أن اللغة العربية أصل اللغات فالحروف في معظم اللغات تسمى

(Alphabet الفا بت – الفا، ب، ت)

ولكنهم لا يدركون من أين جاء هذا المسمى ويحالون أن ينسبوها الى اليونانيين لكن العرب الفينيقيين حضارتهم أقدم، الفينيقيين هم أهل الشام (سوريا، فلسطين، لبنان، الأردن)، من صلب سام بن نوح قدموا من المشرق العربي، وهم من العرب البائدة.

The First Five Letters in Some Major Alphabets

Latin	Hebrew	Arabic	Greek	Russian Cyrillic
A a	א (aleph)	ا (alif)	Α α (alpha)	А а
B b	ב (beth)	ب (ba)	Β β (beta)	Б б
C c	ג (gimel)	ت (ta)	Γ γ (gamma)	В в
D d	ד (daleth)	ث (tha)	Δ δ (delta)	Г г
E e	ה (he)	ج (jim)	Ε ε (epsilon)	Д д

كما هو موضح بالصورة الثلاث حروف الأولى في اللغة العربية هي

Alfbeta لكن اللغات الأخرى ليست نفس الترتيب أو النطق

ت = t ،ب = be ، أ = Alph

وهي اللغة الوحيدة تقريبا التي حروفها لها أسماء

مثلا أ = ألف

ب = باء

ت= تاء وهكذا

هناك مغالطات بالتاريخ ونحن نبين هنا الحقائق طبقا للمنطق والأحداث الفعلية

النبي هود عليه السلام هو من أجداد سيدنا ابراهيم وكان يتكلم العربية لأنه بعث لقوم عاد في جنوب الجزيرة العربية.

قوم عاد كانوا بالطبع قبل هود والارجح أنهم كانوا قبل نوح

طوفان نوح لم يكن في كل الارض كما يعتقد البعض.،

لان السفينة أنهت رحلتها على الجودي بتركيا، فليس من الطبيعي أن قوم عاد وثمود هم أحفاد نوح عليه السلام اي يفصل بينهم وبين نوح أب واحد

ليس معقولا تكوين أمة في بضع سنين وتكون على هذا البعد من السفينة وقوم عاد أقوياء وهم عمالقة فلم يكونوا في السفينة.

واليهود والنصارى لم يذكروا شيء عنهم بكتبهم أما قصد لطمث الحقيقة او تحريف عادي من ضمن التحريفات التي لا تحصى.

لكن القرآن أعلمنا أن موسى عليه السلام كان على علم بقوم عاد وثمود.

وكما نعلم أن الله أرسل أكثر من 120000 نبي ورسول

فالمذكور في القرآن 25 فقط وهم الذين لهم علاقة ببعضهم البعض وكلهم تقريبا في نفس المنطقة من الأرض.

هناك ديانات تتضمن أعراف وشرائع حميدة ممكن أن تكون أخذت عن أنبياء وحرفت مع مرور الزمن والتماثيل التي تعبد أغلبها كانت على شكل الانبياء المرسلين والله جل جلاله أعلى وأعلم، فلهذا السبب القرآن محفوظ من التحريف الى يوم الدين، لأنه كما ذكر بالتوراة والانجيل أنه كتاب نبي آخر الزمان وكلام الله جل جلاله وبه معجزات لا تحصي ومحفوظ حتى يوم الدين.

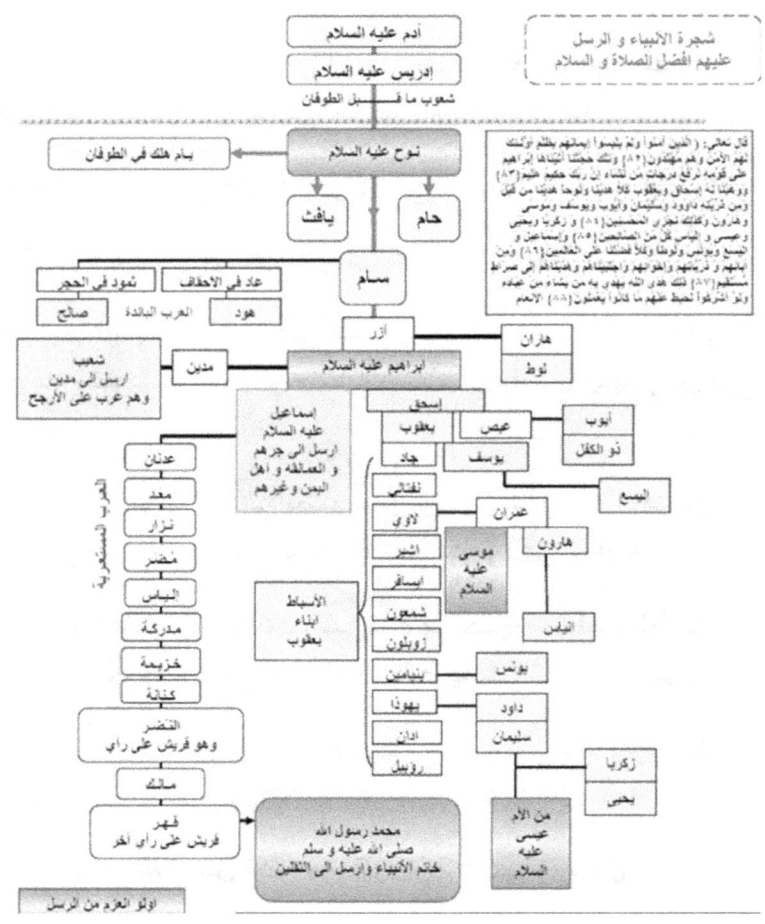

يدعون أن نوحًا عليه السلام كان يتحدث السريانية، لكن لغته هي العربية لأنها أقدم، وأبناؤه هود وصالح وإبراهيم عليهم السلام كانوا يتحدثون العربية من بعده. فمن الظاهر أن سيدنا إبراهيم عليه السلام كان يتحدث السريانية والقبطية والعربية. لم تنشأ اللغة العبرية في زمن سيدنا إبراهيم عليه السلام، وهناك شك كبير في صحة اللغة العبرية. فاللغة العبرية نشأت مع اليهود بعد الشتات، ولا نعلم أحدا تكلم هذه اللغة من قبل، فهي خاصة باليهود فقط، وهي مزيج من عدة لغات، وسوف نوضح ذلك فيما بعد.

الأفكار الدينية المسيحية واليهودية

ما هو دين إبراهيم؟ إبراهيم (في الأصل أبرام) هو البطريرك العبري المشترك للديانات الإبراهيمية، بما في ذلك اليهودية والمسيحية والإسلام

التعليق:

إبراهيم كان حنيفا مسلما، ولا شيء يسمى بالديانات الإبراهيمية. نسبة الأديان إلى أشخاص أو أفعال دليل على أنها محرفة أو من صنع البشر. الدين من الله جل جلاله، وتسليم لله. الله جل جلاله عُرف بالعقل ويُعبد بالقلب. اليهودية نسبتا إلى يهودا أو الهدى، ومن ألف هذا الدين نسبه إلى قوم أو فعل، فالحقيقة أن التوراة هي شريعة موسى عليه السلام وليست ديانة، لأن دينه هو الإسلام مثل أجداده إبراهيم وإسحاق ويعقوب

المسيحية ليست ديانة، فهي نسبة إلى سيدنا عيسى عليه السلام الذي يعتقدون أنه المسيح، أي الماحي. فكل هذه الملابسات نشأت لعدم وجود نص مكتوب من سيدنا عيسى عليه السلام، وسيدنا عيسى كان يتحدث الآرامية، والإنجيل كتب باليونانية.

نحن لا نقول إنه جاء ليمسح الكفر، لأنه إذا مسحت شيئًا يمكن أن يعود، ولكن بالمحو لا يعود. إذا تسميته بالمسيح عند النصارى يعتبر صحيحًا مثل القرآن لأنه كان يشفي المرضى بالمسح على أجسادهم، لكن أحمد صلى الله عليه وسلم مذكور بهذا الاسم في الإنجيل، وهو الماحي وخاتم الأنبياء، ولا نبي بعده، الماحي أي ماحي الكفر.

عيسى كان دينه الاسلام وأتى بالإنجيل لتصحيح ما حرفه اليهود في التوراة وإخبارهم بنبي يأتي من بعده أسمه أحمد صلى الله عليه وسلم، فالشريعة اليهودية لليهود فقط، فالتبشير ونشر هذه الشريعة خطا كبير، لإن الله يعلم كل قوم فيرسل لهم النبي والشريعة الاصلح لهم، فشريعة اليهود التي حولت إلى مسحية لا تصلح لكل البشر وكل زمان.

فمن تبع الحق الذي أتى به سيدنا عيسى عليه السلام هم أنصار أو نصارى وهم من اعتنقوا الاسلام بعد نزول القرآن.

والغرب وعلى الاخص الفرنسيين يريدون أن يتلاعبوا بالإسلام ويقولون على المسلمين محمديون، ولكن محمد خاتم الانبياء والرسل، والإسلام هو دين الانبياء أجمعين من آدم عليه السلام حتى خاتم الرسل والانبياء محمد صلى الله عليه وسلم، لكن الله جل جلاله أنزل بعض التشريعات مثل التوراة، لكن القرآن كما قال عيسى عليه السلام هو آخر تشريع ويبطل التوراة والانجيل.

الأفكار الدينية المسيحية واليهودية

نشأت اليهودية مع بطريرك الكتاب المقدس إبراهيم (حوالي 1800 قبل الميلاد). أقام إبراهيم عهدًا مع الله تم تأكيده بتلقي التوراة (الشريعة بما في ذلك الوصايا العشر) من الله عبر موسى إلى الشعب اليهودي في جبل سيناء منذ حوالي 3320 عامًا

التعليق:

هذا غير صحيح ابراهيم ليس يهوديا ولم يكن هناك يهود وقت سيدنا ابراهيم عليه السلام، وابنه إسماعيل عليه السلام لم يكن يهوديا وكانوا عرب، واليهود قبيلة عربية

وهود عليه السلام جد سيدنا إبراهيم كان عربيا وأرسل إلى قوم عاد

سيدنا هود ذكر في التوراة باسم عابر، ولكن لم يذكروا اي شيء عن قوم عاد وعلي الارجح انه تم حذفه أو عدم الذكر لأنه عربيا، وهذا ينفي ان اللغة العبرانية مشتقة من عابر أو العبور وينفي ايضا قولهم ان ابراهيم كان يتكلم العبرية ويثبت ان العربية من أقدم اللغات، بل هي من أقدم اللغات الحية، فعدم ذكر هود يسهل لهم الكذب والادعاء أن كل شيء يهودي وعبري، وكلمة عبرية مثل عربية فقط بدلوا مكان الباء.

اليهود كانت نشأتهم في مصر بعد سيدنا يوسف عليه السلام

وسيدنا اسماعيل هو أكبر من سيدنا اسحاق والاثنين لم يكونوا يهودا ولا وجود لليهودية في عصرهم

سيدنا ابراهيم كان في الفترة من 1761 إلى 1686 قبل الميلاد

انما اليهودية نشأت بعد عهد موسى عليه السلام اي حوالي 1300 قبل الميلاد

سيدنا يعقوب لم يكن يهوديا ولقب بإسرائيل اي عبد الله، هو وسيدنا يوسف عليهما السلام كانوا موحدين بالله مثل أباءهم نوح وهود وإبراهيم.

فبني اسرائيل نسبتا الى يعقوب وايضا تعني عباد الله ككل المسلمين الموحدين بدءا بآدم عليه السلام حتى يوم الدين

وتحول تسميتهم الى يهود بعد خروجهم من مصر وبعد نزول التوراة والله أعلم

فالمفروض ان يلقبوا فقط يهود بعد خروجهم من مصر وليس ببني إسرائيل إذا كانوا يعنون بهذا لنسبهم ليعقوب فهذا لا يصح، لإنهم لم ينتسبوا كلهم إلى سيدنا يعقوب عليه السلام.

كانوا بالتأكيد في مصر يتكلمون المصرية اي اللغة القبطية

سيدنا موسى كان يتكلم القبطية وعندما فر من مصر وتزوج عربية وعاش في مدين أكيد كان يتكلم العربية لإن مدين عرب قوم شعيب عليه السلام

مَديَن أو المدينيين (أصحاب الأيكة)، اسم قبيلة من العرب القدماء في شمال غرب الجزيرة العربية، تقع آثار مساكنهم بالقرب من مدينة البدع التابعة لمنطقة تبوك التي تقع شمال غرب المملكة العربية السعودية، كان أهل مدين رعاة غنم وتجاراً ويغشون في الأوزان ويعبدون شجرة الأيك.

مدْين أو مَديان بحسب التوراة، هو رابع أبناء النبي إبراهيم من زوجته قطورة التي تزوجها بعد وفاة زوجته الأولى سارة.

ومن إخوته: زمران ويقشان ومدان ويشباق وشوحا ويُنسب إلى ذريته النبي شعيب، هذا دليل أخر أن إبراهيم كان عربيا ويتكلم العربية وان اليهود قبيلة عربية.

يجب أن تتذكروا هذا جيدا لان اليهود يزعمون أن الله عقد ميثاق مع ابراهيم ان ذريته يريثون ارض الميعاد فهذا قد تحقق في ذرية اسماعيل والعرب أجمع

وسيوضح أكثر فيما بعد.

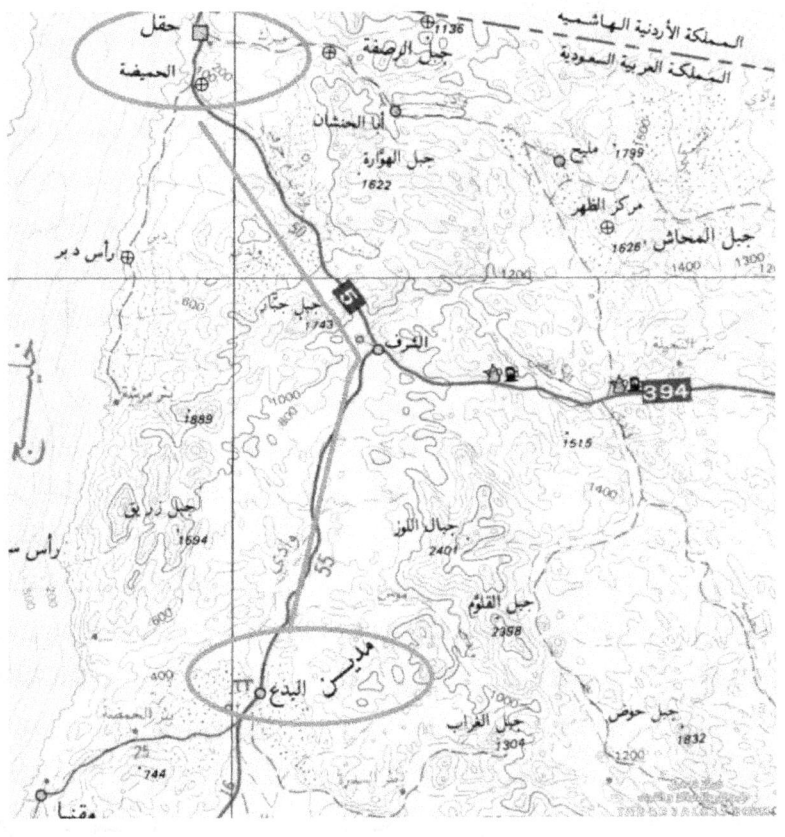

عاد موسى إلى مصر لإنقاذ بني إسرائيل من فرعون.

عندما آمن سحرة فرعون وسجدوا لله، كان هذا دليلًا قاطعًا على أن شعب إسرائيل (عباد الله) ليسوا جميعًا من نسل يعقوب.

كان سحرة فرعون مصريين ومن جنسيات أخرى، وآمنوا بالله وانضموا إلى شعب موسى.

تزوج يوسف في مصر، وتزوج موسى من امرأة عربية من مدين.

ترك موسى قومه وعاش في مدين.

عاش اليهود وشعب مدين وعملوا وتفاعلوا معًا، لذا بالتأكيد تعلموا اللغة العربية، مما يعني أن اليهود خلال هذه الفترة كانوا يتحدثون كل من القبطية والعربية.

لغة بني إسرائيل القدماء في مصر هي، في رأي غالبية المؤرخين، اللغة المصرية، حيث لم يعيش بني إسرائيل في عزلة عن المصريين، بل اختلطوا بهم إلى درجة أنهم احتاجوا لوضع علامات حمراء على أبواب منازلهم بدم الحملان المذبوحة لتمييزها عن منازل المصريين عشية هروبهم من مصر، مما سهل تجمع بني إسرائيل للهروب.

في ذلك الزمان، لم تظهر اللغة العبرية بعد كلغة يتحدث بها بني إسرائيل، ويعتقد المؤرخون، هو الحق، أن الألواح التي أُنزِلت على موسى، عليه السلام، والتي تحتوي على الوصايا العشر، أُنزِلت باللغة المصرية التي كان موسى وبني إسرائيل يفهمونها، ودعونا لا ننسى ان موسى عليه السلام نشأ في قصر فرعون ولغته الام هي اللغة المصرية ولا لغة له غيرها ويبدو ان لغات المنطقة كلها كانت متقاربة يفهم بعضهم بعضا بدون ترجمان كما هو حال شعوب المنطقة ذاتها اليوم اذ يستطيعون التفاهم كل بلهجته بدون مشاكل و هرب موسى الى مدين و تقع مدينة مديَن قرب مدينة البدع التابعة لتبوك، وتحديداً في الجهة الشمالية الغربيّة من المملكة العربيّة السعوديّة، وتبعد المدينة عن منطقة تبوك ما يقارب 170كم ، واستطاع مع الوقت التفاهم مع اهلها ورعاتهم واستطاع الزواج وابرام عقد العمل مع الرجل الذي استضافه

ولاحقا في التيه نزلت الوصايا العشر باللغة المصرية ونزلت التوراة باللغة ذاتها ومن المنطقي ان التوراة كانت كتيبا صغيرا يمكن قراءته في جلسة واحدة لا تطول مناسبا في بساطته لشعب بدائي من الرحل في صحراء التيه اذ ليس من المعقول ان تكون ذلك الكتاب الضخم الحالي المكون من ثلاث وسبعين سفرا جرى تأليفها في القرون

اللاحقة على ايدي كثيرين تختلف لغاتهم واساليبهم باختلاف العصور وبلغة الاشوريون (اي السوريون وليس الكنعانيون الذين ليس لهم وجود و هم من اختراع اليهود) التي تبناها اليهود في فلسطين واشاروا اليها في توراتهم باسم شقة كنعان

الحقيقة ان لغة بني اسرائيل في مصر هي لغة اهل مصر

وفي فلسطين تعلم اليهود وتبنوا لغة السوريون (وليس كنعانيون) التي كتبوا بها التوراة اما التوراة الاصلية التي نزلت بلغة موسى وقومه والمرجح انها الآرامية أو المصرية فقد ضاعت تماما بلا اي أثر عنها وليس للمؤرخين اليها سبيل

الأفكار الدينية المسيحية واليهودية

لماذا تم حذف سفر طوبيا؟

والرد على ذلك أن بعض هذه الأسفار تعذَّر العثور عليها أيام عزرا بسبب تشتت اليهود بين الممالك. كما أن البعض الآخر منها كُتِب بعد زمن عزرا الكاهن. 2- يقولون إنها لم تَرِد ضمن قائمة الأسفار القانونية للتوراة التي أوردها "يوسيفوس" المؤرخ اليهودي في كتابه

التعليق:

(عزرا على الارجح انه نبي وسوف نقوم بالتوضيح فيما بعد)

هذا ما يسمونه تعديل وعندما نقول إنه تحريف اخواننا اليهود يغضبون

هذا يثبت انهم يكتبون شرائع على هواهم ولا يجوز اضافة او حذف في شريعة الله فهذا باطل ولا يجوز اتباعه وتكون شريعة من صنع البشر

أي شريعة يجب ان تطبق كلها ليس كما نهوى، وهذا يعتبر كفر او شرك بهذه الشريعة.

الأفكار الدينية المسيحية واليهودية

كم عدد أسفار الكتاب المقدس المحذوفة؟

قامت ثورة عارمة من اليهود رفضوا تسعة أسفار، ومن كل سفر عدداً من الإصحاحات تراوحت بين ستة إلى تسعة عشر، هذه الأسفار هي: طوبيا، يهوديت، تتمة أستير، الحكمة، يشوع بن سيراخ، نبوءة باروخ، تتمة دانيال، المكابيين الأول «16 إصحاحاً» والمكابيين الثاني 15 إصحاحاً

الأسفار المحذوفة هي: طوبيا، يهوديت، الحكمة، ابن سيراخ، إضافات لسفر دانيال (وهي تسبحة الثلاثة فتيه، قصة سوسنة، قصة بعل والتنين)، وكتابات المكابيين الاول والثاني، تتمة سفر أستير, سفر نبوة باروخ المزمور

التعليق:

هذا ما يسمونه تعديل وعندما نقول إنه تحريف اخواننا اليهود يغضبون

هذا يثبت انهم يكتبون شرائع كما يحلو لهم، ولا يجوز اضافة او حذف في شريعة الله فهذا باطل ولا يجوز اتباعه وتكون شريعة من صنع البشر

الغريب انها اصلا غلط وموسى عليه السلام لم يأت بهذا الافتراء ومع ذلك مستمرين في تحريف ما يؤلفون

اثبات أنه من صناعة البشر وليس من عند الله او ربهم ولا نعلم ماذا يعبدون لان اليهود والنصارى يزعمون أنهم ابناء الرب اي بالنسبة

للنصارى يعبدون عيسى عليه السلام أخوهم، طبقا لهذا المبدأ فأنهم يعبدون بعضهم البعض شيء غريب ومعقد. الاغرب انهم بعضهم يعتبرون أن اليهود شعب الرب المختار كيف وهم كلهم ابناء الرب.

(فَإِنَّهَا لَا تَعْمَى الْأَبْصَارُ، وَلَكِنْ تَعْمَى الْقُلُوبُ الَّتِي فِي الصُّدُورِ)

صدق الله العلى العظيم

الأفكار الدينية المسيحية واليهودية

الأَصْحَاحُ الأَوَّلُ

خلقة العالم

اليوم الأول (خلقة النور) (ع 1-5) (1)

اليوم الثاني: خلقة السماء (ع 6-8) (2)

اليوم الثالث: خلقة الأرض والنباتات (ع 9-13) (3)

اليوم الرابع: خلقة الشمس والقمر والنجوم (ع 14-19) (4)

اليوم الخامس: خلقة الحيوانات البحرية والطيور (ع 20-23) (5)

اليوم السادس: خلقة الحيوانات والإنسان (ع 24-31) (6)

اليوم الأول (خلقة النور) (ع 1-5) (1)

فِي الْبَدْءِ خَلَقَ اللهُ السَّمَاوَاتِ وَالأَرْضَ. 2 وَكَانَتِ الأَرْضُ خَرِبَةً 1
وَخَالِيَةً وَعَلَى وَجْهِ الْغَمْرِ ظُلْمَةٌ وَرُوحُ اللهِ يَرِفُّ عَلَى وَجْهِ الْمِيَاهِ. 3
وَقَالَ اللهُ: «لِيَكُنْ نُورٌ» فَكَانَ نُورٌ. 4 وَرَأَى اللهُ النُّورَ أَنَّهُ حَسَنٌ.
وَفَصَلَ اللهُ بَيْنَ النُّورِ وَالظُّلْمَةِ. 5 وَدَعَا اللهُ النُّورَ نَهَارًا وَالظُّلْمَةُ
دَعَاهَا لَيْلًا. وَكَانَ مَسَاءٌ وَكَانَ صَبَاحٌ يَوْمًا وَاحِدًا

إكيف سبق النور خلقة الشمس التي أتت في اليوم الرابع؟

النور المقصود هنا هو خلقة المجرات الكونية والتي تحمل كل مجرة منها ملايين النجوم ومئات الملايين من الكواكب وكل كوكب وكل نجم وكل مجرة في حالة دوران حول نفسها بسرعة عالية جدًا وهذا الكيان الكوني كله (المجرات) وما يتخللها أطلق عليه النور وهو كيان ضوئى سبق ظهور الشمس التي نعرفها

التعليق:

تعليق القس غير صحيح لإن خلق الله تعالى الأرض قبل السماوات، كيف تخلق المجرات قبل أن تخلق السماوات؟

اليوم الثاني: خلقة السماء (ع 6-8) (2)

وَقَالَ اللهُ: «لِيَكُنْ جَلَدٌ فِي وَسَطِ الْمِيَاهِ. وَلْيَكُنْ فَاصِلًا بَيْنَ مِيَاهٍ 6
وَمِيَاهٍ». 7 فَعَمِلَ اللهُ الْجَلَدَ وَفَصَلَ بَيْنَ الْمِيَاهِ الَّتِي تَحْتَ الْجَلَدِ وَالْمِيَاهِ
الَّتِي فَوْقَ الْجَلَدِ. وَكَانَ كَذلِكَ. 8 وَدَعَا اللهُ الْجَلَدَ سَمَاءً. وَكَانَ مَسَاءٌ
وَكَانَ صَبَاحٌ يَوْمًا ثَانِيًا

اليوم الثالث: خلقة الأرض والنباتات (ع 9-13) (3)

وَقَالَ اللهُ: «لِتَجْتَمِعِ الْمِيَاهُ تَحْتَ السَّمَاءِ إِلَى مَكَانٍ وَاحِدٍ وَلْتَظْهَرِ 9
الْيَابِسَةُ». وَكَانَ كَذلِكَ. 10 وَدَعَا اللهُ الْيَابِسَةَ أَرْضًا وَمُجْتَمَعَ الْمِيَاهِ
دَعَاهُ بِحَارًا. وَرَأَى اللهُ ذلِكَ أَنَّهُ حَسَنٌ. 11 وَقَالَ اللهُ: «لِتُنْبِتِ الأَرْضُ
عُشْبًا وَبَقْلًا يُبْزِرُ بِزْرًا وَشَجَرًا ذَا ثَمَرٍ يَعْمَلُ ثَمَرًا كَجِنْسِهِ بِزْرُهُ فِيهِ
عَلَى الأَرْضِ». وَكَانَ كَذلِكَ. 12 فَأَخْرَجَتِ الأَرْضُ عُشْبًا وَبَقْلًا يُبْزِرُ
بِزْرًا كَجِنْسِهِ وَشَجَرًا يَعْمَلُ ثَمَرًا بِزْرُهُ فِيهِ كَجِنْسِهِ. وَرَأَى اللهُ ذلِكَ أَنَّهُ
حَسَنٌ. 13 وَكَانَ مَسَاءٌ وَكَانَ صَبَاحٌ يَوْمًا ثَالِثًا

التعليق:

كيف ينبت الشجر والعشب والثمر بدون أشعة الشمس؟

اليوم الرابع: خلقة الشمس والقمر والنجوم (ع 14-19) (4)

وَقَالَ اللهُ: «لِتَكُنْ أَنْوَارٌ فِي جَلَدِ السَّمَاءِ لِتَفْصِلَ بَيْنَ النَّهَارِ وَاللَّيْلِ 14
وَتَكُونَ لآيَاتٍ وَأَوْقَاتٍ وَأَيَّامٍ وَسِنِينٍ. 15 وَتَكُونَ أَنْوَارًا فِي جَلَدِ
السَّمَاءِ لِتُنِيرَ عَلَى الأَرْضِ». وَكَانَ كَذلِكَ. 16 فَعَمِلَ اللهُ النُّورَيْنِ
الْعَظِيمَيْنِ: النُّورَ الأَكْبَرَ لِحُكْمِ النَّهَارِ وَالنُّورَ الأَصْغَرَ لِحُكْمِ اللَّيْلِ
وَالنُّجُومَ. 17 وَجَعَلَهَا اللهُ فِي جَلَدِ السَّمَاءِ لِتُنِيرَ عَلَى الأَرْضِ 18
وَلِتَحْكُمَ عَلَى النَّهَارِ وَاللَّيْلِ وَلِتَفْصِلَ بَيْنَ النُّورِ وَالظُّلْمَةِ. وَرَأَى اللهُ ذَلِكَ
أَنَّهُ حَسَنٌ. 19 وَكَانَ مَسَاءٌ وَكَانَ صَبَاحٌ يَوْمًا رَابِعًا.

سفر التكوين

Genesis

(نسخة الملك جيمس)

الفصل 1

في البدء خلق الله السماء والأرض

وكانت الأرض خربة وخالية. وكان الظلام على وجه الغمر. وروح الله يرف على وجه المياه

وقال الله ليكن نور فكان نور

ورأى الله النور أنه حسن، وفصل الله بين النور والظلمة

ودعا الله النور نهارا، والظلمة دعاها ليلا. وكان مساء وكان صباح يومًا أولًا

وقال الله: ليكن جلد في وسط المياه، فيفصل بين مياه ومياه

فعمل الله الجلد، وفصل بين المياه التي تحت الجلد والمياه التي فوق الجلد، وكان كذلك

ودعا الله الجلد سماءً. وكان مساء وكان صباح يوما ثانيا

وقال الله لتجتمع المياه تحت السماء إلى مكان واحد ولتظهر اليابسة وكان كذلك

ودعا الله اليابسة أرضا. ومجتمع المياه دعاه بحارا. ورأى الله ذلك أنه حسن

وقال الله: لتنبت الأرض عشبا، وبقلا يبزر بزرا، وشجرا ذا ثمر يعمل ثمرا كجنسه، بزره فيه، على الأرض. وكان كذلك

فأخرجت الأرض عشبا وبقلا يبزر بزرا كجنسه، وشجرا يعمل ثمرا بزره فيه كجنسه، ورأى الله ذلك أنه حسن

وكان مساء وكان صباح يوما ثالثا

وقال الله: لتكن أنوار في جلد السماء لتفصل بين النهار والليل. وتكون لعلامات وأوقات وأيام وسنين

وتكون أنوارًا في جلد السماء لتنير على الأرض، وكان كذا

فصنع الله نورين عظيمين؛ النور الأكبر لحكم النهار، والنور الأصغر لحكم الليل: فصنع الشمس والقمر والنجوم أيضًا

وجعلها الله في جلد السماء لتنير على الأرض،

ولتحكم على النهار والليل، ولتفصل بين النور والظلمة، ورأى الله ذلك أنه حسن

وكان مساء وكان صباح يوما رابعا

وقال الله: لتفض المياه زحافات ذات نفس حية، وليطر طير فوق الأرض على وجه جلد السماء

فخلق الله الحيتان العظيمة، وكل نفس حية تدب مما فاضت المياه كجنسها، وكل طائر ذي جناح كجنسه، ورأى الله ذلك أنه حسن

وباركها الله قائلا: أثمري وأكثري واملأي المياه في البحار، وليكثر الطير على الأرض

وكان مساء وكان صباح يوما خامسا

وقال الله: لتخرج الأرض ذوات أنفس حية كأجناسها، بهائم ودبابات ووحوش أرض كأجناسها، وكان كذلك

فعمل الله وحوش الأرض كجنسه، والبهائم كجنسه، وكل دبابة على الأرض كجنسه، ورأى الله ذلك أنه حسن

وقال الله: نعمل الإنسان على صورتنا كشبهنا، فيتسلطون على سمك البحر، وعلى طير السماء، وعلى البهائم، وعلى كل الأرض، وعلى كل الشيء الزاحف الذي يزحف على الأرض

فخلق الله الإنسان على صورته، على صورة الله خلقه. الذكر والأنثى خلقهم

وباركهم الله وقال لهم: أثمروا وأكثروا واملأوا الأرض وأخضعوها، وتسلطوا على سمك البحر وعلى طير السماء، وعلى كل كائن حي. تحرك على الارض

وقال الله هانذا قد أعطيتكم كل بقل يبزر بزرا على وجه كل الارض وكل شجر فيه ثمر شجر يبزر بزرا. لكم يكون لحما

ولكل حيوان الأرض وكل طير السماء وكل دبابة على الأرض فيها نفس حية أعطيت كل عشب أخضر طعاما وكان كذلك

ورأى الله كل ما عمله فإذا هو حسن جداً. وكان مساء وكان صباح يوماً سادساً

التعليق:

يمكن ان نبحث هذا المقطع علميا ومنطقيا لتحليل صورة الخلق

ان الرب خلق الكون في ستة أيام واليوم 24 ساعة

لكن العلم يقول ان الكون خلق في مليارات السنين؛ إذا هذا الجزء خطأ ولا يوجد احدا يمكن ان يصدق ان خالق الكون لا يدري كم استغرق خلق الكون.

"الدهر يومان. يوم لك، ويوم عليك"

وقد يُعَبَّر به عن مدة من الزمان، أي مدة كانت

في أول يوم الرب خلق النور والليل والنهار.

في اليوم الرابع الرب خلق مصدر الضوء أي النجوم والشمس.

هذا لا يعقل أن الضوء المنبعث من الشمس يكون في اليوم الاول، ولكن الشمس وهي مصدر الضوء خلقت في اليوم الرابع

علميا ومنطقيا لا يصح أن مصدر الحدث يأتي بعد الحدث

أن مؤلف هذا الكتاب وقع في خطأ كبير في أول جزء وهو خلق الكون الذي أكبر منه خلق الانسان، كيف لنا أن نصدق ما بعد ذلك

في اليوم الثالث الرب خلق الارض وعلميا ومنطقيا كلنا نعلم أن الارض كوكب في المجموعة الشمسية فكيف أن تخلق الارض وهي جزء صغير من المجموعة الشمسية قبل المجموعة نفسها

في اليوم الثالث الرب خلق الثمار والشمس في اليوم الرابع علميا لا يصح لان الثمار لا تحيا بدون ضوء الشمس وهذا خطا آخر

في اليوم الرابع صنع الله نورين عظيمين؛ النور الأكبر لحكم النهار، والنور الأصغر لحكم الليل؛ هذا علميا لا يصح لان الضوء المنبعث من القمر هو انعكاس لضوء الشمس.

قُلْ أَئِنَّكُمْ لَتَكْفُرُونَ بِالَّذِي خَلَقَ الْأَرْضَ فِي يَوْمَيْنِ وَتَجْعَلُونَ لَهُ أَندَادًا ذَٰلِكَ رَبُّ الْعَالَمِينَ * وَجَعَلَ فِيهَا رَوَاسِيَ مِن فَوْقِهَا وَبَارَكَ فِيهَا وَقَدَّرَ فِيهَا أَقْوَاتَهَا فِي أَرْبَعَةِ أَيَّامٍ سَوَاءً لِلسَّائِلِينَ * ثُمَّ اسْتَوَىٰ إِلَى السَّمَاءِ وَهِيَ دُخَانٌ فَقَالَ لَهَا وَلِلْأَرْضِ ائْتِيَا طَوْعًا أَوْ كَرْهًا قَالَتَا أَتَيْنَا طَائِعِينَ * فَقَضَاهُنَّ سَبْعَ سَمَاوَاتٍ فِي يَوْمَيْنِ وَأَوْحَىٰ فِي كُلِّ سَمَاءٍ أَمْرَهَا وَزَيَّنَّا السَّمَاءَ الدُّنْيَا بِمَصَابِيحَ وَحِفْظًا ذَٰلِكَ تَقْدِيرُ الْعَزِيزِ الْعَلِيمِ

فصلت، آية 9: 12

"مَا أَشْهَدتُّهُمْ خَلْقَ السَّمَاوَاتِ وَالْأَرْضِ وَلَا خَلْقَ أَنفُسِهِمْ وَمَا كُنتُ مُتَّخِذَ الْمُضِلِّينَ عَضُدًا "

(الكهف ، آية: 51)

يفصل في آيات غيرها مراحل الخلق والتكوين، فيقول المولى جل جلاله

أَوَلَمْ يَرَ الَّذِينَ كَفَرُوا أَنَّ السَّمَاوَاتِ وَالْأَرْضَ كَانَتَا رَتْقًا فَفَتَقْنَاهُمَا وَجَعَلْنَا مِنَ الْمَاءِ كُلَّ شَيْءٍ حَيٍّ أَفَلَا يُؤْمِنُونَ * وَجَعَلْنَا فِي الْأَرْضِ رَوَاسِيَ أَن تَمِيدَ بِهِمْ وَجَعَلْنَا فِيهَا فِجَاجًا سُبُلًا لَعَلَّهُمْ يَهْتَدُونَ *

وَجَعَلْنَا السَّمَاءَ سَقْفًا مَّحْفُوظًا وَهُمْ عَنْ آيَاتِهَا مُعْرِضُونَ

(الأنبياء، آية: 30 - 32)

(ثُمَّ اسْتَوَىٰ إِلَى السَّمَاءِ وَهِيَ دُخَانٌ فَقَالَ لَهَا وَلِلْأَرْضِ ائْتِيَا طَوْعًا أَوْ كَرْهًا قَالَتَا أَتَيْنَا طَائِعِينَ) صدق الله العلى العظيم

(فصلت، آية: 11)

- **خلق الأرض**

خلق الله تعالى الأرض قبل السماوات، وقد سبق ذكر الآيات التي تشير إلى ذلك من سورة فصلت، التي بينت أن خلق الأرض ووضع البركة فيها وتقدير الأقوات كان في 4 أيام، قبل خلق السماء. وأن خلق الأرض كان في يومين، وأنها كروية ذات شكل بيضاوي، وليس ممتدة تنتهي بحافة من الحواف كما كان يعتقد الأقدمون. قال تعالى "يكور الليل على النهار ويكور النهار على الليل سورة الزمر، آية 5. وتشير الآية كذلك إلى دوران الأرض

- **خلق الجبال**

وقد وردت الجبال في أكثر من 40 موضعا في القرآن، تشير إلى خلقها بعد الأرض، وإلى صفاتها ودورها كرواسي شامخات تثبت الأرض.

قال تعالى

"والأرض بعد ذلك دحاها. أخرج منها ماءها ومرعاها. والجبال أرساها" سورة النازعات، 30-32

- **خلق السماوات**

وقد أشارت الآيات السابقة من سورة فصلت إلى أن خلق السماوات جاء تاليا لخلق الأرض، وأنه تم في يومين، وأن الله جعلها 7 سماوات. وقد نفى الله تعالى أن يكون لأحد معه نصيب في شهود هذه البداية العظيمة من الخلق،

قال تعالى

"ما أشهدتهم خلق السماوات والأرض ولا خلق أنفسهم وما كنت متخذ المضلين عضدا"

سورة الكهف، آية 51

وكانت السماوات والأرض ملتصقتين ثم فتق الله الأرض عنها. والسماء سقف الأرض، وقد رفعها الله بغير عمد، وأنه يستحيل سقوطها على الأرض إلا بإذن الله

خلق الشمس والقمر

وقد جاء خلقهما تاليا لخلق الأرض والسماء،

قال تعالى

"ألم تروا كيف خلق الله سبع سماوات طباقا. وجعل القمر فيهن نورا وجعل الشمس سراجا"

سورة نوح، 15-16

خلق الليل والنهار

قال تعالى

"وهو الذي خلق الليل والنهار والشمس والقمر كل في فلك يسبحون" سورة الأنبياء، آية 33.

فالليل والنهار آيتان فيهما الكثير من العبر والدلالات على ربوبية الله وحكمته، فجعل الليل لباسا وسكنا وجعل النهار معاشا

- ## خلق النجوم

وهي من مخلوقات الله العظيمة وآياته الباهرة، التي أقسم الله بمواقعها وتحدث عن حكمة خلقها كزينة للسماء وهداية للسائرين ورجوم للشياطين

- ## خلق الرياح

إن خلق الهواء جزء من خلق الكون، فهو محيط بالأرض، وهو عنصر أساسي من عناصر الحياة، به يتنفس الإنسان والحيوان وذوات الأرواح من الطيور والأسماك والحشرات. والرياح هواء متحرك يصرفه الله كيف يشاء بالحياة والرحمة أو بالهلاك والدمار

- **خلق السحاب والرعد والبرق والصواعق**

وقد خلق السحاب والرعد والبرق والصواعق وهي من مخلوقات الله الخاضعة لقوانينه وقدرته ومشيئته. وقد أوضحت آيات القرآن أنواع السحاب، فمنها البسيطة التي تقي حر الشمس، ومنها الركامية التي تسوق الماء والبرد، ومنها يتولد البرق والرعد

- **خلق الشجر والنبات**

خلق الله الشجر والنبات بعد أن خلق الأرض وبسطها، قوتا ومتاعا للأنام من العشب والشجر والحب والتمر والعصف والريحان، فجعل لعباده في الأرض من المتع وموارد العيش ما يقيم حياتهم وحياة أنعامهم. وقد فصلت سورة عبس مراحل خروج النبات من الأرض وبعض أنواعه. (انظر الآيات 24-32)

- **خلق الظلال**

فالظل نعمة تقي الإنسان حر الشمس، ووسيلة لقياس الوقت في النهار،

يقول تعالى

"والله جعل لكم مما خلق ظلالا" سورة النحل، آية 81.

وإن بناء الكون على هذا النسق، وتنسيق المجموعة الشمسية على هذا النحو هو الذي جعل الظل متحركا، ولو اختلف هذا النسق قليلا

لانعكس ذلك على الظل، ولو كانت الأرض ثابتة لسكن الظل فوقها لا يمتد ولا ينقبض

إن قضية خلق الكون لا يمكن أن تخضع للإدراك أو للمشاهدة المباشرة من الجن والإنس، ولا يستطيع أي عالم تجريبي أن يتعدى فيها مرحلة التنظير، لنقف أمام حقيقة واحدة، هي التسليم بما جاء في القرآن حول عملية الخلق ومراحلها، ونتأمل آياتها التي حدثنا عنها لنزداد إيمانا بالله وإجلالا له سبحانه

الأفكار الدينية المسيحية واليهودية

يعلمنا الكتاب المقدس أن الكون كله خُلق في ستة أيام دورة الأرض (خروج 20: 11). علاوة على ذلك، يوضح الكتاب المقدس الفروق العمرية بين الآباء والأحفاد1 عند إدراج بعض الأنساب. ومن هذه الأنواع من المراجع الكتابية، نعلم أن الوقت المنقض بين آدم وولادة المسيح كان حوالي 4000 سنة. ومن السجلات التاريخية الأخرى، نعلم أن المسيح ولد قبل حوالي 2000 سنة. وبما أن آدم خلق في اليوم السادس من أسبوع الخلق، فيمكننا أن نستنتج أن الأرض والكون بأكمله وكل ما فيه قد خلقا منذ حوالي 6000 سنة

التعليق:

كثير من الناس اليوم سوف يسخرون من هذا الادعاء. ففي نهاية المطاف، تعلم أغلب كتب الجيولوجيا، وكتب علم الفلك، وأغلبية المدارس والجامعات أن عمر الأرض 4.5 مليار سنة، وأن الكون أقدم من ذلك

الأفكار الدينية المسيحية واليهودية

في ضوء شر البشرية العظيم، عبّر الخالق للتو عن الألم الذي سببته له خليقته للبشرية. والأسوأ من ذلك أنه أعلن خطته لمحو البشرية، مع الطيور والحيوانات، من على وجه الأرض

تكوين 6: 8

التعليق:

هذا غير صحيح لإن الطوفان حدث للقوم المبعوث لهم سيدنا نوح فقط وكل نبي من الانبياء كان مرسلا الى قوما معين إلا محمد صلى الله عليه وسلم بعث للعالمين (الأنس والجن)

وأعتقد ان قولهم هذا لإخفاء حقيقة وجود العرب قبل نوح وتزوير تاريخ البشرية

الأسرة المصرية الأولى

تأسست (3150-2890 قبل الميلاد) على يد مينا/نارمر بعد توحيد البلاد.

المملكة القديمة هو الاسم الشائع الذي يطلق على الفترة من الأسرة الثالثة حتى الأسرة السادسة (2686-2181 قبل الميلاد)، عندما اكتسبت مصر التعقيد والإنجاز. المملكة القديمة هي الأولى من بين ثلاث فترات تسمى "المملكة" والتي تمثل أعلى نقاط الحضارة في وادي النيل

استمرت الحضارة المصرية القديمة لأكثر من 3000 عام ولم تنقطع وأظهرت مستوى مذهلًا من الاستمرارية

من معجزات القرآن في قصة نوح:

أن القرآن الكريم لم يذكر أن طوفان نوح قد عم كل الأرض، بينما التوراة -بعد تحريفها- ذكرت أن الطوفان قد عم كل الأرض، وهذا أمر غير علمي وغير منطقي.

غير علمي:

لأن كمية المياه الموجودة في الأرض ثابتة لا تتغير (طبقا للقرآن أيضا)، فاين ذهبت هذه الكمية من المياه التي غطت كامل الكرة الأرضية، وارتفعت فوق أعلى قمة فيها عشرات الأمتار كما جاء في التوراة، دورة المياه في الأرض، وكمية المياه في الأرض لم تتغير منذ ملايين السنين، فكون أن يعم الطوفان جميع الأرض أمر غير علمي.

أيضًا هو أمر غير منطقي، لأن البشر في زمن نوح اما أنهم كانوا فقط قوم نوح، أو أن هناك أقوام أخري في أماكن أخري من الأرض، فلو لم يكن هناك بشر في الأرض الا قوم نوح فقط، فلماذا يغرق الله كل الأرض، ويقضى على جميع الأحياء في الأرض؟ واذا كان هناك بشر في أماكن أخري من الأرض، غير قوم نوح، فلماذا يهلكهم الله مع قوم نوح؟

ولم يذكر القرآن في موضع واحد –بالرغم من أن قصة نوح وردت في القرآن في ثلاث وأربعين موضعًا- أن الطوفان قد عم كل الأرض ولذلك فنحن نقول أن الطوفان لم يعم كل الأرض، وانما كان فقط في المنطقة التي كان فيها نوح وقومه بين نهري دجلة والفرات

وهذا أمر لا يتعارض مع ما جاء في القرآن العظيم، ولا يتعارض مع الواقع المشاهد، وقد رأينا في التاريخ القريب حوادث التسوماني والتي يُغْرق فيها الماء منطقة محدودة من الأرض، وعلى سبيل المثال: حادث تسوماني الذي وقع في جنوب شرق آسيا في سنة 2004 ميلادية، وراح ضحيته أكثر من ربع مليون شخص، فليس هناك مانع أن يطغي الماء على قطعة محددة من الأرض، وأن يهلك

البشر الموجودين في هذه القطعة المحددة من الأرض، وهذا هو ما حدث مع قوم نوح

قصة نوح –عليه السلام- كما وردت في القرآن العظيم، فيها رد مفحم على من اتهموا الرسول -صلى الله عليه وسلم- بأنه نقل أخبار الأنبياء من الكتب السابقة، وهم قالوا ذلك لأن هناك تشابه بين الأخبار التي وردت في التوراة وغيرها من الكتب السابقة من ناحية وبين ما جاء به القرآن العظيم من ناحية أخري، وهذا التشابه لأن بعض الأخبار في الكتب السابقة قد بقي دون تحريف، والإسلام لم يقل أن الكتب السابقة قد حرفت بالكامل، بل هناك جزء حُرِّفَ عمدًا مثل صفة الرسول -صلى الله عليه وسلم- وجزء نجا من التحريف، وهناك أجزاء أخري كتبت بالخطأ نتيجة ضياع الأصول أو النسيان لأن التوراة كتبت بعد وفاة موسي بثمانية قرون، ولذلك قال الرسول -صلى الله عليه وسلم- في الصحيح (إذا حدَّثَكم أَهلُ الْكتابِ فلا تصدِّقوهم ولا تُكذِّبوهم فإمَّا أن يحدِّثوكم بحقٍّ فتُكذِّبوهُ وإمَّا أن يحدِّثوكم بباطلٍ فتصدِّقوهُ)

فيما سبق بعض من التحريفات في التوراة والعهد القديم وهو جزء من إنجيل النصرانية

ويوجد أخطاء كثيرة أخرى لم نتطرق اليها لأنها لا موضع لها في هذا الجزء

الأفكار الدينية المسيحية واليهودية

في الفكر الديني المسيحي، يعتبر متى بشكل عام هو مؤلف إنجيل متى، وهو أحد الأناجيل الأربعة في العهد الجديد الذي يحكي عن حياة يسوع وتعاليمه. ويعتبر متى شخصية مؤثرة في التقليد المسيحي ويعتبر قديساً في الكنيسة الكاثوليكية

التعليق:

اعتراف منهم ان الانجيل من تأليف بشر وليس كلام سيدنا عيسى عليه السلام أو كلام الله

ومن هو متى بناء على انجليهم فهو من الانبياء الكذبة الذي ذكرهم عيسى عليه السلام في إنجيلهم.

الأفكار الدينية المسيحية واليهودية

حقائق عن متى في الكتاب المقدس

متى في حقائق الكتاب المقدس

... .مؤلف إنجيل متى

... .كان جامعاً للضرائب قبل أن يصبح تلميذاً

... .أحد الرسل الاثني عشر الذين اختارهم يسوع

... .كتب أول كتاب في العهد الجديد

... .الإنجيل موجه نحو الجمهور اليهودي

... .يبدأ بسلسلة نسب يسوع

يحتوي على الموعظة على الجبل

التعليق:

الانجيل موجه للمجتمع اليهودي

وهذا اعتراف أنه لليهود فقط وليس للتبشير وأصلا اليهود لم يؤمنوا بعيسى عليه السلام

هذا إثبات أنه إذا صح هذا التأليف البشري، فهذا لا يصلح لاحد غير اليهود وبما أن اليهود لم يعترفوا أساسا بنبوة عيسى عليه السلام وأوشوا به ليقتل فهذا الكتاب باطل التبشير به والله جل جلاله أعلى وأعلم

الأفكار الدينية المسيحية واليهودية

كان يهوذا الإسخريوطي أحد الرسل الاثني عشر. اشتهر بخيانة يسوع من خلال الكشف عن مكان وجود يسوع مقابل 30 قطعة من الفضة. أحضر يهوذا رجالاً للقبض على يسوع وتعرف عليه بقبلة. ثم تم القبض على يسوع ومحاكمته وإعدامه

التعليق:

هل هذا يعقل ان الرب أو ابن الرب لا يعلم بخيانة يهوذا ويقتل وما هذا الرب الذي يعذب ويموت.

وتبرير النصارى انه فداء للبشر تمامًا مثل طقوس الكافرين في العبادة ومفهوم التضحية خلال العصور القديمة.

منذ خلق الله، آدم وحواء

آدم عليه السلام عصى وأستغفر ولم يميته الله جل جلاله ولم يجعله فداء للبشرية ولم يكن أحد من أبنائه فداء لأحد.

الله جل جلاله علمنا انه من يعصيه يعاقب وإذا أستغفرنا يغفر لنا بدون اي وسيط لأنه جل جلاله يعلم ما تكن الانفس وما تخفي الصدور، وآدم وحواء استغروا، والله قبل استغفارهم والكون كله يعلم ذلك. عيسى عليه السلام لا يعلم أي شيء عن الصليب الذي اتخذوه رمزا لهم

الله يهدي إخواننا وأخواتنا اليهود والمسحيين (بإذن الله) ويرجعوا الى قصة ابليس عندما أغوى آدم عليه السلام لكي يأكل من الشجرة ومغفرة الله جل جلاله لآدام وحواء عليهما السلام؛ لكن أرجو قراءتها من القرآن الكريم كلام الله جل جلاله

(فَإِنَّهَا لَا تَعْمَى الْأَبْصَارُ، وَلَكِنْ تَعْمَى الْقُلُوبُ الَّتِي فِي الصُّدُور) صدق الله العلى العظيم

الأفكار الدينية المسيحية واليهودية

كان مرقس أيضًا من أتباع يسوع المسيح، ولكن من المحتمل أنه كان في سن المراهقة عندما كان الرب في أورشليم. ربما يكون قد رأى المخلص واستمع إليه في بعض الأحيان. وبعد القيامة، ومع بدء انتشار رسالة المخلص، سافر مرقس مع الرسول بولس

مرقس من المحتمل أنه كان في سن المراهقة عندما كان الرب في أورشليم

التعليق:

أي لا يعلمون بالضبط من هو مرقس وفي أي سن كان ويأخذون عنه العلم الذي لم يتلقاه من الرب أو أبن الرب

عندما كان الرب في أورشليم

لماذا الرب كان في أورشليم أو منطقة الشرق الاوسط فقط، الرب في كل مكان، هذا الفكر لإنه ليس رب فهو إنسان، وفكرة الاختيار لجنس، فكرة إنسان عنصري

لماذا لم يذهب الى باقي بقاع الارض أو على الاقل الى الجزيرة العربية التي أنزلت بها التوراة؛ خصوصا

أن اليهود قوم جدال وقتلة الأنبياء

وهذا يدل على أن بولس ومرقس من الانبياء الكذبة الذي حذرنا منهم عيسى عليه السلام

الأفكار الدينية المسيحية واليهودية

ربما يكون قد رأى المخلص واستمع إليه في بعض الأحيان

التعليق:

لا يوجد أي شيء مؤكد أي كتاب هذا الذي يبنى على الاحتمالات؛ هل يكمن تصديق مثل هؤلاء الاشخاص الذين لا نعلم أي شيء عنهم

علي الاقل المؤلفات والكتب في العلوم والادب نعلم جيدا سيرة مؤلفيهم سواء في العصور السابقة أو في عصرنا الحالي.

شيء غير واقعي أن الرب أو أبن الرب وهو على الارض لم يعط للبشر كتاب منزل، بل يجعل بشر مجهولين ان يقوموا بتأليف كتب ويطلقون عليها انها كلام الرب مع العلم أن موسى لم ير الله جل جلاله، ولكن أنزل عليه الوصاية العشر مكتوبة على ألواح.

أي رب هذا الذي يتكلم لغة واحدة أو لغتين ومرسل لقوم واحد وبعض من الانبياء يتكلم لغات عدة

آدم عليه السلام كانت لغته العربية ومع ذلك الله جل جلاله علمه كل اللغات

الأفكار الدينية المسيحية واليهودية

لوقا كاتب مثير للاهتمام لأنه لم يكن يعرف يسوع المسيح شخصياً. لقد أصبح تابعًا بعد موت الرب، عندما علمه بولس الإنجيل. كان لوقا طبيباً، لكنه ترك هذه المهنة ليسافر مع بولس

على الرغم من أنه من المحتمل أن يكون لوقا مسيحيًا أمميًا، إلا أن بعض العلماء يعتقدون أنه كان يهوديًا هيلينيًا

التعليق:

عجبا لا يعلمون حقيقة اعتقاد لوقا وهو كاتب أخر هذا اثبات آخر انه من تأليف البشر الذين لا نعلم سيرتهم

وبالطبع من تأليف اليهود تماما مثل شهود يهوه

الأفكار الدينية المسيحية واليهودية

هل كان متى مكتوباً في الأصل باللغة اليونانية أم العبرية؟

ومع ذلك، لم تنج أي نسخة آرامية قديمة من إنجيل متى. الإنجيل بحسب متى مكتوب باللغة اليونانية. ومما يزيد الأمور تعقيدًا أن نسخة إنجيل متى التي بقيت باللغة اليونانية تُقرأ بسلاسة وأنيقة، وليس على الإطلاق مثل الترجمة الحرفية من الآرامية

الرسول متى

يُنسب الإنجيل تقليديًا إلى الرسول متى. وفقًا لوجهات النظر العلمية السائدة، فقد تم كتابته في الربع الأخير من القرن الأول **بواسطة يهودي مجهول مطلع على الجوانب القانونية التقنية للكتاب المقدس**

التعليق:

الانجيل المؤلف ليس مكتوبا بلغة سيدنا عيسى عليه السلام وفي شرع الانبياء كل رسول أو نبي يرسل بلغة قومه فهل يعقل ان كتاب الرب او ابن الرب ليس له وجود بلغة الرب او أبن الرب وهذه اللغة ليس لها وجود في عصرنا الحالي أي رب هذا الذي لم يستطيع أن يحافظ على لغته الذي كان يكلم به قومه وهذا يثبت أن العبرية ليست لغة

اليهود فهي مبتكرة لان عيسى عليه السلام مرسل لليهود، ويتكلم الآرامية.

عند دراستي للإنجيل بإسبانيا في القرن الماضي كان يذكر ان اول انجيل تم كتابته بعد 120 عام من موت عيسى عليه السلام لكن نرى مع تدرج التحريف اليومي يقولون انه كتب بعد 90 عاما من موت عيسى عليه السلام.

كما رأينا سابقا أنها مؤلفات من أشخاص مجهولين لم يكونوا حافظين لاي نصوص ليس كالقرآن كان حوالي 90% من المسلمين حافظين للقرآن ومع ذلك كان مكتوبا في عهد الرسول صلى الله عليه وسلم

هل هذا يعقل إذا فرضنا أن هؤلاء الذين كتبوا هذه المؤلفات كانوا مع سيدنا عيسى عليه السلام ثم قرروا كتابة الانجيل بعد 90 سنة هل هذا يصح كيف له ان يتذكر بعد 120 أو 90 عام، وخصوصا أنها ليست بلغتهم وهي نصوص ليست ميسرة للحفظ فلا يمكن تذكرها

لا يمكن قبول الغلط في كلام الله في أي حرف، بل حتى لا يصح الغلط في التشكيل او النقطة.

لا يوجد أحد في عصرنا الحالي ولا العصور السابقة يحفظ التوراة أو الانجيل لكن حفظة القرآن أكثر من 200 مليون يحفظون القرآن كله والله أعلم

ولا يمكن حفظ التوراة أو الانجيل لأنها محرفة، فأي نص يحفظ عن ظهر قلب اليوم سوف يحرف غدا، وهذه الكتب ليست للحفظ إنما القرآن فهو ميسر للذكر.

التوراة والانجيل كانت شرائع لليهود ومثلهم كمثال الاقوام الأخرى الذي أرسل إليهم انبيائهم ورسلهم يونس ونوح وشعيب وهود وصالح الخ ......

فاليهود باقون لكي يتعلم البشر من جدالهم وأنهم دائما يهلكوا أنفسهم بالجدال وأعظم مثال على ذلك

ان الله جل جلاله أمرهم أن يذبحوا أي بقرة لكي يضربوا بها المقتول حتى يعلموا من القاتل، لكن تركوا الاصل وهو القتيل وبدأوا الجدل في نوع البقرة ولون البقرة حتى حين علموا لونها كانوا مترددين في ذبحها.

إذا طبقنا هذا المثال على صحابة رسول الله صلى الله عليه وسلم سوف يذبحون بقرة في الحال بدون أي استفسار، هذا هو الفرق بين الإيمان الحق والإيمان المادي والله جل جلاله أعلى وأعلم.

الأفكار الدينية المسيحية واليهودية

ما هي عرقية يسوع؟

وبطبيعة الحال، كان يسوع يهوديا. وُلِد لأم يهودية في الجليل، وهو الجزء اليهودي من العالم. وكان جميع أصدقائه ورفاقه وزملائه وتلاميذه، جميعهم من اليهود. كان يعبد بانتظام في العبادة الجماعية اليهودية، ما نسميه بالمعابد

التعليق:

دليل أن عيسى عليه السلام بشر وليس إله

الرب أو ابن الرب أصله يهوديا، أي إنه إنسان، هل هذا كلام يعقل

نزل فيهم ولم يعبدوه والى الان اليهود لا يؤمنون به لأنهم ينتظرون المخلص ألا وهو سيدنا محمد صلى الله عليه وسلم الذي آمن به أغلب اليهود في جزيرة العرب لأنهم ذهبوا هناك لانتظاره.

تخبرهم توراتهم، التي تحتوي على بعض من الحقيقة، أن المسيح، الماحي للكفر، نبي آخر الزمان، سيظهر في (يثرب) فاران، والكلمة هي فاران/فاران، وليس باران. ومكة، التي هي بكة، مذكورة في الإنجيل، يا له من عناد!

قد اتى عيسى عليه السلام ولم يمح الكفر وذكر أن كتابه ليس الكتاب النهائي الخالد.

فلماذا لم يأت بالكتاب الخالد قانون الإسلام حتى يوم البعث، عنما أتى بالمعجزات؟

عيسى عليه السلام لن يأتي مرة أخرى فهي ليست لعبة أو فيلم، فهو أعلمنا أن أحمد والكتاب الذي أنزل معه هو آخر قانون للكون وللإسلام دين الفطرة.

وَهذِهِ أَسْمَاءُ بَنِي إِسْمَاعِيلَ بِأَسْمَائِهِمْ حَسَبَ مَوَالِيدِهِمْ: نَبَايُوتُ بِكْرُ " إِسْمَاعِيلَ، وَقِيدَارُ، وَأَدَبْئِيلُ وَمِبْسَامُ وَمِشْمَاعُ وَدُومَةُ وَمَسَّا وَحَدَارُ وَ<u>تَيْمَا</u> وَيَطُورُ وَنَافِيشُ وَقِدْمَةُ." (تك 25: 13-15)

<u>تَيْمَا</u>

أسم ابن من أبناء إسماعيل عليه السلام

وَكُلَّ مُلُوكِ زِمْرِي، وَكُلَّ مُلُوكِ عِيلاَمَ، وَكُلَّ مُلُوكِ مَادِي،

وَدَدَانَ وَتَيْمَاءَ وَبُوزَ، وَكُلَّ ذَوِي الشَّعْرِ الْمَقْصُوصِ الزَّوَايَا، 23
24وَكُلَّ مُلُوكِ الْعَرَبِ، وَسَائِرَ مُلُوكِ الْقَبَائِلِ الْمُنْضَمَّةِ إِلَيْهِمْ الْمُقِيمِينَ
فِي الصَّحْرَاءِ، 25وَكُلَّ مُلُوكِ زِمْرِي، وَعِيلاَمَ، وَجَمِيعَ مُلُوكِ مَادِي
(إرميا) 25:23-25

فَاحْمِلُوا يَا أَهْلَ **تَيْمَاءَ** الْمَاءَ لِلْعَطْشَانِ، وَاسْتَقْبِلُوا الْهَارِبِينَ بِالْخُبْزِ
(اشعياء) 21:14

تيماء من أبناء إسماعيل عليه السلام ومن نسلهم محمد صلى الله عليه وسلم. احملوا، يا نسل تيماء، الرسالة للمتعطشين للسلام والحياة السعيدة، فالماء هو رمز الحياة، والإسلام هو الحياة منذ خلق آدم حتى يوم البعث

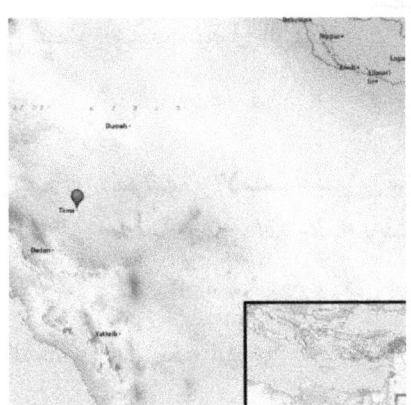

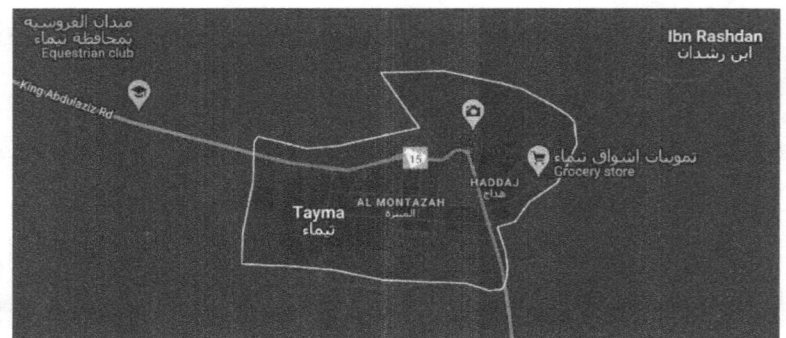

تيماء هي محافظة سعودية تتبع إداريا منطقة تبوك، استوطنها وبناها العرب القدماء من الثموديين والعماليق

إن الأيام آتية، يقول الرب، حين سأقيم عهداً جديداً مع بيت 31 إسرائيل وبيت يهوذا. 32 لن يكون **مثل العهد الذى قطعته مع آبائهم** عندما أخذتهم بيدي لأخرجهم من أرض مصر—**عهد قد نقضوه**، على الرغم من أني كنت زوجهم، يقول الرب

إرميا 31:31–32

عهد جديد مع أقاربهم أو إخوانهم، الإسماعيليين. من الواضح تمامًا أن العهد الجديد يعود إلى محمد (صلى الله عليه وسلم). واضح يا اخواني واخواتي (بإذن الله)!

باران في الكتاب المقدس هي مكة اليوم

جاء الرب من سيناء"

وأشرق من ساعير علينا

وتألق من جبل فاران.

وكان معه ألوف من القديسين

عن يمينه جيش من خاصته."

(تثنية 33:2)

هذا دليل يؤكد أن سيناء لا تشير إلى تلك الموجودة في مصر الآن.

هل ذُكرت بكة في الكتاب المقدس؟

وادي البكاء. وادي البكاء (بالعبرية: עֵמֶק הַבָּכָא النطق العبري أو وادي بكاء، يُكتب أيضًا باسم باكا أو باكا، ذُكر في المزامير 84:6،

في المقطع التالي: عَابِرِينَ فِي وَادِي الْبُكَاءِ، يُصَيِّرُونَهُ يَنْبُوعًا. أَيْضًا بِبَرَكَاتٍ يُغَطُّونَ مُورَةَ.

تُسمى مكة بباكا في الكتاب المقدس. يُذكر اسم باكا بشكل خاص في الكتاب المقدس والقرآن الكريم.

يخبرنا هذا الفصل عن مكان مقدس تتوق إليه الأرواح، وتغني القلوب واللحم فرحًا لله الحي، وتُسَبِّح الله. يُطلق على هذا المكان "وادي بكة". وُصِفَ بكة بأنها مكان جاف تم تحويله إلى مكان ينابيع بالقرب من الخيام. يوم هناك أفضل من ألف يوم في مكان آخر.

لأَنَّ يَوْمًا وَاحِدًا فِي دِيَارِكَ خَيْرٌ مِنْ أَلْفٍ. اخْتَرْتُ الْوُقُوفَ عَلَى الْعَتَبَةِ فِي بَيْتِ إِلهِي. المزامير 84

<u>فِي بَيْتِ إِلهِي</u> (بيت الله الكعبة ببكة أي مكة والله اعلى واعلم)

﴿إِنَّ أَوَّلَ بَيْتٍ وُضِعَ لِلنَّاسِ لَلَّذِي **<u>بِبَكَّةَ</u>** مُبَارَكًا وَهُدًى لِّلْعَالَمِينَ﴾ 3:96

صدق الله العلى العظيم

ما أجده مثيرًا للاهتمام هو بكى (بَكَىٰ) والذي هو زمن الماضي من يبكي (يَبْكِي)، بمعنى البكاء. مكة، نسميها أيضًا بكة. من "بكاء" في العربية تعني البكاء

(فَإِنَّهَا لَا تَعْمَى الْأَبْصَارُ، وَلَكِنْ تَعْمَى الْقُلُوبُ الَّتِي فِي الصُّدُور)

صدق الله العلى العظيم

الأفكار الدينية المسيحية واليهودية

نوح يسكر ويتعرى

في سفر التكوين جاء في وصف نوح عليه السلام: "وابتدأ نوح يعمل فلاحا، وغرس كرما وشرب من الخمر، فسكر وتعرى داخل خبائه، وأبصر حام أبو كنعان عورة أبيه، وأخبر أخويه خارجا

لوط يسكر ويزني بابنتيه

وأما لوط نبي الله الكريم الذي أقر له قومه المجرمون بأنه وأهل بيته أناس يتطهرون، فهو في التوراة المحرفة إنسان آخر، يسكر ويزني ويأتي الفاحشة..

فقد ذكروا في (سفر التكوين 19: 30 - 38) عنه أفحش ما يوصف به إنسان: "وَصَعِدَ لُوطٌ مِنْ صُوغَرَ وَسَكَنَ فِي الْجَبَلِ وَابْنَتَاهُ مَعَهُ لأَنَّهُ خَافَ أَنْ يَسْكُنَ فِي صُوغَرَ. فَسَكَنَ فِي الْمَغَارَةِ هُوَ وَابْنَتَاهُ. وَقَالَتِ الْبِكْرُ لِلصَّغِيرَةِ: «أَبُونَا قَدْ شَاخَ وَلَيْسَ فِي الأَرْضِ رَجُلٌ لِيَدْخُلَ عَلَيْنَا كَعَادَةِ كُلِّ الأَرْضِ. هَلُمَّ نَسْقِي أَبَانَا خَمْراً وَنَضْطَجِعُ مَعَهُ فَنُحْيِي مِنْ أَبِينَا نَسْلاً». فَسَقَتَا أَبَاهُمَا خَمْراً فِي تِلْكَ اللَّيْلَةِ وَدَخَلَتِ الْبِكْرُ وَاضْطَجَعَتْ مَعَ أَبِيهَا وَلَمْ يَعْلَمْ بِاضْطِجَاعِهَا وَلاَ بِقِيَامِهَا. وَحَدَثَ فِي الْغَدِ أَنَّ الْبِكْرَ قَالَتْ

لِلصَّغِيرَةِ: «إِنِّي قَدِ اضْطَجَعْتُ الْبَارِحَةَ مَعَ أَبِي. نَسْقِيهِ خَمْراً اللَّيْلَةَ أَيْضاً فَادْخُلِي اضْجِعِي مَعَهُ فَنُحْيِيَ مِنْ أَبِينَا نَسْلاً». فَسَقَتَا أَبَاهُمَا خَمْراً فِي تِلْكَ اللَّيْلَةِ أَيْضاً وَقَامَتِ الصَّغِيرَةُ وَاضْجَعَتْ مَعَهُ وَلَمْ يَعْلَمْ بِاضْطِجَاعِهَا وَلاَ بِقِيَامِهَا، فَحَبِلَتِ ابْنَتَا لُوطٍ مِنْ أَبِيهِمَا. فَوَلَدَتِ الْبِكْرُ ابْناً وَدَعَتِ اسْمَهُ «مُوآبَ» - وَهُوَ أَبُو الْمُوآبِيِّينَ إِلَى الْيَوْمِ. وَالصَّغِيرَةُ أَيْضاً وَلَدَتِ ابْناً وَدَعَتِ اسْمَهُ «بِنْ عَمِّي» - وَهُوَ أَبُو بَنِي عَمُّونَ إِلَى (الْيَوْمِ) تكوين 19: 30 - 38

التعليق:

لا إله إلا الله، فكيف ينسب مثل ذلك إلى نبي من أنبياء الله الطيبين الأكرمين، والعجيب أنه أتى لينهى قومه عن الفاحشة ويتوعدهم بعقاب الله، ثم بعد ذلك ينسب إليه مثل هذا الفعل الشنيع. سبحانك هذا بهتان عظيم.

الانبياء صفوة الخلق ومختارين حقا

الأفكار الدينية المسيحية واليهودية

وقالوا عن داود ـ وهو من أكرم أنبيائهم، وأعظم ملوكهم، وصانع مجدهم ـ أنه رأى زوجة قائده أوريا فأعجبته، وأنه زنا بها، وأنه تحايل لقتل أوريا بإرساله على رأس جيش إلى مكان مهلك حتى يقتل ويموت ليستأثر هو بامرأته

التعليق:

فأي خسة ونذالة، وأي غدر وخيانة ينسبها هؤلاء إلى نبي الله الذي قال الله عنه: {نعم العبد إنه أواب} ص:30

وقالوا عن سليمان إنه ساحر، وأنه تزوج بنساء مشركات، وأنه عبد الأصنام معهم، ثم بنى للأصنام بيتا للعبادة. جاء في الملوك الأول (11: 3): " كانت له سبع مئة من النساء السيدات وثلاث مئة من

السراري فأمالت نساؤه قلبه 11: 4 وكان في زمان شيخوخة سليمان أن نساءه أملن قلبه وراء آلهة اخرى ولم يكن قلبه كاملا مع الرب إلهاه كقلب داود أبيه"

التعليق:

نبي يأتي قومه لينهاهم عن الشرك ويأمرهم بتوحيد الله وعبادته دون غيره، ثم ينسب إليه أنه ترك التوحيد وأشرك برب العبيد. لا حول ولا قوة إلا بالله العلي العظيم

وكيف كل هذه الافتراءات وهم يزعمون أن سليمان هو من بنى المعبد الاول كيف ان يكون بهذه الاخلاق ويبني معبد والحقيقة أن سليمان لم يبن أي معبد ولم يوجد أي معبد في عصره.

وقد برأ الله نبييه ونزههما عن هذه الأكاذيب وذلك الإفك والبهتان، ووصفهما بصفات الإيمان والفوز بالجنان فقال:

{ووهبنا لداود سليمان نعم العبد إنه أواب...} إلى أن قال: {وإن له عندنا لزلفى وحسن مآب} ص صدق الله العلى العظيم

الأفكار الدينية المسيحية واليهودية

هارون يأمر بعبادة العجل

زعموا أن هارون عليه السلام هو الذي صنع لهم العجل ودعاهم إلى عبادته فقالوا في (سفر الخروج) (1/32): " ولما رأى الشعب أن موسى أبطأ في النزول من الجبل اجتمع الشعب على هارون، وقالوا له: قم اصنع لنا آلهة تسير أمامنا... فقال لهم هارون: انزعوا أقراط الذهب التي في آذان نسائكم وبنيكم وبناتكم وأتوني بها..... فأخذ ذلك من أيديهم وصوره بالإزميل وصنعه عجلاً مسبوكاً، فقالوا: هذه آلهتك يا إسرائيل".

التعليق:

فهل يعقل أن نبيًّا أرسله الله لدعوة قومه إلى عبادة الله وحده يصنع لقومه عجلاً، ويدعوهم إلى عبادته؟! حاشا أنبياء الله من ذلك. وقد بيَّن الله عزَّ وجلَّ في القرآن أن الذي صنع لهم العجل هو السامري، فقال عزَّ وجلَّ:

{قَالَ فَإِنَّا قَدْ فَتَنَّا قَوْمَكَ مِن بَعْدِكَ وَأَضَلَّهُمُ السَّامِرِيُّ} [طـه:85]. صدق الله العلى العظيم

أما هارون عليه السلام فقد قام بواجبه من ناحية نهيهم عن عبادة العجل، قال جلَّ وعلا:

{وَلَقَدْ قَالَ لَهُمْ هَارُونُ مِن قَبْلُ يَا قَوْمِ إِنَّمَا فُتِنتُم بِهِ وَإِنَّ رَبَّكُمُ الرَّحْمَنُ فَاتَّبِعُونِي وَأَطِيعُوا أَمْرِي} طـه صدق الله العلى العظيم

الأفكار الدينية المسيحية واليهودية

ماذا قال السيد المسيح عن الأنبياء الكذبة؟

وَيَقُومُ أَنْبِيَاءُ كَذَبَةٌ كَثِيرُونَ وَيُضِلُّونَ كَثِيرِينَ. مت 24: 11

التعليق:

هؤلاء الذين كتبوا التوراة والانجيل هم الانبياء الكذبة لان كتابتهم محرفة واجزاء كثيرة منها لا ترقى الى الواقع ولا يوجد إنجيل صحيح بلغة عيسى عليه السلام.

كان هذا جزء بسيط جدا من التحريفات المثبتة من كتبهم والتي لا يمكن لاي قارء أن يعقلها بدون بحث أو تدقيق، وبإقرارهم أن كتبهم محرفة.

لا مجال هنا لسرد تحريفات أخري

الأديان

يوجد أكثر من 4000 دين في العالم، كلهم من صنع البشر بما في ذلك التوراة والإنجيل، ما عدا القرآن فهو كلام الله جل جلاله.

سوف أذكر هنا التوراة (اليهودية) والإنجيل (النصرانية) لأنهما يتضمنان بعض من الحقيقة، مع العلم أن الأديان الأخرى تحتوي أيضًا على حقائق، مثل الهندوسية (وهي أقدم من اليهودية) التي تزيد عمرها عن 4000 سنة وذكرت اسم محمد صلى الله عليه وسلم واسم والده وصفاته.

التوراة

لا نعلم من كتبها، واللغة العبرية مثلها كالآرامية لغات ميتة وليست لها وجود، واللغة العربية هي أصل الآرامية والعبرية.

أقدم نسخة في عصرنا الحالي من التوراة هي ترجمة من النص اليوناني إلى العبرية سنة 950 بعد الميلاد، أي 950 بعد عيسى عليه السلام، وهذا يعني أنها مترجمة من ترجمة.

واللغة العبرية تم ابتكارها سنة 1922 ميلادي، وأغلبها كلمات عربية ويديشية (ألمانية وبولندية وروسية) وعندما يدركوا أنه تنقصهم كلمة فيأخذونها من العربية.

أما بالنسبة للتلمود، فقد كتب سنة 350 بعد الميلاد.

والتوراة والتلمود وكل كتب اليهود من صنع البشر، ومن أساطير متداولة عبر العصور تتضمن بعض الحقيقة المشوشة.

واعتقادهم في الرب الواحد اعتقاد خاطئ (فهو يجهد ويتعب ويستريح يوم السبت كالبشر).

إذا كان أساس دينهم خطأ، فبالتالي يكون هذا الدين باطلاً، مع العلم أنه لا يوجد في التوراة أو التلمود ما ينص على أن اليهودية دين، وذلك باعتراف حاخام يهودي (توفيا سينجر).

Rabbi Tovia Singer

نتيجة البحث تثبت أن اليهودية قومية وليست ديناً، والأفضل ألا يتحدثوا العبرية لأنها ليست لغة صحيحة، وقد أُلفت قديماً وحديثاً.

إذاً، لا نستطيع الرجوع إلى أصل هذه الكتب المحورة، وكل شخص شطب ما لا يعجبه وأضاف ما يريده وفقاً لهواه، وما زالوا حتى الآن يغيرون في كتبهم ودينهم.

سوف نشرح لاحقاً مراحل نشأة بني إسرائيل، ثم اليهود، ثم بني صهيون.

التوراة، وهو العهد القديم بالنسبة للنصارى، أي المسيحية واليهودية، لا يمكن فصلهما عن بعض.

خلق الكون في التوراة:

إن الله خلق الكون في ستة أيام ثم استراح في اليوم السابع (تعالى الله، استغفر الله العلي العظيم).

أسلوب الكتابة واللغة لا يدولوا أنهم كلام الخالق ولا تحتوي على أي وقار، وكلها ألغاز يصعب فهمها، ولا يمكن أن يكون أسلوباً أو كلاماً للرب. والكاتب يشرح خلق الكون كما لو كان الرب بشراً

(استغفر الله العلي العظيم).

خلق آدم على صورة الله (استغفر الله العلي العظيم)

سُوْرَةُ الإخلاص
بِسۡمِ ٱللَّهِ ٱلرَّحۡمَـٰنِ ٱلرَّحِيمِ

﴿قل هو الله أحد۝ الله الصمد ۝لم يلد ولم يولد۝ ولم يكن له كفوًا أحد﴾ صدق الله العلى العظيم

هذا رد من القرآن على مؤلفي التوراة والإنجيل لقولهم إن الإنسان صورة من الله. إذا كان الله كما يزعمون مثلنا، سنفترض بالطبع أنه جل جلاله أجمل صورة من صور الإنسان.

فما هي أجمل صورة من صور الإنسان؟

درجة الجمال والإعجاب تختلف من شخص لآخر؛

البعض يحب السمر وآخرون يفضلون البيض أو الشقر... إلخ.

سيدنا آدم عليه السلام كان طوله ستون ذراعًا، بالرغم من أنه يعتبر عملاقًا بالنسبة لنا.

هل يعقل أن يكون خالق الكون، بما فيه، بهذا الطول فقط؟

لنفرض أن الرب في خيالهم أكبر من آدم، فهذه التخيلات لا تصح.

موسى عليه السلام لم يستطع رؤية الله جل جلاله، فمن أين جاء هذا التخيل؟

إن جناح سيدنا جبريل في صورته الطبيعية يحجب السماء.

إذا كانت صورة الخالق كالمخلوق، فلماذا خلقنا مختلفين في ألواننا وأشكالنا؟

وهل له زوجة كحواء؟

من هنا حدث تضارب الأفكار والمعتقدات في الإنجيل، لأن مؤلفي هذه الكتب يعتقدون أن الرب مثل الإنسان.

فاليهود عبدوا عزير عليه السلام (هو عزرا في كتبهم؛ كاتب التوراة بعد ضياعها ولم يعتبرونه نبيًا). والنصارى منهم من يعتقد أن عيسى عليه السلام هو الله، وآخرون يعتقدون أنه ابن الله، وآخرون يعتقدون في الثالوث.

بالنسبة للثالوث، فكل إنسان يمثل هذا الثالوث؛ فالإنسان هو كائن وله روح، والرب هو الله الواحد الأحد. فلا داعي لتعقيد فكرة الإنسان وتأليف دين أو الإيمان بتحريفه.

لا يوجد في كتب النصارى ما ينص على أن النصرانية دين، الإنجيل كان شريعة إسلامية لليهود ولغيت بنزول القرآن.

بسبب فكرة الثالوث المعقدة غيروا هذه العقيدة المعقدة وابتكروا عقيدة جديدة

تقول إن عيسى عليه السلام هو الرب الواحد.

كيف يكون عيسى عليه السلام هو الرب، ومن الذي كان يدير الكون عندما ذكر في المؤلفات أنه مات ثم أحيا نفسه؟

ما هذا الرب الذي يموت؟ لماذا يموت؟

من أجل مخلوقات خلقها يموت؟

من أجل أن يمسح خطايا وسيئات البشر، إذاً لماذا يرتكب البشر المعاصي؟

هل يعتقد أحد أننا نعيش في سلام؟ حاملو الصليب هم من يوقدون نار الحروب والدمار منذ تأسيس الدين المبتكر حتى الآن.

ويصورون عبر الإعلام الكاذب وقلب الحقائق العكس، ويظهرون دائماً المعتدي على أنه هو الضحية.

عاش عيسى ابن مريم عليه السلام 33 عاماً إنسان طبيعي، فقط عندما خيل لهم أنه صلب اكتشفوا أنه ابن الرب؟ عيسى عليه السلام لم يذكر أبداً أنه هو الرب أو ابن الرب.

وإذا فرضنا أن عيسى عليه السلام هو ابن الرب، إذاً مريم عليها السلام هي إلهة الكون (استغفر الله العلي العظيم).

نعود لما ذكر أن الرب خلق الكون في ستة أيام واستراح في السابع. حقاً، هذا إثبات حقيقي أنهم يتعاملون مع الرب كأنه مثل البشر.

ورد الله عليهم في القرآن:

وَلَقَدْ خَلَقْنَا السَّمَاوَاتِ وَالْأَرْضَ وَمَا بَيْنَهُمَا فِي سِتَّةِ أَيَّامٍ وَمَا مَسَّنَا مِنْ لُغُوبٍ. صدق الله العلى العظيم

الله جل جلاله لا تأخذه سنة ولا نوم

سجود إبليس، وهو كان من الجن، ففسق عن أمر ربه وأبى أن يسجد لسيدنا آدم عليه السلام.

إذا كانت صورة آدم عليه السلام مثل صورة الله جل جلاله كما زعموا، لسجد له إبليس بدون تردد ولم يحاول إغراءهما بأن يأكلا من الشجرة المحرمة أو شجرة الخلود كما زعموا.

ومع ذلك، لا يذكرون هذه القصة في كتبهم؛ لا أعلم أن كانت في الكتب ثم حُذفت أو إن لم تكن موجودة أصلاً. من المحتمل أنها حُذفت للحفاظ على الغرور في دينهم.

أساسًا لا يوجد عندهم جن في كتبهم؛ لأن كل الرسل وأنبياء الله جل جلاله أرسلوا لتذكير قومهم بالتوحيد تمهيدًا للمخلص محمد صلى الله

عليه وسلم بمنهاج الله جل جلاله، ألا وهو القرآن الخالد إلى يوم الدين، والقرآن منزل للعالمين (كل الإنس والجن).

يقولون نحن يهود، لكن موسى عليه السلام لم يأت باليهودية، لكنه أتى بالتوراة ليحكم بها الأنبياء، وكان يحكم بها الأنبياء قبل نزول القرآن.

ويقولون نحن مسيحيون، لكن عيسى لم يأت بالمسيحية، لكنه أتى بالإنجيل ليصحح ما غير في التوراة ويحلل بعض ما حرم عليهم وينذر بقدوم نبي آخر الزمان، المخلص الحبيب المصطفى محمد صلى الله عليه وسلم.

كل الأنبياء منذ آدم عليه السلام إلى محمد صلى الله عليه وسلم أسلموا وجههم إلى الله، أي إن كلهم مسلمون موحدون.

سوف نعتبر هنا أن المسيحية واليهودية دين واحد.

نشأت بني إسرائيل وتحولوهم إلى يهود ثم إلى يهود صهيونيين

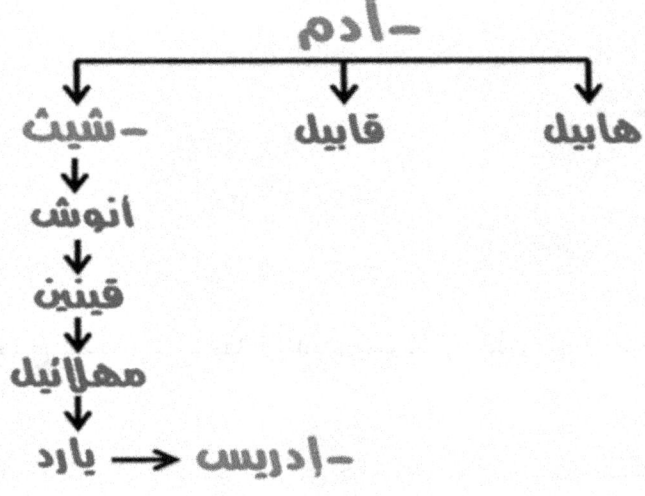

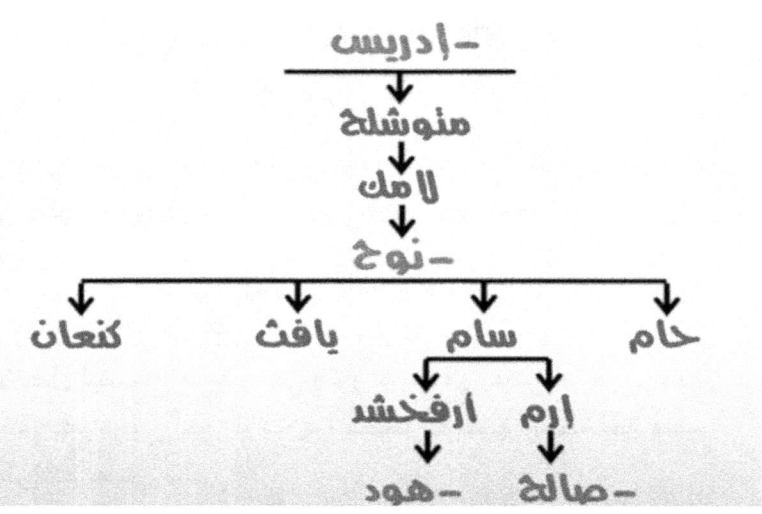

كما موضح بالصورة السابقة أن ابناء سام نشئوا بالشرق الاوسط ومحيطه

والطوفان لم يكن الا في الجزء الذي كان فيه قوم نوح عليه السلام كما أشرنا لذلك في فصل البحث والتعليق

عاد وثمود ومدين كانوا يتكلمون العربية من قبل نوح عليه السلام

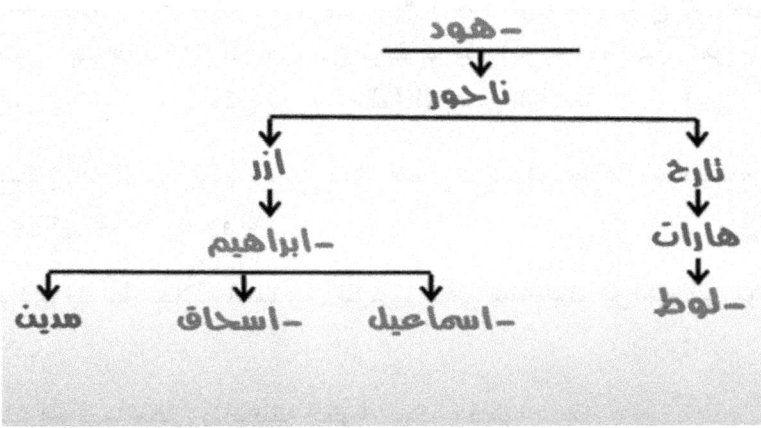

هود عليه السلام نبي عربي ويتكلم العربية وأرسل لقوم عاد وهو جد سيدنا إبراهيم عليه السلام.

سيدنا أبراهيم كان أصله عربي ويتكلم العربية والسريانية والمصرية (القبطية) لان كانت دعوته في هذه المناطق وما يرسل نبي إلا بلغة قومه والله أعلى وأعلم.

السيدة هاجر عليها السلام كانت هدية من ملك مصر لزوجة سيدنا ابراهيم سارة عليها السلام.

السيدة سارة عليها السلام كانت عاقر فطلبت من سيدنا ابراهيم أن يتزوج بهاجر عليها السلام لكي يرزق ابن.

أمتثل سيدنا إبراهيم عليه السلام لأمر الله أن تلد السيدة هاجر عليها السلام ابنها اسماعيل عليه السلام، بالجزيرة العربية التي لا يوجد بها

لا زرع ولا ماء، ويفجر سيدنا اسماعيل بقدميه وهو طفل رضيع بئر زمزم.

ويشب ويترعرع سيدنا اسماعيل عليه السلام في اطهر بقاع الأرض، ويبدأ عهد الله لسيدنا إبراهيم بان ترث ذريته (ذرية إسماعيل ومن يؤمن بالله من بعده حتى نهاية العالم) الأرض المقدسة.

ويختبر الله الاب ويأمره بذبح ابنه وينجح الاب في طاعة الله وينجح الابن في طاعة الله ووالده.

ويفدي الله جل جلاله اسماعيل بكبش، لتبقى سنة ابينا ابراهيم الى يوم الدين.

حدد الله لهما مكان بناء بيته الحرام بمكة وقاموا ببنائه.

وبدأ العرب يتوافدون على مكة وتتحقق دعوة ابراهيم عليه السلام بزيادة ذريته حتى خاتم الأنبياء الحبيب المصطفى محمد صلى الله عليه وسلم ومن بعده اتباعه الى يوم الدين، هذه هي الأرض المقدسة وما حولها التي سيرثها أحفاد إبراهيم وإسماعيل، وإسحاق الذين على ملة الإسلام، ملة أباهم إبراهيم الذي كان حنيفا مسلما.

بدأ اليهود بكتابة دينهم بداية عنصرية

يذكرون أن اسماعيل عليه السلام ليس ابنا شرعيا وهذا لا يعتبر طعن في اسماعيل فقط، بل طعنا في أبو الانبياء ابراهيم عليه السلام

طبعيي لأنهم يعتقدون أنهم أشرف الخلق وابناء الله جل جلاله وأحبائه، فبذلك هم أفضل من جدهم (أستغفر الله العلي العظيم)

عجبا أن إبراهيم وإسماعيل عليهما السلام كانوا قبل أن يولد إسحاق وأن ينشأ بنى اسرائيل ويتهجمون ويسيئون الى أجدادهم، ويزعمون أن إبراهيم كان يهوديا ولم يكن هناك يهود أو لغة عبرية من لأساس.

ننتقل الى زوجته الاخرى السيدة سارة عليها السلام

يزور سيدنا ابراهيم ملاكين في صورة بشر لكي يبشروه بغلام من السيدة سارة وهو سيدنا اسحاق

بعد البشرة، ذهبوا الى لوط عليه السلام لإعلامه بإبادة قومه الشواذ.

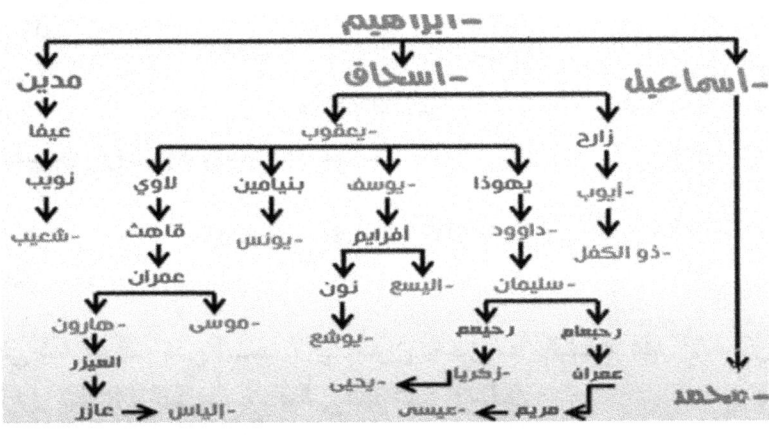

ومن بعد اسحاق يعقوب عليهما السلام ويرزق يعقوب بيوسف عليه السلام واخواته الذين يرموه في غيابة الجب ويشتريه عزيز مصر ويربي في قصره ويسجن ظلم.

ثم يحرره ويوليه على خزائن البلاد ويأتي يوسف بأبيه وأخواته الى مصر.

وطلب يوسف من عزيز مصر ان يعطي لأخواته قطعة ارض للمرعى (هم رعاة ومن بعد أصبحوا عبيد، ولم يساهموا باي شيء في الحضارة المصرية).

نشأة بني اسرائيل

(اسرائيل اي عبد الله وهو لقب يعقوب عليه السلام)

هم يزعمون أن يعقوب قام بمصارعة مع الرب فلما فاز على الرب لقبه بإسرائيل، يا له من خيال!، واعتقاد ان الرب إنسان او شيء أقوى من الإنسان.

ومع مرور الوقت تغير الحكام حتى آتي فرعون غير عادل وأستعبد بني إسرائيل

كان فرعون يعتمد على السحرة والمنجمون فيما قد يحدث في المستقبل، ويسألهم ويستفتيهم في كثير من الامور.

السحرة أخبروا فرعون بأنه سيولد ولد من بني اسرائيل سوف يكون خطر على ملكه فيجب قتله.

(في هذا الوقت كان السحرة يتصلون بالجن لكن أنقطع هذا الاتصال بنزول القرآن على محمد صلى الله عليه وسلم)

وَأَنَّهُۥ كَانَ رِجَالٌ مِّنَ ٱلۡإِنسِ يَعُوذُونَ بِرِجَالٍ

مِّنَ ٱلۡجِنِّ فَزَادُوهُمۡ رَهَقٗا ٦ وَأَنَّهُمۡ ظَنُّواْ كَمَا ظَنَنتُمۡ أَن لَّن يَبۡعَثَ
ٱللَّهُ أَحَدٗا ٧ وَأَنَّا لَمَسۡنَا ٱلسَّمَآءَ فَوَجَدۡنَٰهَا مُلِئَتۡ حَرَسٗا
شَدِيدٗا وَشُهُبٗا ٨ وَأَنَّا كُنَّا نَقۡعُدُ مِنۡهَا مَقَٰعِدَ لِلسَّمۡعِۖ فَمَن
يَسۡتَمِعِ ٱلۡأٓنَ يَجِدۡ لَهُۥ شِهَابٗا رَّصَدٗا ٩ - -الجن) صدق الله العلى العظيم

بدايـــــة قصة سيدنا موسى عليه السلام

عندما حملت أم موسى به عليه السلام خشيت عليه من بطش فرعون ورجاله فأخفت عن الجميع حملها، فقد كان حينها فرعون يذبح أبنائهم في ذلك الوقت، وعندما وضعته أوحى الله سبحانه وتعالى إليها أن تضعه في التابوت وتلقيه في اليم

وبالفعل قامت بفعل ذلك، فطاف التابوت في اليم حتى وصل لقصر فرعون فالتقطته زوجة فرعون وما إن رأته حتى أحبته حبا شديدا، فأدخلته البلاط الفرعوني وطلبت من فرعون نفسه أن تتخذه ولدا، واستطاعت أن تقنعه وأسموه "موسى"، وموسى في اللغة تعني المنتشل من المياه

وكانت والدته قد طلبت من أخته أن تتقصى مكانه بعدما ألقته في اليم وتعرف أين سيكون؛ وسبحان الله من جعله يرفض كل المرضعات اللاتي أحضرتهن له زوجة فرعون، وكانت حينها أخته فأشارت عليهم بأن تحضر لهم مرضعة وأحضرت له والدتها ووالدته، فرد الله سبحانه وتعالى إليها وليدها

موسى يقتل رجلا من ملأ فرعون

في يوم من الأيام بينما كان يمر "موسى" في إحدى طرقات المدينة، وكان ذلك الوقت قد انفضت فيه الطرقات من الأناس أجمعين (وربما

كان هذا الوقت حينها ليلا)، وجد حينها أن هناك رجلين يقتتلان فيما بينهما، وكان أحدهما من أبناء قومه إسرائيلي والآخر مصري

وكانت قصتهما أن المصري الفرعوني أراد أن يسخر الإسرائيلي في عمل، ولكن الإسرائيلي أبى عليه ذلك، وعندما رأى الإسرائيلي "موسى" أمامه وقت الاقتتال استغاث به واستنجد؛ فجاءه "موسى" عليه السلام فوكز الفرعوني وكزة جعلته قتيلا بين يديه

لم يكن عليه السلام يريد قتله، ولما رآه قتيلا:

(قَالَ هَٰذَا مِنْ عَمَلِ الشَّيْطَانِ ۖ إِنَّهُ عَدُوٌّ مُّضِلٌّ مُّبِينٌ)

صدق الله العلى العظيم

وأصبح سيدنا "موسى" عليه السلام خائفا في المدينة يترقب ما الذي سيحدث معه، كان يمر في الطرقات على حذر شديد، وبينما كان يمر في إحدى الطرقات مترقبا إذا بالذي استنصاره بالأمس يستغيث مجددا، جاءه سيدنا "موسى" وقال له:

(إنك رجل صاحب فتن وذا مخاصمات)، وعلى الرغم من معرفته بالرجل إلا إنه عليه السلام أخذه حماس الانتصار للإسرائيلي ابن قومه، ولما أراد أن يبطش بالذي هو عدو لهما ظن الإسرائيلي أن "موسى" عليه السلام يريد أن يبطش به، فقال الإسرائيلي لسيدنا موسى عليه السلام:

(يَا مُوسَىٰ أَتُرِيدُ أَن تَقْتُلَنِي كَمَا قَتَلْتَ نَفْسًا بِالْأَمْسِ ۖ إِن تُرِيدُ إِلَّا أَن تَكُونَ جَبَّارًا فِي الْأَرْضِ وَمَا تُرِيدُ أَن تَكُونَ مِنَ الْمُصْلِحِينَ)

صدق الله العلى العظيم

ومن هنا عرف الناس أن "موسى" هو من قام بقتل الإسرائيلي بالأمس، وذاع الخبر فيما بينهم حتى وصل قصر فرعون، فتذاكر آل فرعون في أمر موسى وأصروا على القصاص منه؛ وجاء رجل إلى

"موسى" عليه السلام وحذره من أن القوم يتآمرون عليه لقتله، أخبره بأن عليه الهرب من المدينة

وعندما سمع "موسى" عليه السلام ذلك الأمر من الرجل ارتعد وقرر أن يأخذ بنصيحته ويهرب من المدينة حيث إن الأمر قد انتشر بين الناس ووصل لفرعون، فغادر سيدنا "موسى" عليه السلام البلاد وكانت وجهته تلقاء أرض مدين وهم عرب قوم شعيب عليه السلام؛ وكان موسى عليه السلام بلا زاد ولا ماء

لقاء سيدنا موسى عليه السلام المبارك

وبعد رحلة طويلة وصل سيدنا "موسى" عليه السلام إلى أرض مدين، لاحظ عليه السلام فتاتين تنتظران الرجال حتى يفرغوا من ملء المياه، فأخذته الغيرة عليهما فذهب إليهما ليسألهما عن أمرهما، فاعتذرتا عن عملهما في السقي دون الرجال من أهلهما، وأوضحتا الأسباب التي دفعتهما لهذا العمل حيث إن أبوهما شيخ كبير ولا يقوى على عمل السقي

فسقى لهما سيدنا "موسى" عليه السلام وتولى عنهما إلى ظل، وحمد الله على النعم التي وهبه إياها سبحانه وتعالى؛ ولما عادتا الفتاتان إلى أبيهما باكرا على غير عادتهما، تعجب منهما والدهما الشيخ الكبير فقصتا عليه قصة الرجل الغريب الذي سقى لهما، فأمر أبوهما ابنتيه أن تعودا إليه وتبلغه دعوته ليجزيه أجر ما سقى لهما

فجاءته الفتاة تمشي على استحياء، وأخبرته بأن والدها يدعوه إليه ليجزيه أجر السقي؛ ولبى سيدنا "موسى" عليه السلام الدعوة، وذهب مع ابنة الشيخ الكبير، وقد قيل إن نبي الله "موسى" عليه السلام قد طلب منها أن تسير خلفه وتدله على الطريق، وذلك عفة منه عليه السلام لكيلا يقع بصره على حركات جسدها

ولما وصلا للشيخ الكبير دخل عليه "موسى" عليه السلام فرحب به الشيخ، وسأله عن أمره فقص عليه السلام قصصه مع آل فرعون وسرد عليه حاله وحال بني إسرائيل بمصر، فطمأنه الشيخ وقال له: لَا تَخَفْ ۖ نَجَوْتَ مِنَ الْقَوْمِ الظَّالِمِينَ

وقد قيل إن هذا الشيخ الكبير إنما هو نبي الله "شعيب" عليه السلام الذي بعث إلى أهل مدين، وهذا معروف عند جمهور كثير من العلماء؛ وهذا هو الارجح للإن شعيب عليه السلام عاش فوق ال 200 سنة تقريبا

وقالت إحدى ابنتي الشيخ: (يَا أَبَتِ اسْتَأْجِرْهُ ۖ إِنَّ خَيْرَ مَنِ اسْتَأْجَرْتَ الْقَوِيُّ الْأَمِينُ)، أعجب والدها كثيرا بسدادة رأيها، وعلى الفور عرض على "موسى" الزواج من إحدى ابنتيه اللتين قد سقى لهما والمقابل أن يكون مهر ابنته أن يخدمه ثماني سنوات، وإن زادها عشرا فمن جوده، ولكنه لم يفرض عليه ذلك؛ فوافق نبي الله "موسى" عليه السلام على عرض الشيخ وتمت المصاهرة بينهما

ولبث نبي الله "موسى" عليه السلام في أرض مدين يخدم الشيخ الكبير على حسب اتفاقهما يخدمه، وقد أتم نبي الله "موسى" عليه السلام أوفى الأجلين وهو عشر سنوات

الحنين والعودة إلى مصر لإن موسى مصري فهو نشأ وتربى وكبر في قصر فرعون.

وعندما أتم "موسى" عليه السلام أوفى الأجلين شعر بالحنين للعودة لمصر، وعزم عليه السلام على المسير إليها واستعد لذلك الأمر، وعندما حان وقت الفراق طلب من زوجته أن تسأل أباها أن يعطيهما من غنمه ما يستطيعون العيش به؛ فأعطاها أباها ما ولدت غنمه في ذلك العام من قال لون (وقالب لون وهو ما على غير لون أمها)؛ فما مرت شاة إلا وقد ضرب سيدنا "موسى" عليه السلام بعصاه جنبها

فولدت قوالب ألوان كلها، كما وأن كل شاة ولدت اثنتين أو ثلاثا، ليس بها أي فشوش ولا ضبوب ولا أي سوء

(كان يرعى الغنم واخوه الذي مثله كما ذكر في كتبهم هو محمد صلى الله عليه وسلمن، فالأثنين أنبياء واخوه وأصحاب رسالة وكتاب وقومهم أمنوا بهم وأصبحوا ملوك، تماما كما ورد في كتبهم)

وسار سيدنا "موسى" عليه السلام بأهله بفصل الشتاء من أرض مدين، واستاق أمامه عليه السلام أغنامه ولما بلغ قرب جبل الطور ضل طريقه، وكانت ليلة شديدة البرودة، كان عليه السلام يريد أن يوري ناراً

الوادي المقدس طوى وبعثة موسى عليه السلام

وما إن وطئت قدمي "موسى" عليه السلام منطقة الطور رأى ناراً، فقال لأهله:

(امْكُثُوا إِنِّي آنَسْتُ نَارًا لَّعَلِّي آتِيكُم مِّنْهَا بِقَبَسٍ أَوْ أَجِدُ عَلَى النَّارِ هُدًى) صدق الله العلى العظيم

، ولما أتى عليه السلام النار عند الشجرة المباركة سمع عليه السلام نداءً:

(إِنِّي أَنَا رَبُّكَ فَاخْلَعْ نَعْلَيْكَ ۖ إِنَّكَ بِالْوَادِ الْمُقَدَّسِ طُوًى، وَأَنَا اخْتَرْتُكَ فَاسْتَمِعْ لِمَا يُوحَىٰ، إِنَّنِي أَنَا اللَّهُ لَا إِلَٰهَ إِلَّا أَنَا فَاعْبُدْنِي وَأَقِمِ الصَّلَاةَ لِذِكْرِي، إِنَّ السَّاعَةَ آتِيَةٌ أَكَادُ أُخْفِيهَا لِتُجْزَىٰ كُلُّ نَفْسٍ بِمَا تَسْعَىٰ، فَلَا يَصُدَّنَّكَ عَنْهَا مَن لَّا يُؤْمِنُ بِهَا وَاتَّبَعَ هَوَاهُ فَتَرْدَىٰ) صدق الله العلى العظيم

فأوحى الله سبحانه وتعالى لنبيه "موسى" عليه السلام ما أوحى، وكان تكليفه بالرسالة إلى فرعون وقومه، كما أعطى الله سبحانه وتعالى نبيه الآيات

طلب سيدنا "موسى" عليه السلام من ربه أن يرسل معه أخاه "هارون"، فأراد "موسى" أن يكون أخيه له ردءاً، كما وأثنى على أخيه هارون بين يدي ربه بأنه أفصح منه لساناً؛ فأجابه ربه سبحانه وتعالى:

(قَالَ سَنَشُدُّ عَضُدَكَ بِأَخِيكَ وَنَجْعَلُ لَكُمَا سُلْطَانًا فَلَا يَصِلُونَ إِلَيْكُمَا ۚ بِآيَاتِنَا أَنتُمَا وَمَنِ اتَّبَعَكُمَا الْغَالِبُونَ) صدق الله العلى العظيم

مواجهة موسى وفرعون

بعد أن كلف من الله عز وجل بالرسالة والدعوة إلى الله عز وجل وعبادة الله الأحد، وبعد أن أيده بالعديد من المعجزات وبأخيه هارون ذهب موسى إلى فرعون كي يعرض عليه ما أتاه من ربه من معجزات وأن الله هو الإله الواحد وأن الله هو خالق الكون، وقد دعاه إلى العبادة والتوحيد فما كان إلا أن رد عليهم فرعون بالمزيد من التهم وقد اتهمه بالسحر وقد دعاهم إلى المبارزة أول يوم العيد أمام أعين جميع الناس.

وقد وافق موسى على تلك المبارزة وقد قام فرعون بالتجهيز إلى تلك المبارزة وقد أرسل إلى جميع السحرة في مصر من أجل الاستعداد إلى مقابلة موسى وقد أكدوا أنهم ليسوا بحاجة إلى أجر في حالة أن انتصروا على موسى وهارون في تلك المبارزة، حتى جاء ذلك اليوم وأمر فرعون السحرة بعرضهم وقاموا بإلقاء العصيان والحبال الخاصة بهم فتحولت إلى ثعابين في عرض أرهب جميع الحاضرين

ولكن سرعان ما تلاشي ذلك السحر بمجرد أن قام موسى بإلقاء العصاة الخاصة بهم فتحولت إلى حية وقد ابتلعت الحيات الخاصة بهم، عندما أيقن السحرة أن ما قام به موسى ليس سحر وإنما هو الحق من الله جل جلاله، سجدوا له جميعا وقد غضب فرعون لما قاموا به قبل أن يأذن لهم، ولكنهم كانوا مثال لقوة الإيمان والصبر

إيمان السحرة المصريين واختلاط بني اسرائيل بالمصريين في التعامل والمرعى دليل على ان قوم موسى عليه السلام ليسوا كلهم من نسل يعقوب.

ويمكن أن يكون الذين اطاعوا موسى ومن بعد آمنوا بعيسى ومحمد صلى الله عليه وسلم هم المصريين، والله أعلى وأعلم.

عقاب فرعون للسحرة

ما إنْ رأى السحرة المعجزة حتى سقطوا ساجدين لله تعالى مؤمنين، غضب فرعون واتهم السّحرة بالتواطؤ مع موسى عليه السلام، وتوعّدهم بالعقاب الأليم الشديد، ولكن الإيمان استقرّ في قلوبهم لوضوح الإعجاز الذي كان أمامهم، فلم يرضخوا لفرعون الذي بطش بهم

{فَأُلْقِيَ السَّحَرَةُ سُجَّدًا قَالُوا آمَنَّا بِرَبِّ هَارُونَ وَمُوسَى (71) قَالَ آمَنتُمْ لَهُ قَبْلَ أَنْ آذَنَ لَكُمْ إِنَّهُ لَكَبِيرُكُمُ الَّذِي عَلَّمَكُمُ السِّحْرَ فَلَأُقَطِّعَنَّ أَيْدِيَكُمْ وَأَرْجُلَكُم مِّنْ خِلَافٍ وَلَأُصَلِّبَنَّكُمْ فِي جُذُوعِ النَّخْلِ وَلَتَعْلَمُنَّ أَيُّنَا أَشَدُّ عَذَابًا وَأَبْقَى (72) قَالُوا لَن نُّؤْثِرَكَ عَلَى مَا جَاءَنَا مِنَ الْبَيِّنَاتِ وَالَّذِي فَطَرَنَا فَاقْضِ مَا أَنتَ قَاضٍ إِنَّمَا تَقْضِي هَذِهِ الْحَيَاةَ الدُّنْيَا}

صدق الله العلى العظيم

مؤمن آل فرعون *(ليس من بني إسرائيل)*

بعد أن بطش فرعون بالسّحرة أراد أنْ يقتل موسى عليه السلام، خوفًا على دين أتباعه المصريين فالتجأ موسى عليه السلام إلى الله تعالى.

(وَقَالَ فِرْعَوْنُ ذَرُونِي أَقْتُلْ مُوسَى وَلْيَدْعُ رَبَّهُ إِنِّي أَخَافُ أَن يُبَدِّلَ دِينَكُمْ أَوْ أَن يُظْهِرَ فِي الأَرْضِ الْفَسَادَ (27) وَقَالَ مُوسَى إِنِّي عُذْتُ بِرَبِّي وَرَبِّكُم مِّن كُلِّ مُتَكَبِّرٍ لّا يُؤْمِنُ بِيَوْمِ الْحِسَابِ

فسخّر الله له رجلًا من آل فرعون يدافع عنه، واستطاع أنْ يقنع فرعون أنْ يترك موسى عليه السلام وَقَالَ رَجُلٌ مُّؤْمِنٌ مِّنْ آلِ فِرْعَوْنَ يَكْتُمُ إِيمَانَهُ أَتَقْتُلُونَ رَجُلا أَن يَقُولَ رَبِّيَ اللَّهُ وَقَدْ جَاءَكُم بِالْبَيِّنَاتِ مِن رَّبِّكُمْ وَإِن يَكُ كَاذِبًا فَعَلَيْهِ كَذِبُهُ وَإِن يَكُ صَادِقًا يُصِبْكُم بَعْضُ الَّذِي يَعِدُكُمْ إِنَّ اللَّهَ لا يَهْدِي مَنْ هُوَ مُسْرِفٌ كَذَّابٌ)

صدق الله العلى العظيم

عذاب الله لفرعون وقومه

صبّ فرعون غضبه من جديد على بني إسرائيل، لكنهم الآن أصبحوا تحت قيادة نبيهم موسى على السلام، الذي كان يحثّهم على الصبر

{قَالَ مُوسَى لِقَوْمِهِ اسْتَعِينُوا بِاللَّهِ وَاصْبِرُواْ إِنَّ الأَرْضَ لِلَّهِ يُورِثُهَا مَن يَشَاءُ مِنْ عِبَادِهِ وَالْعَاقِبَةُ لِلْمُتَّقِينَ (129) قَالُواْ أُوذِينَا مِن قَبْلِ أَن تَأْتِيَنَا وَمِن بَعْدِ مَا جِئْتَنَا قَالَ عَسَى رَبُّكُمْ أَن يُهْلِكَ عَدُوَّكُمْ وَيَسْتَخْلِفَكُمْ فِي الأَرْضِ فَيَنظُرَ كَيْفَ تَعْمَلُونَ} صدق الله العلى العظيم

، واستمرّت سخريته وتكذيبه بالله تعالى، حتى أنه طلب من وزيره هامان أن يبني له برجًا عليًا ليطلع إلى رب موسى عليه السلام

هنا جاء النصر الإلهي والعذاب العام على فرعون وقومه، وشمل (9) أنواع من الآيات والمعجزات والعذابات

العصا: انقلبت عصا موسى عليه السلام حية تسعى

اليد: يد موسى تصبح بيضاء من غير مرض إذا وضعها تحت إبطه

السنين: أصابهم القحط فانقطع المطر ونزل النيل

نقص الثمرات: فسدت الثمار والزروع حتى كانت الشجرة العظمة لا تخرج بالكاد ثمرة واحدة

الطوفان: ارتفع الماء وطغى النيل

الجراد: انتشر الجراد في كل مكان حتى كانوا يجدونه في آنيتهم وطعامهم وملابسهم

القمّل: انتشر القمل في رؤوسهم فأكلها

الضفادع: انتشرت الضفادع في كل مكان من حولهم وفي مياههم وبيوتهم

الدم: تحولت مياههم إلى دماء

كانت هذه الآيات تصيب المصريين ولا تصيب بني إسرائيل، وكان فرعون والمصريّون مع كل آية يتهمون موسى وبني إسرائيل بالشؤم، ثم يأتون موسى عليه السلام يرجونه أنْ يكشف عنهم الأذى فيؤمنوا ويتركوا بني إسرائيل يهاجروا معه، فلما يكشف البلاء ينقضون عهودهم.

{وَلَقَدْ أَخَذْنَا آلَ فِرْعَوْنَ بِالسِّنِينَ وَنَقْصٍ مِّن الثَّمَرَاتِ لَعَلَّهُمْ يَذَّكَّرُونَ (131) فَإِذَا جَاءَتْهُمُ الْحَسَنَةُ قَالُواْ لَنَا هَذِهِ وَإِن تُصِبْهُمْ سَيِّئَةٌ يَطَّيَّرُواْ بِمُوسَى وَمَن مَّعَهُ أَلا إِنَّمَا طَائِرُهُمْ عِندَ اللّهُ وَلَكِنَّ أَكْثَرَهُمْ لاَ يَعْلَمُونَ (132) وَقَالُواْ مَهْمَا تَأْتِنَا بِهِ مِن آيَةٍ لِّتَسْحَرَنَا بِهَا فَمَا نَحْنُ لَكَ بِمُؤْمِنِينَ (133) فَأَرْسَلْنَا عَلَيْهِمُ الطُّوفَانَ وَالْجَرَادَ وَالْقُمَّلَ وَالضَّفَادِعَ وَالدَّمَ آيَاتٍ مُّفَصَّلاَتٍ فَاسْتَكْبَرُواْ وَكَانُواْ قَوْمًا مُّجْرِمِينَ (134) وَلَمَّا وَقَعَ عَلَيْهِمُ الرِّجْزُ قَالُواْ يَا مُوسَى ادْعُ لَنَا رَبَّكَ بِمَا عَهِدَ عِندَكَ لَئِن كَشَفْتَ عَنَّا الرِّجْزَ لَنُؤْمِنَنَّ لَكَ وَلَنُرْسِلَنَّ مَعَكَ بَنِي إِسْرَائِيلَ (135) فَلَمَّا كَشَفْنَا عَنْهُمُ الرِّجْزَ إِلَى أَجَلٍ هُم بَالِغُوهُ إِذَا هُمْ يَنكُثُونَ} صدق الله العلى العظيم

غرق فرعون

بعد معجزة وبلاء الدم رضخ فرعون وسمح لموسى عليه السلام أن يهاجر ببني إسرائيل، فاستعدوا بسرعة وانطلقوا ليلًا بهجرة عظيمة

(600) ألف يهودي من مصر، كانوا 70 فقط عند مجيئهم الى مصر، في هذه الأثناء ندم فرعون.

فأمر بجمع الجيش ليتبعوهم ويمنعوهم، فانطلقوا

(فَأَخْرَجْنَاهُم مِّن جَنَّاتٍ وَعُيُونٍ (58) وَكُنُوزٍ وَمَقَامٍ كَرِيمٍ (59) كَذَلِكَ وَأَوْرَثْنَاهَا بَنِي إِسْرَائِيلَ (60) فَأَتْبَعُوهُم مُّشْرِقِينَ) صدق الله العلى العظيم

وكان اللقاء عند الفرع الغربي من البحر الأحمر، فلمّا تراءى الجمعان ظهر ضعف الإيمان من بني إسرائيل لكن موسى عليه السلام كان ثابت اليقين بنصر الله

(فَلَمَّا تَرَاءى الْجَمْعَانِ قَالَ أَصْحَابُ مُوسَى إِنَّا لَمُدْرَكُونَ (62) قَالَ كَلاَّ إِنَّ مَعِيَ رَبِّي سَيَهْدِينِ) صدق الله العلى العظيم

هنا جاء الأمر لموسى عليه السلام فضرب البحر بعصاه، فانشق البحر حتى وصل الشقّ إلى الطرف الآخر من البحر، وتشكل طريق يابس بين جبلين عظيمين من الماء

(فَأَوْحَيْنَا إِلَى مُوسَى أَنِ اضْرِب بِّعَصَاكَ الْبَحْرَ فَانفَلَقَ فَكَانَ كُلُّ فِرْقٍ كَالطَّوْدِ الْعَظِيمِ) صدق الله العلى العظيم

توقف فرعون أمام هذا المشهد العجيب ثم أقحم الله فرسه فتبع بني إسرائيل وتبعه جيشه، ولما خرج بنو إسرائيل من الطريق في البحر جاء أمر الله فغرق فرعون وجنوده

(فَأَتْبَعَهُمْ فِرْعَوْنُ بِجُنُودِهِ فَغَشِيَهُم مِّنَ الْيَمِّ مَا غَشِيَهُمْ (79) وَأَضَلَّ فِرْعَوْنُ قَوْمَهُ وَمَا هَدَى) صدق الله العلى العظيم

هذا شأن الطغيان السياسي يهلك العباد في الدنيا قبل الآخرة، وفي المياه وهو يغرق أعلن فرعون إيمانه، ولكن فات الوقت ولم يقبل

منه، بل جعل الله جسده آية للناس أجمعين علّهم يتعظون عبرة للطغاة والمتجبّرين

(وَجَاوَزْنَا بِبَنِي إِسْرَائِيلَ الْبَحْرَ فَأَتْبَعَهُمْ فِرْعَوْنُ وَجُنُودُهُ بَغْيًا وَعَدْوًا حَتَّى إِذَا أَدْرَكَهُ الْغَرَقُ قَالَ آمَنتُ أَنَّهُ لا إِلَهَ إِلاَّ الَّذِي آمَنَتْ بِهِ بَنُو إِسْرَائِيلَ وَأَنَاْ مِنَ الْمُسْلِمِينَ (91) الآنَ وَقَدْ عَصَيْتَ قَبْلُ وَكُنتَ مِنَ الْمُفْسِدِينَ (92) فَالْيَوْمَ نُنَجِّيكَ بِبَدَنِكَ لِتَكُونَ لِمَنْ خَلْفَكَ آيَةً وَإِنَّ كَثِيرًا مِّنَ النَّاسِ عَنْ آيَاتِنَا لَغَافِلُونَ) صدق الله العلى العظيم

ذهاب موسى للوادي المقدس

بعد نجاة بني إسرائيل من فرعون وعبورهم البحر، مروا على قوم يعبدون الأصنام فطلبوا من موسى عليه السلام أنْ يجعل لهم ما يعبدوه مثلهم، سبحان الله!! بنو إسرائيل أكثر الأقوام رؤية للمعجزات، ولكن الإيمان لا يصل قلوبهم وإنما هم يسيرون مع مصالحهم

(وَجَاوَزْنَا بِبَنِي إِسْرَائِيلَ الْبَحْرَ فَأَتَوْا عَلَى قَوْمٍ يَعْكُفُونَ عَلَى أَصْنَامٍ لَّهُمْ قَالُواْ يَا مُوسَى اجْعَل لَّنَا إِلَهًا كَمَا لَهُمْ آلِهَةٌ قَالَ إِنَّكُمْ قَوْمٌ تَجْهَلُونَ (139) إِنَّ هَؤُلاء مُتَبَّرٌ مَّا هُمْ فِيهِ وَبَاطِلٌ مَّا كَانُواْ يَعْمَلُونَ (140) قَالَ أَغَيْرَ اللّهِ أَبْغِيكُمْ إِلَهًا وَهُوَ فَضَّلَكُمْ عَلَى الْعَالَمِينَ)

صدق الله العلى العظيم

وفي طريق الهجرة أمر الله موسى عليه السلام أن يأتي إلى جبل الطور حيث كانت بعثته، فترك قومه بقيادة أخيه هارون وأسرع للقاء ربّ العالمين، فصام (30) يومًا ثم أفطر فلما سأله المولى عن ذلك فأخبره أنه لا يريد أن يكون لفمه رائحة عند اللقاء، فأمره الله أنْ يتمّ صيامه بـ (10) أيام فخلوف فم الصائم عند الله أطيب من المسك.

(وَوَاعَدْنَا مُوسَى ثَلاثِينَ لَيْلَةً وَأَتْمَمْنَاهَا بِعَشْرٍ فَتَمَّ مِيقَاتُ رَبِّهِ أَرْبَعِينَ لَيْلَةً) صدق الله العلى العظيم

فلما أتمّ موسى عليه السلام (40) يومًا كلّمه الله تعالى، فطمع عليه السلام أنْ يرى المولى سبحانه، فأخبره أنّه لن يستطيع أنْ يتحمل شيء من الرؤية، وليبين له تجلّى لجبل أمامه فاهتزّ وتفتت الجبل أمام عينيه، فسقط موسى عليه السلام مغشيًّا عليه،

ولما استيقظ سبّح الله وعظّمه.

(وَلَمَّا جَاءَ مُوسَى لِمِيقَاتِنَا وَكَلَّمَهُ رَبُّهُ قَالَ رَبِّ أَرِنِي أَنظُرْ إِلَيْكَ قَالَ لَن تَرَانِي، وَلَكِنِ انظُرْ إِلَى الْجَبَلِ فَإِنِ اسْتَقَرَّ مَكَانَهُ فَسَوْفَ تَرَانِي فَلَمَّا تَجَلَّى رَبُّهُ لِلْجَبَلِ جَعَلَهُ دَكًّا وَخَرَّ مُوسَى صَعِقًا فَلَمَّا أَفَاقَ قَالَ سُبْحَانَكَ تُبْتُ إِلَيْكَ وَأَنَاْ أَوَّلُ الْمُؤْمِنِينَ) صدق الله العلى العظيم

عندها أعطاه الله التوراة شريعة

(أي ليست دين فهي شريعة فقط (قانون إسلامي وليس القانون النهائي) وكانت لليهود فقط وليست لكل البشر وأن الدين عند الله جل جلاله هو الاسلام وبنزول القرآن تلغى كل الشرائع كما ذكر عيسى عليه السلام)

لقومه مكتوبة في ألواح بالقبطية وليست بالعبرية، إذ لم تنشأ اللغة العبرية بعد في هذا الحين، والله اعلى وأعلم.

(كَتَبْنَا لَهُ فِي الأَلْوَاحِ مِن كُلِّ شَيْءٍ مَّوْعِظَةً وَتَفْصِيلاً لِّكُلِّ شَيْءٍ فَخُذْهَا بِقُوَّةٍ وَأْمُرْ قَوْمَكَ يَأْخُذُواْ بِأَحْسَنِهَا سَأُرِيكُمْ دَارَ الْفَاسِقِينَ)

صدق الله العلى العظيم

قصة السامري والعجل

قاد هارون عليه السلام بني إسرائيل أثناء غياب موسى عليه السلام، فلما تأخر عن العودة بعد (30) يومًا اضطربوا وسألوا هارون فأخبرهم لعّلهم ارتكبوا معصية، فتذكروا أنّ نساءهم كنّ يستعرن

الذهب من المصريات أثناء المناسبات وبقي هذا الذهب معهم عندما هاجروا، فجمعوا هذا الذهب ودفنوه

(لذلك من الطبيعي اليوم أن يأخذوا كل شيء وينسبوه إلى أنفسهم) (ويمكن ان الله ضللهم بصناعة العجل لإن الذهب مسروق، والله أعلى وأعلم)،

فجاء رجل يدعى "السامري" فاستخرج الذهب وصنع منه عجلًا،

ثم أخذ قبضة من تراب خيل جبريل عليه السلام لم أخذ موسى فرماها على العجل فصار يصدر صوتًا، فلما رآه بنو إسرائيل أخبرهم أنّ هذا هو إلههم الذي ذهب موسى ليراه، فصدّقوه وجعلوا يعبدون العجل، وجعل هارون ينهاهم عن هذا الانحراف والضلال لكنهم لم يستجيبوا له، ثم فكّر أنْ يخرج بهم ويلحق بموسى لكنه خشي أن ينقسم بنو إسرائيل بينه وبين السامري، فقرر أنْ ينتظر موسى مكانه

وفي نهاية لقاء موسى برب العالمين أخبره بعبادة قومه العجل، فرجع إليهم مسرعًا وهو غضبان ووضع ألواح التوراة جانبا وبدأ التحقيق في مسألة عبادة العجل

موسى يحقق مع قومه:

(فَرَجَعَ مُوسَى إِلَى قَوْمِهِ غَضْبَانَ أَسِفًا قَالَ يَا قَوْمِ أَلَمْ يَعِدْكُمْ رَبُّكُمْ وَعْدًا حَسَنًا أَفَطَالَ عَلَيْكُمُ الْعَهْدُ أَمْ أَرَدتُّمْ أَن يَحِلَّ عَلَيْكُمْ غَضَبٌ مِّن رَّبِّكُمْ فَأَخْلَفْتُم مَّوْعِدِي (87) قَالُوا مَا أَخْلَفْنَا مَوْعِدَكَ بِمَلْكِنَا، وَلَكِنَّا حُمِّلْنَا أَوْزَارًا مِّن زِينَةِ الْقَوْمِ فَقَذَفْنَاهَا فَكَذَلِكَ أَلْقَى السَّامِرِيُّ (88) فَأَخْرَجَ لَهُمْ عِجْلا جَسَدًا لَهُ خُوَارٌ فَقَالُوا هَذَا إِلَهُكُمْ وَإِلَهُ مُوسَى فَنَسِيَ)

صدق الله العلى العظيم

موسى يحقق مع أخيه هارون:

(وَلَقَدْ قَالَ لَهُمْ هَارُونُ مِن قَبْلُ يَا قَوْمِ إِنَّمَا فُتِنتُم بِهِ وَإِنَّ رَبَّكُمُ الرَّحْمَنُ فَاتَّبِعُونِي وَأَطِيعُوا أَمْرِي (91) قَالُوا لَن نَّبْرَحَ عَلَيْهِ عَاكِفِينَ حَتَّىٰ يَرْجِعَ إِلَيْنَا مُوسَىٰ (92) قَالَ يَا هَارُونُ مَا مَنَعَكَ إِذْ رَأَيْتَهُمْ ضَلُّوا (93) أَلَّا تَتَّبِعَنِ أَفَعَصَيْتَ أَمْرِي (94) قَالَ يَا ابْنَ أُمَّ لَا تَأْخُذْ بِلِحْيَتِي وَلَا بِرَأْسِي إِنِّي خَشِيتُ أَن تَقُولَ فَرَّقْتَ بَيْنَ بَنِي إِسْرَائِيلَ وَلَمْ تَرْقُبْ قَوْلِي) صدق الله العلى العظيم

موسى يحقق مع السامري:

{قَالَ فَمَا خَطْبُكَ يَا سَامِرِيُّ (96) قَالَ بَصُرْتُ بِمَا لَمْ يَبْصُرُوا بِهِ فَقَبَضْتُ قَبْضَةً مِّنْ أَثَرِ الرَّسُولِ فَنَبَذْتُهَا وَكَذَٰلِكَ سَوَّلَتْ لِي نَفْسِي (97) قَالَ فَاذْهَبْ فَإِنَّ لَكَ فِي الْحَيَاةِ أَن تَقُولَ لَا مِسَاسَ وَإِنَّ لَكَ مَوْعِدًا لَّن تُخْلَفَهُ وَانظُرْ إِلَىٰ إِلَٰهِكَ الَّذِي ظَلْتَ عَلَيْهِ عَاكِفًا لَّنُحَرِّقَنَّهُ ثُمَّ لَنَنسِفَنَّهُ فِي الْيَمِّ نَسْفًا (98) إِنَّمَا إِلَٰهُكُمُ اللَّهُ الَّذِي لَا إِلَٰهَ إِلَّا هُوَ وَسِعَ كُلَّ شَيْءٍ عِلْمًا}

صدق الله العلى العظيم

أصاب السامري داء نبذه الناس بسببه، ثم أخذ موسى العجل فحرقه ورمى ما بقي من أثره في الماء

قصة عبادة العجل اثبات قاطع أن اليهود لا يمكن أن يؤمنوا برب ويؤمنون فقط بالمادة، ويمكن أنه من ظل منهم يعبد الله وحده ولم يعبد العجل هم المصريين الذين آمنوا بموسى وعيسى وأسلموا من بعد، والله أعلى واعلم.

الواح التوراة ورفع الجبل والسبعين رجل

بعد أن انتهى موسى من العجل وهدأ الغضب عنه، أخذ ألواح التوراة ودعا قومه إلى العهد والإيمان بما فيها، فرفض بنو إسرائيل، فحذّرهم موسى عليه السلام فسمعوا وعصوا، عندها اهتزّ جبل الطور ثم ارتفع في السماء وصار فوقهم، ولما رأوا الهلاك قالوا سمعنا وأطعنا

(وَإِذ نَتَقْنَا الْجَبَلَ فَوْقَهُمْ كَأَنَّهُ ظُلَّةٌ وَظَنُّواْ أَنَّهُ وَاقِعٌ بِهِمْ خُذُواْ مَا آتَيْنَاكُم بِقُوَّةٍ وَاذْكُرُواْ مَا فِيهِ لَعَلَّكُمْ تَتَّقُونَ

ثم اختار موسى (70) رجلًا من قومه لم يعبدوا العجل للقاء الله والاعتذار منه، فلما وصلوا جبل الطور اهتزّ بهم فجعل موسى يدعو الله طالبًا المغفرة حتى سكن الجبل

وَاخْتَارَ مُوسَى قَوْمَهُ سَبْعِينَ رَجُلاً لِّمِيقَاتِنَا فَلَمَّا أَخَذَتْهُمُ الرَّجْفَةُ قَالَ رَبِّ لَوْ شِئْتَ أَهْلَكْتَهُم مِّن قَبْلُ وَإِيَّايَ أَتُهْلِكُنَا بِمَا فَعَلَ السُّفَهَاء مِنَّا إِنْ هِيَ إِلاَّ فِتْنَتُكَ تُضِلُّ بِهَا مَن تَشَاء وَتَهْدِي مَن تَشَاء أَنتَ وَلِيُّنَا فَاغْفِرْ لَنَا وَارْحَمْنَا وَأَنتَ خَيْرُ الْغَافِرِينَ) صدق الله العلى العظيم

ثم جاءت غمامة غطّت المكان، وجعل موسى يكلم ربه وهم يسمعون، فلما فرغ أخبروه أنهم لن يؤمنوا ويطيعوا حتى يروا الله جهرة (لا يؤمنون بالغيب)، فنزل غضب الله بهم وبصاعقة قتلوا جميعًا، ثم دعا موسى الله تعالى وتضّرع فهؤلاء خيار بنو إسرائيل، فأحياهم الله جميعًا

(وَإِذْ قُلْتُمْ يَا مُوسَى لَن نُّؤْمِنَ لَكَ حَتَّى نَرَى اللَّهَ جَهْرَةً فَأَخَذَتْكُمُ الصَّاعِقَةُ وَأَنتُمْ تَنظُرُونَ (56) ثُمَّ بَعَثْنَاكُم مِّن بَعْدِ مَوْتِكُمْ لَعَلَّكُمْ تَشْكُرُونَ) صدق الله العلى العظيم

الله أماتهم ثم احياهم، لم يكن عيسى عليه السلام هو الرب أو ابن الرب كان الله المميت والمحي ولم يكلم عيسى موسى كان الله وحده. (اللهم أهدي اخوتنا واخواننا اليهود والنصارى، بإذن الله)

تيه بني إسرائيل 40 سنة

أمر الله موسى عليه السلام أنْ يسير ببني إسرائيل إلى الأرض المقدسة، وهناك كان يعيش قوم جبارين فرفض بنو إسرائيل

الاستجابة لموسى عليه السلام ودخول الأرض طالما هؤلاء الناس فيها،

حاول معهم فرفضوا وأصروا وقالوا اذهب أنت ورب فقاتلا

(يا قَوْمِ ادْخُلُوا الأَرْضَ المُقَدَّسَةَ الَّتِي كَتَبَ اللهُ لَكُمْ وَلاَ تَرْتَدُّوا عَلَى أَدْبَارِكُمْ فَتَنقَلِبُوا خَاسِرِينَ (22) قَالُوا يَا مُوسَى إِنَّ فِيهَا قَوْمًا جَبَّارِينَ وَإِنَّا لَن نَّدْخُلَهَا حَتَّىَ يَخْرُجُواْ مِنْهَا فَإِن يَخْرُجُواْ مِنْهَا فَإِنَّا دَاخِلُونَ (23) قَالَ رَجُلانِ مِنَ الَّذِينَ يَخَافُونَ أَنْعَمَ اللَّهُ عَلَيْهِمَا ادْخُلُواْ عَلَيْهِمُ الْبَابَ فَإِذَا دَخَلْتُمُوهُ فَإِنَّكُمْ غَالِبُونَ وَعَلَى اللهِ فَتَوَكَّلُواْ إِن كُنتُم مُّؤْمِنِينَ (24) قَالُواْ يَا مُوسَى إِنَّا لَن نَّدْخُلَهَا أَبَدًا مَّا دَامُواْ فِيهَا فَاذْهَبْ أَنتَ وَرَبُّكَ فَقَاتِلا إِنَّا هَاهُنَا قَاعِدُونَ (25) قَالَ رَبِّ إِنِّي لا أَمْلِكُ إِلاَّ نَفْسِي وَأَخِي فَافْرُقْ بَيْنَنَا وَبَيْنَ الْقَوْمِ الْفَاسِقِينَ) صدق الله العلى العظيم

هنا دعا عليهم موسى عليه السلام، فحرّم الله عليهم دخولها (40) سنة، وكتب عليهم الشتات في الأرض يسيرون بلا مأوى

(قَالَ فَإِنَّهَا مُحَرَّمَةٌ عَلَيْهِمْ أَرْبَعِينَ سَنَةً يَتِيهُونَ فِي الأَرْضِ فَلاَ تَأْسَ عَلَى الْقَوْمِ الْفَاسِقِينَ) صدق الله العلى العظيم

معجزة الغمام والمن والسلوى ومعجزة السقيا من 12 عين ماء

في سنوات التيه الأربعين أرسل الله لهم المعجزات التي تعينهم على حياتهم هذه

سحابة تظلّهم أينما ساروا

طعامهم طيور السلوى التي كانت تسقط عليهم من السماء

شرابهم "المن" سائل كالعسل يخرج من نبات أينما حلوا

فجرّ الله لهم (12) نبع من الماء بعصا موسى يضربها على حجر

الحياة في التيه

لم يكن عقابهم في التيه بقصد إبادتهم، وإنما طبقًا لقانون الله في الأرض،

﴿أُولَٰئِكَ الَّذِينَ آتَيْنَاهُمُ الْكِتَابَ وَالْحُكْمَ وَالنُّبُوَّةَ ۚ فَإِن يَكْفُرْ بِهَا هَٰؤُلَاءِ فَقَدْ وَكَّلْنَا بِهَا قَوْمًا لَّيْسُوا بِهَا بِكَافِرِينَ﴾ صدق الله العلى العظيم

أولئك الأنبياء الذين أنعمنا عليهم بالهداية والنبوة هم الذين آتيناهم الكتاب كصحف إبراهيم وتوراة موسى وزبور داود وإنجيل عيسى، أيها - وآتيناهم فَهْمَ هذه الكتب، واخترناهم لإبلاغ وحينا، فإن يجحد بآيات هذا القرآن الكفارُ من قومك، فقد وكلنا بها قومًا -الرسول آخرين -أي: المهاجرين والأنصار وأتباعهم إلى يوم القيامة- ليسوا بها بكافرين، بل مؤمنون بها، عاملون بما تدل عليه

فجيل الهزيمة سيدفع ثمن جبنه تيهًا وتشريدًا، ولكن سيخرج منهم الجيل الجديد الصُّلب، ولأجل هذا كان العقاب إجهادًا مع عدم استئصال

(كما هو معلوم أن الله جل جلاله بعث بكل نبي من الانبياء لقومه لينذرهم بأن يرجعوا الى الله جل جلاله وألا يفعلوا معصية معينة وبعد الانذار يأتي عذاب الله وفي أغلب الحالات يكون بالإبادة مثل ما حدث مع قوم نوح ولوط عليهما السلام).

لكن اختار اليهود في وقتهم بالأنبياء وكان امتحانهم الوحيد هو الإيمان المطلق بالله جل جلاله وقتلوا أغلب أنبيائهم ولم يحافظوا على التوراة التي أتيتهم مكتوبة رغم ذلك كتموها وغيروها.

قد فشل اليهود في الاختبار منذ ان اختارهم الله جل جلاله وكان اختيارهم من دون الامم في عصرهم، لأنهم كانوا بدو ورعاة وليس لهم وطن، ولكن رفضوا كل معجزات الله جل جلاله، رفضوا الوطن

والدين وكانوا يتمسكون بالتوراة لكي يكتمونها ويتكبرون في الأرض، لكن الايمان بالله جل جلاله لم يدخل قلوبهم ابدا والله أعلى وأعلم.

الله جل جلاله اختارهم حتى يعتبر الخلق من بعدهم أن الايمان بالله جل جلاله لا يحتاج الى معجزات، فالمسلمون آمنوا بالله ورسوله فبل ان يقرأوا القرآن.

الحمد لله جل جلاله أن أهدانا القرآن الكريم منهاج الحياة وكل حرف فيه يمثل معجزة ومحفوظ حتى يوم الدين، لكي يذكرنا بفضله ويثبت إيماننا على مر العصور، ويكلمنا الله به.

وعند النظر الى اليهود وما يحدث الآن، قد تم ذكره في القرآن فهو تصديق لآيات الله جل جلاله المذكورة في كتابه الكريم، ليزيد الايمان وينذر بنهاية كذبهم وغطرستم وعلوهم في عصرنا الحالي، وأن الله اختار الفلسطينيين وخاصتا أهل غزة، والله أعلى وأعلم)

؛ ولذلك سخَّر لهم ما يُبقي على حياتهم، فالصحراء أرض قاحلة مع جفاف وحر في الصيف وبرد في الشتاء وندرة في الماء، فكان الماء المطلب الأساسي عند بني إسرائيل، وهو في الصحراء مثارُ خلاف وقتال وصراع، ولكيلا يحصل هذا في بني إسرائيل فتتفرق كلمتهم فيزدادوا ضياعًا إلى ضياعهم، كان الحل الأمثل إفرادَ كل عشيرة بمورد ماء مستقل،

﴿وَإِذِ اسْتَسْقَى مُوسَى لِقَوْمِهِ فَقُلْنَا اضْرِبْ بِعَصَاكَ الْحَجَرَ فَانْفَجَرَتْ مِنْهُ اثْنَتَا عَشْرَةَ عَيْنًا قَدْ عَلِمَ كُلُّ أُنَاسٍ مَشْرَبَهُمْ كُلُوا وَاشْرَبُوا مِنْ رِزْقِ اللَّهِ وَلَا تَعْثَوْا فِي الْأَرْضِ مُفْسِدِينَ﴾ [البقرة: 60] صدق الله العلى العظيم

فكان لكل عشيرة عين ماء تخصهم، وبقي بعد الماء الطعام وما توفره الصحراء من طعام قليل، وسكان الصحراء يأكلون مما تنتجه إبلهم وأغنامهم، ولكن أنى لهم هذا وقد أتوا مع موسى من مصر بلد

الزراعة والخضروات؟! كما أخرج اللهُ لهم الماء من الصخر ضمِن لهم الطعام،

﴿وَظَلَّلْنَا عَلَيْكُمُ الْغَمَامَ وَأَنْزَلْنَا عَلَيْكُمُ الْمَنَّ وَالسَّلْوَى كُلُوا مِنْ طَيِّبَاتِ مَا رَزَقْنَاكُمْ﴾ [البقرة: 57] صدق الله العلى العظيم

فالمنُّ حُلْو المذاق، يأتيهم من السماء كمثل الثلج حين هطوله، ثم ينعقد كالصمغ، فيأخذون حاجتهم ويذيبونه في الماء ويشربون شرابًا لذيذًا، والسلوى طائر وسط بين الحمامة والعصفور، لذيذ الطعم، يأتي إليهم، فيمسكون منها حاجتهم، ولا يدخرون، وبما أنهم ليسوا من سكان الصحراء ولم يجربوا شظف العيش فيها، فكان لا بد لهم من بعض الرفاهية ريثما يتأقلمون، فظلل الله عليهم بالغمام فكان يمنحهم البرد في الصيف، والدفء في الشتاء، ثم جاء

الامتحان الثاني

وهو دخول بلدة دون قتال، ولكن بوضعية السجود والذكر والدعاء،

﴿وَإِذْ قُلْنَا ادْخُلُوا هَذِهِ الْقَرْيَةَ فَكُلُوا مِنْهَا حَيْثُ شِئْتُمْ رَغَدًا وَادْخُلُوا الْبَابَ سُجَّدًا وَقُولُوا حِطَّةٌ نَغْفِرْ لَكُمْ خَطَايَاكُمْ وَسَنَزِيدُ الْمُحْسِنِينَ﴾ [البقرة: 58] صدق الله العلى العظيم

ولكن بني إسرائيل لم يأخذوا الأمر بالجد، فغيروا وضع الدخول، وحرفوا الذِّكر إلى استهزاء،

﴿فَبَدَّلَ الَّذِينَ ظَلَمُوا قَوْلًا غَيْرَ الَّذِي قِيلَ لَهُمْ﴾ [البقرة: 59]

صدق الله العلى العظيم

فكان الأمر أن يدخلوا سجَّدًا باتجاه القبلة، وأن يقولوا: حطة - دعاء بلغتهم بحط الخطايا - فزحفوا على مقعدتهم مولين أدبارهم للقبلة وهم يقولون: ((حبَّة في شعرة))،

﴿فَأَنْزَلْنَا عَلَى الَّذِينَ ظَلَمُوا رِجْزًا مِنَ السَّمَاءِ بِمَا كَانُوا يَفْسُقُونَ﴾
[البقرة: 59] صدق الله العلى العظيم

والرِّجز العذاب، وعادوا إلى عيش الصحراء، والتيه في الصحراء

(الامتحان السابق يثبت مدي كفر اليهود بالرب والاستهزاء بالله جل جلاله)

قصة البقرة

سنذكر ما يهمنا فقط في هذه القصة وما هدفها لأنها أهم قصة في سورة البقرة ولذلك سميت بسورة البقرة

-الله جل جلاله طلب من بني اليهود أن يذبحوا بقرة: لم يحدد بقرة معينة، اي بقرة كما يشاؤون، شيء بسيط جدا، لكنهم يريدون دائما الجدال والاستهزاء وتصعيب الأمور، فلذلك طلبوا من موسى ان يحدد نوع البقرة ولونها ومواصفاتها؛ يريدون دائما تعقيد الامور ولا يثقون بأحد ولا الله ولا نبي الله.

- الله جل جلاله احي الميت عندما ضربوه بجزء من البقرة وأعلمهم بمن قتله ثم أماته الله مرة اخرى.

ليس عيسى هو المميت، بل الله الواحد الاحد

وهذا دليل يرد على زعم (أخواتي وإخواني النصارى بإذن الله) أن عيسى عاد الى الحياة بعد ثلاثة ايام من موته، فإن صح فهذا ليس بمعجزة خاصة بعيسى عليه السلام، فهذا حدث في عصر موسى كما سبق أن ذكرنا عدة مرات.

وافترق موسى وأخوه هارون عليهما السلام بمن أطاعه من بني إسرائيل من المفسدين منهم، وتاه المفسدون من بني إسرائيل في البرية، أربعين سنة في حيرة وضياع، يمشون كثيراً، ليجدوا أنفسهم

في نفس المكان الذي بدأوا منه، وبدأوا يموتون واحداً بعد آخر، تاركين هذه الدنيا ضعفاء أذلاء، حتى هلك جيل العار بأكمله تماماً.

نشأة جيل جديد من بني إسرائيل

لاحقاً، نشأ جيل آخر لبني إسرائيل ممن آمنوا بيوشع بن نون، وهو فتى سيدنا موسى، وقد جعل الله يوشع نبياً بعد موت موسى، وحكم يوشع بني إسرائيل بأحكام التوراة، كما أنه وبأمر من الله فتح يوشع وقومه حرروا مدينة مجاورة للقدس "أريحا" والدليل ادخلوا القرية لم يقل الأرض المقدسة

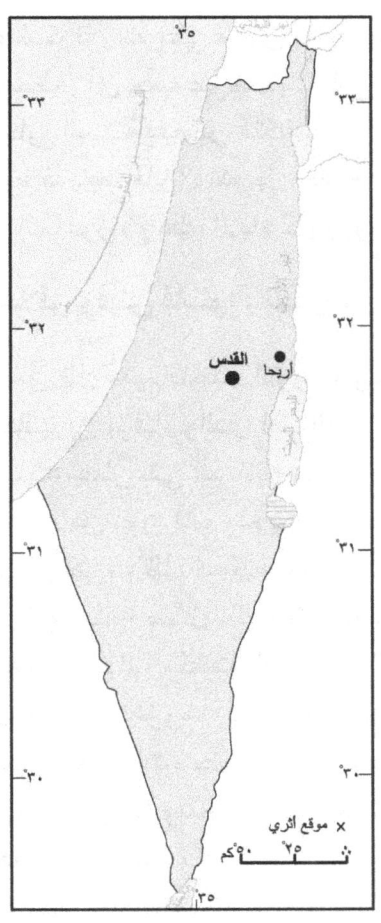

هل تنفيذ أمر الله يعني أن فلسطين كتبت لهم؟

على الرغم من أن الجيل الجديد لبني إسرائيل قد امتثل لأمر الله في محاربة العماليق وتحرير الأرض، إلا أن تحقيقهم المتأخر لهذا الشرط لم يحقق الوعد الذي أعطاهم إياه الله آنذاك بمنحهم الأرض المقدسة، وعليه لم يكتب الله لهم فلسطين.

حتى الجيل الجديد لبني إسرائيل، والذي حرر مع يوشع بن نون القرى المجاورة للقدس كما يشاع، أقدم على عصيان الله ومخالفة أمره، فعندما أمرهم الله أن يدخلوا المدينة سجداً، أي راكعين

مطائطي رؤوسهم، شاكرين الله على ما من به عليهم من الفتح، وأن يقولوا عند دخولهم حطة: أي حط عنا خطايانا التي سلفت، إلا أنهم خالفوا أمر الله، ودخلوا المدينة متعالين متكبرين، وحرفوا القول الذي أمرهم الله قوله استخفافاً بالله، فأنزل الله جل جلاله عَلَى ٱلَّذِينَ ظَلَمُواْ رجز، فابتلاهم الله بالطاعون، وهلك الآباء كلهم، وبقي الأبناء

عصيان وانحلال أخلاقي وديني فابتلوا بالحروب

حكم يوشع بن نون من ظل منهم بأحكام التوراة، وبعد وفاته حكمهم رجل صالح اسمه كالب بن يوفنّا، والذي أقام العدل في بني إسرائيل أربعين سنة، ولما مات، عاش بني إسرائيل في جوار الأرض المقدسة يعبدون الأوثان من دون الله، ولم يكونوا يحكمونها بل كانوا تحت حكم أصحاب الأرض، وظل الله يبعث لهم الأنبياء لتجديد ما نسوا من التوراة، ولكنهم ظلوا طوال تلك الفترة يعصون الله، ويقتلون الأنبياء حتى لقبوا بقتلة الأنبياء، وكانت الفوضى والنكبات والخلافات والانحلال الأخلاقي والديني تغزوهم، ودّبَّ فيهم الوهن والضعف، وفشت فيهم المعاصي والمنكرات، حتى سلط الله تعالى عليهم بدل الأنبياء ملوكاً جبارين يظلمونهم ويسفكون دماءهم، وأعداء من الأمم القريبة منهم لغزوهم ومحاربتهم، وكانوا في تلك الحروب أقرب

للخزي من النصر، وفي إحدى الحروب مات مَلِكهم، فبقي بنو إسرائيل كالغنم بلا راع، كما كانوا يتباركون في الحروب بتابوت الميثاق، وفيه بقايا مما ترك موسى وهاررن، وقيل أن فيها ألواح موسى وعصاه، وكانوا يُنصرون ببركة التابوت، وبما جعل الله فيه من السكينة

إضاعة بني إسرائيل لتابوت الميثاق

أضاع بنو إسرائيل تابوت الميثاق في حرب كانت بينهم وبين الجبارين، فقد ورد أن العمالقة من سلب منهم التابوت الذي يتباركون فيه في تلك الحرب، واستاؤوا للذل والهوان الذي وصلوا إليه، ولحظتها عادوا إلى رشدهم، وطلبوا العون من الله، فأرسل لهم نبي الله "أشمويل" لينتشلهم من التيه الذي هم فيه، ويساعدهم في استرداد التابوت

غطرستهم مجدداً

على غرار العادة، ورغم طلبهم المساعدة من الله لما حل بهم بسبب طغيانهم، تعامل بنو إسرائيل مع الحل الذي أعطاهم الله إياه بجدال وغطرسة، فقد طُلب منهم القتال لاستعادة التابوت، ولكن تراجع قسم كبير منهم ورفضوا القتال خوفاً على أنفسهم وحياتهم، أما القسم الذي قبل القتال، فقد عاند الله بالجدال، إذ اختار الله لهم طالوت ليكون ملكهم، ولكنهم رفضوا.

استكبروا ورفضوا القتال مع طالوت

لم يقبل بنو إسرائيل أن يكون طالوت ملكاً لهم، وأصروا أنهم أولى بهذا الملك، ورفضوا طالوت لأنه لم يكن من سبط المُلك ولا سبط النبوة، كما قالوا إنه فقير، فرد عليهم "أشمويل" وقال إن الله اصطفاه وأعطاه زيادة في العلم والجسم، وآيته إرجاع التابوت لكم، فوافقوا، وتأهب طالوت للخروج، فأسرعوا في طاعته، وخرجوا معه.

داوود قتل جالوت.. ومات طالوت

كان داود عليه السلام في جيش طالوت وشارك معه في القتال ضد جالوت، وقد قتل داود جالوت، ما جعله حديث القوم، وقد زوج طالوت ابنته لداود، كما جعله موضع نصحه وسره. لم يدم الود بين طالوت وداود، فقد تغيير طالوت على داود فجأة، وعَلِم داوود أن السبب هو خشية طالوت على ملكه من نفوذ داود، فقد كان محبوباً من قِبل اليهود، وكانت كلمته مسموعة منهم، وخصوصاً وأنه كان ينتقل من نصر إلى نصر في صالحهم، وعّلم داود أيضاً أن طالوت يرغم في التخلص منه والقضاء عليه، ولكن في النهاية توفى طالوت وهو يمضي في الصحاري ويُعلن الندامة ويطلب التوبة من الله

مملكة اليهود

حكم نبي الله داود مملكة اليهود بعد وفاة طالوت، وبايعوه اليهود، فقد آتاه الله مع الملك النبوة، وجعله رسولاً إلى اليهود يحكم بالتوراة وأنزل عليه الزبور (أحد الكتب السماوية)، ودام ملكه فيها 40 عاماً، ومن ثم توفى بعد أن أوصى الملك لابنه سليمان

حُكم سليمان اليهود

تولى سليمان عليه السلام الحكم وهو 12 عاماً، ولكن آتاه الله الحكمة والفطنة وحسن السياسة، وقد سخر له الجنود من الجن والإنس والطير، يجتمعون بأمره ويطيعونه، وقد ظل سيدنا سليمان يحكم بني إسرائيل 40 سنة ومن ثم توفاه الله في عام 931 قبل الميلاد

الهيكل المزعوم

في عام 597 قبل الميلاد، دخل نبوخذ نصر ملك مملكة بابل الأرض المقدسة، وقد شرَّد اليهود، وسوى أرض المقدس، وهنا ظهر اسم هيكل سليمان للمرة الأولى، فقد ادعى اليهود حينها أن نبي الله

سليمان قد بنى لهم معبد، والحقيقة أنه لم نعلم وجود لهيكل سليمان، بل فقط قصر وملك عظيم لسليمان، ومع ذلك لفقوا الأكاذيب وقالوا إن نبوخذ عندما طردهم من المنطقة، هَدم المعبد تماماً، وقالوا إن بيت المقدس قد بني على الهيكل المزعوم. وأصبح لا وجود للتوراة ولا أحد يحفظها عن ظهر قلب وبالطبع لا يمكن لاحد أن يحفظ كتاب مكتوب وغير ميسر للحفظ وفوق ذلك محرف.

بعد ما شردهم نبوخذ، بقي الفلسطينيون في أرضهم ولم يغادروها، والفلسطينيون هم من سكنوا فلسطين منذ القدم قبل الميلاد، أي قبل أن يدخلوها مع يوشع بن نون، وبذلك تاريخيا يكون الفلسطينيون هم أقدم وأول من سكن فلسطين لأنه لا يوجد شيء يسمى الكنعانيون وسنوضح ذلك فيما بعد

عودة اليهود.. واختلاف الحكام

في عام 539 قبل الميلاد، قام ملك الفرس كورش بالقضاء على مملكة نبوخذ، التي تشكل مملكة بابل والأرض المقدسة، وهنا بدأ اليهود بالعودة للأراضي المقدسة،

عزير (Ezra أو عزرا

أرسله الله بالتوراة مرة اخرى فمجده اليهود وقالوا عليه ابن الله جل جلاله وعبدوه

المشهور أن عزيرا نبي من أنبياء بني إسرائيل، وأن الله ألهمه بحفظ التوراة، لأنه لم يبق في بني إسرائيل من يحفظها، فسردها على بني إسرائيل، أمر الله ملكا، فنزل بمعرفة من نور، فقذفها في عزير، فنسخ التوراة بالآرامية حرفا بحرف حتى فرغ منه وللأسف حرفت مرة اخرى.

كتب اليهود تقول ان عزرا مات عنده اربعين عام، أما كتب النصارى تقول 120 أو 140

لكن القرآن يرد عليهم ويوضح هذا التناقض ويظهر المعجزة ويثبت التحريف وعدم صحة كتبهم

أن عزير كان متعجبا من الدمار وكيف يمكن ان ترجع القرية المدمرة كما كانت، فأماته الله جل جلاله **100** عام ثم أحياه ومن هنا يتضح الفرق في عمر عزرا في الشريعتين.)

ولكن كما هو حالهم في السابق، كانوا أقلية، وسكنوا البادية، ولم يكونوا لا حكام المنطقة ولا أسيادها، وظلوا هكذا، ولكن ظلت المنطقة هدفاً لكل ملك، يأتي بجيشه ويستولي عليها، فقد استولى عليها الإسكندر الأكبر، ملك الدولة المقدونية، ومن ثم البطالسة المصريين، ومن ثم السلوقيين السوريين، وظلت على هذا النحو 400 سنة

محاولة بني إسرائيل إقامة دولة يهودية

ظل بني إسرائيل خلال تلك الفترة يحاولون إقامة دولة لهم على الأرض المقدسة، وفي فترة الحكم الروماني 63 قبل الميلاد، سمح لهم الملك أن يحكموا عدد من المناطق تحت ولايته، أي أنهم ليسوا بحكام *(مثل السلطة الفلسطينية الآن).*

ولادة سيدنا عيسى عليه السلام

ولد سيدنا عيسى عليه السلام في بيت لحم بمعجزة من الله، وقد اتهموا اليهود السيدة مريم في حملها، وكانوا هم السبب الرئيسي في مقاتلة الروم للنبي عيسى عليه السلام، فهم من حرض الملك الروماني على عيسى عليه السلام، ما جعل النصارى مضطهدين في تلك المنطقة

تكذيب عيسى عليه السلام

على الرغم من أن التوراة قد بشرت بقدوم نبي يسمى يسوع، إلا أن اليهود لم يؤمنوا بشريعة عيسى عليه السلام، وظلوا متمسكين بالدين اليهودي المحرف، ولازالوا حتى يومنا هذا ينتظرون قدوم يشوع؛ ولكن منهم جزء آمن بعيسى عليه السلام، ولكن هذا بعد وفاته وانقسموا الى ثلاث فرق، فرقة صدقت بما اتى به من تصحيح ما حرف في التوراة والايمان بالرسول الذي سوف يأتي من بعده نبي آخر الزمان المخلص محمد صلى الله عليه وسلم.

وفرقة آمنت أن المسيح ابن الله وآخرهم آمنت أن المسيح هو الله وفي ذلك الوقت لم يكن قد أخترع الثالوث ولم يكتب الانجيل.

من نقل تعاليم سيدنا عيسى عليه السلام هم اليهود الذين كذبوه وهو بينهم، فبالتأكيد نقلوا كلامه كما يحلو لهم كما فعلوا في التوراة وكتبهم الأخرى المؤلفة التي ليس لها أي سند أو صحة، فاليهود هم بدويين من أصول عربية ولم يكن لديهم أي حضارة تذكر في التاريخ بدون الانبياء مثل داود وسليمان عليهما السلام و بدون الانبياء لا يمكن أن يتمسكوا بالإيمان بالله لانهم يؤمنون بالمادة فقط وحرفوا كتبهم لكي يتميزوا بها عن الخلق واقناع باقي البشر أنهم مختارين، لكن اختيار الله جل جلاله يكون للعباد الصالحين المؤمنين بجميع الأنبياء والمحافظين على الشريعة الصحيحة كما أنزلت بدون أي زيادة او نقصان.

حقا أن الله جل جلاله أختارهم لكي يطبقوا التوراة ويحفظوها من التغيير والتحريف ويعملوا بها، فلم يتحقق وعد الاختيار ولم ينجحوا في الاختبار ولا وجود لألواح التوراة وكتبوها بأيدهم وهم يعلمون جيدا أن الوصايا العشر نزلت على موسى عليه السلام مكتوبة على ألواح ولم يرفعها الله جل جلاله، بل لم يحافظوا عليها.

العقيدة اليهودية ليست صحيحة

الله جل جلاله لا يستريح كالبشر

الله جل جلاله لا يرسل نبيا (عزير) ليقول إنه أبن الله ويعبدوه من دون الله جل جلاله كما فعلوا اليهود والعجيب عندما تسألهم الآن يقولوا لا لم نفعل ذلك، ولكن نحن كلنا أبناء الله جل جلاله، فلما يعذبهم الله جل جلاله.

ونقلوا نفس الفكرة للنصارى فهم أيضا يقولوا إنهم أبناء ألله جل جلاله

موضوع ان عزير أو عيسى عليهما السلام أبناء الله، وهم أيضا أبناء الله، أمر عجيب في عقيدتهم كيف أنهم كلهم إخوان وأخوات، ولكن الله جل جلاله اختار أن يعبدوا عيسى أخاهم أمرا عجيب حقا.

هذه الافكار المعقدة والغريبة أتت من التحريف والتغيير المستمر في شرائعهم وكتبهم الكثيرة التي لا يمكن لاي انسان واقعي أن يصدق أن بدو ورعاة غنم وليس لهم أي حضارات أن يكتبوا هذه الكتب، والدليل على ذلك انهم لم يحافظوا على التوراة البسيطة التي نزلت على موسى عليه السلام.

بناء عل أنه لا يوجد الاصل أو المصدر الصحيح لهذه المؤلفات فلا يمكن الايمان بشرائع مؤلفة لأغراض شخصية او بإملاء من الملوك للتكبر والسيطرة على البشر.

لا يمكن بأي حال من الاحوال أن تكون الترجمة مثل الاصل خصوصا أن اللغة الاصلية هي الارمية أو القبطية ليست بلغات من المستوى الاول ومن يتكلمها لا يجيدها.

فكرة الابن والرب

سيدنا عيسى عليه السلام لم يذكر ابدا أنه أبن الله أو أن اليهود أخواته أو أنه سوف يعود للأرض مرة أخرى.

يمكن أنه بسبب عدم الفهم والترجمة الخاطئة وصلوا لهذا الضلال

في اللغة العربية نقول على الاب رب وعلى الام ربة

حتى الآن يقال على الاب رب البيت وعلى الام ربة البيت

وأيضا يمكن أن نقول على العم أب كما هو حدث مع سيدنا ابراهيم

- سيدنا عيسى كان هو وأمه مريم عليهما السلام يأكلون الطعام، ما هي الحكمة أن الرب أو أبن الرب يولد طفلا وينمو ويكبر ولا يؤمن له أحد، إلا بعد صلبه كما يزعمون يصبح رب أو أبن الرب، اي رب هذا الذي يموت فداء للبشرية، هذه فكرة وثنية.

بالنسبة للثالوث فقد بدأ في القرن الثالث الميلادي باجتماع القساوسة بالإسكندرية وطريقة العبادة أخذت من الديانات الاسيوية بالأخص الهندية، مثلا كطقوس البخور.

كما قلنا سابقا الانبياء الكذبة هم الذين كتبوا الانجيل وحرفوه من بعد عيسى عليه السلام ومن بعض الدلائل العصرية على التحريف أن:

وجود أناجيل كثيرة مختلفة في العقيدة فعيسى عليه السلام ليس الرب أو أبن الرب والخالق واحد ولا يمكن ان يكون ثلاثة في واحد.

عفو الكنيسة عن اليهود وتبريئهم من قتل سيدنا عيسى عليه السلام وتقديس اليهود وجعلهم فوق النصارى، دليل قاطع على التحريف المستمر.

عدم تحريم الطلاق كما كان سابقا، دليل قاطع على التحريف المستمر

عدم تحريم الشذوذ الجنسي كما كان سابقا، وامكانية زواج الشواذ الآن، دليل قاطع على التحريف المستمر.

لم يعد يُعتبر الشذوذ الجنسي خطيئة كبرى، وكون أن الأزواج من نفس الجنس يمكنهم الزواج في بعض الكنائس هو دليل قاطع على التحريف المستمر للإنجيل

يتشدقون دائمًا بقول المسيح: "إذا ضربتني على الخد الأيمن، سأعطيك الخد الأيسر"، يا له من تسامح، وهم يقتلون الملايين ليس دفاعًا عن النفس، بل بالاعتداء وسلب الأراضي والأموال والتطهير العرقي واستعباد الخلق، والعالم كله يعلم هذا جيدًا، مثل الحروب الصليبية وإبادة سكان الأرض في الأميركتين وأفريقيا، والحروب العالمية وحروب الدمار الشامل للدول العربية، وقتل الملايين من الأبرياء وإشعال الحروب الأهلية وتكاتفهم مع اليهود في فلسطين في مشروع الإبادة للشعب الفلسطيني

منذ طفولتي، وأنا أعلم جيدًا أنهم يذكرون في الإنجيل "ألف ولا تؤلفان"، وهذا يعني أن نهاية العالم كان من المفروض أن تكون سنة ألفين أو قبل ذلك، وكان هناك رعب يخيم على البعض بحلول سنة ألفين. أعتقد أنهم حذفوها من الأناجيل، أو ربما لا تزال موجودة، فهناك أكثر من **50** إنجيلًا، والله جل جلاله أعلى وأعلم

الخلاصة: لا يجوز اتباع هذه الكتب لأنها محرفة، وكل يوم يبتكرون ويغيرون ويكتبون شيئًا جديدًا. إذا كان هذا الوضع طبيعيًا لديهم، فأرجو أن يحذفوا من التوراة والإنجيل أنهم أبناء الله، لأن هذا يدعو إلى العنصرية والتكبر. كلنا بشر، أولاد آدم، ولا يمكن منطقياً قبول هذه الفكرة أبدًا. بهذا الفكر، يمكن أن تكون بعض الحشرات

والحيوانات أبناء الرب، لأن فيهم روح (ليست روح الله كما يفهم البعض خطأ، استغفر الله العلي العظيم)

أكذوبة شعب كنعان

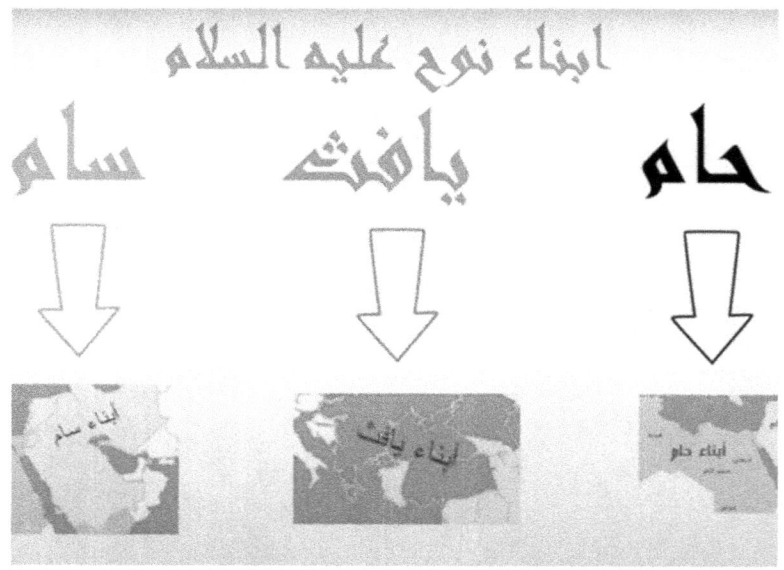

كنعان بن نوح أو يام بن نوح، هو الابن الرابع للنبي نوح وزوجته واغلة، وأخو سام، حام، ويافث؛ فإنه كافر ومات غرقا في الطوفان لأنه رفض ركوب السفينة مع أبيه.

فهذا يدل على شيئين:

أولا؛ لايوجد شيئ اسمه كانعانيون

ثانيا؛ موضوع حام ويافث وسام به شك كبير وعلى الارجح إن الطوفان كان في جزء من الارض والحضارة الفرعونية أكثر من 7000 سنة والعرب بالجزيرة العربية من قبل نوح عليه السلام.

ذهب إلى القول بأن اليمنيين أصل العرب جميعا، ومنهم تفرقت القبائل، وهاجرت إلى العراق وقامت الحضارات القديمة فيه، وإلى الشمال أقامت الحضارة الفينيقية في بلاد الشام، وإلى القرن الأفريقي وضفاف النيل حيث أقامت الحضارة الفرعونية، بل يقول هؤلاء المؤرخون إن أفريقيا سميت كذلك لأن أحد ملوك اليمن التبابعة واسمه أفريقيس بن ذي المنار قد أطلق اسمه عليها

وعلى أرض اليمن عاش سام بن نوح عليه السلام كما اكتشف العلماء أقدم لوح أثري من المرمر يعود لعام 1400 قبل الإسلام

أن عدنان جاء إلى مكة من اليمن من أصل عربي، وهو من العرب العاربة، وليست المستعربة، ومن نسله نبي الله إبراهيم، عليه السلام، ثم إسماعيل وقبيلة قريش، فهم عرب أقحاح، وقد هاجرت قبيلة جرهم قديما واستوطنت بقاع مكة

الهند القديمة، 3300 قبل الميلاد

في الهند القديمة، حيث تأسست الهندوسية، كان للدين أهمية كبيرة، إلى جانب التقاليد الأدبية العظيمة والهندسة المعمارية الرائعة، الأوبنشاد، أو النصوص الهندوسية المقدسة، تتضمن أفكار التناسخ والنظام الطبقي القائم على الحق المولد، وكلاهما صمد في العصر الحديث

الصين القديمة، 2000 قبل الميلاد

ازدهرت الحضارات الصينية المبكرة بمعزل عن الغزاة والأجانب الآخرين لقرون، وهي محمية بجبال الهيمالايا والمحيط الهادئ وصحراء جوبي، وتقع بين نهري الأصفر ونهر اليانغتسي. لمنع المغول من الشمال، قاموا ببناء حواجز اعتبرها البعض بمثابة السلائف المبكرة لجدار الصين العظيم، الذي تم بناؤه لاحقًا في عام 220 قبل الميلاد

إذا لا توجد أي دلائل على أن كنعان اسم لأرض فلسطين لا يعرف التاريخ شعباً قديماً أسمه الشعب الكنعاني؛ هذا اختراع لاهوتي، اختراع مصطلح "احتقاري" يصلح لأن يُطلق على الفلسطينيين ويعيد تعريفهم بديلاً عن هويتهم الأصلية.

هذا سلوك كولنيالي تقليدي مارسته سائر الجماعات الاستعمارية، لأن الاستيلاء على "أرض الآخر" لا يمكن أن يتحققّ، أو يكتمل إلا عبر فرض هويّة تاريخية مزيفة، تقطع مع الجذور الحقيقية، وتعيد انتسابه إلى جماعة مجهولة لا وجود لها في التاريخ، وبحيث يؤمن بها مع الوقت وتصبح هي ذاكرته، فلا يعود يتذكرّ أو يرغب في استرداد أصوله، بل أكثر من ذلك سوف ينكر جذوره الحقيقية، ويتمسك أكثر فأكثر بالهوية الجديدة الزائفة.

المؤسف أن الفلسطينيين وقعوا في هذا الفخ، وصاروا يرددّون دون أي مساءلة أو تشكيك أو نقد أنهم كنعانيون، بينما هم ينتمون لحضارة عظيمة هي الحضارة السورية أو الآشورية، تماماً كما رددّ الهنود الحمر أنهم "هنود حمر" وهم في الواقع أبناء حضارة المايا والأزتك العظيمة.

هذه هي الوظيفة الفعلية للهويّات الزائفة: استبدال ذاكرة بذاكرة أخرى، وخداع الشعوب التي يجري الاستيلاء على أراضيها بأنها كانت تعرف ذات يوم بهذه الهويّة.

في الواقع لا يوجد شعب قديم يدعى "شعب كنعاني". هذا اختراع لاهوتي/توراتي لا أساس له في التاريخ. والنص العبريّ من التوراة لا يقول قط بوجود هذا الشعب، وهو يطلق مصطلح (شفة كنعان/لشن كنعن: أي لسان كنعان לְשֶׁן כְּנַעַן) على جماعة قبلية صغيرة كانت تقيم في أراضٍ خصبة، يوم كان بنو إسرائيل جماعة بدوية حالمة بالاستقرار في المكان الخصب نفسه الذي يقيم فيه هؤلاء.

وهذا هو مغزى الصراع بين الطرفين كما صوّرته التوراة. بهذا المعنى، هو مصطلح أطلقته جماعة مهاجرة (مرتحلة، بدوية) على جماعة أخرى من السكان الأصليين، انتقاصاً من منزلتها، وبهدف تبرير الاستيلاء على أرضها.

يعني مصطلح كنعاني كما سنرى ذلك من الدلائل التي سأقدمها؛ "نجاسة/ قذارة". وإذا ما قمنا بمقاربة استثنائية بين الجماعة

الإسرائيلية القديمة المهاجرة، والجماعة الأوروبية الجديدة المهاجرة صوب فلسطين في مطالع القرن التاسع عشر (أي يهود أوروبا)، فسوف يتشكلّ أمامنا الإطار التوراتي/ اللاهوتي نفسه: ها هنا جماعة مهاجرة تتطلع للاستيلاء على أرض خصبة لجماعة أخرى.

وكما أن الجماعة المهاجرة القديمة في التوراة أطلقت مصطلح "كنعاني" (أي نجس/ قذر) على أصحاب الأرض الخصبة، فإن الجماعة الجديدة المهاجرة من أوروبا صوب فلسطين سوف تطلق المصطلح نفسه: نحن عبرانيون/إسرائيليون وأنتم كنعانيون، أي نحن من يجلب الحضارة، وأنتم مجرد نجاسة/قذارة.

لقد توارث أبناء وأحفاد إبراهيم هذا الموقف الدينيّ من الكنعانيين، ورفضوا الزواج من بناتهم. لماذا؟ لأنهم "قلف/لا يختتنون"، ولذا فهم "نجاسة/ قذارة". بهذا المعنى، تكون التوراة قد وصفت جماعة من غير المختونين بـ "كنعاني" أي نجس/قذر، ولم تتحدث عنهم كعرق (أي شعب آخر).

هذا التوصيف ينطبق فقط على حالتي جماعتين متناقضتين دينياً، إحداهما تؤمن بـ "الختان" وبإله إبراهيم، وأخرى "وثنية نجسة" لا تمارس الختان ولا تؤمن بإله إبراهيم.. وإذا ما وضعنا مروية التوراة عن اللعنة التي لحقت بكنعان، لأن والده رأى عورة أبيه، فسوف يكون مفهوماً لنا مغزى هذا السرد الديني. إنه نسل توارث "النجاسة/القذارة" منذ القدم، لأنه رفض الختان. هذه هي الدلالة الفعلية لقب كنعاني.

لكن هذا المصطلح/اللقب الذي حوّله اللاهوتيون إلى مصطلح دّال على "عرق/شعب آخر"، تحوّل إلى مشكلة، فقد راح علماء الآثار من التيار التوراتي يقدّمون، دون توقف، أدلة كاذبة ولا أساس لها عن حضارة كنعانية عظيمة.

وهكذا، أخذ هؤلاء يصنفون كل ما يجدونه في أرض فلسطين والأردن ولبنان وسوريا على أنه "كنعاني"، لكنهم في المقابل لم يعثروا على أي شيء يدّل على "بني إسرائيل" لإن اليهود بدو والبدو

لا يتركون أثر وليس لهم حضارة، وعندما كانوا في مصر كانوا رعاة غنم فلم يتركوا أي أثر.

وهذه مفارقة ساخرة، فقد استولت جماعة مهاجرة على أرض جماعة مستقرة بذريعة أنها "نجسة/قذرة" وبدائية، بينما تقول اليوم إنهم كانوا أصحاب حضارة!

في الواقع، لا يريد الإسرائيلي المعاصر، سواء أكان علمانياً أم مُتّديناً، الاعتراف بأنه يعيش "مشكلة هويّة"، وأنه حائر وضائع في دروب الرواية التاريخية التوراتية الزائفة، ولا يعرف منْ يكون بالضبط؟ هل يهودي فرنسي (أم العكس)؟ وهل هو يهودي هولندي (أم العكس)؟ بكلامٍ آخر، لا يستطيع الإسرائيلي تقديم تعريف صحيح عن نفسه، يعيد ترتيب تصنيفه عرقياً ودينيا، وأيهما هو هل هو اليهودي ثم الفرنسي/الهولندي/الألماني/ البلجيكي إلخ، أم هو الفرنسي ثم اليهودي/الهولندي ثم اليهودي/البلجيكي.. إلخ؟

وإذا ما تبنىّ فكرة كونه من عرق آخر، ففي هذه الحالة لن يعود له الحق في التشبّث بمطالب الرواية الدينية التي تتحدث عن جماعة تدعى "بنو إسرائيل"، لأن هؤلاء ليسوا قبيلة فرنسية أو بلجيكية أو هولندية، بل جماعة قبلية يمنية عربية قديمة، ورد اسمها سوية مع قبائل سبأ وحضرموت والشلف ويافع والضالع

كما أن اعتناق الدين، أي دين، لا يعطي الفرد أي حق في "ميراث ديني" لجماعة أخرى اعتنق دينها. هذا الوضع يشبه تماماً مطالبة ماليزي مسلم بإرث قريش في مكة لمجرد أنه أصبح مسلماً.

استطاع اليهودي المعاصر (الإسرائيلي من عرق أوروبي) أن يقدّم تعريفاً دقيقاً لنفسه، يفصلُ فيه بين كونه "أوروبياً يهودياً" لكنه ليس من بني إسرائيل -لأن هذه قبيلة عربية قديمة، أي أنه يهودي من عرق آخر لا صلة له ببني إسرائيل، فسوف يكون مثل المسلم الماليزي أو الصيني، ويتمكن من تعريف هويته ببساطة، فهو صيني/مسلم أو مسلم/ماليزي، لكنه ليس من قريش. غير ذلك،

فالإسرائيلي المعاصر سيظل في قلب أزمة معرفيّة عميقة خلقها مصطلح احتقاري انقلب عليه.

في الواقع يعيش الإسرائيلي المعاصر تحت رحمة اللاهوتيين في إسرائيل الذين حوّلوا الدين إلى تاريخ، وبحيث بات أي سؤال محرج ومثير من جانبه عن صحّة النص التوراتي، اشتباكاً مع الدين بوصفه هو التاريخ. ولذلك يتجنبّ طرح سؤال الهويّة.

إذا ما أخذنا بعين الاعتبار هذه الحقيقة المسكوت عنها في المجتمع الإسرائيلي "بوصفه مجتمعاً استشراقياً" أي مجتمعاً لفقته الرواية الدينية من كل الأعراق والأجناس، فسوف ينكشّف لنا وبجلاء جوهر المشكلة. إن الأفراد في هذا المجتمع هم أعضاء في "مجتمع استشراقي" تمّ اختراعه بفضل تحويل الدين إلى تاريخ. تماماً كما تمّ اختراع أرض كنعان.

إن هيمنة السرد اللاهوتي للتاريخ هي التي جعلت من هذا الفرد، سواء أكان علمانياً أم متديّناً، عبداً لرواية أسطورية لا أصل لها.

وهذا هو جوهر إشكاليّة الهوية عند الفرد الإسرائيلي. وبفضل هذه الهيمنة أيضاً، تحوّل الدين نهائياً إلى "تاريخ مقدّس"، فمنْ يشككّ في هذا التاريخ يشككّ تلقائياً في الدين، ومن يشتبك مع نصوص التاريخ، سيبدو وقد اشتبك مع نصوص الدين.

وهذا حقيقي حتى في الحالة الفلسطينية، فهناك من يقوم بتحويل الدين إلى تاريخ، وبحيث يصبح كل شخص مشككٌ في التاريخ المؤلف المحرف شخصاً مشككّاً في الدين.

ومع ذلك، لا يكفّ الإسرائيلي المعاصر عن التساؤل على الأقل مع نفسه: هل عاش أسلافنا هنا في هذه الأرض التي تُدعى فلسطين، حقاً، وقبل ألفي عام كما تقوله السردية اللاهوتية؟ وماذا كان اسم هذه الأرض؟ هل صحيح أنها كانت تعرف باسم أرض "كنعان"؟ لكن أين هي الحفريات التي تؤكد وجودها هنا؟

طبقاً لهذا الوضع، يعيش الإسرائيلي المعاصر نوعاً من "تيه يهودي جديد" في دروب التاريخ، باحثاً دون جدوى عن جواب لسؤاله غير المعُلن بعد: منْ نكون؟ منْ نحن؟ أين عشنا؟ إذا كنا نسعى في الماضي السحيق للاستيلاء على أرض كنعان لأن فيها "شعب نجاسة/ قذارة" فهل كنا نعيش معهم؟ وفي هذه الحالة حين استولينا على أرضهم هل توقفنا عن كوننا "كنعانيين"؟

سؤل حاخام يهودي أثناء كان يشرح لماذا هم الشعب المختار:

وكان السؤال "من كتب هذه الكتب" فكان رده: هذا سؤال معقد ويطول شرحه، ويمكن إني لا اعلم ولا اريد ان أخطأ، وهذا ليس الموضوع الذي نحن بصدده الآن.

إذا سألت أي شخص يقرأ كتابي الآن، "من كتب هذا الكتاب؟" ستكون إجابته الفورية، "باسل عايد".

ومع ذلك، هذا ليس كتابًا دينيًا

كيف لا يعلم من كتب دينه او على الأقل من ألفه؟!

سوف أترك لكم الحكم على معتقدات وكتب هؤلاء

وهم الهيكل

إعادة بناء الهيكل في القدس في الحقيقة إنه ليس ضلالة فحسب، بل تحدٍّ صارخ للرب واللعب بدين الله وإشعال الفتن بين الشعوب.

بحث في الانجيل

لم يطلب الرب بناء هيكل له، بل كانت فكرة الملك داود. ولم يدعه الرب يبني الهيكل، بل سليمان ابنه الذي فهم أن موضع سكنى الرب هو في السماء (١ ملوك ٨: ٣٠). كان الرب يعلم أن الشعب سيجعل من الهيكل وثنا.

وها هو النبي ارميا يؤكد ذلك:" إِسمَعوا كلِمَةَ الرَّبِّ ... لا تتَّكِلوا علَى كلامِ الكَذِبِ قائلينَ: هَيكلُ الرَّبِّ، هَيكلُ الرَّبِّ، هَيكلُ الرَّبِّ هو! ... هل صارَ هذا البَيتُ الّذي دُعيَ باسمي علَيهِ مَغارَةَ لُصوصٍ في أعيُنِكُم؟ ... أصنَعُ بالبَيتِ الّذي دُعيَ باسمي علَيهِ الّذي أنتُمْ مُتَّكِلونَ علَيهِ، وبالمَوْضِعِ الّذي أعطَيتُكُمْ وآباءَكُمْ إيّاهُ، كما صَنَعتُ بشيلوهَ" (ارميا ٧: ٢، ٤، ١٢).

فأرادوا قتل ارميا لأنه تكلم ضد الهيكل! (ارميا ٢٦: ٨-٩). ففي أعينهم صار الهيكل أعظم من كلام الرب ونبي الرب، والمتكلّم ضده مستوجب الموت. وبسبب عصيانهم أتى الخراب (٢ أخبار ٣٦: ١٥-٢١).

ولا يمكن الغفَل عن أوجه التشابه مع نبوة دمار الهيكل الثاني الذي نطق بها المسيح يسوع وقد كرّر الكلمات في سفر ارميا بجعلهم بيت الرب "مغارة لصوص" (لوقا ١٩: ٤٦). وكذلك اتهموه بالتكلّم ضد الهيكل. وتسببّوا بالخراب ثانية (لوقا ١٩: ٤٤).

ولكن في هذه المّرة تخلّى الرب عن الهيكل الثاني "هوذا بَيتُكُمْ يُترَكُ لكُمْ خَرابًا" (متى ٢٣: ٣٨) بعد أن كان يسمّيه "بيتي" (لوقا ١٩: ٤٦) صار "بيتكم".

ولا توجد نبوءة في الكتاب المقدس عن إعادة بناء هيكل أرضي في اورشليم يعتبره الرب بيته.

فلماذا أعطى الرب نبوءة بإعادة بناء الهيكل الأول بعد تدميره ولم يُعط أي نبوءة بإعادة بناء الهيكل الثاني؟

لقد عاتب الرب الشعب على تأخير بناء الهيكل وهم يبنون بيوتهم

" لأجلِ بَيتي الّذي هو خَرابٌ، وأنتُمْ راكِضونَ كُلُّ إنسانٍ إلَى بَيتِهِ" (حجي ١: ٩).

ولم يفعل هذا بعد خراب الهيكل الثاني.

ولم يتعلّم الشعب الدرس حتى بعد السبي.

فعند بناء الهيكل الثاني "كثيرونَ مِنَ الكهنةِ واللاويّينَ ورؤوسِ الآباءِ الشُّيوخِ، الّذينَ رأوا البَيتَ الأوَّلَ، بَكَوْا بصوتٍ عظيمٍ عِندَ تأسيسِ هذا البَيتِ أمامَ أعيُنِهِمْ ... ولَمْ يَكُنِ الشَّعبُ يُمَيِّزُ هُتافَ الفَرَحِ مِنْ صوتِ بُكاءِ الشَّعبِ" (عزرا ٣: ١٢-١٣).

ويقول الرب:

"مَنِ الباقي فيكُمُ الّذي رأى هذا البَيتَ في مَجدِهِ الأوَّلِ؟ وكيفَ تنظُرونَهُ الآنَ؟ أما هو في أعيُنِكُمْ كلا شَيءٍ!" (حجي ٢: ٣).

لأنهم اعتبروا المجد هو الفضة والذهب والنفائس التي احتواها.

لذلك يقول الرب

" لي الفِضَّةُ ولي الذَّهَبُ، يقولُ رَبُّ الجُنودِ" (٨).

أمر الرب ببناء الهيكل الثاني لأن المسيا كان سيأتي وينبغي أن تستمر الخدمة الرمزية في الهيكل بحسب النبوءة حتى يكمل الرمز بالمرموز له: المسيح يسوع.

لذلك يقول الرب

" ويأتي مُشتَهى كُلِّ الأُمَمِ، فأملأُ هذا البَيتَ مَجدًا ... مَجدُ هذا البَيتِ الأخيرِ يكونُ أعظَمَ مِنْ مَجدِ الأوَّلِ، قالَ رَبُّ الجُنود" (حجي ٢: ٩،٧).

وعندما أتى

"مشتهى كلّ الأمم" وتمّم هذه النبوّءة "ولكن أقولُ لكُمْ: إنَّ ههنا أعظَمَ مِنَ الهَيكلِ!" (متى ١٢: ٦)، "تشاوَروا علَيهِ لكَي يُهلِكوهُ" (١٤).

فقد أصبح الهيكل الثاني الذي قام الملك هيرودس بتجديده بمواد ثمينة وثنا ثانيا:

"ويلٌ لكُمْ أيُّها القادَةُ العُميانُ! القائلونَ: مَنْ حَلَفَ بالهَيكلِ فليس بشَيءٍ، ولكن مَنْ حَلَفَ بذَهَبِ الهَيكلِ يَلتَزِمُ.

أيُّها الجُهّالُ والعُميانُ! أيُّما أعظَمُ: الذهب أمِ الهَيكلُ الّذي يُقَدِّسُ الذَّهَبَ؟" (متى ٢٣: ١٦-١٧).

وكما رأينا فإن شق حجاب الهيكل (متى ٢٧: ٥١)

وقت إبطال نظام الذبائح وتخلي الرب عن الهيكل الثاني (متى ٢٣: ٣٨) والنبوءة بخرابه

(لوقا ١٩: ٤١-٤٤)

ونهاية نبوة السبعين اسبوعا لشعب اسرائيل كشعب الرب (دانيال ٧: ٢٤-٢٧)

لا يمكن أن تناسب المطامح بإعادة بناء هيكل لليهود.

فتكون العبادة فيه هي رفض صارخ للمسيح يسوع الذي تمّم نبوءات الكتاب المقدس كما رأينا.

فإن كان اليهود اليوم يؤمنون بالمسياح كما هو في النبوءات، فإنهم سيصبحون كما أصبح شاول الرسول بولس.

ولم يُناد أي من الرسل ببناء هيكل آخر لأنهم آمنوا بانتهاء زمن النبوة (زمن النعمة) للأمة اليهودية كشعب خصّه الرب بالبشارة بعد رفضهم للمسيا.

يقول الرب "...

علَى هذِهِ الصَّخرَةِ أبني كنيسَتي" (متى ١٦: ١٨).

ويوضّح الرسول بطرس:" كونوا أنتُمْ أيضًا مَبنيّينَ -كَحِجارَةٍ حَيَّةٍ- بَيتًا روحيًّا، كهَنوتًا مُقَدَّسًا، لتَقديمِ ذَبائحَ روحيَّةٍ مَقبولَةٍ عِندَ الرب بيَسوعَ المَسيحِ. لذلكَ يُتَضَمَّنُ أيضًا في الكِتابِ:

«هأنَذا أضَعُ في صِهيَوْنَ حَجَرَ زاويَةٍ مُختارًا كريمًا، والّذي يؤمِنُ بهِ لن يُخزَى»." (١ بطرس ٢: ٥-٦).

(الرسول بطرس من الانبياء الكذبة، الله لم يرسل أحد بعد عيسى عليه السلام إلا محمد صلى الله عليه وسلم.)

بولس جعل عيسى عليه السلام إله ويكون هو نبي، فأصبح من الأنبياء الكذبة

" أما تعلَمونَ أنَّكُمْ هَيكلُ الرب، وروحُ الرب يَسكُنُ فيكُم؟" (١ كونثوس ٣: ١٦).

فنرى تعليم يسوع أن هيكله هو كنيسته المبنية عليه هو "حَجَرَ زاويَةٍ مُختارًا كريمًا". وليست كنيسته مبنية على انسان مثل الرسول بطرس كما يفسّر آخرون في ضلالة أخرى عن هيكل الرب بعد دمار الهيكل الثاني.

يا للأسف تروّج المؤلفات التفسيرية الحديثة للكتب المقدسة بشكل واضح للوهم السياسي والقراءة المستقبلية لنبوءة دانيال ٩ وتشييد الهيكل الثالث.

لقد قاد وخلّص الرب شعبه في القديم في البرّية بعمود نار وسحابة ولم يختطفهم سرا ويدخلهم ارض الموعد. وهو يقود كنيسته في وقت الضيق.

اليهود في عصرنا الحالي قبل سلبهم اراضي وبيوت الفلسطينيين لم يكونوا في البرية ولم يكونوا رعاة غنم كما سبق في عصر انبيائهم وهؤلاء هم الأوربيون الذين جمعوا وقاموا باختراع العبرية وتأليف كتب التوراة اختراع أسطورة هيكل لكي ينزل مخلص.

لماذا لم ينزل المخلص في وجود الهيكل الاول المزعوم، سليمان لم يبن اي هيكل أو الهيكل الثاني؟؟؟ أين المخلص يا يهود.

إذا بنيتم مليون هيكل لم يأت اي مخلص لأنكم تعيشون في الماضي وتكتبون القصص والأساطير من خيالكم.

المخلص هو محمد صلى الله عليه وسلم والهيكل هو الأقصى والحمد لله

الهيكل الأول	الهيكل الثاني
لم يطلبه الرب: ٢ صموئيل ٧: ٧.	الأمر بالعودة: ارتحشستا ٤٥٧ ق.م.
البناء: سليمان في ٩٥٧ ق.م.	إعادة البناء: كورش ٥٣٨ ق.م.
النبوة بالدمار: ارميا ٧.	النبوة بالدمار: متى ٢٣: ٣٨، ٢٤: ٢، لوقا ١٩: ٤١-٤٤.
الحكم على النبي: ارميا ٢٦: ٨-٩.	الحكم على النبي: متى ٢٦: ٦١-٦٦.
السبب: ٢ أخبار ٣٦: ١٥-٢١.	السبب: متى ٢٣: ٣٧ ولوقا ١٩: ٤٤.
التدمير: نبوخذنصر في ٥٨٧.	التدمير: الرومان في ٧٠ م.
النبوة بإعادة البناء: دانيال ٩.	النبوة بإعادة البناء: ---------
وصفه: "بيت الرب" و " البيتُ الّذي دُعيَ باسمي علَيه" ارميا ٧: ٢و١٠.	وصفه: "بيتكم" متى ٢٣: ٣٨.

سليمان

النبي سليمان كان ملكا عظيما.. فأين قصور حكمه وأماكن عبادته الأثرية...؟!

الكتب المقدسة، أجمعت على أن الله سبحانه وتعالى، آتى سليمان ملكا عظيما، وسخر له كل شيء، الريح والطير، والنمل، والجن، وتسبيح الجبال وعلماً بالقضاء.. مصداقا لقوله في سورة النمل:

«وَحُشِرَ لِسُلَيْمَانَ جُنُودُهُ مِنَ الْجِنِّ وَالإِنْسِ وَالطَّيْرِ فَهُمْ يُوزَعُونَ»
صدق الله العلى العظيم..

وفى سورة سبأ:

﴿وَلِسُلَيْمَانَ الرِّيحَ غُدُوُّهَا شَهْرٌ وَرَوَاحُهَا شَهْرٌ ۖ وَأَسَلْنَا لَهُ عَيْنَ الْقِطْرِ ۖ وَمِنَ الْجِنِّ مَن يَعْمَلُ بَيْنَ يَدَيْهِ بِإِذْنِ رَبِّهِ ۖ وَمَن يَزِغْ مِنْهُمْ عَنْ أَمْرِنَا نُذِقْهُ مِنْ عَذَابِ السَّعِيرِ﴾ صدق الله العلى العظيم

وورد اسم سليمان عليه السلام في القرآن الكريم في سبع سورٍ، وفى ستّ عشرة آية، وقد كان هذا الذكر ملازماً للنعم المترادفة التي أنعم الله عليه وعلى أبيه داود عليهما السلام، كما ورد فيها فضل الله العظيم عليه وعلى أبيه من قبله.. فقد سخّر الله له الجن، والإنس، يخدمونه بما يريده، ولا يخرجون عن طاعته، وسخر له مردة الشياطين، حيث كانوا يغوصون له في البحار لاستخراج اللآلئ والجواهر، ويؤدون الأعمال التي يصعب على البشر القيام بها، كبناء القصور العالية، والصروح الضخمة.

وتحدثت التوراة، عن سليمان، واعتبرته ملكا لأعظم ممالك المشرق العربي، وأن حدودها لم تقتصر فقط على فلسطين، وإنما امتدت لتشمل كل بلاد الشام.. واعتبرت عصره أزهى عصور إسرائيل على الإطلاق، عمرانيا وعسكريا وإداريا وثقافيا، وبما أن الإنس والجن

ومردة الشياطين، بجانب الطير والحيوانات، شاركت في بناء مملكة سليمان العظيمة، فإن الطفرة العمرانية ستكون عظيمة الشأن، مباني وقصورا لا مثيل لها، وتتحدى غدر الطبيعة، وعوامل التعرية وتقف صلبة قوية تباهى الزمن، ومع ذلك لا يوجد شاهد أثرى واحد، صغيرا كان أو كبيرا، أو نقشا على حجر أو معبد أو قصرا، يؤكد حقيقة مملكة سليمان.. وفقا لما جاء في التوراة.

الأثريون الأجانب والإسرائيليون، وبموجب عقيدة دينية، وليست تاريخية وأثرية، حاولوا وطوال عقود طويلة البحث والتنقيب عن آثار مملكة داود ومن بعده مملكة سليمان العظيمة، وجابوا فلسطين طولا وعرضا، ومع ذلك لم يعثروا على أي شيء، حتى كتابة هذه السطور، وربما أصابهم اليأس والإحباط الشديد، وسلموا بأن العثور على أثر واحد شاهدا على إمبراطورية سليمان، في فلسطين والشام، كالبحث عن إبرة في قاع المحيط.

بل، الأهم، أن حوليات الحضارات القديمة جميعها، والتي واكبت نفس تاريخ مملكة داود وسليمان، مثل حضارات فينيقيا وآشور ومصر القديمة، لم تشر من قريب أو بعيد لهذه المملكة، وأن خبراء وباحثين وعلماء في التاريخ، طرحوا سؤالا جوهريا: مملكة بحجم وعظمة مملكة سليمان، لا يمكن أن تكون بمعزل عن الحراك السياسي والعسكري في زمنها مع الجيران، من احتكاكات واختلافات، ما ينجم عنها نشوب معارك حربية، فلماذا لم تذكر الحضارة المصرية شيئا عن هذه المملكة، لا خيرا ولا شرا...؟! إذا ما وضعنا في الاعتبار أن حكم سليمان دام أربعة عقود كاملة، حيث حكم فلسطين لثلاث وثلاثين عاما، وحكم مدينة الخليل في فلسطين لمدة سبعة أعوام، وكانت وفاته في القدس عام تسعمائة واثنين وثلاثين قبل الميلاد، وهي تواريخ مهمة ودالة ومؤثرة في محيطها قبل الداخل.

بعض المستشرقين، يحاولون التشكيك في حقيقة شخصية سيدنا سليمان، وأنه يأتي بالخوارق، مثل التحدث مع الطير والنمل، ويُسخر الجن ومردة الشياطين، والريح وكل شيء، ومن ثم فإنه أقرب إلى أبطال الأساطير، ويطرحون الأسئلة أين مملكة سبأ؟ وأين القصور والمعابد والنقوش والوثائق التاريخية الدالة على وجود مملكة سليمان...؟

بنائنا على أننا عرفنا الله جل جلاله بالعقل والحمد لله تعبدناه بالقلب وهو ما يفتقده اصحاب الديانات الاخرى لان الاسلام هو دين التوحيد المطلق منذ خلق الكون وبالتأكيد من كانوا من الموحدين في العصور القديمة كانوا يتبعون فترة أبونا آدم عليه السلام أو قد أرسل إليهم نبي من الانبياء الذين لم يذكروا لنا والله جل جلاله أعلى وأعلم.

فالقرآن قص علينا ملك سليمان عليه السلام وسبأ فنحن نؤمن بكل حرف من حروف كتاب الله جل جلاله.

عدم وجود اي آثار لهذا الملك هذه حكمة لا يعلمها إلا الله جل جلاله.

ولكن بالاجتهاد يمكن أن نستنتج أنه ملك سليمان لم يكن من صنع البشر فقط، بل كل المخلوقات تقريبا صخرها الله جل جلاله لخدمة سليمان عليه السلام واكيد اليهود في عصره قد نعموا بهذا الملك، ولكن لم يشكروا هذا النعيم وضلوا كما ضلوا من قبله.

لان هذا الملك لم يكن من صنيعهم فقد محاه الله ولم يترك له أثر حتى لا يكون لليهود على أحد من البشر حجة ولا يتكبروا ولأنهم لم يقوموا ببناء هذا الملك، ويظل كل تراثهم هي مؤلفات يحرفونها كما يشاؤون ويزعمون أنها من عند الرب.

والله أعلى وأعلم

هذا يثبت ان هذه هي الفترة الوحيدة الذي حكم فيها اليهود أرض فلسطين وكما بينا كان حكم أنبياء وملوك مرسلين داود وسليمان عليهما السلام. ولكن لم يكن هناك هيكل وإن وجد فقد بناه سليمان وليس اليهود.

والحكم الثاني لم يكن حكمهم لأنهم كانوا تحت حكم الفرس، لم يكن لليهود حكم مستقل أبدا كما هو الحال الآن فهم تحت الحكم الامريكي الأوربي، فهو استعمارا امريكي أوربي لفلسطين، والمحتلين المستعمرين مرتزقة من اليهود.

أي مخلص الذي يجب ان يبنى له هيكل أو معبد أو هرم أو أعلى مبنى بالعالم لكي يأتي، عصر القرابين قد انتهى.

الله جل جلاله يقول للشيء كن فيكون ففي حالة إخواننا اليهود و النصارى إذا كانوا ينتظرون مخلص فسوف يرسل الرب المخلص بدون أن يبنى الهيكل مثلما حدث مع سليمان، لكن عصور المعجزات قد انتهت، المعجزات الآن وفي المستقبل تأتي على يد عباد الله الصالحين، وأكبر مثال ما يحدث في غزة (فلسطين)، لا يوجد أي أدنى تكافا بين القوتين، الفلسطينيين يقاومون بدون أي إمكانيات، وهذا الكيان المحتل هزم منذ العاشر من أكتوبر 2023، لا يمكن هزيمة الإيمان بالله، هذا الكيان المحتل يحارب الله، ولايزال هو وحلفائه لا يبصرون، ألم يفطنوا لهذا بعد، يصرون على الباطل وأن الباطل كان زهوقا .

العدو الذي لا يقهر قد هزم في 6 أكتوبر عام 1973، من قبل بإيمان الجيش المصري ومع الإيمان أتت معجزة الماء الذي دمر حصنهم المنيع، فالمؤمنين يعدون ما استطاعوا من قوة، وكلما زادت قوة الإيمان كلما زادت المعجزات.

ولكني لا أعلم حتى الآن يريدون مخلص من ماذا بالضبط وهم ابناء الرب وأحبائه وبعد ما يموتون ويبعثون مرة أخرى سوف يذهبون الى الجنة كما يزعمون.

إذا كانوا لا يؤمنون بالمخلص الحقيقي وكتاب الله جل جلاله فلنعش كلنا في سلام ولا داعي لكل هذا الانفاق على الاسلحة وقتل البشر وسفك الدماء واخذ أراضي وثروات الشعوب بالباطل وحرق الاراضي والزرع وهدم دور العبادة باسم الدين وفي الاخر يزعمون أن دينهم دين سلام.

يجب أن تنظروا حولكم لولا الاسلام ما وجد يهودي أو مسيحي بالشرق الاوسط والمعابد والكنائس باقية حتى يومنا هذا بفضل الاسلام وهذا دليل يوضح ويثبت لكم لماذا لا يوجد آثار لليهود قبل الاسلام لإن اليهود هم الذين كانوا يدمرونها بأيديهم كما يفعلون الآن في الأرض المقدسة.

والرومان كانوا يعذبون ويذبحون مسحيين الشرق الأوسط.

والروم في الحروب الصليبية كانوا يفتحون بطون أهل الشام من مسلمين ونصاري ويهود حتى يبحثوا عن الذهب بداخلها.

قد قال عيسى عليه السلام أن المعبد سوف يهدم لإنهم لم يتخذنه للعبادة إنما يمارسون فيه البيع والشراء كالسوق.

فهدمه الرومان وطردوا اليهود من فلسطين؛ لم يذكر عيسى عليه السلام أي شيء بخصوص بناء هيكل آخر.

بعد أن هدم الهيكل جعله الرومان مزبلة لرمي القمامة.

لم يؤمنوا اليهود بعيسى عليه السلام رغم أنه قد تحقق ما قاله لهم وهذا أمرا طبيعيا بالنسبة لليهود فهم متمسكون بكتبهم المؤلفة ويحرفونها لكي يوظفونها لما يريدون، وإذا كانت الأرجنتين أو أي

من الدول الأخرى وقع عليها الاختيار لتكون وطن لهم، كانوا سيغيرون أرض الميعاد في كتبهم، لتكون تلك البلد التي اختيارها.

وإذا كان في خيالهم بناء هيكل ثالث فقد بني بالفعل وهو المسجد الاقصى الذي بناه سابقا أبونا آدم عليه السلام.

هوية اللغة العبرية

لم يكن ابراهيم عليه السلام يتحدث بالعبرية ولا أجداده لأنهم كانوا يتحدثون بالعربية، مثال جده هود عليه السلام كان عربيا وبعث الى قوم عاد وهم عرب. لا يوجد اي آثار للغة العبرية أو لشعب عبراني.

رؤية أخرى أن مصطلح العبرية يشير إلى بدو أو أعراب ـ أي اشتقاق من الفعل الثلاثي "عبر"، الذي يرد في العهد القديم بمعنى "عَبَرَ". أي أن الاتجاه الأخير لا يرى أي أصول عرقية لـ "عبريين"، وإنما وصف لحالة اجتماعية محددة.

أمام الصمت المطبق للأثريات كان لزاماً على المنهج التوراتي إيجاد الدليل على وجود "العبريين" ولو كان واهياً، فبدئوا في البحث في النقوش القديمة التي تعود لممالك الشرق القديم، والتي تشير إلى مجموعات من الناس عُرفت بأسماء مختلفة مثل [س،ء. جءز]، [خفيرو]، [خبيرو]، [عفرم]، [عفر. و]، [عابيرو] في النصوص المسمارية في (نوزي، وتل حريري ـ ماري ـ، وتل العطشانة ـ الالاخ ـ، ورأس شمرا ـ أوغاريت ـ، تل العمارنة وغيرها ...) واعتقدوا أنهم اكتشفوا فيهم [العبريين]. ولكن هذا الرأي لا يتفق مع غالبية الأبحاث الرصينة المتعلقة بهذه المجموعات، التي لا مجال لذكرها الآن.

وإذا كان مؤرخونا، لم يشككوا لحظة فيما تلقنوه، بل رددوه كببغاء، فإن أحد المفكرين الغربيين بير روسي، لم يسعه السكوت على هذا الكذب التاريخي، فيخصص الفصل الأول من كتابه الرائع "مدينة إيزيس، التاريخ الحقيقي للعرب"، لدحض هذه الفرية مقدماً إيضاحاً موجزاً حول قضية العبرية.. التي ليست إلا وهماً معقداً ومستمراً لشعوذة اشتقاقية لغوية، قد استطاع أن يجر كثيراً من الناس ليروا

"العبرانيين"، وفي "ثقافتهم" الأجداد الساميين لتاريخ الشرق، في أوروبا أيضاً ولتاريخنا نحن.

إن علينا أن نعرف قبل كل شيء أن التاريخ المصنوع لـ "عبرانيين" خارج النصوص التوراتية هو الصمت الكلي المطبق. فلا العمارة ولا الكتابات المنقوشة على الآثار، ولا القوانين والدساتير تكشف أثراً قليلاً لـ "عبرانيين". فعلى آلاف النصوص المسمارية أو المصرية التي تؤلف المكتبة المصرية، أو مكتبة رأس شمرا أو نينوى، وحتى في الروايات الآرامية.. في ذلك كله لا تذكر كلمة "عبرية".

وأشهر ملوك التوراة داود وسليمان لم يصبحا قط موضوع وقائع تاريخية، وليس هناك أبداً ذكر للملحمة المعزّوة لعبور "العبرانيين" وليس هناك أي انقطاع حضاري ثبت بالحفريات التي تمت في فلسطين منذ عام 1880- 1925 فالعدم كامل مثلما هو قطعي وجازم.

لنغادر أراء روسي هذه، الجديدة والمفاجئة حتى لنا نحن عرب هذا العصر، ولنغادر كتابه القيم الذي هو جدال موسع محكم حول صحة مقولاته وأطروحاته هذه، ولننظر إلى مفهومنا الديني عن "العبريين" عبر كتاب الله تعالى القرآن الكريم: فهل ثمة ما يشير إلى "العبرانيين" في القرآن الكريم!؟ لم ترد كلمة "عبري / عبراني" في القرآن الكريم مطلقاً، فقد ورد ذكر "بني إسرائيل" و"قوم موسى" و"اليهود"، ذلك مما يدل على أن العرب في زمن النبي محمد (صلى الله عليه وسلم) لو كانوا يعرفون "العبرانيين" أو "العبريين" لورد ذكرهم في القرآن بهذه التسمية.

لنضف إلى ذلك أن "العبرانيين" مجهولون في الأناجيل، بالرغم من أن هناك رسالة لـ "عبرانيين" في الأناجيل، ولكنها مرفوضة لأسباب مادية من قبل شُرّاح الكتاب المقدس، مرفوضة لأسباب مادية قبل كل شيء. هكذا لم تكن العبرية إلا بدعة تاريخية لإسقاط جغرافية التوراة

على فلسطين ومحيطها، وهذا الإسقاط جرٌ كذباً تاريخياً يهودياً، فعلينا الاحتراس من التمادي في استخدام مصطلح "العبرية" المجهول، الذي يفلت من كل تحليل جاد. وإنه لمن الصعب علينا اليوم أن نعرف "العبرانيين" بواسطة المكان، أو الزمان، أو بمعونة علم الاجتماع، أو علم الأديان.

سر – مر – رب تعني السيد

أسر ابناء سيد سر الاسريون أو سريان أو سوريون وهم في سورية وتعني السيدة.

أمر هم الامريون أبناء سيد مر الذين تركوا شبه الجزيرة العربية وذهبوا إلى الغرب.

إرب هم ابناء سيد رب وهم العرب الذين انتشروا في شبه الجزيرة العربية.

هؤلاء الاباء الثلاثة الذي لم يعرف زمنهم هم الذين انتشروا في كل الاراضي العربية والارجح انهم قبل الطوفان ولا وجود لعبرانيون.

تزوير تاريخ بنو إسرائيل

بنو إسرائيل هم عشيرة عربية رعوية بدوية وهم بدو عرب لا علاقة ليهود العالم بتراثهم أو ارضهم.

طبقا لما يقوله دوجلاس رد في كتابه جدل حول صهيون، علما بان 85% من يهود العالم من الخازرين

Douglas Reed “Controversy of Zion”

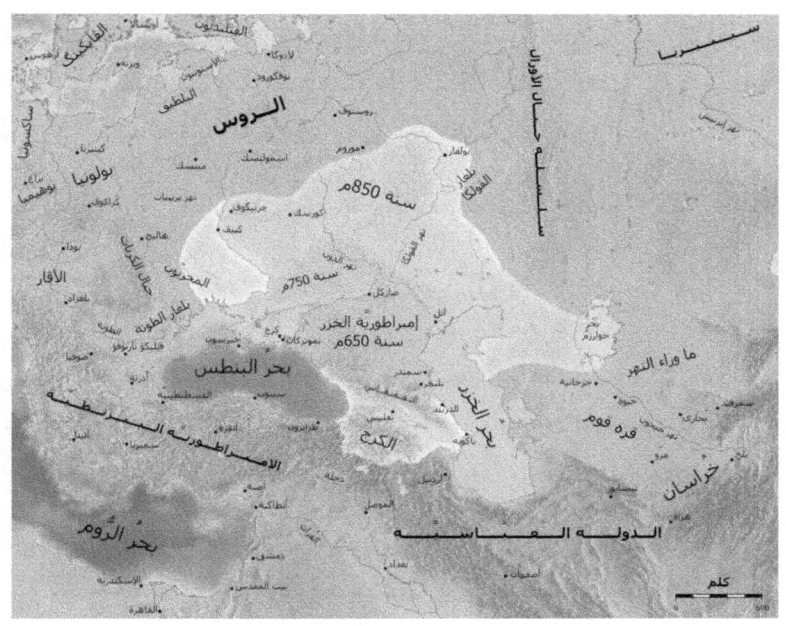

من أقوام الخزر الذين اعتنقوا اليهودية في القرن الثامن بعد الميلاد ثم انتشروا في أوربا الشرقية ثم الغربية ثم أمريكا والذين يجرون الى فلسطين هم هؤلاء من الخزرين. هم ارو يبون وامريكيين ومن أفريقيا ومن الهند والصين وهذا يتكلم الالمانية وذاك الروسية وذاك الانجليزية ومنهم الاحمر والابيض والاسمر ولا يجمعهم شيء سوى الدين اليهودي المستحدث فليس لهم أي علاقة لا بميراث إبراهيم العربي الاصل وولد بالعراق ولا بيعقوب الذي هو اسرائيل.

كل الارض العربية لا ذكر لهم لا في الآثار ولا في الوثائق كل ما لديهم هو من مدونات التوراة التي كتبوها، آثاريا صفر وهم بدو والبدوي لا يترك بصمة على الارض يموت وتموت أغنامه.

إذا قرئنا بالتوراة نجد: ان هذه العشيرة كانت ترعى في براري اليمن عند وادي حريب وجبل حريب وكلمة حريب التي تعني بالسريانية التي هي مع العربية لغات إبراهيم عليه السلا م تعني الخرب.

وتقول التوراة أن الرب تجلى لموسى في جبل حريب في نار العليقة المشتعلة.

وهذا جبل حريب اسمه طور سيني وسيني جمع سينيتا بالسريانية وتعني العليق، كما ذكر بالقرآن وطور سنين وهو جمع مذكر سالم أي جمع سينيه شجرة العليق وتستخدم في الجمع لإنه متشابك دائما. ليست صحراء سيناء كما يزعمون وينشرون.

كان مواقع انتشار اليهود من جبل حريب الى براري حضرموت وكانت مساكنهم اما في الكهوف بالجبال أو الخيام في البرية.

سيناء بوابة مصر الشرقية هي شبه جزيرة صحراوية من قديم الزمان، تمثل 6% من إجمالي مساحة مصر.

إن المصري القديم فطن إلى أن سيناء هي خط الدفاع الأول عن مصر فأنشأ بها أول جيش نظامي عرفه التاريخ الإنساني للدفاع عنها.

أن الجيش المصري أول جيوش العالم التي كان بها رُتب عسكرية تتدرج من القائد حتى العسكري، كما كان الفراعنة أول من عملوا بنظام التجنيد الإجباري لحماية حدود الوطن.

وأوضح عالم المصريات أن هذا الجيش تم تكوينه قبل الميلاد بـ 2800 عام على يد الملك زوسر مشيد الهرم المدرج من الأسرة الثالثة، (هذا اثبات أخر أن الطوفان كان خاص بقوم نوح عليه السلام).

في عهد الدولة الوسطى أيام الفراعنة تم رصف أول طريق عسكري في التاريخ الإنساني والذي كان ممثلا في طريق حورس الحربي لربط رفح المصرية بفلسطين وكانت فلسطين تحت حكم مصر.

وكانت وظيفة هذا الطريق وصل العريش برفح المصرية (في سيناء) بفلسطين وكان محاطا بالآبار من الاتجاهين، ليوفر لجنود الجيش احتياجاتهم من الماء في تلك الصحراء الجرداء.

أن مصر الفرعونية شهدت توقيع أول وثيقة سلام في تاريخ البشرية بين الملك الفرعوني سيتي الأول والحيثيين الذين مثلوا عدو مصر اللدود لفترة تاريخية طويلة.

أن الملك رمسيس الثاني نجل الملك سيتي الأول وقع على وثيقة سلام جديدة مع الخصم ذاته، تضمنت بنودها أن يتزوج الملك المصري من ابنتي ملك الحيثيين زواجا دبلوماسيا.

أن المصري القديم فطن إلى الخطر الداهم الذي من الممكن أن تتعرض له حدود مصر بحرا وليس برا فقط من خلال نهر النيل أو البحرين الأبيض المتوسط (من ناحية الشمال) والأحمر (من ناحية الشرق) ولهذا الشأن، المصريين شرعوا في دراسة كيفية صناعة المراكب البحرية، وبالفعل نجحوا في تشييد أول أسطول بحري في تاريخ الإنسانية قبل ألفي عام من الميلاد.

مما سبق نستدل أن اليهود بعد خروجهم مع موسى عليه السلام من مصر لم يذهبوا الى سيناء أو فلسطين وأن الله جل جلاله لم يكلم موسى عليه السلام بمصر لإن النار الذي رئاءها موسى عليه السلام كان مصدرها حريق أشجار والطور يعني الجبل ذو الاشجار الكثيفة وهذا لا ينطبق على صحراء سيناء.

لإن سيناء في عهد موسى لم تكن تسمى بسيناء، ولكن كان أسمها الصحراء القاحلة أو الجرداء فأسم سيناء اسم مستحدث وليس بالقديم.

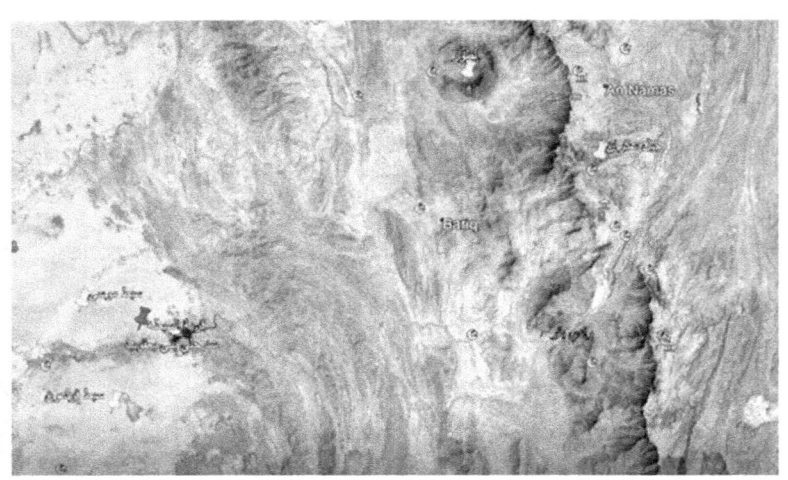

الخريطة توضح الصحراء الغربية لشبه جزيرة العرب

وادي حلي بني يعقوب بشبه جزيرة العرب، لإن موسى عندما دمر الثور الذي كان يعبدونه اليهود القه في هذا الوادي ومذكور في التوراة بأنه فتته والقه في الوادي وهو يسيل.

كما سنرى في الخرائط التالية أن المناطق كلها التي ذكرت بالتوراة والاحداث كما وردت بالقرآن فهي في الجنوب الغربي لشبه جزيرة العرب.

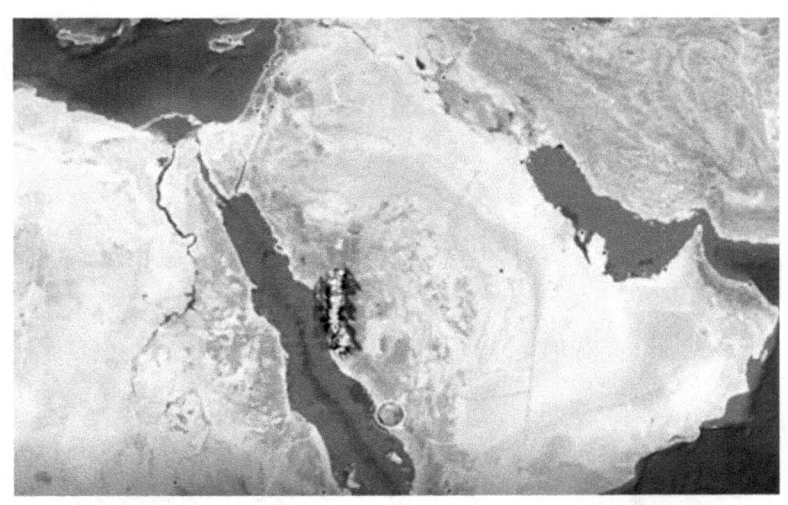

وادي بقرة (أمرهم الله جل جلاله ان يذبحوا بقرة)

لشقيق مكان انشقاق البحر الاحمر وغرق فرعون

جبل الطور

مما سبق نستدل أن أحداث اليهود في عهد موسى كانت في شبه الجزيرة العربية وعلى الارجح في منطقة تبوك بالسعودية حاليا، ولا يصح أنهم فارين من مصر وجيش فرعون وأن يعودوا الى سيناء التي يوجد بها جيوش فرعون وأن العماليق لم يكونوا بفلسطين لإنها في ذلك الوقت كانت تحت حكم فرعون.

ورحلة التجارة كانت من قبل سيدنا إبراهيم عليه السلام في الشام واليمن.

وسيدنا إبراهيم عليه السلام غادر العراق وذهب الى الشام فهل يعقل أنه يتكلم العبرية هو وحده أي يكلم نفسه بالعبرية فالعبرية القديمة إن ثبت أنه هناك عبرية قديمة فهي مزيج من لغات البلاد الذين تاهوا فيها اليهود أو تحريف للعربية وجزء من الآرامية وبالطبع كانوا يتكلمون المصرية.

وكما ذكرت فإن الكنعانيين اختراع يهودي، واللغة العبرية أيضاً من اختراعاتهم التي لن تنتهي أبدا إلا بنهاية العالم.

Heber / Eber (Hudهود)

من العهد القديم، يُستخدم اسم "عابر"، (KJV) في نسخة الملك جيمس بينما في العهد الجديد من نفس النسخة، يُستخدم "حابر" بدلاً من ذلك، مع الإشارة إلى نفس الشخص. وفي كلا الكتابين، تشير كلمة "عبري" إلى ذرية هذا الشخص

في الكتاب المقدس، كان حابر حفيداً عظيماً لابن نوح، سام، والسلف المشترك لجميع العبريين

حابر / عابر (هود) الذي هو النبي هود 100% عربي، يثبت أن العبري هو عربي معدل، ويظهر أن العبرية أكذوبة كبيرة في تاريخ البشرية.

هناك خمسة عابرين مذكورين في الكتاب المقدس. عرق عبري --- منطقة --- جادي --- بن يميني --- لاوي وسلف لإبراهيم ابن شلاح وأب لبلق. (لوقا 3: 35)

34 بن يعقوب بن اسحق بن ابراهيم بن تارح بن ناحور

35 بن سروج بن رعو بن فالج بن عابر بن شالح

36 بن قينان بن ارفكشاد بن سام بن نوح بن لامك

37 بن متوشالح بن اخنوخ بن يارد بن مهللئيل بن قينان

38 بن انوش بن شيت بن آدم ابن الله

جميعهم عرب؛ لهذا السبب يريدون قتل جميع العرب حتى يستمروا في كذبهم، لكن القرآن باقي إلى يوم الدين.

العرب الحقيقيون لا يكرهون أحدًا وهم صادقون جدًا؛ ولهذا، اختارهم الله لنشر الرسالة الحقيقية النهائية. يمكنك التحقق من مدى صدق العرب وقوة لغتهم العربية، التي هي مصدر كل اللغات، قبل أن يُنزل القرآن الكريم.

المقالة التالية تدعم ما تم ذكره عن العبرية

"العبرية" - الكذبة الكبرى.

واحدة من أعظم الأكاذيب التي تم نقلها إلى العالم (باستثناء أقلية صغيرة جدا تدرك الحقيقة، ولكنها تخشى أو تتردد في الخروج بها) هي أن اليهودية هي جنسية عرقية.

هذا الادعاء ليس إهانة للذكاء البشري فحسب، بل إهانة للتاريخ أيضا. كيف يمكن لليهود أن يكونوا "عرقا"، عندما تظهر كل الأدلة أن هناك يهودا أفارقة (من إثيوبيا)، ويهود روس، ويهود ألمان، ويهود يمنيين، وحتى يهود فرس. كيف يمكن أن يكون هذا؟ حقيقة الأمر هي أن اليهودية هي عقيدة؟ نظام معتقد ديني، لا يختلف عن المسيحية أو البوذية أو الهندوسية. وبنفس المنطق، نرى مسيحيين عرب، ومسيحيين أوروبيين، وإثيوبيين مسيحيين، وحتى مسيحيين صينيين. هل ادعى أحد من قبل أن المسيحية عرق؟

من أجل أن تختطف الحركة الصهيونية تاريخ المنطقة وتزرع دولتها اليهودية غير الشرعية في فلسطين، كان من الضروري خلق جميع العناصر المطلوبة للحصول على الجنسية العرقية؟ وأحد هذه العناصر هو اللغة.

اللغة هي الأمة. والأمة هي اللغة. ولا حياة للأمة بدون لغة؟

كان هذا هو الاقتباس الشهير لـ**إليعازر بن يهودا**، الرجل الذي ينسب إليه الفضل في إحياء ما يسمى باللغة العبرية (عندما تكون الحقيقة؟ كما سنرى قريبا - هو أنه خلق اللغة من الصفر).

لقد فهم بن يهودا منذ بداية المشروع الصهيوني أهمية وضرورة هذا الأمر لاستمرار القومية اليهودية في الواقع، كانت هناك العديد من

الوسائل المشتركة التي استخدمها كل من نازيي ألمانيا والحركة الصهيونية لتحقيق أهدافهم. وكانت إحدى تلك الوسائل: **"اكذب واكذب وكذب واستمر في الكذب، حتى يصدقك الشعب في النهاية"** ظل الصهاينة يزعمون، منذ بداية مشروعهم الإمبريالي، أنه كان هناك مرة واحدة، منذ زمن بعيد، لغة إلهية تسمى العبرية، وأنها لغة شعب الله المختار، التي فقدت بعد ذلك أو أصبحت نائمة، عندما تشتت العبرانيون ونفوا من أرض الميعاد المزعومة.

قال ديفيد بن غوريون، أول رئيس وزراء لإسرائيل، ذات مرة:

ماتت اللغة العبرية ، لأنها لم تكن لغة منطوقة لأكثر من 2000 عام.

تم استخدام هذا البيان، والعديد من العبارات الأخرى على طول خطه، لشرح سبب عدم وجود هذه اللغة بشكل غامض في أي قاموس أو مسرد قديم وعدم ذكرها في أي وثيقة تاريخية عرفها العالم على الإطلاق.

الحقائق التي أنتم على وشك قراءتها ستصدمكم أيها الإخوة والأخوات.

الحقيقة الصارخة هي أنه لم تكن هناك أي لغة في هذه المنطقة بأكملها سوى اللغة الأم، واللهجات المختلفة التي تفرعت منها: الآرامية، السريانية، اليمنية القديمة، الأمورية، الفينيقية، إلخ؟

تنص الموسوعة البريطانية على أن: المؤلفون

الأصليون للعهد القديم غير معروفين؛ علاوة على ذلك، ليس من المؤكد ما إذا كان أولئك الذين جمعوه أفرادا أم جماعات. تم تسجيل

العهد القديم في الأصل بشكل حصري تقريبا باللغة العبرية، باستثناء عدد قليل جدا من المقاطع التي تم تسجيلها باللغة الآرامية. قامت الجالية اليهودية الأولى في النهاية بترجمة النص الكامل للتوراة (الكتب الخمسة) إلى الآرامية.

أليس غريبا أنه لم يخطر ببال أحد أن يطرح الأسئلة التالية:

- لماذا ترجمت إلى الآرامية؟

- من هي أول جماعة أو طائفة يهودية مسؤولة عن ترجمتها؟

- إذا كانت اللغة قد ماتت منذ 2000 عام، فكيف ظهرت فجأة، حية وبصحة جيدة، في فلسطين، في القرن 20، وبالتزامن مع مناسبة العودة إلى أرض الميعاد المزعومة. هل كانت هذه اللغة العبرية موجودة في المقام الأول؟

جاء في مقال كتبه البروفيسور ج. أ. درايفر، الذي درس اللغة العبرية الحديثة في جامعة أكسفورد بالمملكة المتحدة:
المصطلح العبري هو من صنع الحاخامات اليهود في فلسطين، والذي جاء في وقت لاحق. والدليل على ذلك حقيقة أن الكلمة لم تكن معروفة أو تستخدم للإشارة إلى اليهود في روسيا، إلا بعد القرن 15.

(المصدر: وليد الخالدي من البكاء على الأنقاض إلى السيطرة على العالم العربي الحياة: 1997/08/29)

كلفت الحركة الصهيونية الشخصية الأدبية الروسية البارزة إليعازر بن يهودا، الذي كان من أوائل المهاجرين إلى فلسطين، بكتابة مسرد لغوي للغة الآرامية القديمة، منصهرا مع اللهجة اليديشية لليهود الألمان. كتب بن يهودا الإطار الكامل لهذه اللغة الجديدة، وسعى إلى

نشرها وزرعها في المجتمع اليهودي الجديد في فلسطين.

يقول الباحث والمفكر الفرنسي العملاق بيير روسي في كتابه المتميز: "*مدينة إيزيس التاريخ الحقيقي للعرب*" (الصفحتان 28، 29):

العبرية الحديثة من اختراع اليازار الروسي الذي نشر معجم أدبي ولغوي في الفترة من *1910* حتى *1922*، كما كانت تطلبه الحركة الصهيونية العالمية، واقترحها كنوع من الإسبر نتو لليهود في جميع أنحاء العالم، الذين وعدوا بوطن جديد في فلسطين. لم يكن سوى أداة سياسية

أداة سياسية. وبعبارة أخرى، كذبة خلقت للتلاعب السياسي.
كان اختراع اللغة العبرية الحديثة شرطا حاسما جدا لنجاح الحركة الصهيونية الاستعمارية.

هذه اللغة، التي لا يوجد ذكر واحد لها في أي وثيقة أو نص أو أثر أثري، في التاريخ الأدبي بأكمله للعالم القديم، أصبحت فجأة حقيقة حية!

لم يتم العثور على أي ذكر لها (العبرية) في أي من آلاف النصوص المخروطية والهيروغليفية ولا حتى في أي وثيقة آرامية قديمة كانت هناك إشارة واحدة إلى اللغة العبرية

(صفحة 25: روسي).
دعا بن اليعازر إلى جعل العبرية لغة العصر للمستوطنين اليهود الجدد، ليتحدث بها الشباب في منازلهم ومدارسهم وفي الشوارع.

كان الهدف من كل هذا هو خلق في نهاية المطاف، بشكل مصطنع، جميع العناصر اللازمة لجنسية عرقية جديدة:

- ضم الأرض.

- اختطاف تاريخ المنطقة بأكمله.

- إسقاط جغرافية أحداث العهد القديم على أراضي الآخرين.

- اختراع اللغة.

وهكذا يقول الأستاذ عبد القادر فارس في دراسته الممتازة بعنوان العنصرية الصهيونية وفلسفة التنشئة اليهودية:
أصبحت العبرية هي اللغة الرسمية، لدرجة أن الجيل المسن، الذي هاجر إلى فلسطين، اضطر إلى تعلمها من أبنائه! وذلك لأن الآباء الذين هاجروا من أوطانهم الأصلية في أوروبا، لم يسمعوا أبدا بمثل هذه اللغة، لذلك أجبروا على تعلمها من الأجيال الشابة.

الآن قل لي: هل كل هؤلاء العلماء وهميون أم أن "خراف" العالم هم الذين وقعوا ضحايا لهذه الأوهام

الحقيقة هي أن مصطلح العبرية لم يكن معروفا أبدا من قبل الجاليات اليهودية التي تعيش في مختلف دول العالم، حتى عشرينيات القرن العشرين، عندما بدأ المشروع الصهيوني في التبلور.

سأريكم الآن، أيها الإخوة والأخوات، دليلا صارخا على أن ما كنا نظن دائما أنه لغات سامية مستقلة، ليس في الواقع سوى لهجات مختلفة من لغة أصلية واحدة. وقد تم إعلان هذه الحقيقة مرارا وتكرارا من قبل علماء الأنثروبولوجيا واللغويين المعاصرين، من بينهم: ويليام رايت، وإدوارد دورم، وساباتينو موسكاتي، وكمال

صليبي، وببير روسي، وغيرهم الكثير، وجميعهم أثبتوا أن هذه اللهجات لها بالفعل أصل واحد مشترك: اللغة الأم.

(فكر في الأمر على أنه يشبه إلى حد ما العلاقة بين الفرنسية والإسبانية والبرتغالية والإيطالية من ناحية، واللاتينية من ناحية أخرى).

وقد أثبتت الاكتشافات الأثرية الحديثة في شبه الجزيرة العربية - على الرغم من ندرتها - أنها على حق.
أجرى هؤلاء العلماء أبحاثا مكثفة حول اللهجات السامية، ووجدوا أوجه تشابه مذهلة بينهما، أبرزها: وجود جذور فعل مكونة من ثلاثة أحرف للكلمات، ووجود زمنين (الماضي والحاضر) لتلك الأفعال، وهياكل تصريف متشابهة جدا بينهما.

في كل هذه اللهجات، هناك أوجه تشابه صارخة بين الضمائر، الكلمات التي تشير إلى علاقات الأخوة، وأجزاء الجسم، والأرقام، والظواهر الطبيعية، سمها ما شئت هؤلاء العلماء، الذين لم يخشوا الخروج بالحقيقة، أدركوا أن المجتمع الأصلي الذي نشأ منه جميع الساميين يتحدثون لغة تشبه إلى حد كبير "العربية" في القرآن. في هذا الصدد، يقول مسقطي: في

على ضوء كل المعلومات التي تمكنا، كعلماء أنثروبولوجيا، من جمعها، هناك الآن أدلة لا يمكن إنكارها تشير إلى أن الجزيرة العربية كانت نقطة المنشأ لجميع الهجرات السامية.

هذه الحقيقة المحطمة عزيزي القارئ تتطلب منا إعادة النظر في كل ما عرفناه عما يسمى باللغات السامية، وكيفية انتشارها في المنطقة.
لطالما قسم الخبراء التقليديون اللغات السامية إلى الشمالية (الآرامية والسريانية والفينيقية) والجنوبية (العربية واليمنية القديمة والإثيوبية).

ومع ذلك، فإن الاكتشافات الأثرية خلال القرن الماضي قلبت هذا التصنيف رأسا على عقب. تم العثور على الكتب المقدسة العربية القديمة في أقصى الشمال مثل الأردن ، في حين تم اكتشاف الكتابات الآرامية والسريانية التي يعود تاريخها إلى القرن 4 قبل الميلاد في اليمن!

في مقال ممتاز كتبه العضو أيمن ، في عام 2006 ، تحدث عما كان يعرف باسم "حاجز اللغة" ، وواقع الآرامية والعربية والمكانة التي احتلوها في ثقافة الأنباط.

وهنا تذكير حول هذه القضية الهامة:

ذكر مقال قدمه **معهد الدراسات المتقدمة في برينستون ، نيو جيرسي** ، أن الأنباط (أهل الأردن القديم ، وعاصمتهم البتراء) يتحدثون لغتين: الآرامية والعربية. الأول هو اللغة الرسمية المستخدمة للكتابات الدينية والسياسية والقانونية (المعاهدات مع الممالك الأخرى، المراسيم الملكية، إلخ.) في حين أن اللغة الثانية، العربية، كانت لغة الشعوب المشتركة، المستخدمة في الحياة اليومية للإنسان العادي. اقتصر مجال اللغة العربية في النبطية على الشعر وقصص الحب وحكايات رحلاتهم ومحنهم الصحراوية والأساطير أو التقاليد الشعبية.

لكن الأخ أيمن أخبرنا بنصف الحقيقة فقط: وجود اللغة العربية في أقصى الشمال مثل الأردن، في عصور ما قبل المسيحية. ما لم يخبرنا عنه هو عشرات النصوص الآرامية التي يعود تاريخها إلى القرن 4 قبل الميلاد، والتي تم اكتشافها جنوبا مثل اليمن!

تظهر الصورة أدناه واحدة من العديد من هذه النقوش. إنها مبخرة

عليها خربشة آرامية، تم اكتشافها بالقرب من نجران في أوائل تسعينيات القرن العشرين. يعود تاريخه إلى القرن 1st قبل الميلاد وهي معروضة في المتحف الوطني السعودي.

يقول النص: *هذا الموقد هدية من نجا بن عرشان بن ناهل منه ومن عائلته كعربون امتنان؟*

لم يحير هذا الاكتشاف علماء الآثار فحسب، بل أثبت أن العلماء العظماء الذين لم تسمع أصواتهم لعقود، مثل بيير روسي ومسقطي وكمال صليبي وغيرهم كثيرون، لم يكونوا واهمين على الإطلاق

عندما كرروا ما قاله الجغرافيون اليونانيون والرومان القدماء: الجزيرة العربية هي مصدر كل الهجرات السامية، ومهد كل اللهجات السامية، وأن ما نسميه اللغة العربية اليوم موجود جنبا إلى جنب مع هذه اللهجات الأخرى ، في جميع أنحاء شبه الجزيرة العربية.

الحقيقة التي اكتشفها علماء الأنثروبولوجيا ، منذ أواخر القرن 19 ، هي أن الهجرات السامية من جنوب غرب شبه الجزيرة العربية بدأت في وقت مبكر من 6000 قبل الميلاد ، عندما استقرت الشعوب القديمة في شبه الجزيرة العربية في بلاد الشام وبلاد ما بين النهرين. حتى أكثر العلماء الغربيين عنادا بدأوا يقبلون هذه الحقيقة الآن.

قال كمال صليبي:
لقد قلب هذا كل ما عرفناه عن اللغات السامية رأسا على عقب. لقد حان الوقت لإجراء تقييم عميق لكل ما نعرفه عن هذه المسألة. يبدو أن اللغات السامية المعروفة (الآرامية، والسريانية، والعربية، والفينيقية. وغيرها؟) لم تكن أكثر من لهجات من نفس اللسان، وكانت موجودة جنبا إلى جنب، جنوبا مثل اليمن، وشمالا مثل سوريا والأردن.

Jordan.in الواقع تكرار لما قاله الصليبي في وقت سابق، في كتابه الذي هز العالم *التوراة جاءت من الجزيرة العربية* (1985) يقول صليبي:
ليس غريبا أن يتعايش اللسان العربي مع اللهجات السامية الأخرى منذ زمن العهد القديم. اللغة العربية، سواء في علم الأصوات أو الصرف، هي في الواقع أقدم تلك اللهجات. وقد تم تأكيد هذه الحقيقة من قبل الخبراء بدءا من أواخر القرن 19.

كل ما تعلمناه عن اللغات السامية هو كذبة. تقسيم اللغات السامية إلى الشمالية والجنوبية هو مغالطة كاملة. وليس هناك شك في ذهني أن هذه الحقيقة كانت معروفة طوال الوقت، ومخفية عن قصد، من خلال بعض الإرادة الشيطانية.
ولكن كما هو الحال مع كل الأمور، تملي سنة الله أن الحقيقة سوف تلتهم الأكاذيب في نهاية المطاف، بغض النظر عما يفعله الرافضون. والحقيقة التي ستتضح لكم قريبا، أيها الإخوة والأخوات، وأنتم تقرأون هذه المواضيع التي أقدمها لكم، هي أن لهجة القرآن الفصيحة هي عينة من أقدم لهجة في الوجود. كان لسان القرآن البليغ، المكون من أصوات جذور من ثلاثة أحرف مأخوذة مباشرة من الظواهر الطبيعية، لغة آدم. وبهذه اللهجة كشف الله كتابه المقدس الأخير للبشرية.

يمكنك رفض هذه الفكرة والسخرية منها الآن، وطالما تريد. لكن مع مرور الوقت، في النهاية، ستقبلها: ما نسميه اللغة العربية هو في الواقع اللسان السامي البدائي. إنها لغة كانت أبجديتها موجودة قبل وقت طويل من كتابتها. هذا هو السبب في أنها احتلت دائما المرتبة الثانية من حيث الانتشار والمظهر، ولماذا كانت أصولها دائما محاطة بالغموض. علاقتها باللهجات السامية الأخرى قابلة للمقارنة مع العلاقة بين الإسبانية والفرنسية والبرتغالية والإيطالية من ناحية، والرومانية من ناحية أخرى.

كانت هذه اللهجات موجودة جنبا إلى جنب، في جميع أنحاء شبه الجزيرة العربية. في عهد محمد، كان هناك أشخاص يتحدثون الآرامية والسريانية والثمودية وحتى اليمنية القديمة، ويعيشون جنبا إلى جنب مع المتحدثين باللغة العربية. وإلى أن نقبل هذه الحقيقة، لن نعرف أبدا التاريخ الحقيقي للإسلام. يسمي القرآن هذه اللهجات الأخرى "A3jami"، لتمييزها عن "اللسان الفصيح". الآن، إذا

بحثت عن المعنى الحقيقي للجذر "3jm"، فستحصل على تعريفات على غرار: **شيء غير مكتمل / غير كامل / شيء يكافح من أجل نقل معنى / شيء يكافح من أجل أن يكون، ولكن لا يمكنه الوصول إلى الاكتمال.**

إن اللسان البليغ للقرآن هو أم كل الألسنة، وهو النوع الأولي لما نسميه "اللغات السامية". أبجديتها أكثر اكتمالا من غيرها، وبنيتها النحوية - كما خلص خبراء الصوتيات - هي شهادة على أنها، في الواقع، أقدم من غيرها.

لذا فإن السؤال الآن هو: أين تقف ما يسمى باللغة العبرية؟
دعنا نعود إلى ما تقوله موسوعة بريطانيكا:
المؤلفون الأصليون للعهد القديم غير معروفين. علاوة على ذلك، ليس من المؤكد ما إذا كان أولئك الذين قاموا بتجميعها أفرادا أم مجموعات. تم تسجيل العهد القديم في الأصل بشكل حصري تقريبا باللغة العبرية، باستثناء عدد قليل جدا من المقاطع التي تم تسجيلها باللغة الآرامية. قامت الجالية اليهودية الأولى في النهاية بترجمة النص الكامل للتوراة (الكتب الخمسة) إلى الآرامية.

هل تصدق هذه النكتة؟
هل أثبت أي شخص على هذا الكوكب وجود لغة تسمى العبرية وهي لغة يزعمون أنها أصبحت نائمة لمدة 2000 عام قبل إحيائها في أرض الميعاد.

إليكم حقيقة ما يسمى بالعبرية:
الحروف التي تراها أدناه هي الآرامية القديمة. يقدر اللغويون أنها استخدمت في وقت مبكر من القرن 10 قبل الميلاد. الآن، أيها الإخوة والأخوات الأعزاء، لاحظوا الأحرف ال 22 من هذه الأبجدية. إنها نفس الحروف الأبجدية العربية، باستثناء 6 أحرف

غير موجودة في الآرامية (سأخبرك ما هي لاحقا). الحروف الآرامية هي:

kāph yudh ṭēth ḥēth zain waw hē dālath gāmal bēth ālaph
k y ṭ ḥ z v h d g b ʾ
tau shin rēsh qoph ṣādhē pē ʿē semkath nun mim lāmadh
t sh r q ṣ p ʿ s n m l

أ - ب -ج - د- ه - و - ز - ح - ط - ي- ك - ل - م - ن - س - ع - ف - ص - ق - ر- ش - ت.

اللهجة الآرامية ليست في الواقع سوى واحدة من اللهجات المنقرضة التي نشأت في شبه الجزيرة العربية وانتشرت شمالا مع الهجرات السامية الأولى. أعلم أن هذه الحقيقة صادمة للكثيرين منكم، لكن إذا تحملتم معي قليلا، فسترون كل شيء. جنبا إلى جنب مع السريانية واليمنية القديمة (التي تشبه إلى حد كبير الإثيوبية) والثامودية والسبئية والأمورية، شكلت هذه اللهجات مجموعة ما يسمى الله لهجات A3jami؟ في القرآن، لتمييزها عن اللهجة البليغة (التي نسميها العربية). الآن، ألق نظرة فاحصة على الحروف التالية، والتي يسميها اللغويون الآرامية المربعة:

כ/ך	י	ט	ח	ז	ו	ה	ד	ג	ב	א
kaph	yudh	ṭet	ḥet	zayin	waw	he	dalat	gammal	beth	'alaph
[k]	[j]	[tˤ]	[ħ/x]	[z]	[w]	[h]	[d]	[g]	[b]	[ʔ]
ת	ש	ר	ק	צ/ץ	פ/ף	ע	ס	נ/ן	מ/ם	ל
taw	shin	resh	qoph	ṣadhe	pe	\`ayin	semkath	nun	mim	lammadh
[t]	[ʃ]	[r]	[q]	[sˤ]	[p]	[ʕ]	[s]	[n]	[m]	[l]

هل تبدو هذه مألوفة لك؟

هذه هي نفس الحروف التي يسمونها العبرية! كل واحد منهم! ويمكنك البحث في أي مكان، وتصفح الإنترنت، وقراءة كل ما تريد، حتى تصاب بالدوار والغثيان، ولن تصل إلى أي نتيجة أخرى. أنا أضمن ذلك. تشير التقديرات إلى أن هذه الحروف الآرامية المربعة قد ظهرت لأول مرة في حوالي القرن 6 أو 7th قبل الميلاد، والذي يتزامن مع عصر المنفى البابلي.

هذه هي الحقيقة التي أراد الكتبة اليهود القدماء إخفاءها طوال الوقت. والآن، في عصرنا الحديث، في كل مرة يقترب فيها شخص ما من فضح هذه الكذبة، سيقول على الفور: **العبرية تستخدم في الواقع الحروف الآرامية المربعة، لكنها لغة مختلفة!**

حقيقة الأمر هي أنه لا توجد وثيقة واحدة في تاريخ العالم القديم بأكمله تذكر أي شيء عن اللغة العبرية!

الآن استمع إلى ما قالوه لشرح عدم وجود أي ذكر لهذه اللغة: **لقد كانت نائمة لعدة قرون** (تصفيق وطبول، من فضلك!)

واستمع إلى ما قالوه لشرح مئات الكلمات العربية الموجودة في هذا ما يسمى بالعبرية: **في إحيائها، استخدمت العديد من المصطلحات العربية التي تم إدخالها فيها.**

هل كان لدينا ما يكفي من حماقة أم ماذا؟

ما يسمونه اللغة العبرية ليس سوى الآرامية، بعد أن تم حقنها بإحدى اللهجات الريفية في ألمانيا، والمعروفة باسم "اليديشية". لقد اخترع الصهاينة هذه اللغة من الصفر، ثم خرجوا إلى العالم مدعين قداستها

وأصالتها.

والآرامية، بدورها، ليست سوى لهجة عربية جنوبية منقرضة. (حسنا، ربما لم تنقرض بنسبة 100٪، حيث لا تزال هناك جيوب معينة في سوريا والعراق تتحدث عنها). ويمكنك التحقق بنفسك من 22 حرفا من الآرامية المربعة وتدرك أنها نفس الحروف العبرية المزعومة. ثم كيف تفسر هذا التشابه في الترتيب الفعلي للحروف: أ-ب-ج-د-ه-و-ز-ح-ط-ي-....

من يمزحون؟

يمكننا أن نقول بثقة 100٪: **هذه اللغة لم تكن موجودة حتى!** لقد اختلقوا الأمر من الصفر. وأولئك الذين كتبوا ما يسمى بالكتب الخمسة للتوراة ليسوا مجهولين كما تدعي موسوعة بريطانيكا. كانوا في الأصل قبيلة قديمة من الطفولة البعيدة للجزيرة العربية. وكانت هذه الكتب الخمسة في مرحلة ما سجلات دقيقة توثق رحلات هذه القبيلة، واسمها بني إسرائيل في مرتفعات عسير واليمن، والتجارب والمحن التي مروا بها. ومع ذلك، في وقت لاحق، تم إتلاف هذه السجلات أثناء المنفيين البابليين، ثم من قبل الكهنة السبعينين في مصر.

في الواقع، العهد القديم نفسه لا يذكر حتى لغة عبرية! امض قدما واقرأ OT بالكامل، من الغلاف إلى الغلاف، وانظر بأنفسكم.

الأبجدية "العبرية" هي أبجدية فينيقية.

الأبجدية الفينيقية.

ماذا تقول؟ حسنا، إنها في الواقع "الوصايا العشر" ...

لكن التوراة ليست الكتب الخمسة! كانت هذه الكتب الخمسة نتاج "تلفيقات" من قبل الكتبة عندما أمرهم كورش بكتابة قانون مكتوب لمجتمعهم. (ومنحهم حكما ذاتيا أعلى للحكم الذاتي داخل الإمبراطورية الفارسية).

التوراة الحقيقية هي الوصايا العشر. التي من المفترض أنها ليست مكتوبة بالخط الآرامي أو الفينيقي، ولكنها مكتوبة بالخط التصويري / الهيروغليفية.

وآسف أن أقول بازوزو. "أرض الوطن" الفينيقية ليست في اليمن ... إنهم أناس بحريون نشأوا في بلاد الشام ... أو في لبنان اليوم + شمال إسرائيل على وجه الدقة. من هناك سافروا وأنشأوا مدنا / مستعمرات حول البحر الأبيض المتوسط والتي تشمل تونس (قرطاج) وإيطاليا (جننوه) وإسبانيا (قرطاجنة وبرشلونة) وفرنسا (مرسيليا) وغيرها الكثير.

إنهم يتزاوجون مع السكان المحليين أو "المهاجرين" في حالة إيطاليا (كما ولد الشعب الروماني) وينجبون مجموعة جديدة من الناس (أو العرق).

من الناحية العلمية... العرق غير موجود ... العرق العربي.. العرق اليهودي... العرق الصيني... سباق ألماني... إنها كلها نتاج اختراع من قبل السياسيين ...

سلام / سلام

مترجم من المصدر

/https://free-minds.org

المسيح المخلّص والمهدي المنتظر

المسيح المخلص، أو المسيا، أو الغائب، أو المرجع، أو المهدي، وسائر هذه الأسماء تعود إلى ذلك النبيّ الذي ينتظره المؤمنون منذ زمن بعيد، ولكن، كل طائفة تنتظره لهدف مختلف.. المؤمنون عامة ينتظرونه ليخلصهم من شقائهم وعذاباتهم، وليملأ الأرض عدلا ورحمة، بعد أن امتلأت ظلما وجورا

الي هود، من لا يعترفون بالمسيح، ما زالوا ينتظرون مسيحا آخر، تحدثت عنه التوراة! بعض المسيحيين يعتقدون بأن المسيح سيعود مجدداً (قبل الدينونة) فيتبعه اليهود وينضمون للمسيحيين لخوض معركة نهائية ضد الكفار! بعض المسلمين يؤمنون بظهور المسيح قبل قيام الساعة، ليقتل المسيح الدجال.. وبعضهم ينتظر عودة الإمام المهدي فمن أين أتت هذه الفكرة؟ وما هي جذورها التاريخية والدينية؟

كلمة "المسيح" مأخوذة في الأصل من الكلمة العبرية "مشياخ"، وتعني الشخص الممسوح بالزيت المبارك. أما "المثانية"، فتعني الفكر الخلاصي.. وغالبا ما توجه كلمة مسياني كتهمة، أو كأحد التصنيفات التي تشير إلى الفرق بين الخطاب الإسرائيلي الليبرالي، الحداثي، البراغماتي.. وبين الخطاب الإسرائيلي غير العقلاني، الديني، المتطرف، الأصولي، الراديكالي

في فترة وقوع فلسطين تحت الحكم الروماني، كان اليهود (المكابيون) ينتظرون قدوم المخلّص.. وقد ظهر حينها سبعة أشخاص، زعم كل واحد منهم أنه المسيح.. أحدهم كان السيد المسيح عيسى ابن مريم يسوع الناصري

كان اليهود ينتظرون من يخلصهم من ظلم الرومان، فلما ظهر "يسوع" في هيئة قديس، لا في هيئة مِلِك، وسعى لتخليصهم روحيّا

مِن شُرورهم، بدلا من سعيه لإعادة سلطانهم الدُّنيوي، أنكروه واضطهدوا، وحرضوا عليه الحاكم الروماني

بعد المسيح، انفصلت المسيحية عن اليهودية، لكن اليهود، وحتى الآن ما زالوا يَنتظِرون مسيحهم، الذي في معتقدهم "سيأتي في هيئة ملك، مِن نَسلِ داود، يُخلِّصهم مِن الاستعباد والتشتُّت؛ وحين يأتي ستَطرح الأرض فطيرا وملابس من الصوف، وقمحا حَبُّه بحجم كلاوي الثيران الكبيرة، وفي ذلك الزمن ستَرجِع السلطة لليهود، وستخضع كل الأمم لخدمتهم، وفي ذلك الوقت سيكون لكل يهودي ألفان وثمانمائة عبد يخدمونه..". لكن المسيح لن يأتي إلا وفق شروط معينة

من بين اليهود طائفة تؤمن بأن المخلص سوف يظهَر بعد أن تَمتلئ الأرض جورا وحروبا وظلما، فيُخلِّص الناس مِن آثامهم، ويستأصل جميع الأديان، ما عدا اليهودية، ويحل كل الحكومات، ما عدا مملكة يهوذا، ثم يقتل النصارى والمسلمين في حرب طاحنة بين الخير والشرّ، وهي ما تُعرف بمعركة نهاية التّاريخ، أو

"هر مجدون"، ويخضع الناس أجمعين لدولة إسرائيل، فيصبح اليهود بذلك سادة العالم.. وعندها يَستريح ربُّ الأرباب، ويعمُّ العالم السلام

وكما يقول التلمود: "يَنتهي بذلك بكاء الرب، وندمه على تفريطه في حق شعبه المختار، فتُمطِر السماء فطيرا وملابس مخيطة، وهذه هي الدينونة الكبرى، ولا دينونة بعدها"؛ فالقيامة عند هؤلاء هي قيام مملكة يهوذا، والبعث هو بعثها مِن راقدها، والجنة هي التمتُّع برؤية رايتها مرفوعة، ورؤية أعدائها مهزومين، والنار لأعدائها من جميع شعوب الأرض، انتقاما منهم؛ لأنهم تسبَّبوا في شتات بني إسرائيل واضطهادهم وظلمهم؛ انظر بتوسُّع: القوى الخفية، (ص: 119 - 120)، و"الفكر الديني اليهودي" د. حسن ظاظا، (ص: 98 -

128)، ط. بيروت، الثانية، 1987م، والموسوعة النقدية للفلسفة اليهودية، د. عبدالمنعم الحنفي، (ص: 224 - 225)، ط. دار المسيرة، بيروت، ط أولى، 1980م

طائفة أخرى تؤمن بأن اليهود ليسوا خيرة البشر، ولا هم أفضل الشعوب، ولا صفوة الخَلق؛ بل هم ولفترات تاريخية طويلة لم يكونوا في نفس المكانة التي يَنعم بها الآخرون، وإنما كانوا مضطهدين، وهدفا للبلايا والنكبات، عقابا لهم على ذنوبهم.. ومِن هنا اتَّجهوا للبحث عن مُخلِّص ومنقذ، ينتشلهم من هذا الهوان، ويضعهم في مكانة آدمية أرقى.. أطلقوا على هذا المُخلِّص "المسيح المنتظر"، ووصفوه بأنه رسول السماء

الأرثوذكسية اليهودية، والتي لم يزل أمينا على أفكارها الأولى سوى "ناطوري كارتا"، تؤمن بأن المسيح لن يعود إلا إذا كان اليهود مضطَّهدين، ومشتتين، وفي حالة ضعف.. حينها يعود لتخليصهم من خوفهم ومن بؤسهم، ويملأ الأرض بهم عدلا، بعد أن امتلأت جورا.. لذلك، تعارض هذه الحركة قيام إسرائيل بشدة، وتعتبر وجودها إعاقة لعودة المسيح

مع البدايات الأولى للحركة الصهيونية، وقفت "الأرثوذكسية اليهودية" في مواجهة الصهيونية، وقاطعتها، واتهمتها بالكفر والإلحاد، وبتدمير اليهودية كدين.. وقد هاجم المتدينون اليهود الصهيونية منذ البداية، وبشدة، لسببين: الأول، لأن الصهيونية من وجهة نظرهم ستكون إحلالا للفكرة القومية بدلا من التدين، فالصهيونية هنا ستشجع اليهود على التخلي عن دينهم، ولن تعود التوراة عامل توحيد للشعب اليهودي. وقد رأى الحاخامات (ال لا صهيونيون) أن خلاص اليهود يتمثل بالإخلاص للديانة اليهودية وانتظار المسيح.. أي أن خلاص اليهود يتمثل بعودة المسيا.

السبب الثاني اعتبار الحركة الصهيونية "مسيانية كاذبة"، تحاول تعجيل الخلاص اليهودي بوسائل دنيوية، فالخلاص من وجهة نظر أرثوذكسية لا يتم إلا بقدوم المسيا، وهي عملية ربانية، وليست بشرية، والصهيونية هنا ستكون تدخلا في شؤون الرب. وقد ظل هذا موقف التيارات اليهودية ال لا صهيونية، إلى أن بدأت تتخلى عنه تدريجيا، أو تفهمه بطرق براغماتية مختلفة، وبقيت "ناطوري كارتا" وحدها متمسكة بهذا المبدأ.. (عزمي بشارة، "دوامة الدين والدولة في إسرائيل")

وخلافا للأرثوذكسية، سعت "الصهيونية الدينية" لأن تصدّر مشروعها الديني إلى عالم السياسة، من خلال تفسير التاريخ والأحداث السياسة من منظور ديني؛ أي بفهم تاريخ الحركة الصهيونية وإنجازاتها ليس باعتبارها عملاً إلحادياً وتدخلاً في الشؤون الإلهية، إنما باعتبارها فصلاً من فصول الخلاص الديني. من هذا المنظور، فإن القادة الصهاينة على الرغم من نواياهم الإلحادية وغير الدينية، إلا أنهم بنشاطهم إنما ينفذون مهمة دينية إلهية دون أن يدروا. وبالتالي فهم ليسوا بالأشرار، والإرادة الإلهية تستعملهم كي تحقق مشروعها المقدس. (رائف زريق، مجلة "قضايا إسرائيلية)

أما العلمانيون الصهيونيون، فيعتبرون الصهيونية حركة ثورية لأنها انقلبت على اليهودية وعلى رجال الدين.. والخلاص من وجهة نظرهم أنهم صنعوا مصيرهم بأيديهم، وأخرجوا اليهود من الغيتو إلى الدولة، وبالتالي فإن الخلاص لم يأتِ من الابتهال لله، إنما من العمل السياسي الجماعي القومي.

ويوم الغُفران هو اليوم الذي يُصلي فيه اليهود صلاة يَطلبون فيها الغفران عن خطاياهم التي فعلوها، والأيمان التي أدَّوها زورًا، والعهود التي تعهَّدوا بها ولم يوفوا، ومِن هنا سَهُل عليهم ارتكاب الخطايا، مهما بلَغ تَجاوزها ما دامت تعود عليهم أفرادًا وجماعات بما

هو كسب لدُنياهم، إلى أن تقوم دولتهم أو دولة المسيح، فلا يَكونون في حاجة إلى الخطايا؛ لأن كل شيء يأخُذ طريقه لصالحِهم؛ اليهود تاريخ وعقيدة،

ص: 151 - 152

وظلَّت الكتابات اليهودية على حالِها تدعو إلى ظهور "المسيح المنتظر" حتى أيامنا هذه

فاليهود القاطنون في حي "مياشعاريم" بالقدس، يَعتبِرون دولة إسرائيل ثمرة "الغطرسة الآثمة"؛ لأنها قامت على يدِ نفر مِن الكافرين الذين حرَّفوا مشيئة الله بعلمهم، وتطاوَلوا على وعد الربِّ، بدلاً مِن انتظار المسيح الموعود، فالمسيح المُنتظَر هو وحده القادر على إقامة الدولة لتكون مملكة الكهنة والقديسين، واعتقاد سكان "مياشعاريم" هؤلاء، إنما انطلَقوا في مُعتقدهم هذا عن إيمان صادق، أوحاه الكُهَّان إليهم، وعمَّقوه في نفوسِهم، وغيرهم مِن اليهود يَلتقون معهم في المُعتقَد، وهو مجيء المسيح، الذي لم يأتِ بعدُ، وإن خالَفوهم في جزئية إقامة الدولة قبل مجيئه.

فما المسيح المنتظَر: مسيا كلمة آرامية معناها مُنتظَر أو موعود، واليهود منذ بدأ شتاتهم في الأرض بالسبي البابلي حتى اليوم، وهم يَنتظرون مسيا "مسيحًا" يُخلِّصهم مما هم فيه مِن ذلٍّ واضطهاد.

بقي خيال مسيا يُصاحب اليهود أينما حلوا، فقد تحدَّثت عنه البروتوكولات، ورأته خصمًا لعيسى ابن مريم، ورآه "شهود يهوه" كامنًا في الهيكل، أما أقطاب الصهيونية فقد رأوا أنفسهم نوابًا عنه، يُمهّدون لقيام دولة له تستقبله، ورآه "هيرتزل" في منامه يقول: "أعلن، أعلن أني آتٍ قريبًا"، وأما "ابن غوريون" فإنه رآه درعًا يدفع عن اليهود المِحَن.

وجماعة "شهود يهوه" يتظاهَرون أنهم رسل سلام ومحبة، إلا أنهم يُنادون بأن "يهوه" سوف يدمِّر جميع حكومات هذا العالم الشرير، عندما يظهَر المَسيح المُنتظَر.

وهم يدَّعون بأنهم قد ذاقوا المرَّ مِن الفاتيكان والنازية؛ ولهذا فإنهم يُنادون بتحويل فلسطين بكاملها إلى دولة يهودية، ويؤيدون الحركة الصهيونية التي تَسعى إلى ذلك تأييدًا سافرًا؛ "القوى الخفية"؛ ص: 153 - 154

ويرجع ذلك المعتقد بسبب عنصرية اليهود؛ حيث زعم اليهود أنهم أفضل الشعوب والأجناس، لنصوص توراتية عندهم تقول: أنا الرب إلهكم الذي ميَّزكم عن الشعوب، تكونون لي قدِّيسين؛ لأني قدوس، أنا الرب وقد ميَّزتُكم من الشعوب لتكونوا لي.

وما السبب في كون اليهود شعبًا مختارًا؟

هناك عبارات اصطلاحية يذكرها اليهود للتعبير عن مصدر هذا الاختيار، وهي عبارات تدعو للسخرية والضحك؛ يُقرِّر أنه عندما تجلَّى الله لموسى ولبني إسرائيل، تمَّ زواج بين الله وبين إسرائيل، وسجل عقد الزواج بينهما، وكانت السماوات والأرض شهودًا لهذا العقد.

موسى عليه السلام كليم الله، كان الوحيد الذي سمع صوت الله، لكنه لم يرى الله جل جلاله؛ لم يرَ أحد الله العلي العظيم. يتعاملون مع الله العظيم كما لو كان إنسانًا؛ وهذا خطأ جسيم. يجب عليهم التوقف عن الاعتماد على تلك الكتب، والمسيحيون يستخدمون نفس النصوص المحرفة.

لا يفكرون لحظة في كيف أن عيسى (عليه السلام) كانت لغته الآرامية وأرسل إلى اليهود وهذا دليل على أن اللغة العبرية وهم. لا يأخذون بعين الاعتبار أن اللغة العبرية لم توجد أبدًا. يفشلون في

مقارنة الأحداث التي قد وقعت مع كتبهم المحرفة منذ زمن محمد (صلى الله عليه وسلم) حتى ألف سنة بعد وصوله. لا يتأملون أنهم ينتظرون شيئًا لن يحدث في الوقت الحاضر، مثل "القتال بالخيل والسيوف." لا يدركون أن كتبهم عنصرية. لا يعترفون أن نصوصهم تعامِل النساء بشكل سيء. لا يدركون أنهم غيروا تقريبًا 90% من كتبهم بينما تركوا الأجزاء التي تشجع على العنصرية كما هي. أنا حقًا آسف، إخوتي وأخواتي الأعزاء من اليهود والمسيحيين (بإن الله) كل الأحداث التي تنتظرونها قد حدثت بالفعل فيجب عليكم أن تقرأوا التاريخ من مصدر موثوق منه.

الباحث "Arthur Hertzberg"

ويرى اليهود أن الامتياز الذي حصل عليه الشعب اليهودي هو في الوقت نفسه مسؤولية عليهم، وعدم رعايتهم هذه المسؤولية بأمانة وصدق جعلهم هدفًا للانتقام؛ ولذلك فإنهم يُفسِّرون ما نزل بهم مِن ضرٍّ بأنه عقاب لهم على عدم حملهم الأمانة، وعدم سَيْرِهم بمقتضى ما مُنحوه من امتياز وتفوُّق، ويُضيف مُفكِّروهم - دفاعًا عما أصابهم مِن ويلات - أن اليهود لم يكونوا أكثر الناس خطايا، ولا أبعدهم عن الصواب، ولكن المصائب لحقت بهم أكثر من غيرهم؛ لأن اختيارهم وتفضيلهم على سواهم، كان يحكم عليهم أن يكونوا أكثر طاعة وأكثر استجابة، فلما عَصوا كان عقابهم أقصى مما نزَل بسواهم على نفس العصيان

والصراع الذي وقع بين اليهودية والنازية إنما هو صراع عنصري، منشؤه أن الصهيونية والنازية تَشترِكان في ادِّعاء السيادة والامتياز على البشر؛ فالنازية أُسِّست على أن الألمان عنصر ممتاز نقيٌّ يسمو على كل عناصر البشر، وليس هناك مَن يُضاهيه رفعة وسموًّا، ولما كانت هذه المبادئ نفسها هي مبادئ اليهود، فإن صِدامًا ضخمًا حدث بين الطائفتين؛ لأن كلاًّ منهما يدعي أنه أفضل مِن الآخَر، وفي مكان السيادة بالنسبة له

ونتج مِن طبيعة الاختيار عقيدة أخرى عند اليهود، هي عقيدة المسيح المُنتظَر، فهذه جذوره الفِكريَّة، فإن اليهود وجدوا أنفسهم لا خيرة البشر كما زعموا، ولا صفوة الخَلقِ كما أملوا، بل لم يجدوا أنفسهم في نفس المكانة التي يَنعم بها الآخرون، وإنما كانوا هدفًا للبلايا والنكبات، ومِن هنا اتَّجه مُفكِّروهم في عصورهم المتأخرة إلى مُخلِّص ومنقذ ينتشلهم من هذه الوحدة، ويضعهم في المكانة التي أرادوها، وأطلقوا على هذا المُخلِّص "المسيح المنتظر"، ووصفوه بأنه رسول السماء، والقائد الذي سيَنال الشعب المختار بهديه وإرشاده ما يستحقُّ من سيادة، ولا يستبعد أن يكون "مسيا" الذي هو "المسيح" يُمثِّل المنقذ الذي هتف به اليهود كلما ألمت بهم النوائب، وطالما ألمَّت بهم هذه النوائب، وبالغ اليهود في رسم الصورة التي أرادوها للمسيح الذي كانوا ينتظرونه، فذكروا أن الناس في ظله لن يعيشوا وحدهم في العالم في سلام وسعادة، بل يشاركهم في ذلك كل أنواع الحيوانات، فالذئب يُسالم الحمل، والعجل يُداعِب الأسد.

الأسود والذئاب في حديقة الحيوان الآن؛ يجب عليكم التوقف عن متابعة هذه الكتب.

ولا يمكن لهذه الفكرة والعقيدة أن تتحقق بدون المسيح المخلص، أو ما يسمى عند اليهود "بالماشيح" وهي كلمة عبرية تعنى "المسيح المخلص" ومنها "مشيحيوت" أى "المشيحانية وهي الاعتقاد بمجيء الماشيح والكلمة مشتقة من الكلمة العبرية "مشَشح" أى "مسح" بالزيت المقدس، وقد كان اليهود على عادة الشعوب القديمة، يمسحون رأس الملك والكاهن بالزيت قبل تنصيبهما، علامة على المكانة الخاصة الجديدة، وعلامة على أن الروح الإلهية أصبحت تحل وتسري فيها.

"كما ذكرنا سابقا فأن العبرية مسروقة من العربية فهم يحولون حرف السين إلى شين وهناك حروف أخرى وهذا ليس موضوعنا"

لماذا يدعم المسيحيون البروتستانت قيام دولة اليهود؟

انتشر المذهب البروتستانتي (الصهيونية غير اليهودية) في الدول الأوروبية المتقدمة مثل بريطانيا ونصف ألمانيا وهولندا.

يقابل المسيحيون إساءات اليهود الكثيرة لهم بدعم غير متناهٍ معنويٍ وماديٍ، خصوصا المسيحية (البروتستانتية) التي تقيم مذهبها على النبوءة التوراتية في كثير من المعتقدات، والتي لربما أوصلت العلاقة بينهما لمرحلة التزاوج الحضاري.

بمنهج اعتذاري حصلت مصالحة تاريخية بزيارة البابا يوحنا بولس الثاني إلى القدس، ودخوله بيت المقدس بغير قلادته المعهودة - الصليب- نزولا عند رغبة حاخام صهيوني، بحجة أن الصليب يرمز إلى التهمة التاريخية بالتورط اليهودي في قتل المسيح عليه السلام حسبما يعتقد النصارى.

حركة الإصلاح الديني البروتستانتي في عموم أوروبا بقيادة مارتن لوثر وكالفن وزونجلي، وإن مثلت ثورة من جهة إلغائها وصاية الكنيسة الكاثوليكية ورفضها لكافة صور الابتزاز الكنسي، إلا أنها جعلت من العهد القديم المرجع الأعلى للاعتقاد المسيحي البروتستانتي.

قديما مثّلت رؤيا يوحنا ركنا أساسيا في الاعتقاد البروتستانتي لما يسمى (المسيحية الصهيونية) التي تؤمن بمجيء المسيح والبعث اليهودي، وهي عقيدة متهودنة ذات تأثير كبير على الأميركيين، وقد أطلق عليها اسم (شهود يهوه) واشتق الاسم من العبارة " أنتم شهودي يقول يهوه " الواردة في سفر أشعياء.

وبرغم أن كنيسة شهود يهوه تعتبر مسيحية، إلا إن الشهود ينكرون لاهوت المسيح وعقيدة التثليث وقيامة المسيح بالجسد، بل يعتقدون أن يسوع هو ابن يهوه، ويعتقد الشهود أن العالم مازال في انتظار مجيء المسيح الذي ليس هو المسيح ابن مريم، وإنما مسيحهم المنتظر ليقيم حكمه في القدس.

(نافذة النصوص التوراتية المتصهينة)

أما حركة الإصلاح الديني البروتستانتي في عموم أوروبا بقيادة مارتن لوثر وكالفن وزونجلي، وإن مثلت ثورة من جهة إلغائها وصاية الكنيسة الكاثوليكية ورفضها لكافة صور الابتزاز الكنسي، إلا أنها جعلت من العهد القديم المرجع الأعلى للاعتقاد المسيحي البروتستانتي، مما يعني الإيمان بداهة بنبوءات التوراة عن عودة اليهود إلى فلسطين، والمجيء الثاني للمسيح، فكثير من الأصوليين المسيحيين في الغرب والولايات المتحدة لا يزالون يعتقدون بقوة أن عودة اليهود إلى فلسطين تمثل شرطا مسبقا لظهور المسيح.. ومن ثم فاليهود ممثلون في دولة الكيان الصهيوني الغاصب بفلسطين السليبة، وبقيتهم داخل الأنساق الحضارية الأخرى.. إنما هم بمثابة طلائع بعث جديد على طريق تحقيق حلم رؤية القيامة في فلسطين.

(الصهيونية غير اليهودية – جذورها في التاريخ الغربي)

انتشر المذهب البروتستانتي (الصهيونية غير اليهودية) في الدول الأوروبية المتقدمة مثل بريطانيا ونصف ألمانيا وهولندا، وحمل المهاجرون الأوائل من البروتستانت إلى أميركا ذلك المفهوم اللاهوتي البروتستانتي، الذي يعلي من شأن العهد القديم بصورة مبالغ فيها، حتى أن أول كتاب نشر في أميركا كان ترجمة سفر المزامير، كما أن جامعة "هارفارد" جعلت أحد شروط القبول بها، القدرة على ترجمة النص العبري الأصلي للتوراة.

كان المهاجرون البروتستانت الأوائل إلى أميركا يلهجون باللغة العبرية في صلواتهم، ويطلقون على أبنائهم أسماء يهودية مأخوذة من قصص التوراة وفولكلور اليهود، مثل سارة، والعازار، وابراهام، وداود، كما أطلقوا على ما شيد من مدن كثيرة ومستوطنات أسماء يهودية مثل سالم وحبرون، وغيرها.

كما شبهوا أنفسهم باليهود القدماء واعتبروا أميركا هي فلسطين الجديدة، واعتبروا مطاردة وإبادة الهنود الحمر مثل مطاردة اليهود القدماء للفلسطينيين في فلسطين، وربما ذهب البعض إلى تفسير ظاهرة الصهيونية المسيحية في سياقها النفعي المادي، لكن هذا لا يمنع من أن ندفع بها إلى ما هو أعمق من ذلك، فبمقتضى العهد القديم كعنصر أساسي في تكوين الثقافة النصرانية، يمكننا أن نتكهن باحتمال حدوث هذا التزاوج الحضاري بينهما، فضلا عن ظاهرة الصهيونية المسيحية الأرثوذكسية "شهود يهوه" وغيرها من صور ومواقف المحاباة السياسية والاستراتيجية الغربية الراهنة لليهود، نستذكر ما جرى بين أروقة المؤتمر السابع للحوار بين ما يسمى بالأديان السماوية، والذي انعقد بمدينة ميلانو الإيطالية، أواسط شهر أيلول عام 1993، حيث لقيَ الوفد اليهودي حفاوة بالغة في التصنع أثارت حساسية الوفود المشاركة من المسلمين وغيرهم، لاسيما بعد استقبال بابا الفاتيكان، "الراب إسرائيل مائير" كبير حاخامات اليهود، بعد قطيعة طويلة امتدت ألفي عام تقريبا، ما ترجم على أنه مصالحة تاريخية

إبراهيم (عليه السلام) نبي، ودينه هو الإسلام هو دين الفطرة، الدين الوحيد من آدم (عليه السلام) حتى نهاية الكون، ولا يوجد أديان سماوية، بل هي شرائع للإسلام، والقرآن أخر شرائع الإسلام حتى يوم الحساب.

بعدها بشهور اعترف الفاتيكان بالدولة اليهودية بعد أن أعلن عن تبرئة اليهود من دم المسيح عليه السلام، ومنذ ذلك الحين وحتى

الأسبوع الثالث من شهر آذار مارس 1998م والفاتيكان بصدد إعداد مذكرة تاريخية توضيحية تفسر موقف الكاثوليك مما يسمى بمحرقة اليهود في أفران النازي "الهولوكوست"، حيث أعلن الفاتيكان رسميا عن اعتذار الكنيسة الكاثوليكية عن عدم القيام بما يكفي لحماية اليهود من الاضطهاد النازي، وأضافت تلك المذكرة أن الكنيسة الكاثوليكية تطلب الغفران للأخطاء التي ارتكبها أعضاؤها، فيما وصف رئيس اللجنة الخيرية المكلفة بالعلاقات الدينية مع اليهود والتي أعدت المذكرة، بأنها توبة أكثر من اعتذار.

لذلك فإن السؤال يُطرح، ما مغزى تلك المصالحة التاريخية التي تنازل بمقتضاها البابا وأشياعه في الأرض عن دم المسيح عليه السلام؟!

والتي بموجبها تم اعتبار أن المسيحيين يتحملون واجبا أخلاقيا لضمان عدم تكراره أبدا

وهم ظهور الدجال ونزول عيسى عليه السلام

الواقع التاريخي متناقض مع أحاديث خروج الدجال؛

فقد روى الرواة: انه سيخرج عند فتح القسطنطينية وقد تم فتح القسطنطينية في أيام السلطان التركي محمد الفاتح رضي الله عنه. وقد مدحه النبي صلى الله عليه وسلم بظهر الغيب ومدح جنوده ومدح قومه وأثنى عليهم.

فقال:

"لتفتحن القسطنطينية، فلنعم الامير أميرها، ولنعم الجيش جيشها"

فإن الحديث المشار إليه، والذي أثنى فيه النبي صلى الله عليه وسلم على أمير فاتحي القسطنطينية وجيشهم رواه الإمام أحمد في المسند وغيره، وفيه يقول صلى الله عليه وسلم: لتفتحن القسطنطينية، فلنعم الأمير أميرها، ولنعم الجيش ذلك الجيش. وقد تكلم بعض أهل العلم في سنده

لكن بعض العلماء أقروا انه حديث ضعيف والآخرين قالوا إنها ستفتح مرة أخرى في آخر الزمان، ومن قال لهم اننا لسنا بآخر الزمان والحبيب المصطفى هو نبي آخر الزمان ولا نبي بعده كما أكد القرآن.

ومع ذلك، هناك العديد من الأحاديث الأخرى حول فتح القسطنطينية، لكن معظم العلماء يقولون إنه سيكون هناك فتح ثانٍ في نهاية الزمان.

من أين جاءتهم فكرة أننا لسنا في نهاية الزمان، ومحمد، صلى الله عليه وسلم، هو نبي نهاية الزمان؟

لديكم كل احترامي، ويجب عليكم أن تتأملوا وتبحثوا فيما ذكر في الكتب.

لا يوجد فتح ثانٍ ننتظره، فالأمور غير مرتبة أو متسلسلة في الأحاديث ولم يذكر أبدا في أي حديث قوي أو ضعيف ان القسطنطينية ستفتح مرتين من أين جئتم بهذا الخيال.

المؤمن فطن، يجب عليكم أن تتبعوا سنة الخلفاء الراشدين وتقارنوا هذه الأحاديث بما ورد في القرآن الكريم والواقع والأحداث التي حدثت، ويجب شطب كل الأحاديث التي لا تتوافق مع الواقع والأحداث والفرآن الكريم.

لأن فتح القسطنطينية قد حدث بالفعل، ولم يقل الرسول، صلى الله عليه وسلم، إنه سيفتح مرتين، كيف سيفتح مرة أخرى ولا توجد مدينة بهذا الاسم الآن؟

تقريبًا العالم بأسره الذي يدرس التاريخ المشوه غير مدرك لوجود مدينة تسمى القسطنطينية من قبل، والكل يعلم فقط إسطنبول.

لا أحد يريد أن يعيدها إلى القسطنطينية المدينة الكافر أهلها، لا تعود القسطنطينية أبدا بإذن شاء الله، لأنني لا أريد أن يصبح إخواني وأخواتي الأتراك كفارًا مرة أخرى.

فكروا وتأملوا، ولا تحولها إلى بدعة مثل بدعة هيكل اليهود، التي استلهمت أوهامًا من الماضي وما زالوا يقتلوا ويسفكوا دماء الأبرياء لكي يحققوا أهداف وأحداث قد حدثت بالفعل، واوهموكم لكي تنتظروا هذه الأحداث ولكي تشكوا في دينكم وتعتقدون أنكم منتظرون نفس الأحداث التي ينتظرونها، وأن يجعلوكم تنتظرون ربهم أو ابن ربهم (عيسى عليه السلام) كما ذكر رسول الله صلى الله عيه وسلم

حَدَّثَنِي سُوَيْدُ بْنُ سَعِيدٍ، حَدَّثَنَا حَفْصُ بْنُ مَيْسَرَةَ، حَدَّثَنِي زَيْدُ بْنُ أَسْلَمَ، عَنْ عَطَاءِ، بْنِ يَسَارٍ عَنْ أَبِي سَعِيدٍ الْخُدْرِيِّ، قَالَ قَالَ رَسُولُ اللَّهِ صلى الله عليه وسلم " لَتَتَّبِعُنَّ سَنَنَ الَّذِينَ مِنْ قَبْلِكُمْ شِبْرًا بِشِبْرٍ وَذِرَاعًا بِذِرَاعٍ، حَتَّى لَوْ دَخَلُوا فِي جُحْرِ ضَبٍّ لاَتَّبَعْتُمُوهُمْ". قُلْنَا يَا رَسُولَ اللَّهِ اليهود وَالنَّصَارَى قَالَ " فَمَنْ".

صدق رسول الله صلى الله عليه وسلم

لن يأتي أحد بعد محمد صلى الله عليه وسلم، أنتم معكم الله بكلامه المحفوظ للأبد وكلام رسوله صلى الله عليه وسلم، لكنكم يجب عليكم أن تتدبروا القرآن الكريم والحديث الشريف.

عيسى عليه السلام ذكر حوالي ثلاثين دجال، ولكن بعد نزول القرآن الكريم فمن لم يتبع كلام الله ويتفكر فيه وفي الحكمة التي تركها محمد صلى الله عليه وسلم سيصبح دجال أو يسير وراء الدجالين.

ذكر الله القرآن والحكمة، وذلك لكي نكون حكماء قي تتدبر سنة الرسول صلى الله عليه وسلم فهو خيرة الحكماء.

والله جل جلاله أعلى وأعلم.

جاء في بعض الكتب الاسلامية في باب الدجال ما نصه:

(عَنْ أَبِي هُرَيْرَةَ رضي الله عنه أَنَّ رَسُولَ اللهِ صَلَّى اللهُ عَلَيْهِ وَسَلَّمَ قَالَ: (لَا تَقُومُ السَّاعَةُ حَتَّى يَنْزِلَ الرُّومُ بِالْأَعْمَاقِ أَوْ بِدَابِقٍ، فَيَخْرُجُ إِلَيْهِمْ جَيْشٌ مِنَ الْمَدِينَةِ، مِنْ خِيَارِ أَهْلِ الْأَرْضِ يَوْمَئِذٍ، فَإِذَا تَصَافُّوا، قَالَتِ الرُّومُ: خَلُّوا بَيْنَنَا وَبَيْنَ الَّذِينَ سَبَوْا مِنَّا نُقَاتِلْهُمْ. فَيَقُولُ الْمُسْلِمُونَ: لَا، وَاللهِ لَا نُخَلِّي بَيْنَكُمْ وَبَيْنَ إِخْوَانِنَا. فَيُقَاتِلُونَهُمْ ، فَيَنْهَزِمُ ثُلُثٌ لَا يَتُوبُ اللهُ عَلَيْهِمْ أَبَدًا ، وَيُقْتَلُ ثُلُثُهُمْ ، أَفْضَلُ الشُّهَدَاءِ عِنْدَ اللهِ ، وَيَفْتَتِحُ الثُّلُثُ ، لَا يُفْتَنُونَ أَبَدًا ، فَيَفْتَتِحُونَ قُسْطَنْطِينِيَّةَ ، فَبَيْنَمَا هُمْ يَقْتَسِمُونَ الْغَنَائِمَ ، قَدْ عَلَّقُوا سُيُوفَهُمْ بِالزَّيْتُونِ ، إِذْ صَاحَ فِيهِمِ الشَّيْطَانُ : إِنَّ الْمَسِيحَ قَدْ خَلَفَكُمْ فِي أَهْلِيكُمْ ، فَيَخْرُجُونَ ، وَذَلِكَ بَاطِلٌ ، فَإِذَا جَاءُوا الشَّأْمَ خَرَجَ

، فَبَيْنَمَا هُمْ يُعِدُّونَ لِلْقِتَالِ ، يُسَوُّونَ الصُّفُوفَ ، إِذْ أُقِيمَتِ الصَّلَاةُ ، فَيَنْزِلُ عِيسَى ابْنُ مَرْيَمَ صَلَّى اللهُ عَلَيْهِ وَسَلَّمَ ، فَأَمَّهُمْ ، فَإِذَا رَآهُ عَدُوُّ اللهِ ذَابَ كَمَا يَذُوبُ الْمِلْحُ فِي الْمَاءِ ، فَلَوْ تَرَكَهُ لَانْذَابَ حَتَّى يَهْلِكَ ، وَلَكِنْ يَقْتُلُهُ اللهُ بِيَدِهِ ، فَيُرِيهِمْ دَمَهُ فِي حَرْبَتِهِ) رواه مسلم في صحيحه " (2897) من طريق سليمان بن بلال ، عن سهيل ، عن أبيه ، عن أبي هريرة رضي الله عنه) صدق رسول الله صلى الله عليه وسلم

قَدْ عَلَّقُوا سُيُوفَهُمْ بِالزَّيْتُونِ، إِذْ صَاحَ فِيهِمِ الشَّيْطَانُ: إِنَّ الْمَسِيحَ قَدْ خَلَفَكُمْ فِي أَهْلِيكُمْ

عَلَّقُوا سُيُوفَهُمْ بِالزَّيْتُونِ: هذا ليس أسلوب الرسول صلى الله عليه وسلم في الكلام، وأي سيوف نتكلم عنها الآن!؟ الآن لدينا بنادق.

إِذْ صَاحَ فِيهِمِ الشَّيْطَانُ

الْمَسِيحَ

وَلَكِنْ يَقْتُلُهُ اللهُ بِيَدِهِ

كل هذا نفس أسلوب كتابات الإنجيل، عيسى عليه السلام ينزل ليقتل الدجال لكن الله يقتله بيده فلماذا نزل إذا عيسى عليه السلام؟!

لماذا لم يُذكر الدجال في القرآن الكريم؟

الدليل من القرآن على وجود المسيح الدجال

أحدها: أنه ذكر في قوله تعالى:

«يَوْمَ يَأْتِي بَعْضُ آيَاتِ رَبِّكَ لَا يَنْفَعُ نَفْسًا إِيمَانُهَا» صدق الله العلى العظيم

فقد أخرج الترمذي وصححه عن أبي هريرة رفعه: ثلاثة إذا خرجن لم ينفع نفسا إيمانها لم تكن آمنت من قبل: الدجال، والدابة، وطلوع الشمس من مغربها

الثاني: نزول عيسى عليه السلام من السماء الدنيا: فيقتل الدجال.

الثالث: إنه لم يذكر اسمه في القرآن؛ احتقار لشأنه حيث يدعي الإلهية وهو ليس شيئا

التعليق

قولهم: إن الله جل جلاله اشار الى خروج المسيح الدجال في قوله:

(يوم يأتي بعض آيات ربك) صدق الله العلى العظيم

هذا القول مردود. لإن الآية في الكفار والعصاة حينما يفاجئهم الموت على غير إيمان أو توبة. وهي نظير قوله تعالى:

(وليست التوبة للذين يعملون السيئات، حتى إذا حضر أحدهم الموت، قال: إني تبت الآن، ولا الذين يموتون وهم كفار) صدق الله العلى العظيم

وقولهم: نزول عيسى عليه السلام

هذا القول مردود لان عيسى بشر، والله جل جلاله يقول:

﴿وَمَا جَعَلْنَا لِبَشَرٍ مِّن قَبْلِكَ الْخُلْدَ ۖ أَفَإِن مِّتَّ فَهُمُ الْخَالِدُونَ﴾ صدق الله العلى العظيم

ولو سلمنا جدلا بما قالوا فإنه لا يلزم التلازم بين نزول عيسى ونزول الدجال.

وإذا كان الدجال امر حقيقي فيمكن ربطه بنشأت الصهيونية وعلاقة البروتستانتية بالصهيونية المسيحية؛ فقد نشأت الصهيونية تقريبا في نفس الوقت الذي فتحت فيه القسطنطينية.

لا يمكننا الحديث عن الصهيونية المسيحية دون التطرق للكنيسة البروتستانتية. ويبدو أن الدارس للأولى لا ينفك يجد نفسه يغوص في تاريخ ظهور الثانية. بعض المصادر التاريخية تؤكد على العلاقة العضوية بين الاثنتين رغم إصرار مصادر أخرى على أن الصهيونية المسيحية سبقت التيار البروتستانتي بقرون وتربطها بحملة تنصير اليهود في الأندلس.

والبروتستانتية إحدى طوائف الدين المسيحي نشأت على يد القس الألماني مارتن لوثر في القرن السادس عشر، أما اصطلاح البروتستانتية فيعني لغويا الاحتجاج والاعتراض.

ولد القس مارتن لوثر في مدينة إيسليبن بمقاطعة ساكس الألمانية سنة 1483 لأب فلاح كانت أمنيته أن يدرس ابنه القانون ويصبح قاضيا، لكن مارتن لوثر حصل على الدكتوراه في اللاهوت من جامعة فيتنبرج.

زار لوثر في العام 1510 روما للتبرك بالمقر الرسولي، وكان يتمنى رؤية القديسين والرهبان الزهاد. غير أنه ما إن حل بروما حتى فوجئ بمدى الفساد المنتشر داخل الكنيسة الكاثوليكية حتى على أعلى المستويات.

كانت الكنيسة آنذاك تبيع صكوك غفران الذنوب وصكوك التوبة، بل إن بعض الرهبان كانوا يحددون المدة التي سيقضيها الإنسان المخطئ في النار قبل أن يمنحوه صكوك الغفران التي تعتقه وتسمح له بالمرور إلى الجنة!

وقد أثرت تلك الصور كثيرا في نفسية مارتن لوثر المتحمس فأحس بالغبن وقرر إصلاح الكنيسة وتقويض سلطة البابا.

قام مارتن لوثر بتعليق احتجاج صارخ على باب كنيسة مدينة فيتنبرج في 31 أكتوبر/ تشرين الأول 1517 تضمن 95 نقطة

طالب فيه بإلغاء النظام البابوي لأنه يمنح قدسية كبيرة للبشر قد لا يحسنون استعمالها تماما كما كان شائعا في الكنيسة الكاثوليكية آنذاك.

كما رفض لوثر أن يبقى القسيس بلا زواج مدى الحياة، فأقدم على الزواج من الراهبة كاترينا فون بورا وأنجب منها ستة أطفال.

وكانت من بين مطالب لوثر أيضا المساواة بين الإكليروس "رجال اللاهوت المسيحي" والمسيحيين العاديين.

غير أن ما سيؤثر على مستقبل الكنيسة الكاثوليكية بشكل عام كان دعوة مارتن لوثر إلى جعل الكتاب المقدس المصدر الوحيد للإيمان تأثرا بنظرية القديس بطرس التي تقول ما معناه أن الإنسان الذي لوثته الخطيئة لا يمكن أن يطهره من تلك الخطيئة سوى الإيمان الذي يتجلى في رحمة الرب وإرادته.

ودعا لوثر إلى إلغاء الوساطة بين المؤمنين والرب بمعنى إقامة علاقة مباشرة بين العبد والمعبود دون المرور عبر البابا أو أي شخص آخر.

وكان أخطر ما حملته مطالب لوثر دعوته للعودة إلى كتاب التوراة اليهودية القديمة وإعادة قراءته بطريقة جديدة بالإضافة إلى اعتماد الطقوس اليهودية في الصلاة عوضا عن الطقوس الكاثوليكية المعقدة.

بداية تهويد المسيحية

أرسل مارتن لوثر رسالة إلى البابا ليو العاشر في روما سنة 1520 اتهمه فيها باستعمال الكنيسة الكاثوليكية لتحقيق مصالح شخصية له وللحاشية التي تحيط به، مؤكدا أنه لن يتخلى عن نضاله لتقويض تلك الكنيسة مادام حيا.

فجاء رد فعل الكنيسة الكاثوليكية قاسيا حيث اعتبرت لوثر من الخارجين عن الكنيسة وطردته من الديانة المسيحية واتهمته بالهرطقة، وهي تهمة كانت عقوبتها آنذاك الحرق على الملأ.

لجأ لوثر بعد ذلك إلى العمل السري وعمل على استمالة بعض اليهود الذين كان لهم نفوذ كبير في المجتمع عن طريق التأكيد على أن مذهبه الجديد يعيد الاعتبار لليهود الذين كانوا يعانون من ازدراء الكنيسة الكاثوليكية.

أصدر لوثر كتابه "عيسى ولد يهوديا" *(أي الرب وابن الرب يهود!)* سنة 1523 وقال فيه إن اليهود هم أبناء الله وإن المسيحيين هم الغرباء الذين عليهم أن يرضوا بأن يكونوا كالكلاب التي تأكل ما يسقط من فتات من مائدة السادة.

ويرى الكثير من الكتاب والمؤرخين أن هذه الفترة تعد الولادة الحقيقية والفعلية للمسيحية اليهودية.

وتقوم المسيحية اليهودية على تفضيل الطقوس اليهودية في العبادة على الطقوس الكاثوليكية.

ووصلت محاولة استمالة لوثر لليهود من أجل الدخول في مذهبه حدا قال فيه يوما أمام عدد من اليهود الذين كانوا يناقشونه "إن البابوات والقسيسين وعلماء الدين ذوي القلوب الفظة تعاملوا مع اليهود بطريقة جعلت كل من يأمل أن يكون مسيحيا مخلصا يتحول إلى يهودي متطرف وأنا لو كنت يهوديا ورأيت كل هؤلاء الحمقى يقودون ويعلمون المسيحية فسأختار على البديهة أن أكون خنزيرا بدلا من أن أكون مسيحيا.

وتشير الكثير من المصادر التاريخية إلى أن رغبة مارتن لوثر الجامحة في إعادة الاعتبار لليهود و"تمسيحهم" كانت تعود لإيمانه العميق بضرورة وجودهم في هذا العالم تمهيدا لعودة المسيح.

واعتبرت دعواته تلك انقلابا على موقف الكنيسة الكاثوليكية التي كانت تنظر لليهود على أنهم من يحملون دم المسيح عيسى بعدما صلبوه.

حيث دأبت الكنيسة الكاثوليكية على تحميل اليهود المسؤولية الكاملة عن مقتل المسيح، وكان بعض المسيحيين في أوروبا يحتفلون بمقتل المسيح عن طريق إحياء طقوس عملية الصلب، بل وكان سكان مدينة تولوز الفرنسية يحرصون على إحضار يهودي إلى الكنيسة أثناء الاحتفال ليتم صفعه من قبل أحد النبلاء بشكل علني إحياء لطقس الضرب الذي تعرض له المسيح من قبل اليهود.

كما أن هناك نصا في إنجيل متى يحمل اليهود مسؤولية مباشرة عن مقتل المسيح ويذكر بالتفصيل كيف غسل بيلاطس الحاكم الروماني للقدس آنذاك يديه بالماء معلنا براءته من دم المسيح الذي كان اليهود على وشك صلبه قبل أن يصيح فيه اليهود قائلين

"ليكن دمه علينا وعلى أولادنا".

وهذه العبارة الأخيرة تطبع الاعتقاد المسيحي الكاثوليكي بشكل مرير ظهر جليا في الشعبية الكبيرة التي نالها فيلم "آلام المسيح" للمخرج المسيحي ميل غبسون الذي حصد مئات الملايين من الدولارات عدا حالات الإغماء الكثيرة التي شهدتها قاعات السينما التي عرضت الفيلم في الولايات المتحدة لرجال ونساء مسيحيين لم يستطيعوا تحمل التفاصيل المليئة بالألم التي حفل بها الفيلم.

علاقة الكنيسة البروتستانتية بالصهيونية المسيحية

الانجيل رسالة حملها المسيح وتحولت الى أكثر الأديان انتشارا في العالم وجذور المسيحية المحرفة من الانجيل هي الديانة اليهودية المحرفة من التوراة التي تتشارك وإياها الإيمان بالتوراة

والصهيونية اختصارا هي أيديولوجية تؤيد قيام دولة قومية يهودية في فلسطين بوصفها أرض الميعاد لليهود. وصهيون هو اسم جبل في القدس وتقول بعض المصادر إنه اسم من أسماء القدس ويتخذون الدين المحرف كستار ودافع لتحقيق أفكارهم السامة.

أما الصهيونية المسيحية فهي الدعم المسيحي للفكرة الصهيونية، وهي حركة مسيحية قومية تقول عن نفسها إنها تعمل من أجل عودة الشعب اليهودي إلى فلسطين وسيادة اليهود على الأرض المقدسة. ويعتبر الصهيونيون المسيحيون أنفسهم مدافعين عن الشعب اليهودي خاصة دولة إسرائيل، ويتضمن هذا الدعم معارضة وفضح كل من ينتقد أو يعادي الدولة اليهودية.

تقوم فلسفة الصهيونية المسيحية على نظرية الهلاك الحتمي لليهود. وهناك الكثير من الدراسات اللاهوتية في هذا المجال خلاصتها أن هلاك يهود الأرض قدر محتوم وضرورة للخلاص من "إرث الدم" الذي حمله اليهود على أكتافهم بعدما صلبوا المسيح وهم سيتحولون إلى المسيحية بعد عودته ولن يبقى شيء اسمه اليهودية

" هذا قد حدث عندما أتى الماحي محمد صلى الله عليه وسلم وتحول أغلب اليهود والمسحيين الذين كانوا على عقيدة سليمة إلى مسلمين وكانوا ينتظرون أحمد صلى الله عليه وسلم في فاران وبكة (مكة) كما هي مذكورة بكتبهم"

إنهم أخطأوا في اختيار المكان فالبلد التي سيكون فيها المسيح ليست فلسطين. بل هي شبه الجزيرة العربية وقد حدث.

هَاتُوا مَاءً لِمُلاَقَاةِ الْعَطْشَانِ، يَا سُكَّانَ أَرْضِ تَيْمَاءَ. وَافُوا الْهَارِبَ بِخُبْزِهِ." سفر إشعياء 21: 14

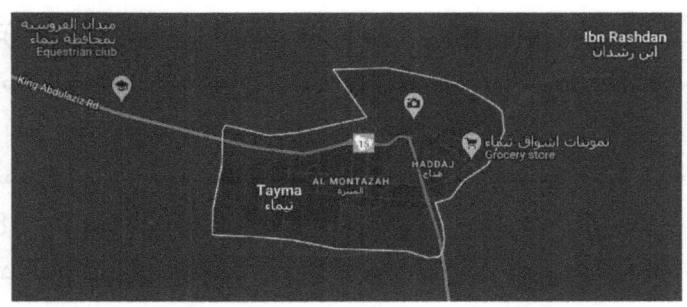

جَاءَ الرَّبُّ مِنْ سِينَاءَ، وَأَشْرَقَ لَهُمْ مِنْ سَعِيرَ، وَتَلأْلأَ مِنْ جَبَلِ فَارَانَ

(تثنية 33:2)

استولوا على فلسطين ويردون أن يستولوا على كل المنطقة ليعجلوا بمشيئة الله، وهو القادر على إرسال المسيح في أي وقت كما يشاء، لكنه من المفترض أن يأتي من أرض الحجاز، وقد جاء بالفعل منذ 1446 عامًا، وهو محمد صلى الله عليه وسلم

ومارتن لوثر الذي تحدثنا عنه أعلاه عمل على تهويد المسيحية عندما أصر على اعتماد التوراة بدلا عن كتاب "العهد الجديد". وقد قام عدد من رجال الدين البروتستانت مثل القس الإنجليزي جون نلسون داربي بإعادة قراءة العقائد المسيحية المتعلقة باليهود، ومنحهم مكانة متميزة حتى أصبحت الكنيسة البروتستانتية هي حاملة لواء الصهيونية المسيحية أينما حلت

وقد حدث انشقاق داخل الكنيسة البروتستانتية نفسها بسبب اليهود. فبينما أعرب بعض البروتستانت الإنجليز عن اعتقادهم بأن اليهود سيعتنقون المسيحية قبل أن تقوم دولتهم في فلسطين، ذهب بعض البروتستانت الأميركيين إلى أن اليهود لن يدخلوا في المسيحية، حتى لو قامت إسرائيل وأن عودة المسيح هي الشرط النهائي لخلاصهم وتوبتهم ودخولهم في الدين الذي جاء فيهم أصلا (***الذي هو الإسلام***)

وقد تزعم القس نلسون داربي هذا الفريق وينظر إليه على أنه الأب الروحي للمسيحية الصهيونية قبل أن يعمل العشرات من القساوسة على نشر نظريته تلك. ونشر وليم باكستون الذي كان من أشد المتحمسين الأميركيين لأطروحة داربي كتاب "المسيح آت" سنة 1887 وترجم الكتاب إلى عشرات اللغات وركز فيه على حق اليهود التوراتي في فلسطين. وبلاكستون كان وراء جمع 413 توقيعا من شخصيات مرموقة مسيحية ويهودية طالبت بمنح فلسطين لليهود وتم تسليم عريضة التوقيعات للرئيس الأميركي آنذاك بنيامين هاريسون

"وهذا لمن يزعم أن اغتصاب اليهود لأرض فلسطين بسبب عدم رغبة شعوب أوروبا وأمريكا في وجدهم وطردهم من بلادهم المحرقة كل شيء مدبر وذو طابع ديني"

أما القس سايروس سكوفيلد فيعتبر من أشد المسيحيين الصهيونيين تشددا وقام بوضع إنجيل سماه "إنجيل سكوفيلد المرجعي" نشره سنة 1917 وينظر إليه اليوم على أنه الحجر الأساس في فكر المسيحية الأصولية المعاصرة

كتاب "اليهود وأكاذيبهم"

وقد كتب مارتن لوثر في آخر أيامه كتاب "اليهود وأكاذيبهم" أعرب فيه عن خيبة أمله من اليهود وأقر بالفشل في استقطابهم لعقيدته الجديدة. كما أقر في شبه استسلام بأن دخول اليهود في الدين المسيحي لن يتم إلا عبر عودتهم لأرض فلسطين وعودة المسيح الذي سيسجدون له ويعلنون دخولهم في الدين المسيحي حتى يعم السلام العالم

(عيسى لن يعود لإنه أخبر أن أحمد صلى الله عليه وسلم هو آخر الأنبياء وهو المسيح، أو الماحي، أو المخلص، أو المهدي فكل

هؤلاء شخص واحد هو محمد صلى الله عليه وسلم خاتم الأنبياء، وقد أتى، وينتظرون الماضي)

تتباين المراجع التاريخية في تقييم ما قام به مارتن لوثر، فهناك من ينظر إليه على أنه ثائر إصلاحي خلص الكنيسة الكاثوليكية من الكثير من الأساطير اللاهوتية التي أفسدتها، وهناك من يرى أنه أفسد العقيدة المسيحية بمنحه اليهود مكانة رفيعة جعلتهم يستعملون المذهب البروتستانتي لتحقيق أهدافهم الخاصة، غير أن الكثير من المصادر تتجاهل حقيقة عودة مارتن لوثر عن الكثير من مواقفه وآرائه خاصة تلك المتعلقة منها باليهود

تمهيد لموضوع نزول عيسى عليه السلام

في البداية يجب أن ننوه إلى دقة المنهج الذي توخاه كل من الإمامين: البخاري ومسلم في صحيحيهما، فهما قد اشترطا الصحة في كل ما يرويانه، وليس أدل على ذلك من انتقائهما الأصح من الأحاديث، وأعلاها سندا وأصحها متنا، مما هو على شرطهما.

ومن ثم، فإن ما ورد في الصحيحين من إسرائيليات فهو صحيح لا شك فيه، وهو يوافق ما في الشريعة الإسلامية.

إن لفظ الإسرائيليات - كما هو ظاهر - جمع، مفرده إسرائيلية، وهي قصة أو حادثة تروى عن مصدر إسرائيلي، والنسبة فيها إلى إسرائيل، وهو نبي الله يعقوب بن إسحاق بن إبراهيم عليهم السلام وإليه ينسب اليهود، فيقال: بنو إسرائيل.

ولفظ الإسرائيليات - وإن كان يدل على القصص الذي يروى أصلا عن مصادر يهودية - يستعمله علماء التفسير والحديث، ويطلقونه على ما هو أوسع وأشمل من القصص اليهودي، فهو في اصطلاحهم يدل على كل ما تطرق إلى التفسير والحديث من أساطير قديمة منسوبة في أصل روايتها إلى مصدر يهودي، أو نصراني أو غيرهما، وإنما أطلق لفظ الإسرائيليات على كل ذلك من باب التغليب للون اليهودي على غيره، لأن غالب ما يروى من هذه الخرافات والأباطيل يرجع في أصله إلى مصدر يهودي[1].

أقسام الإسرائيليات:

1. ما علمنا صحته مما بأيدينا من القرآن والسنة، والقرآن هو الكتاب المهيمن، والشاهد على الكتب السماوية قبله، فما وافقه فهو حق وصدق، وما خالفه فهو باطل وكذب، قال سبحانه وتعالى: ﴿وأنزلنا إليك الكتاب بالحق مصدقا لما بين يديه من الكتاب ومهيمنا عليه فاحكم بينهم بما أنزل الله ولا تتبع أهواءهم عما جاءك من الحق لكل جعلنا منكم شرعة ومنهاجا ولو شاء الله لجعلكم أمة واحدة ولكن ليبلوكم في ما آتاكم فاستبقوا الخيرات إلى الله مرجعكم جميعا فينبئكم بما كنتم فيه تختلفون (48)﴾ **(المائدة)**

وهذا القسم صحيح، وفيما عندنا غنية عنه، ولكن يجوز ذكره وروايته للاستشهاد به، ولإقامة الحجة عليهم من كتبهم، وذلك مثل ما يتعلق بالبشارة بالنبي - صلى الله عليه وسلم - وبرسالته، وأن التوحيد هو دين جميع الأنبياء، مما غفلوا عن تحريفه، أو حرفوه، ولكن بقي شعاع منه يدل على الحق.

قال الحافظ ابن حجر: قوله: "وحدثوا عن بني إسرائيل ولا حرج"، أي: لا ضيق عليكم في الحديث عنهم؛ لأنه كان قد تقدم منه – صلى الله عليه وسلم – الزجر عن الأخذ عنهم، والنظر في كتبهم، ثم حصل التوسع في ذلك، وكأن النهي قد وقع قبل استقرار الأحكام الإسلامية، والقواعد الدينية، خشية الفتنة، ثم لما زال المحذور وقع الإذن في ذلك، لما في سماع الأخبار التي كانت في زمانهم من الاعتبار"[3]

2. ما علمنا كذبه مما عندنا مما يخالفه، وذلك مثل: ما ذكروه في قصص الأنبياء؛ من أخبار تطعن في عصمة الأنبياء عليهم الصلاة والسلام كقصة يوسف، وداود، وسليمان عليهم السلام ومثل ما ذكروه في توراتهم: من أن الذبيح هو إسحاق لا إسماعيل، فهذا لا تجوز روايته وذكره إلا مقترنا ببيان كذبه، وأنه مما حرفوه وبدلوه، قال سبحانه وتعالى: (يحرفون الكلم من بعد مواضعه) (المائدة: ٤١)

و هذا القسم ورد النهي من النبي – صلى الله عليه وسلم – للصحابة عن روايته، والزجر عن أخذه عنهم، وسؤالهم عنه، قال الإمام مالك رحمه الله في حديث: «حدثوا عن بني إسرائيل ولا حرج» كما ذكره ابن حجر، المراد جواز التحدث عنهم بما كان من أمر حسن، أما ما علم كذبه فلا[4] ولعل هذا هو المراد من قول ابن عباس: «كيف تسألون أهل الكتاب عن شيء، وكتابكم الذي أنزل على رسول الله – صلى الله عليه وسلم – أحدث، تقرءونه محضا لم يشب، وقد حدثكم أن أهل الكتاب بدلوا كتاب الله وغيروه، وكتبوا بأيديهم الكتاب، وقالوا: هو من عند الله؛ ليشتروا به ثمنا قليلا، لا ينهاكم ما جاءكم من العلم عن مسألتهم، لا والله ما رأينا منهم رجلا يسألكم عن الذي أنزل عليكم»[5].

3. ما هو مسكوت عنه، لا من هذا، ولا من ذاك، فلا نؤمن به، ولانكذبه؛ لاحتمال أن يكون حقا فنكذبه، أو باطلا فنصدقه، ويجوز حكايته لما تقدم من الإذن في الرواية عنهم، ولعل هذا القسم هو المراد بما رواه أبو هريرة حين قال: «كان أهل الكتاب يقرءون التوراة بالعبرانية، ويفسرونها بالعربية لأهل الإسلام، فقال رسول الله صلى الله عليه وسلم: لا تصدقوا أهل الكتاب ولا تكذبوهم، وقولوا (آمنا بالله وما أنزل......) (البقرة: 136) الآية»[6]

ومع هذا، فالأولى عدم ذكره؛ حتى ولا نضيع الوقت في الاشتغال به[7].

ومنها – أي الإسرائيليات – ما سكت عنه الشرع عنه وليس فيه ما يؤيده أو يعارضه، وهذا لا نكذبه ولا نؤمن به، وتجوز حكايته، ومن هذا النوع ما رواه "ابن كثير" عند تفسيره لقوله سبحانه وتعالى: وإذ قال موسى لقومه إن الله يأمركم أن تذبحوا بقرة قالوا أتتخذنا هزوا قال أعوذ بالله أن أكون من الجاهلين (67)) (البقرة) وما بعدها إلى آخر القصة، في سورة البقرة عن السدي.

يقول د. محمد أبو شهبة "ولقد كان لجهابذة الحديث ونقاده جهد مشكور في الكشف عن هذه الإسرائيليات، وتمييز صحيحها من باطلها، وغثها من سمينها، وما من رواية من روايات كعب وغيره إلا ونقدوها نقدا علميا نزيها، ولولا هذا الجهد الرائع من علماء المسلمين لكانت طامة على الإسلام والمسلمين، ولقد بلغ من تحوط أئمة الحديث البالغ الغاية أنهم قالوا: إن قول الصحابي فيما لا مجال للرأي فيه يكون له حكم الرفع إذا لم يكن مرفوعا بالأخذ عن علماء أهل الكتاب الذين أسلموا، أما إذا كان معروفا بالأخذ عنهم فلا، لجواز أن يكون من الإسرائيليات، وهو تحوط يدل على أصالة في النقد وبعد نظر محمود من المحدثين"[8].

ومن هنا يتأكد خلو الصحيحين من الخرافات والإسرائيليات الباطلة التي لا أصل لها.

وأما ما جاء في الصحيحين مما ورد عند الأمم السابقة، فهو من النوع الأول من الإسرائيليات؛ أي: مما جاء في شريعة الإسلام، ووافق هذه الإسرائيليات، وصدقها.

ومن ثم، فلا ضير بحال من الأحوال أن تأتي مثل هذه الإسرائيليات في الصحيحين.

ثانيا. رواية عبد الله بن عمرو قد ذكرها ابن حجر في الشرح، ولم تأت في الصحيحين ولا في غيرهما:

إذا ثبت وعلم مدى الثقة العظمى في الصحيحين، وما اشتملا عليه من الأحاديث والروايات؛ فما القول في الروايات التي يذكرها هؤلاء المغرضون على أنها إسرائيليات وخرافات؟

في حقيقة الأمر إذا رجعنا إلى هذه الأحاديث والروايات التي ذكرها هؤلاء الطاعنون نجدها إما محرفة عن أصلها الصحيح في الصحيحين، وإما لفهم خاطئ من الطاعن، وإما أنها جاءت من الإسرائيليات المقبولة عن مسلمة أهل الكتاب، مما علمنا صحته مما بأيدينا، أو مجرد أن في رواتها واحدا من مسلمة أهل الكتاب.

- لقد قسم العلماء الإسرائيليات إلى ثلاثة أقسام: منها ما وافق شريعة الإسلام، وهذا لا ضير في روايته، ومنها ما علمنا كذبه مما بين أيدينا من قرآن، وسنة صحيحة، وهذا لا تجوز روايته، ومنها ما هو مسكوت عنه، لا من هذا ولا من ذاك، فلا نؤمن به ولا نكذبه؛ وهذا أيضا تركه أولى؛ حتى لا ننشغل به ونضيع فيه وقتا.
- إن ما جاء من روايات إسرائيلية في الصحيحين كان موافقا لشرعنا، وقد أباح لنا الإسلام التحدث به؛ لأنه وافق القرآن والسنة ولم يخالفهما، فكيف يدعون أنه خرافة لا أصل لها؟

ماذا قال النبي محمد عن الاسرائيليات؟

الإجابـة الحمد لله والصلاة والسلام على رسول الله وعلى آهله وصحبه، أما بعد: فإن الإسرائيليات هي الأخبار والروايات المنقولة عن بني إسرائيل، وحكم هذه الإسرائيليات أنها لا تصدق ولا تكذب، لقوله صلى الله عليه وسلم:

لا تصدقوا أهل الكتاب ولا تكذبوهم. صدق رسول الله صلى الله عليه وسلم (رواه البخاري)

مما سبق يتضح لنا أن في الصحيحين مواضيع ليست أحاديث عن الرسول صلى الله عليه وسلم

طاعة الرسول صلى الله عليه وسلم وأحاديثه أمر، كقواعد الاسلام الخمس، بل طاعة كل تعاليمه وإتباع سنن حياته يكون عن طريق الأحاديث الشريفة

ومن أعظم دلالات هذه القاعدة -

﴿مَّن يُطِعِ الرَّسُولَ فَقَدْ أَطَاعَ اللَّهَ ۖ وَمَن تَوَلَّىٰ فَمَا أَرْسَلْنَاكَ عَلَيْهِمْ حَفِيظًا﴾

﴿لَّقَدْ كَانَ لَكُمْ فِي رَسُولِ اللَّهِ أُسْوَةٌ حَسَنَةٌ لِّمَن كَانَ يَرْجُو اللَّهَ وَالْيَوْمَ الْآخِرَ وَذَكَرَ اللَّهَ كَثِيرًا﴾

﴿وَمَا آتَاكُمُ الرَّسُولُ فَخُذُوهُ وَمَا نَهَاكُمْ عَنْهُ فَانتَهُوا ۚ وَاتَّقُوا اللَّهَ ۖ إِنَّ اللَّهَ شَدِيدُ الْعِقَابِ﴾ صدق الله العلى العظيم

- أنها ترد على أولئك الذين يزعمون الاكتفاء بالقرآن فقط في تطبيق أحكام الشريعة، فها هو القرآن ذاته يأمر باتباع الرسول صلى الله عليه وسلم، ولن يكون ذلك إلا باتباع سنته، بل كيف يتأتى للإنسان أن يصلي، أو يزكي، أو يصوم، أو يحج بمجرد الاقتصار على القرآن؟

ومن تأمل واقع الصحابة - رضوان الله عليهم أجمعين - وهم المثل الاعلى في تلقي الأوامر والنواهي بنفوسٍ مُسلِّمة، وقلوب مخبته، ومستعدة للتنفيذ، ولا تجد في قاموسهم تفتيشا ولا تنقيباً: هل هذا النهي للتحريم أم للكراهة؟ ولا: هل هذا الأمر للوجوب أم للاستحباب؟ بل ينفذون ويفعلون ما يقتضيه النص، فأخذوا هذا الدين بقوة، فصار أثرهم في الناس عظيماً وكبيراً

إن هذه القاعدة التي نحن بصدد الحديث عنها:

﴿وَمَا آتَاكُمُ الرَّسُولُ فَخُذُوهُ وَمَا نَهَاكُمْ عَنْهُ فَانتَهُوا ۚ وَاتَّقُوا اللَّهَ ۖ إِنَّ اللَّهَ شَدِيدُ الْعِقَابِ﴾ صدق الله العلى العظيم

لتدل بمفهومها على ضرورة حفظ السنة، حفظها من الضياع، وحفظها في الصدور، إذ لا يتأتى العمل بالسنة إلا بعد حفظها حساً ومعنى: قال إسماعيل بن عبيد الله رحمه الله: ينبغي لنا أن نحفظ حديث رسول الله صلى الله عليه وسلم كما يحفظ القرآن لأن الله يقول:

{وما أتاكم الرسول فخذوه} صدق الله العلى العظيم

لا تَكْتُبُوا عَنِّي، ومَن كَتَبَ عَنِّي غيرَ القُرْآنِ فَلْيَمْحُهُ، وحَدِّثُوا عَنِّي، ولا حَرَجَ، ومَن كَذَبَ عَلَيَّ - قالَ هَمَّامٌ: أحْسِبُهُ قالَ: مُتَعَمِّدًا- فَلْيَتَبَوَّأْ مَقْعَدَهُ مِنَ النَّارِ صدق رسول الله صلى الله عليه وسلم

أحْسِبُهُ قالَ: مُتَعَمِّدًا- فَلْيَتَبَوَّأْ مَقْعَدَهُ مِنَ النَّارِ

الراوي: أبو سعيد الخدري | المحدث: مسلم | المصدر: صحيح مسلم

الصفحة أو الرقم: 3004 خلاصة حكم المحدث: صحيح

التخريج: من أفراد مسلم على البخاري

كان الصَّحابةُ الكِرامُ رَضيَ اللهُ عنهم يَحفَظون سُنَّةَ النَّبيِّ صلَّى اللهُ عليه وسلَّمَ بطُرقٍ مُتعدِّدةٍ؛ فمِنهم مَن كان يَحفَظُ بعَقْلِه وقَلْبِه، ومِنهم مَن كان يُدوِّن في الصُّحفِ والكُتُبِ، ومنهم المُكثِرُ والمُقِلُّ في كلِّ ذلك

وفي هذا الحديثِ يَنهى النَّبيُّ صلَّى اللهُ عليه وسلَّمَ أصحابَه رَضيَ اللهُ عنهم عن كِتابةِ حَديثِه وما يُخبِرُ به، واستَثْنى مِن ذلكَ القرآنَ كلامَ اللهِ عزَّ وجلَّ؛ فهو الَّذي يُكتَبُ فقطْ، ويُمْحى ويُمسَحُ ما هو دونَه، قيل: إنَّ هذا كان في أوَّلِ الأمرِ، وإنَّ نَهْيَه صلَّى اللهُ عليه وسلَّمَ أنْ يُكتَبَ الحديثُ مَع القُرآنِ في صَحيفةٍ واحدَةٍ؛ لئَلَّا يَختَلِطَ بهِ فيَشتبِهَ على القارِئ، لكنْ بعْدَ أنْ رَسَخَ حِفظُ القرآنِ عندَ الصَّحابةِ رَضيَ اللهُ عنهم وتَبايَنَ لهم في صُدورِهم وصُحفِهم، ولم يُخْشَ خلْطُهم بيْن كَلامِ اللهِ عزَّ وجلَّ وكَلامِه صلَّى اللهُ عليه وسلَّمَ؛ أَذِنَ رَسولُ اللهِ صلَّى اللهُ عليه وسلَّمَ في كِتابةِ حَديثِه، فعندَ أبي داودَ، عن عبدِ اللهِ بنِ عَمرِو بنِ العاصِ رَضيَ اللهُ عنهما، قال: كُنتُ أكتُبُ كلَّ شَيءٍ أسمَعُه مِن رَسولِ اللهِ صلَّى اللهُ عليه وسلَّمَ أُرِيدُ حِفظَه، فنَهَتْني قُرَيشٌ، وقالوا: أتَكتُبُ كلَّ شَيءٍ تَسمَعُه ورَسولُ اللهِ صلَّى اللهُ عليه وسلَّمَ بشَرٌ يَتكلَّمُ في الغضَبِ والرِّضا؟! فأمسَكْتُ عن الكتابِ، فذَكَرتُ ذلك لرَسولِ اللهِ صلَّى اللهُ عليه وسلَّمَ، فأومَأَ بإصبعِه إلى فِيه، فقال: «اكتُبْ؛ فوالَّذي نَفْسي بيَدِه، ما يَخرُجُ منه إلَّا حقٌّ»

وقولُه صلَّى اللهُ عليه وسلَّمَ: «وحَدِّثوا عَنِّي، ولا حَرَجَ» معناه: أنَّ النَّهيَ السَّابقَ في الحديثِ مُختَصٌّ بالكتابةِ فقطْ لا بالتَّحديثِ عنه، فلا حَرَجَ على مَن حَفِظَ الحديثَ، ثمَّ أدَّاه مِن حِفظِه؛ لأنَّ الَّذي حَفِظ

الحديثَ قادرٌ على تَمييزِه عن القرآنِ، بخِلافِ مَن اقتَصرَ على الكِتابةِ فقطْ، فربَّما أخطَأَ بيْن القرآنِ وحَديثِ النَّبيِّ صلَّى اللهُ عليه وسلَّمَ

ثُمَّ حذَّر صلَّى اللهُ عليه وسلَّمَ مِن الكذِبِ عَليه ووَضعِ الحديثِ وقولِ ما لم يَقُلْه النَّبيُّ صلَّى اللهُ عليه وسلَّمَ، والكذبُ يَشمَلُ المتَعمِّدَ وضَعيفَ الحديثِ، إلَّا أنَّ النَّبيَّ صلَّى اللهُ عليه وسلَّمَ خَصَّ الوعيدَ الآتيَ بمَن تَعمَّدَ الكذبَ عليه: «فلْيَتَبوَّأْ مَقْعَدَه مِنَ النَّارِ»، أي: ليتَّخِذْ مَوضِعًا له في نارِ جهنَّمَ يومَ القِيامةِ ويَستَعِدَّ لدُخولِها؛ زَجرًا وتَخويفًا مِنَ الإقدامِ على هذه الكبيرةِ

والكذِبُ على رَسولِ اللهِ صلَّى اللهُ عليه وسلَّمَ جَريمةٌ عُظمى، ولا يُساويه أيُّ كَذِبٍ على شَخصٍ آخرَ؛ لأنَّ حقَّه أعظَمُ، وحقَّ الشريعةِ أكد، ولأنَّ الكذبَ عليه ذَريعةٌ إلى إبطالِ شَرعِه، وتَحريفِ دِينِه

وفي الحديثِ: الأمرُ بتَدوينِ وكِتابةِ القرآنِ

وفيه: الدَّعوةُ إلى حِفظِ حَديثِ رَسولِ اللهِ صلَّى اللهُ عليه وسلَّمَ

وفيه: التَّحذيرُ مِن سُوءِ عاقبةِ الكذِبِ على النَّبيِّ صلَّى اللهُ عليه وسلَّمَ

فيما سبق كان تمهيد لموضوع نزول عيسى عليه السلام والقضاء على الدجال

وجاء وصف النبي صلى الله عليه وسلم لعيسى عليه السلام كما في حديث المسيح الدجال الطويل، وفيه:

«فَبَيْنَمَا هُوَ كَذَلِكَ إِذْ بَعَثَ اللهُ الْمَسِيحَ ابْنَ مَرْيَمَ، فَيَنْزِلُ عِنْدَ الْمَنَارَةِ الْبَيْضَاءِ شَرْقِيَّ دِمَشْقَ، بَيْنَ مَهْرُودَتَيْنِ، وَاضِعًا كَفَّيْهِ عَلَى أَجْنِحَةِ مَلَكَيْنِ، إِذَا طَأْطَأَ رَأْسَهُ قَطَرَ، وَإِذَا رَفَعَهُ تَحَدَّرَ مِنْهُ جُمَانٌ كَاللُّؤْلُؤِ، فَلَا يَحِلُّ لِكَافِرٍ يَجِدُ رِيحَ نَفَسِهِ إِلَّا مَاتَ، وَنَفَسُهُ يَنْتَهِي حَيْثُ يَنْتَهِي طَرْفُهُ، فَيَطْلُبُهُ حَتَّى يُدْرِكَهُ بِبَابِ لُدٍّ، فَيَقْتُلُهُ، ثُمَّ يَأْتِي عِيسَى ابْنَ مَرْيَمَ قَوْمٌ قَدْ عَصَمَهُمُ اللهُ مِنْهُ، فَيَمْسَحُ عَنْ وُجُوهِهِمْ وَيُحَدِّثُهُمْ بِدَرَجَاتِهِمْ فِي الْجَنَّةِ،

فَبَيْنَمَا هُوَ كَذَلِكَ إِذْ أَوْحَى اللهُ إِلَى عِيسَى: إِنِّي قَدْ أَخْرَجْتُ عِبَادًا لِي، لَا يَدَانِ لِأَحَدٍ بِقِتَالِهِمْ، فَحَرِّزْ عِبَادِي إِلَى الطُّورِ وَيَبْعَثُ اللهُ يَأْجُوجَ وَمَأْجُوجَ، وَهُمْ مِنْ كُلِّ حَدَبٍ يَنْسِلُونَ...»

وفيها دلالة على صفة نزوله ومكانه، من أنه بالشام، بل بدمشق، عند المنارة الشرقية، وأن ذلك يكون عند إقامة الصلاة للصبح وقد بنيت في هذه العصور، في سنة إحدى وأربعين وسبعمائة منارة للجامع الأموي بيضاء، من حجارة منحوتة، عوضا عن المنارة التي هدمت بسبب الحريق المنسوب إلى صنيع النصارى؛ وكان أكثر عمارتها من أموالهم، وقويت الظنون أنها هي التي ينزل عليها [المسيح] عيسى ابن مريم، عليه السلام.

أنه سئل أي محل ينزل به عيسى عليه السلام؟ فأجاب بقوله: الأشهر ما صح في مسلم أن ينزل عند المنارة البيضاء شرقي دمشق، وفي رواية بالأردن، وفي أخرى بعسكر المسلمين، ولا تنافي لأن عسكرهم بالأردن ودمشق وبيت المقدس من ذلك

تعليق

لا نجد في اسلوب هذا الحديث أي نوع من الدقة وأسلوبه مثل أسلوب التوراة والانجيل ويتميزون بالغموض وعدم الدقة وقد ذكر عيسى عليه السلام في كتبهم أن الكتاب الاخير (القرآن) سوف يكون واضح وسهل (ويسرنا القرآن للذكر) ولسان محمد صلى الله عليه وسلم شارح القرآن ليس بهذا الاسلوب الغامض غير الدقيق.

لماذا يُطلق على مئذنة المسجد اسم منارة بينما يُشار إليها غالبًا كمئذنة؟ ولماذا تُسمى المئذنة منارة في جميع روايات هذا الحديث؟

وكما رئينا فيما سبق إنها تم إنشاؤها بيضاء لكي ينزل عليها عيسى عليه السلام، لكن هذا ليس بالأكيد أن يكون بدمشق كما ذكر سابقا.

هذا نفس فكر اليهود في بناء الهيكل المزعوم في القدس.

ماذا إذا أنشئنا مدينة دمشق في مصر او أمريكا أو فرنسا ......الخ وجوامع كثيرة بمنارات (مآذن) بيضاء؟

غلبا ان رسول الله صلى الله عليه وسلم يوضح الموقف والحدث مثال فتح بلاد الروم والفرس والقسطنطينية

فإن الحديث المشار إليه، والذي أثنى فيه النبي صلى الله عليه وسلم على أمير فاتحي القسطنطينية وجيشهم رواه الإمام أحمد في المسند وغيره، وفيه يقول صلى الله عليه وسلم: لتفتحن القسطنطينية، فلنعم الأمير أميرها، ولنعم الجيش ذلك الجيش. وقد تكلم بعض أهل العلم في سنده.

لقد أعلمنا الذي لا ينطق عن الهوى صلى الله عليه وسلم بمن سيفتح القسطنطينية وأثنى عليهم، ولكن لا نعلم أين بالضبط سوف ينزل عيسى عليه السلام. وهذه الأحاديث تجعل عيسى عليه السلام خاتم الأنبياء. وتبرير المدافعين عن هذا الاعتقاد بأنه سينزل بدون رسالة تبرير خاطئ، لأن هناك أكثر من 120 ألف نبي كانت رسالتهم هي واحدة: لا إله إلا الله.

إذا نزل عيسى عليه السلام، ستكون رسالته "لا إله إلا الله"، وسيكون خاتم الأنبياء، وهذا غير صحيح، لأن أحمد هو الرسول المصطفى محمد صلى الله عليه وسلم، خاتم الأنبياء والرسل.

يقولون إنه سيكسر الصليب ويقتل الخنزير أليست هذه رسالة!

هداية الخلق إلى الإسلام، أليست هذه رسالة!

"فإذا أرسل شخص لكي يقتل كلب من الكلاب الضالة، أليست هذه رسالة"

الذين يدافعون عن فكرة نزول عيسى، عليه السلام، لم يقرأوا التوراة أو الإنجيل المحرف. لم يذكر عيسى، عليه السلام، أبداً أنه سيعود إلى العالم، لا في التوراة ولا في الإنجيل. وقد ذكر أن ابن الإنسان

(محمد، صلى الله عليه وسلم) هو الذي سيأتي بالكتاب الناسخ للتوراة والإنجيل، وهو بالطبع المسيح الذي يبطل الكفر بالقرآن الكريم، الذي حكم العالم لأكثر من 1000 عام، وهم ينتظرون قدومه، لكنه قد جاء بالفعل.

عندما نزل القرآن، وهو المعجزة الحية حتى يوم القيامة، انتهت المعجزات الخارقة بموت خاتم المرسلين المعصوم صلى الله عليه وسلم.

ومع ذلك، تستمر معجزات الله من خلال القرآن ومن خلال عباده الذين يظهرون الإخلاص والصدق في عبادة الله تعالى. وهكذا، يدعمهم الله في أعمالهم ويؤيدهم بالملائكة، وجنوده، ونصره.

أمثلة على ذلك:

الفتوحات الاسلامية وكل معارك المسلمين المؤمنين حقا، دائما الفئة المسلمة أقل في الافراد والعتاد والعدة وينتصرون في المعارك بفضل الله وتأييده.

نموذج آخر يتكشف الآن مع الإخوة الفلسطينيين الذين يقاتلون ضد العالم بأسره، بما في ذلك الدول الإسلامية. إنهم ثابتون في مقاومتهم، بدعم من الله، وسيرجعون على أرض فلسطين.

في الواقع، لقد انتصروا حقًا لأن النظريات العسكرية تنص على أن أي جيش نظامي يمكنه السيطرة على منطقة صغيرة مثل غزة في 48 ساعة؛ ومع ذلك، لقد مرت أكثر من عشرة أشهر ولم يتمكنوا

من السيطرة على أي شيء، رغم أن العالم بأسره ضدهم، بما في ذلك العالم الإسلامي. عدوهم يقتل فقط الأطفال والنساء والمدنيين، وهذا العدو يصور للعالم من خلال وسائل الإعلام التي يسيطر عليها أنهم في حرب مع جيش حقيقي

وعلى مستوى الافراد الله وعد أنه سوف ينجي المستغفرين المؤمنين

﴿وَذَا النُّونِ إِذ ذَّهَبَ مُغَاضِبًا فَظَنَّ أَن لَّن نَّقْدِرَ عَلَيْهِ فَنَادَىٰ فِي الظُّلُمَاتِ أَن لَّا إِلَٰهَ إِلَّا أَنتَ سُبْحَانَكَ إِنِّي كُنتُ مِنَ الظَّالِمِينَ﴾ صدق الله العلى العظيم

جملة أخرجت يونس عليه السلام من بطن الحوت

في حديث الدجال

(وإن أيامه أربعون سنة، السنة كنصف السنة، والسنة كالشهر، والشهر كالجمعة، وآخر أيامه كالشررة، يصبح أحدكم على باب المدينة فلا يبلغ بابها الآخر حتى يمسي ". فقيل له: يا نبي الله كيف نصلي، في تلك الأيام القصار؟ قال: تقدرون فيها الصلاة كما تقدرون في هذه الأيام الطوال.)

نفس اسلوب الانجيل المعقد؛ الحبيب المصطفى صلى الله عليه وسلم وكتاب الله جل جلاله كلامه سهل وهين.

ما هي الشررة: يمكن أن تكون تقديرية، مثل ما لبثنا إلا ساعة، فيمكن أن تكو ن سنين أو قرون

التعليق على بعض الآيات الخاصة بعيسى عليه السلام:

القول: إن نزول عيسى بن مريم عليه السلام ثابت من قوله؛ (بل رفعه الله إليه) صدق الله العلى العظيم

الرد: إن اليهود لما أرادوا قتله، قصدوا من القتل إذلاله بالصلب، والمناسب لرد الإذلال؛ هو الرفعة، والرفعة هنا مجاز بمعنى علو الدرجة والمنزلة، بالأخص أنه عليه السلام من أولي العزم، كما جعل الله النار برد وسلاما على إبراهيم.

(رفعك إلي؛ معجزة لإن الصعود في السماء يكون معراج، فقد أثبت العلم أن للصعود للفضاء يكون في شكل دائري، ويكون المعراج ليس بواسطة شيء، كعروج الملائكة، لكن عيسى عليه السلام، الله جل جلاله هو الذي رفعه تكريما وتطهيرا له فهو من أولي العزم. وإذا كان أمر الرفع بالجسد سيكون معراج وليس رفع والله العليم)

وكما علمنا من الإسراء والمعراج أن كل الأنبياء أحياء وقد صلى بهم الرسول صلى الله عليه وسلم.

هنا تفسير آخر مثل:

(يرفع الله الذين آمنوا منكم، والذين أوتوا العلم؛ درجات) صدق الله العلى العظيم

وليس المقصود رفعة الجسد؛ لإن الله في كل مكان؛ لقوله جل جلاله: (وهو معكم اينما كنتم)

والقول: إن الله تعالى قال على لسان عيسى عليه السلام:

(والسلام على يوم ولدت ويوم أموت ويوم أبعث حيا) صدق الله العلى العظيم

والسلامة والأمان عليَّ من الله يوم وُلِدْتُ، ويوم أموت، ويوم أُبعث حيًا يوم القيامة

الرد عليه: ليس في هذا القول ما يدل على انه سيموت بعد نزوله.

لإن المعنى هو والسلام على يوم ولدت من بطن أمي، ويوم أموت وأفارق هذه الحياة الدنيا كسائر البشر، ويوم ابعث مع البشر يوم القيامة. لإنه سبحان الله جل جلاله أورد نفس الآية في حق يحيى عليه السلام ولم يقل أحد أنه سوف سينزل في آخر الزمان، فسبحان الله، الآيتين في نفس السورة حتى يكون هذا توضيحا أن ما يسري على يحيى يسري على عيسى عليهما السلام.

قول ابو هريرة راوي الحديث استدل بآية قرآنية على نزول عيسى في آخر الزمان وهي:

(ومن اهل الكتاب إلا ليؤمنن به قبل موته، ويوم القيامة يكون عليهم شهيدا) صدق الله العلى العظيم

الرد عليه:

ويوم القيامة يكون عليهم شهيدا بواسطة الكلام المدون في الاناجيل، لإن الكلام المدون عن محمد صلى الله عليه وسلم في الاناجيل يحل محله في الشهادة.

ومن كلامه عن محمد صلى الله عليه وسلم للحواريين:

{ومتى جاء المعزي الذي سأرسله أنا إليكم من الأب. روح الحق الذي من عند الأب ينبثق؛ فهو يشهد لي، وتشهدون أنتم أيضا؛ لأنكم معي من الابتداء} (يوحنا 15-26-27)

يعني بقوله الأب؛ أي الإله وهو الله، وليس أبوه كما يعتقد إخواننا النصارى (بإذن الله)

تنبيه: كلمة الأب تعني الرب وهم ضلوا بسبب الترجمة وقلة المفردات والمعاني القليلة والفقيرة في لغاتهم.

يؤمن به قبل موته: كل الكتابيين على مر العصور مؤمنون بعيسى عليه السلام لكن إيمان خاطئ، وكلهم لم يؤمنوا بمحمد صلى الله عليه وسلم. إذا الإيمان في الآية بمحمد طبقا لما عندهم في كتبهم، وأن من آمن من أهل الكتاب بمحمد طبيعي أنه يؤمن بكل الأنبياء بما فيهم عيسى عليه السلام.

هذا مع تصريح عيسى عليه السلام في الإنجيل بأنه لن ينزل إلى العالم في آخر الزمان.

ومن ذلك قوله: {بعد قليل لإيراني العالم أيضا، وأما أنتم فترونني} (يوحنا 19:14)

وأما عن حال الأحاديث:

فإنها مروية بخبر الواحد. قال الأستاذ الإمام الشيخ الغزالي رحمه الله {لا عقيدة تقوم على خبر الواحد}

وفي كتاب ابن قيم الجوزية للدكتور عبد العظيم شرف الدين: {يرى الحنفية: أن علم القرآن قطعي في دلالته وثبوته.

أما الآحاد؛ فإنه ظني. ولا يصح أن يعارض الظني قطعيا. وقد احتجوا:

بما نسب إلى أبو بكر الصديق من أنه جمع الصحابة، وأمرهم برد كل حديث مخالف للكتاب.

وبإن عمر رد حديث فاطمة بنت قيس في البوتة. الذي يفيد أنها لا تستحق النفقة وقال: {لا نترك كتاب الله لقول امرأة لا ندري أصدقت أم كذبت}

ردت عائشة حديث تعذيب الميت ببكاء أهله عليه بقوله تعالى: {ألا تزر وازرة وزر أخري}

ومن أوصاف زمان محمد صلى الله عليه وسلم في التوراة: أنه يكثر الخير في المسلمين إلى يوم القيامة، ويحل السلام مكان الخصام. وعبر أشعياء عن هذا المعني بأسلوب بديع.

فقال: إنه في زمانه:

"الذِّئْبُ وَالْحَمَلُ يَرْعَيَانِ مَعًا، وَالأَسَدُ يَأْكُلُ التِّبْنَ كَالْبَقَرِ. أَمَّا الْحَيَّةُ فَالتُّرَابُ طَعَامُهَا. لاَ يُؤْذُونَ وَلاَ يُهْلِكُونَ فِي كُلِّ جَبَلِ قُدْسِي، قَالَ الرَّبُّ»." (إش 65: 25).

كل ذلك كناية عن السلام في ايامه، وخاصة في ارض مكة المقدسة، والأشهر الحرم ليس فيها قتال. وجاء في إنجيل لوقا في ذلك المعنى:

{طُوبَى لِمَنْ يَأْكُلُ خُبْزًا فِي مَلَكُوتِ اللهِ. (لوقا 14: 15)}

وهو ملكوت محمد صلى الله عليه وسلم:

وهو في إنجيل لوقا بمعني بما ورد في القرآن الكريم.

وَمَثَلُهُمْ فِي الْإِنجِيلِ كَزَرْعٍ أَخْرَجَ شَطْأَهُ فَآزَرَهُ فَاسْتَغْلَظَ فَاسْتَوَىٰ عَلَىٰ سُوقِهِ يُعْجِبُ الزُّرَّاعَ لِيَغِيظَ بِهِمُ الْكُفَّارَ صدق الله العلى العظيم

ووصف السلام قد دخل في الكتب الإسلامية على أنه سيكون في ايام عيسى عليه السلام في مجيئه الثاني. وذلك يدل على نبوءات التوراة التي هي لمحمد صلى الله عليه وسلم قد طبقها الرواة كما طبقها النصارى على عيسى عليه السلام. وان علماء الحديث الكبار الذين دونوا، قد خدعهم الرواة.

فقد روي أحمد بن حنبل رضي الله عنه في مسنده عن عيسى عليه السلام أنه في مجيئه الثاني

{تقع الامنة على الأرض، حتى ترتع الأسود مع الإبل، والنمور مع البقر، والذئاب مع الغنم، ويلعب الصبيان بالحيات} ورواه أيضا عبد

الرزاق في سننه، وابو داود عن قتادة. وقال ابن كثير في النهاية: وهذا إسناده جيد قوي. وفي رواية {حتى يدخل الوليد يده في الحية فلا تضره، وتغز الوليدة الأسد فلا يضرها، ويكون الذئب في الغنم كأنه كلبها، وتملأ الأرض من السلم كما يملأ الإناء من الماء}

وهذا منقول من سفر أشعياء 65 وفيه:

{الذئب والجمل يرعيان معا. والاسد يأكل التين كالبقر. أما الحية فالتراب طعامها. لا يؤذون ولا يهلكون، في كل جبل قدسي}

ومما يدل على أن أهل الأهواء والبدع من الرواة قد خدعوا علماء الحديث.

وذكر الحيات سمة من سمات التوراة والإنجيل فعندهم الثعبان هو الذي أغوى حواء لتغوي آدم عليه السلام ليأكلوا من الشجرة المحرمة، فالحية والثعبان في أغلب الذكر تمثل الشيطان.

ففي الإصحاح الثاني من سفر إشعياء:

{ويكون في آخر الايام ان جبل بيت الرب؛ يكون ثابتا في رأس الجبال، ويرتفع فوق التلال وتجري عليه كل الأمم، وتسير شعوب كثيرة ويقولون: هلم نصعد إلى جبل الرب، إلى بيت إله يعقوب؛ فيعلمنا من طرقه ونسلك في سبله....... وَيُحْضِرُونَ كُلَّ إِخْوَتِكُمْ مِنْ كُلِّ الأُمَمِ، تَقْدِمَةً لِلرَّبِّ، عَلَى خَيْل وَبِمَرْكَبَاتٍ وَبِهَوَادِجَ وَبِغَال وَهُجُنٍ إِلَى جَبَلِ قُدْسِي

فيقضي بين الامم وينصف لشعوب كثيرين؛ فيطبعون سيوفهم سككا، ورماحهم مناجل. لا ترفع أمة على أمة سيفا ولا يتعلمون الحرب فيما بعد...}

وهذا يدل على أن رواة الحديث كانوا على علم بنبوءات التوراة عن محمد صلى الله عليه وسلم، واجتهدوا في صرفها عنه بشتى الحيل.

وفي سفر إشعياء: {لا يؤذون ولا يهلكون في كل جبل قدسي. قال الرب} (65:25)

والجبل المقدس: هو جبل مكة المكرمة (المذكورة في الإنجيل ببكة)، والبيت المقدس: هو الكعبة التي كانت القبلة الأولى ثم تحولت إلى المسجد الأقصى ثم الى مكة حتى يوم القيامة.

في كتاب الفتاوي: يقول الإمام الأكبر الشيخ محمود شلتوت، شيخ جامع الأزهر.

{إن القرآن الكريم قد عرض، عيسى عليه السلام فيما يتصل بنهاية شأنه مع قومه ثلاث سور

١- فى سورة آل عمران. قوله تعالى: ﴿فلما أحس عيسى منهم الكفر. قال: من أنصارى إلى الله؟ قال الحواريون: نحن أنصار الله. آمنا بالله واشهد بأنا مسلمون. ربنا آمنا بما أنزلت واتبعنا الرسول؛ فاكتبنا مع الشاهدين. ومكروا ومكر الله. والله خير الماكرين. إذ قال الله: يا عيسى إنى متوفيك ورافعك إلى ومطهرك من الذين كفروا وجاعل الذين اتبعوك فوق الذين كفروا إلى يوم القيامة، ثم إلى مرجعكم فأحكم بينكم فيما كنتم فيه تختلفون﴾

٢- وفى سورة النساء. قوله تعالى: ﴿وقولهم: إنا قتلنا المسيح عيسى ابن مريم رسول الله. وما قتلوه وما صلبوه ولكن شبه لهم، وإن الذين اختلفوا فيه لفى شك منه، ما لهم به مِنْ علم إلا اتباع الظن ومَا قتلوه يقينا، بل رفعه الله إليه. وكان الله عزيزا حكيماً﴾

٣- وفى سورة المائدة. قوله تعالى: ﴿ وإذ قال الله يا عيسى ابن مريم أأنت قلت للناس اتخذونى وأمى إلهين من دُون الله قال: سُبحانَك، مَا يكونُ لى أن أقولَ مَا ليس لى بحق إن كُنت قلته فقد علمته. تَعلمُ مَا فى نَفسى ولا أعلم ما فى نفسك، إنك أنت علام الغيوب. مَا قلتُ لَهُمْ إلا مَا أمرتنى به: أن اعبدوا الله ربى وربكم. وكنت عليهم شهيداً مَا دُمتُ فيهم فلما توفيتنى كُنت أنتَ الرَّقيبَ عليهم وأنتَ على كُلِّ شَيء شهيد﴾

هذه هى الآيات التى عرض القرآن فيها لنهاية شأن عيسى مع قومه.

والآية الأخيرة (آية المائدة) تذكر لنا شأناً أخروياً يتعلق بعبادة قومه له ولأمه فى الدنيا وقد سأله الله عنها. وهى تقرر على لسان عيسى عليه السلام: أنه لم يقل لهم إلا ما أمره الله به: ﴿ اعبدوا الله ربى وربكم﴾ وأنه كان شهيدا عليهم مدة إقامته بينهم، وأنه لا يعلم ما حدث منهم بعد أن توفاه الله.

"القرآن بالنسبة لنا فيه الماضي والحاضر والمستقبل، لكنه عند الله جل جلاله كله ماضي.

العالم وكل ما يحدث، ماضي قد حدث عند الله جل جلاله ولا يعلمه إلا هو.

فقول عيسى عليه السلام:

﴿مَا قُلْتُ لَهُمْ إِلَّا مَا أَمَرْتَنِي بِهِ أَنِ اعْبُدُوا اللَّهَ رَبِّي وَرَبَّكُمْ ۚ وَكُنتُ عَلَيْهِمْ شَهِيدًا مَّا دُمْتُ فِيهِمْ ۖ فَلَمَّا تَوَفَّيْتَنِي كُنتَ أَنتَ الرَّقِيبَ عَلَيْهِمْ ۚ وَأَنتَ عَلَىٰ كُلِّ شَيْءٍ شَهِيدٌ﴾ صدق الله العلى العظيم

أولا هذه الآية تفيد ان عيسى عليه السلام لا علم له بما حدث وليس له علم بالقرآن.

وهذا يدل على انه لم ينزل الى عالمنا حتى يوم القيامة.

وإن كان سينزل أو نزل إلى الارض كما يزعمون النصارى والمسلمين لعلم بالقرآن وبكل ما حدث.

وقد كان رد عيسى عليه السلام مثلا سيكونً:

"إنني عندما نزلت إلى الأرض مرة أخرى عند المنارة البيضاء، صليت مع المسلمين، وكسرت الصليب، وقتلت الخنزير، وقضيت على الدجال بيدك يا الله"

لا يوجد أي شيء من هذا القبيل لإن محمد صلى الله عليه وسلم خاتم الرسل والانبياء وهو مسيح اليهود والنصارى والقرآن ناسخ كتبهم وعقيدتهم وهو الذي حارب بالسيوف والخيل فهو صلى الله عليه وسلم من تنطبق عليه كل المواصفات التي ينتظرونها لكنها قد حدثت بالفعل.

فالمسيح الذي ينتظرونه سوف يأتي بسيوف وخناجر وخيل وهذا يعني انه سوف يكون أضعف من المقاومة الفلسطينية، التي على وشك القضاء على الكيان المحتل بإذن الله، اللهم أهدي إخواننا النصارى واليهود إلى دين الإسلام دين أبونا آدم عليه السلام

معنى التوفى:

وكلمة «توفى» قد وردت فى القرآن كثيراً بمعني الموت حتى صار هذا المعنى هو الغالب عليها المتبادر منها، ولم تُستعمل فى غير هذا المعنى إلا وبجانبها ما يصرفها عن هذا المعنى المتبادر: ﴿قل يتوفاكم ملك الموت الذى وُكل بكم﴾ - ﴿إنَّ الذين توفاهم الملائكة ظالمى أنفسهم﴾ - ﴿ولو ترى إذ يتوفى الذين كفروا الملائكة﴾ - ﴿توفته رسُلنا﴾ - ﴿ومنكم من يتوفى﴾ ﴿حتى يتوفاهن الموت﴾ -﴿توفنى مسلما وألحقنى بالصالحين﴾

ومن حق كلمة ﴿توفيتنى﴾ فى الآية أن تحمل هذا المعنى المتبادر وهو الإماتة العادية التى يعرفها الناس ويدركها من اللفظ والسياق الناطقون بالضاد. وإذاً فالآية لو لم يتصل بها غيرها فى تقرير نهاية عيسى مع قومه، لما كان هناك مبرر للقول بأن عيسى حى لا

يموت. ولا سبيل إلى القول بأن الوفاة هنا مراد بها وفاة عيسى بعد نزوله من السماء. بناء على زعم من يرى أنه حى فى السماء، وأنه سينزل منها آخر الزمان، لأن الآية ظاهرة فى تحديد علاقته بقومه هو، لا بالقوم الذين يكونون آخر الزمان. وهم قوم محمد باتفاق لاقوم عيسى.

معنى ﴿رفعه الله إليه﴾وهل هو إلى السماء؟

أما آية النساء فإنها تقول: ﴿بل رفعه الله إليه﴾ وقد فسرها بعض المفسرين بل جمهورهم بالرفع إلى السماء، ويقولون: إن الله ألقى شبهه على غيره، ورفعه بجسده إلى السماء، فهو حى فيها وسينزل منها آخر الزمان، فيقتل الخنزير ويكسر الصليب، ويعتمدون فى ذلك:

أولا: على روايات تفيد نزول عيسى بعد الدجال، وهى روايات مضطربة مختلفة فى ألفاظها ومعانيها اختلافاً لا مجال معه للجمع بينها، وقد نص على ذلك علماء الحديث. وهى فوق ذلك: من رواية وهب بن منبه وكعب الأحبار. وهما من أهل الكتاب الذين اعتنقوا الإسلام .وقد عرفت درجتهما فى الحديث عند علماء الجرح والتعديل.

ثانياً: على حديث مروى عن أبى هريرة اقتصر فيه على الإخبار بنزول عيسى، وإذا صح الحديث فهو حديث آحاد. **وقد أجمع العلماء على أن أحاديث الآحاد لا تفيد** عقيدة[1] **ولا يصح الاعتماد عليها فى شأن المغيبات.**

ثالثاً: على ما جاء فى حديث المعراج من أن محمداً - ﷺ - حينما صعد إلى السماء، وأخذ يستفتحها واحدة بعد واحدة فتفتح له ويدخل، رأى عيسى عليه السلام هو وابن خالته يحيى فى السماء الثانية. ويكفينا فى توهين هذا السند: ما قرره كثير من شراح الحديث فى شأن المعراج، وفى شأن اجتماع محمد ﷺ بالأنبياء، وأنه كان اجتماعا روحياً لا جسمانياً «انظر فتح البارى وزاد المعاد وغيرهما»

ومن الطريف: أنهم يستدلون على أن معنى الرفع فى الآية هو رفع عيسى بجسده إلى السماء بحديث المعراج، بينما نرى فريقاً منهم يستدل على أن اجتماع محمد بعيسى فى المعراج كان اجتماعا جسدياً بقوله تعالى: ﴿ **بل رفعه الله إليه**﴾ وهكذا يتخذون الآية

(١) قول الشيخ محمود شلتوت إن احاديث الآحاد لاتفيد عقيدة. معلل بأن شهادة الراوى الواحد غير مقبولة فى دين الإسلام. فلماذا لا يؤخذ بهذه العلة فى عدم إفادة الآحاد فى الفقه؟ سواء أكان الحديث منشئا أو مفسرا لقرآن .

دليلا على ما يفهمونه من الحديث حين يكونون فى تفسير الحديث، ويتخذون الحديث دليلا على ما يفهمونه من الآية حين يكونون فى تفسير الآية.

الرفع فى آية آل عمران:

ونحن إذا رجعنا إلى قوله تعالى: ﴿ **إنى مُتوفيك ورافعك إلى**﴾ فى آيات آل عمران مع قوله: ﴿**بل رَفَعَهُ الله إليه**﴾ فى آيات النساء وجدنا الثانية إخباراً عن تحقيق الوعد الذى تضمنته الأولى، وقد كان هذا الوعد بالتوفية والرفع والتطهير من الذين كفروا، فإذا كانت الآية الثانية قد جاءت خالية من التوفية والتطهير، واقتصرت على ذكر الرفع إلى الله. فإنه يجب أن يلاحظ فيها ما ذكر فى الأولى جمعاً بين الآيتين. والمعنى، أن الله توفى عيسى ورفعه إليه وطهره من الذين كفروا.

وقد فسر الألوسى قوله تعالى: ﴿إنى مُتوفيك﴾ بوجوه منها ـ وهو أظهرها ـ: إنى مستوفى أجلك ومميتك حتف أنفك لا أسلط عليك من يقتلك، وهو كناية عن عصمته من الأعداء وما هم بصدده من الفتك به عليه السلام؛ لأنه يلزم من استيفاء الله أجله وموته حتف أنفه ذلك. وظاهر أن الرفع ـ الذى يكون بعد التوفية ـ هو رفع المكانة لا رفع الجسد، خصوصاً وقد جاء بجانبه قوله: ﴿وَمُطَهِرُكَ من الذين كفروا﴾ مما يدل على أن الامر أمر تشريف وتكريم. وقد جاء الرفع فى القرآن كثيراً بهذا المعنى: ﴿فى بيوت اذن الله أن تُرفع﴾ ـ ﴿نرفع درجات من نشاء﴾ ـ ﴿ورفعنا لك ذكرك﴾ ـ ﴿ورفعناه مكانا علياً﴾ ـ ﴿يرفع الله الذين آمنوا﴾ . . . الخ. وإذاً فالتعبير بقوله ﴿ورَافعك إلى﴾ وقوله ﴿بل رفعه الله إليه﴾ كالتعبير فى قولهم لحق فلان بالرفيق الأعلى وفى ﴿إن الله معنا﴾ وفى ﴿عند مليك مقتدر﴾ وكلها لا يفهم منها سوى معنى الرعاية والحفظ والدخول فى الكنف المقدس. فمن أين تؤخذ كلمة السماء من كلمة ﴿إليه﴾؟ اللهم إن هذا لظلم للتعبير القرآنى الواضح خضوعا لقصص وروايات لم يقم على الظن بها ـ فضلا عن اليقين ـ برهان ولا شبه برهان .

الفهم المتبادر من الآيات:

وبعد. فما عيسى إلا رسول قد خلت من قبله الرسل، ناصبه قومه العداء، وظهرت على وجوههم بوادر الشر بالنسبة إليه، فالتجأ إلى الله ـ شأن الأنبياء والمرسلين ـ فأنقذه الله بعزته وحكمته وخيب مكر أعدائه. وهذا هو ما تضمنته الآيات: ﴿فلما أحس عيسى منهم الكفر. قال: من أنصارى إلى الله؟﴾ إلى آخرها، بين الله فيها قوة مكره بالنسبة إلى مكرهم، وأن مكرهم فى اغتيال عيسى؛ قد ضاع أمام الله فى حفظه

وعصمته إذ قال: ﴿يا عيسى إنى مُتوفيك ورافعك إلى ومطهرك من الذين كفروا﴾ فهو يبشره بإنجائه من مكرهم ورد كيدهم فى نحورهم، وأنه سيتوفى أجله حتى يموت حتف أنفه من غير قتل ولا صلب، ثم يرفعه الله إليه.

وهذا هو ما يفهمه القارىء للآيات الواردة فى شأن نهاية عيسى مع قومه، متى وقف على سنة الله مع أنبيائه، حين يتألب عليهم خصومهم، ومتى خلا ذهنه من تلك الروايات التى لا ينبغى أن تحكم فى القرآن. ولست أدرى كيف يكون إنقاذ عيسى بطريق انتزاعه من بينهم، ورفعه بجسده إلى السماء؛ مكراً؟ وكيف يوصف بأنه خير من مكرهم مع أنه شىء ليس فى استطاعتهم أن يقاوموه؟ شىء ليس فى قدرة البشر. الا إنه لا

يتحقق مكر فى مقابلة مكر، إلا إذا كان جاريا على أسلوبه، غير خارج عن مقتضى العادة فيه. وقد جاء مثل هذا فى شأن محمد ﷺ ﴿وإذ يمكر بك الذين كفروا ليثبتوك أو يقتلوك أو يخرجوك. ويمكرون ويمكر الله والله خير الماكرين﴾

• • •

رفع عيسى ليس عقيدة يكفر منكرها:

والخلاصة من هذا البحث:

١ـ أنه ليس فى القرآن الكريم، ولا فى السنة المطهرة مستند يصلح لتكوين عقيدة يطمئن إليها القلب بأن عيسى رُفع بجسمه إلى السماء، وأنه حى إلى الآن فيها، وأنه سينزل منها آخر الزمان إلى الأرض.

٢ـ أن كل ما تفيده الآيات الواردة فى هذا الشأن: هو وعد الله عيسى بأنه متوفيه أجله ورافعه إليه وعاصمه من الذين كفروا وأن هذا الوعد قد تحقق؛ فلم يقتله أعداؤه ولم يصلبوه، ولكن وفاه الله أجله ورفعه إليه.

٣ـ أن من أنكر أن عيسى قد رفع بجسمه إلى السماء، وأنه فيها حى إلى الآن، وأنه سينزل منها آخر الزمان؛ فإنه لا يكون بذلك منكرا لما ثبت بدليل قطعى، فلا يخرج عن إسلامه وإيمانه، ولا ينبغى أن يحكم عليه بالردة، بل هو مسلم مؤمن، إذا مات فهو من المؤمنين، يصلى عليه كما يصلى على المؤمنين، ويدفن فى مقابر المؤمنين، ولا شية فى إيمانه عند الله . والله بعباده خبير بصير«اهـ

دائما وحاليا كلمة المتوفي تعني لكل الناطقين بالعربية الميت والوفاة الموت وهو في جميع اللهجات العربية، سبحان الله جعلها كذلك ليبين لنا الحق.

والمتوفي استوفى عمله واجله وقبضت روحه.

لم يقل الله جل جلاله أنه سيعيد عيسى عليه السلام إلى عالمنا مرة أخرى، والله أعلى وأعلم.

وَلَوْلا أَنَّ الرَّبَّ قَدِ اخْتَصَرَ تِلْكَ الأَيَّامَ، لَمَا كَانَ أَحَدٌ مِنَ الْبَشَرِ يَنْجُو. فَإِنْ 21 .وَلكِنَّهُ لأَجْلِ الْمُخْتَارِينَ الَّذِينَ اخْتَارَهُمْ، قَدِ اخْتَصَرَ تِلْكَ الأَيَّامَ قَالَ لَكُمْ أَحَدٌ عِنْدَئِذٍ: هَا إِنَّ الْمَسِيحَ هُنَا! أَوْ: هَا هُوَ هُنَاكَ! فَلا فَسَوْفَ يَبْرُزُ أَكْثَرُ مِنْ مَسِيحٍ دَجَّالٍ وَنَبِيٍّ دَجَّالٍ، 22 .تُصَدِّقُوا

وَيُقَدِّمُونَ آيَاتٍ وَأَعَاجِيبَ، لِيُضَلِّلُوا حَتَّى الْمُخْتَارِينَ، لَوِ
فَانْتَبِهُوا إِذَنْ! هَا أَنَا قَدْ أَخْبَرْتُكُمْ بِالأُمُورِ كُلِّهَا قَبْلَ 23 .اسْتَطَاعُوا
.حُدُوثِهَا

وَلكِنْ فِي تِلْكَ الأَيَّامِ، بَعْدَ تِلْكَ الضِّيقَةِ، تُظْلِمُ الشَّمْسُ وَيَحْجُبُ الْقَمَرُ 24
وَتَتَهَاوَى نُجُومُ السَّمَاءِ، وَتَتَزَعْزَعُ الْقُوَّاتُ الَّتِي فِي 25ضَوْءَهُ،
وَعِنْدَئِذٍ سَوْفَ يُبْصِرُونَ ابْنَ الإِنْسَانِ آتِياً فِي السُّحُبِ 26 .السَّمَاوَاتِ
فَيُرْسِلُ عِنْدَئِذٍ مَلائِكَتَهُ وَيَجْمَعُ مُخْتَارِيهِ مِنَ 27 .بِقُدْرَةٍ عَظِيمَةٍ وَمَجْدٍ
الْجِهَاتِ الأَرْبَعِ، مِنْ أَقْصَى الأَرْضِ إِلَى أَقْصَى السَّمَاءِ مرقس
13 20:27

عيسى عليه السلام يتكلم عن المسيح، فهذا يثبت تماما أنه ليس المسيح ولم يعود.

تكلم عن المسيح الدجال، ولكنه ليس واحد فقط، ولكن لم يحدد عدد أو أنه سيكون لديه معجزات.

وبقدوم ابن الإنسان سينتهي موضوع الدجال.

الدجال وعودة عيسى عليه السلام موضوعان مدسوسان في السنة، إما عن قصد أو عن خطأ.

ابن الإنسان هو المختار الحبيب المصطفى أحمد صلى الله عليه وسلم خاتم الأنبياء والرسل ولا نبي بعده.

عيسى صلى الله عليه وسلم نبي، فلن يأتي مرة أخرى لإنه ليس خاتم النبين والرسل.

محمد صلى الله عليه وسلم هو نبي الساعة، المسيح ماحي الكفر بالقرآن.

والله تعالى أعلى وأعلم

القرآن الكريم

الإيمان

نحن عرفنا الله جل جلاله بالعقل وعبدناه بالقلب
الله سبحانه وتعالى قد أعطى الإنسان حق الاختيار في الحياة الدنيا في العبادة فلم يقهره في شيء ولا يلزم غير المؤمن به بأي تكليف.
الدين عند الله الإسلام وهو دين كامل ودين سلام ودين مساواة
"لديك سيارة جديدة، جميع الفحوصات أثبتت جودتها 100%، وقائدها ارتكب حادث أثناء القيادة، فلا يمكن إلقاء اللوم على السيارة، كذلك لا يمكن إلقاء اللوم على الإسلام من أفعال بعض المسلمين الذين لا يطبقون تعاليمه أو يطبقونها بصورة خاطئة أو عدم فهم لتعاليم الدين.

كل الاعمال مقدرة، ولكن الإنسان مخير بين تقديرين وليس مسير
الله جل جلاله وهو يخاطب الرسول صلى الله عليه وسلم يقول

﴿أَلَمْ تَرَ كَيْفَ فَعَلَ رَبُّكَ بِأَصْحَابِ الْفِيلِ﴾ صدق الله العلى العظيم

يأخذ بعض المستشرقين هذه الآية في محاولة للطعن في القرآن الكريم.. فقوله تعالى:(ألم تر)
أن الرسول صلى الله عليه وسلم لم ير لإنه ولد في عام الفيل كان طفلا عمره ايام أو شهور، لو قال الله جل جلاله ألم تعلم لقلنا علم من غيره.. فالعلم تحصل عليه انت او يعطيه لك من علمه.. أي يعلمك غيرك من البشر.. ولكن الله جل جلاله
قال: ألم تر

نقول إن هذه قضية من قضايا الإيمان.. فما يقوله الله جل جلاله هو رؤية صادقة بالنسبة للإنسان المؤمن..فالقرآن هو كلام متعبد بتلاوته حتى قيام الساعة.. وقول الله: الم تر ...معناها أن الرؤية مستمرة لكل مؤمن بالله يقرأ هذه الآية في أي وقت..فما دام تبارك وتعالى قال: ألم تر...فأنت ترى بإيمانك ما تعجز عينك عن أن تراه.. هذه هي الرؤية الإيمانية (البصيرة)، وهي اصدق من رؤية العين...لأن العين قد تخدع صاحبها، ولكن القلب المؤمن لا يخدع صاحبه أبدا ...

aldawah.org (الرؤية)

قال الله جل جلاله عن التوراة والإنجيل:

"انَّا أَنزَلْنَا التَّوْرَاةَ فِيهَا هُدًى وَنُورٌ يَحْكُمُ بِهَا النَّبِيُّونَ" (سورة المائدة 44).

"وَآتَيْنَاهُ (الإِنجِيلَ) فِيهِ هُدًى وَنُورٌ" (سورة المائدة 46).

﴿وَمَا أَرْسَلْنَا مِن قَبْلِكَ إِلَّا رِجَالًا نُّوحِي إِلَيْهِمْ ۚ فَاسْأَلُوا أَهْلَ الذِّكْرِ إِن كُنتُمْ لَا تَعْلَمُونَ﴾ سورة النحل 43

صدق الله العلى العظيم

الآيات السابقة توضح لنا أن في التوراة والإنجيل نور، وهذا بالطبع في الكتب المنزلة على موسى وعيسى عليهما السلام وليست الكتب المتداولة الآن التي هي محرفة ومن صنع البشر؛ ولكن فيها بعض من الحقيقة لأغراض دنيوية ومادية وليست ابتغاء لوجه الله جل جلاله.

أما قول الله جل جلاله عن القرآن:

﴿يَا أَيُّهَا النَّاسُ قَدْ جَاءَكُم بُرْهَانٌ مِّن رَّبِّكُمْ وَأَنزَلْنَا إِلَيْكُمْ نُورًا مُّبِينًا﴾

صدق الله العلى العظيم

فالقرآن هو نور كامل وظاهر فوق كل شيء

يعني جل ثناؤه بقوله : " يا أيها الناس قد جاءكم برهان من ربكم " ، يا أيها الناس من جميع أصناف الملل ، يهودها ونصاراها ومشركيها ، الذين قص الله جل ثناؤه قصصهم في هذه السورة " قد جاءكم برهان من ربكم " ، يقول : قد جاءتكم حجة من الله تبرهن لكم بطول ما أنتم عليه مقيمون من أديانكم ومللكم ، وهو محمد صلى الله عليه وسلم ، الذي جعله الله عليكم حجة قطع بها عذركم، وأبلغ إليكم في المعذرة بإرساله إليكم، مع تعريفه إياكم صحة نبوته، وتحقيق رسالته" وأنزلنا إليكم نورا مبينا " ، يقول : وأنزلنا إليكم معه "نورا مبينا"، يعني : يبين لكم المحجة الواضحة ، والسبل الهادية إلى ما فيه لكم النجاة من عذاب الله وأليم عقابه ، إن سلكتموها واستنرتم بضوئه

الَّذِينَ كَفَرُوا وَصَدُّوا عَنْ سَبِيلِ اللَّهِ أَضَلَّ أَعْمَالَهُمْ ﴿١﴾

وَالَّذِينَ آمَنُوا وَعَمِلُوا الصَّالِحَاتِ وَآمَنُوا بِمَا نُزِّلَ عَلَىٰ مُحَمَّدٍ وَهُوَ الْحَقُّ مِنْ رَبِّهِمْ ۙ كَفَّرَ عَنْهُمْ سَيِّئَاتِهِمْ وَأَصْلَحَ بَالَهُمْ ﴿٢﴾ **صدق الله العلى العظيم**

الَّذِينَ لا يؤمنون بالله جل جلاله إنه هو الإله الحق ومَنَعوا الناس عن الدخول في دين الله تعالى، أولئك اللهُ أبطل أعمالهم الخيرية، فلم يجدوا ثوابها في الآخرة، بل ضَلَّت عنهم لأنها لم تكن عن إيمان ولم تكن خالصةً لله تعالى، وَالَّذِينَ آمَنُوا باللهِ ورُسُله وَعَمِلُوا الصَّالِحَاتِ بإخلاصٍ للهِ تعالى، وعلى النحو الذي شَرَعه، وَآمَنُوا بِالقرآن الذي أنْزِّلَ عَلَى مُحَمَّدٍ صلى الله عليه وسلم وَهُوَ الْحَقُّ مِنْ رَبِّهِمْ، أولئك مَحا الله عنهم خطيئاتهم، فلم يعاقبهم عليها بسبب توبتهم، وأصلح شأنهم وحالهم في الدنيا والآخرة.

عدد الآيات في القرآن 6236 آية؛ أي عدد معجزات القرآن 6236 معجزة، بل كل حرف معجزة اي 323671 معجزة.

﴿وَلَقَدْ يَسَّرْنَا الْقُرْآنَ لِلذِّكْرِ فَهَلْ مِن مُّدَّكِرٍ﴾ صدق الله العلى العظيم

فهو سهل للتعبد به وذكر الله جل جلاله بما فيه من هدى وإرشاد، وتذكره أيضا فهو سهل الحفظ.
والقرآن نزل بلغة هي أفصح لغات البشر وأسمح ألفاظا وتراكيب بوفرة المعاني، وبكون تراكيبه أقصى ما تسمح به تلك اللغة، فهو خيار من خيار من خيار قال تعالى بلسان عربي مبين.

ثم يكون المتلقون له أمة، هي أذكى الأمم عقولا وأسرعها أفهاما وأشدها وعيا لما تسمعه، وأطولها تذكرا له دون نسيان، وهي على تفاوتهم في هذه الخلال تفاوتا اقتضته سنة الكون لا يناكد حالهم في هذا التفاوت ما أراده الله من تيسيره للذكر، لأن الذكر جنس من الأجناس المقول عليها بالتشكيك إلا أنه إذا اجتمع أصحاب الأفهام على دارسته وتدبره بدت لمجموعهم معان لا يحصيها الواحد منهم وحده.

وفي الحديث ما اجتمع قوم في بيت من بيوت الله يتلون كتاب الله ويتدارسون بينهم إلا نزلت عليهم السكينة وغشيتهم الرحمة وذكرهم الله فيمن عنده
وقد فرض الله على علماء القرآن تبيينه تصريحا كقوله لتبين للناس ما نزل إليهم، وتعريضا كقوله وإذ أخذ الله ميثاق الذين أوتوا الكتاب لتبيننه للناس فإن هذه الأمة أجدر بهذا الميثاق.

فهل من مدكر
والادكار هنا ادكار عن سماع مواعظ القرآن البالغة وفهم معانيه والاهتداء به، والمراد أنه سهل استيعابه.
والله جل جلاله اعلى وأعلم.
﴿إِنَّا نَحْنُ نَزَّلْنَا الذِّكْرَ وَإِنَّا لَهُ لَحَافِظُونَ﴾ صدق الله العلى العظيم

إنَّا نحن نزَّلنا القرآن على النبي محمد صلى الله عليه وسلم، وإنَّا نتعهد بحفظه مِن أن يُزاد فيه أو يُنْقَص منه، أو يضيع منه شيء إِنَّا نَحْنُ نزلْنَا الذِّكْرَ، أي: القرآن الذي فيه ذكرى لكل شيء من المسائل والدلائل الواضحة، وفيه يتذكر من أراد التذكر، (وَإِنَّا لَهُ لَحَافِظُونَ) أي: في حال إنزاله وبعد إنزاله، ففي حال إنزاله حافظون له من استراق كل شيطان رجيم، وبعد إنزاله أودعه الله في قلب رسوله، واستودعه فيها ثم في قلوب أمته، وحفظ الله ألفاظه من التغيير فيها والزيادة والنقص، ومعانيه من التبديل، فلا يحرف محرف معنى من معانيه إلا وقيض الله له من يبين الحق المبين، وهذا من أعظم آيات الله ونعمه على عباده المؤمنين، ومن حفظه أن الله يحفظ أهله من أعدائهم، ولا يسلط عليهم عدوا يجتاحهم.

القرآن كائن حي:
فالقرآن روح ومحفوظ فهو روح أبدية لا تموت، ولإن الله حي فسيظل كلامه حي للأبد...
نحن المسلمون حملة القرآن وسنة الحبيب المصطفى صلى الله عليه وسلم مكملين دعوة الله ورسوله حتى يوم الدين بإذن الله كما فعل السلف الصالح.
آياته متجددة
فالقرآن يتضمن تاريخ وعلوم وعبادات وسنن الله جل جلاله في الخلق.
لكنه ليس كتاب تاريخ أو كتاب علوم؛ فاحتوائه على سيرة الاولين والعلوم لكيلا يكون هناك أي شك في وجود الله جل جلاله وكتابه.
إنا عرفنا الله جل جلاله بالعقل وعبدناه بالقلب، فكل ما في كتاب الله جل جلاله وسنة الحبيب المصطفى صلى الله عليه وسلم يجب اتباعها بدون تفكير ولا جدال.

الله جل جلاله عندما يحكي عن يوم القيامة يتكلم في الماضي يقول تعالى:

(وَنُفِخَ فِي الصُّورِ فَصَعِقَ مَنْ فِي السَّمَاوَاتِ وَمَنْ فِي الْأَرْضِ) صدق الله العلى العظيم

وَانشَقَّتِ السَّمَاءُ فَهِيَ يَوْمَئِذٍ وَاهِيَةٌ (16) وَالْمَلَكُ عَلَىٰ أَرْجَائِهَا ۚ وَيَحْمِلُ عَرْشَ رَبِّكَ فَوْقَهُمْ يَوْمَئِذٍ ثَمَانِيَةٌ (17) يَوْمَئِذٍ تُعْرَضُونَ لَا تَخْفَىٰ مِنكُمْ خَافِيَةٌ (18) الحاقة صدق الله العلى العظيم

المستقبل حدث في علمه

كل ما عدا الله جل جلاله متزامن بالزمان لكن بتفاوت

وقوله:

﴿تَعْرُجُ الْمَلَائِكَةُ وَالرُّوحُ إِلَيْهِ فِي يَوْمٍ كَانَ مِقْدَارُهُ خَمْسِينَ أَلْفَ سَنَةٍ﴾ صدق الله العلى العظيم

الروح هو جبريل عليه السلام أو الروح

فهنا سرعة الملائكة اختلفت لإن جبريل سرعته أكبر من الملائكة الأخرى ولإن الحدث والمكان مختلفين، والله جل جلاله فعال لما يريد؛ وهذا حدث مستمر في المستقبل.
القول في تأويل قوله تعالى:
"يدبر الأمر من السماء إلى الأرض ثم يعرج إليه في يوم كان مقداره ألف سنة مما تعدون"
صدق الله العلى العظيم

هذا الأمر في الحاضر لكنه بسرعة الضوء بالنسبة لنا، لكنه بالنسبة للملائكة شيء طبيعي لأنهم مخلوقين من نور، فمن الطبيعي أن تكون سرعتهم مثل سرعة الضوء.
هذا إعجاز فوق خيال البشر، ودليل قاطع أن هذا القرآن كلام الله جل جلاله، وأن الحبيب المصطفى صلى الله عليه وسلم لا ينطق عن الهوى.

﴿إِذَا جَاءَ نَصْرُ اللَّهِ وَالْفَتْحُ (1) وَرَأَيْتَ النَّاسَ يَدْخُلُونَ فِي دِينِ اللَّهِ أَفْوَاجًا (2) فَسَبِّحْ بِحَمْدِ رَبِّكَ وَاسْتَغْفِرْهُ إِنَّهُ كَانَ تَوَّابًا (3)﴾ صدق الله العلى العظيم

هذا أمر قد حدث في الماضي في عهد الحبيب المصطفى صلى الله عليه وسلم؛ لكن القرآن روح وكائن حي، فهذا الأمر يحدث تقريبا كل سنة او كل شهر أو في بعض الأحيان كل يوم، الفوج تقريبا مثل الجماعة، وأثنين يكونون جماعة، فإذا دخل في الإسلام أثنين في اليوم تتحقق الآية، مع العلم انه يدخل في الإسلام أكثر من أثنين في اليوم بإذن الله.

يصطحب اعتناق الإسلام الحمد، والتسبيح، والتكبير، والتهليل.

﴿وَمَا مِن دَابَّةٍ فِي الْأَرْضِ وَلَا طَائِرٍ يَطِيرُ بِجَنَاحَيْهِ إِلَّا أُمَمٌ أَمْثَالُكُم ۚ مَّا فَرَّطْنَا فِي الْكِتَابِ مِن شَيْءٍ ۚ ثُمَّ إِلَىٰ رَبِّهِمْ يُحْشَرُونَ﴾ صدق الله العلى العظيم

يُفسِّر أعداء الإسلام هذه الآية على أنها تشير إلى أنه يمكن الاستغناء عن السنة لأن القرآن يحتوي على كل شيء ومع ذلك، فإن ردي عليهم هو أن الله قال:

"وأنزل الله عليك الكتاب والحكمة" صدق الله العلى العظيم

أن الحكمة هي السنة النبوية جزء من الوحي الرباني الذي نزل على النبي صلى الله عليه وسلم؛ لكنها ليست محفوظة كالذكر (القرآن) المحفوظ.

أن وظيفة السنة النبوية؛ هي شرح وتفسير وتبيين القرآن الكريم فيما يصعب على بعض الناس، والتشريع المستقل عن القرآن الكريم مثل حياة الرسول الحبيب المصطفى صلى الله عليه وسلم والعبادات التي لم يرد تفصيلها في القرآن. وأن هذا كله هو جزء من الوحي الإلهي.

المراد باحتواء القرآن على كل شيء، الآيات تفسر بعضها البعض، وتختلف معانيها في كل زمن، ويختلف مفهوم الدروس في كل زمن، ويختلف الأشخاص في فهمهم لنفس الآية في كل زمن (مثال سرعة الضوء والسرعات التي لا نعلمها بعد)، والمؤمنين الذين لديهم بصيرة فهم يبصرون ويعقلون ما لا يبصره او يعقله الآخرين.

﴿حَتَّىٰ إِذَا أَتَوْا عَلَىٰ وَادِ النَّمْلِ قَالَتْ نَمْلَةٌ يَا أَيُّهَا النَّمْلُ ادْخُلُوا مَسَاكِنَكُمْ لَا يَحْطِمَنَّكُمْ سُلَيْمَانُ وَجُنُودُهُ وَهُمْ لَا يَشْعُرُونَ﴾ صدق الله العلى العظيم

في الآية السابقة نشاهد النملة وهي من أضعف المخلوقات، لكنها في أمة مثل أمة البشر، وقامت بدعوة قومها بتحذيرهم من سليمان عليه السلام وجيشه، والله جل جلاله يلقنا درس جليل في الدعوة، على مر العصور منذ قوم سليمان حتى زماننا الحالي.

كلمة " **لَا يَحْطِمَنَّكُمْ** " هي معجزة أثبتها العلم في العصر الحديث.

فكل مسلم موحد يجب عليه أن يقوم بالدعوة إلى الله ورسوله.

وقوله تعالى:

﴿٢٠﴾ وَتَفَقَّدَ الطَّيْرَ فَقَالَ مَا لِيَ لَا أَرَى الْهُدْهُدَ أَمْ كَانَ مِنَ الْغَائِبِينَ

﴿٢١﴾ لَأُعَذِّبَنَّهُ عَذَابًا شَدِيدًا أَوْ لَأَذْبَحَنَّهُ أَوْ لَيَأْتِيَنِّي بِسُلْطَانٍ مُبِينٍ

﴿٢٢﴾ فَمَكَثَ غَيْرَ بَعِيدٍ فَقَالَ أَحَطْتُ بِمَا لَمْ تُحِطْ بِهِ وَجِئْتُكَ مِنْ سَبَإٍ بِنَبَإٍ يَقِينٍ

﴿٢٣﴾ إِنِّي وَجَدْتُ امْرَأَةً تَمْلِكُهُمْ وَأُوتِيَتْ مِنْ كُلِّ شَيْءٍ وَلَهَا عَرْشٌ عَظِيمٌ

﴿٢٤﴾ وَجَدْتُهَا وَقَوْمَهَا يَسْجُدُونَ لِلشَّمْسِ مِنْ دُونِ اللَّهِ وَزَيَّنَ لَهُمُ الشَّيْطَانُ أَعْمَالَهُمْ فَصَدَّهُمْ عَنِ السَّبِيلِ فَهُمْ لَا يَهْتَدُونَ

﴿٢٥﴾ أَلَّا يَسْجُدُوا لِلَّهِ الَّذِي يُخْرِجُ الْخَبْءَ فِي السَّمَاوَاتِ وَالْأَرْضِ وَيَعْلَمُ مَا تُخْفُونَ وَمَا تُعْلِنُونَ

﴿٢٦﴾ اللَّهُ لَا إِلَٰهَ إِلَّا هُوَ رَبُّ الْعَرْشِ الْعَظِيمِ ۩

﴿٢٧﴾ قَالَ سَنَنْظُرُ أَصَدَقْتَ أَمْ كُنْتَ مِنَ الْكَاذِبِينَ

﴿٢٨﴾ اذْهَبْ بِكِتَابِي هَٰذَا فَأَلْقِهْ إِلَيْهِمْ ثُمَّ تَوَلَّ عَنْهُمْ فَانْظُرْ مَاذَا يَرْجِعُونَ صدق الله العلى العظيم

في الآيات نشاهد طائر فقيه وذو علم وإيمان صادق بالله جل جلاله، وهذا المخلوق الضعيف يتعجب أنه يوجد قوم لا يؤمن بالله جل جلاله ولا يسجدوا له، بل الله جل جلاله أعلمه ما لم يعلم سليمان عليه السلام.

تذكر هذه الآيات كل إنسان على وجه الأرض بأنه يجب عليه أن يؤمن بالله، سبحانه وتعالى، ورسوله، صلى الله عليه وسلم، وأن يحترم جميع المخلوقات، على عكس العنصريين الذين يعتقدون أنهم الأفضل أو أن الآخرين حيوانات. كما ترى، تمتلك الحيوانات معرفة قد لا تملكها؛ على الأقل يمكنها أن تشعر بأن هناك زلزالًا يقترب.

وأن حاملين القرآن الكريم مأمورون بالتعريف بهذا القرآن وتوصيله بصورته الصحيحة إلى كل البشر بما فيهم المسلمون التي اصبحت العبادة عندهم عادة.

ونستدل من الآيات أن القرآن كائن حي؛ فتلك الآية منذ قورن ولا زلت بين أيدينا ويتعلم الناس دورس كثيرة ومختلفة كلا حسب ما يعقله ويبصره منها.

الفرقان

القرآن كما ذكرنا يتضمن معجزات لا تحصى، فمن الصعب ذكرها في هذا الكتاب ومن الصعب إحصائها من الأساس، كما قلنا سابقا أنه سوف يوجد اكتشافات علمية وأحداث تفسر الآيات أكثر، لذلك اخترت سورة الفرقان التي تعني القرآن، لكي اوضح جزء قليل من المعجزات التي تتضمنها هذه السورة والقرآن.

تَبَارَكَ ٱلَّذِي نَزَّلَ ٱلۡفُرۡقَانَ عَلَىٰ عَبۡدِهِۦ لِيَكُونَ لِلۡعَٰلَمِينَ نَذِيرًا

الحمد لله

تعاظَم وكَثُرَ خيرُ الذي نزّل القرآن فارقًا بين الحق والباطل على عبده ورسوله محمد صلى الله عليه وسلم؛ ليكون رسولًا إلى الثقلين الإنس والجنّ، مخوّفًا لهم من عذاب الله

ٱلَّذِي لَهُۥ مُلۡكُ ٱلسَّمَٰوَٰتِ وَٱلۡأَرۡضِ وَلَمۡ يَتَّخِذۡ وَلَدٗا وَلَمۡ يَكُن لَّهُۥ شَرِيكٞ فِي ٱلۡمُلۡكِ وَخَلَقَ كُلَّ شَيۡءٖ فَقَدَّرَهُۥ تَقۡدِيرٗا

الذي له وحده ملك السماوات وملك الأرض، ولم يتّخذ ولدًا، ولم يكن له شريك في ملكه، وخلق جميع الأشياء، فقدّر خلقها وفق ما يقتضيه علمه وحكمته تقديرًا، كل بما يناسبه، فالغني سوف يسأل ماذا فعل بماله ولماذا كان هناك فقراء يموتون جوعا بالعالم، وثروته يمكن أن تغني كل الفقراء من حوله، لماذا تنفقون كل هذه الأموال على الأسلحة وإذا انفقت على مشاريع تساعد على عمل وغذاء الفقراء ما بقي فقير بالعالم.

وَٱتَّخَذُواْ مِن دُونِهِۦٓ ءَالِهَةٗ لَّا يَخۡلُقُونَ شَيۡـٔٗا وَهُمۡ يُخۡلَقُونَ وَلَا يَمۡلِكُونَ لِأَنفُسِهِمۡ ضَرّٗا وَلَا نَفۡعٗا وَلَا يَمۡلِكُونَ مَوۡتٗا وَلَا حَيَوٰةٗ وَلَا نُشُورٗا

واتّخذ المشركون من دون الله معبودات لا يَخلقون شيئًا صغيرًا أو كبيرًا وهم يُخلقون، فقد خلقهم الله من عدم، ولا يستطيعون دفع ضرّ عن أنفسهم، ولا جلب نفع لها، ولا يستطيعون إماتة حيّ، ولا إحياء ميّت، ولا يستطيعون بعث الموتى من قبورهم

هذا الحديث موجه إلى أخواتي وإخواني اليهود (بإذن الله) الذين يظنون انهم أبناء الرب ولم اقل الله جل جلاله، لإن ربهم ليس الله جل جلاله، الله ليس عنده زوجة واولاد ولا يستريح، كما يدعون انه تعب من خلق السماوات والارض واستراح يوم السبت، فلم يسألوا أنفسهم

لماذا لم تنطبق السماوات على الأرض في يوم راحته؟! أكيد سوف نسمع تأليفات وأكاذيب واعذار وتبريرات ليس لها اي معنى.

الحديث موجه ايضا إلى أخواتي وإخواني النصارى (بإذن الله) الذين يؤمنون بالعهد القديم المحرف، بالرغم إن اصحاب العهد القديم لا يؤمنون بعيسى عليه السلام بجميع قناعاتهم.

وموجه لباقي الديانات والملحدين الذين لا يتفكرون كيف خلقت السماوات سقفا محفوظا هل يمكن لشخص لا يقرا ولا يكتب ومنذ أكثر من ألف وأربعة مئة سنة، أن يعلم أن السماء سقف يرتد منها الموجات فيمكننا سماع الراديو، وأنه لا يوجد أكسجين في الطبقات العليا فلذلك يضيق صدره من يصعد إلى السماء.

معجزات القرآن العلمية لا تحصى ومنها مالم يكتشفه العلم بعد، على الرغم أنه كتاب دين وليس كتاب علوم.

وَقَالَ ٱلَّذِينَ كَفَرُوٓاْ إِنۡ هَٰذَآ إِلَّآ إِفۡكٌ ٱفۡتَرَىٰهُ وَأَعَانَهُۥ عَلَيۡهِ قَوۡمٌ ءَاخَرُونَۖ فَقَدۡ جَآءُو ظُلۡمٗا وَزُورٗا

وقال الذين كفروا بالله وبرسوله: ما هذا القرآن إلا كذب اختلقه محمد الحبيب المصطفى صلى الله عليه وسلم فنسبه بهتانًا إلى الله، وأعانه على اختلاقه أناس آخرون، فقد افترى هؤلاء الكافرون قولًا باطلًا، فالقرآن كلام الله، لا يمكن أن يأتي أحد من البشر أو الجن بمثله

وَقَالُوٓاْ أَسَٰطِيرُ ٱلۡأَوَّلِينَ ٱكۡتَتَبَهَا فَهِيَ تُمۡلَىٰ عَلَيۡهِ بُكۡرَةٗ وَأَصِيلٗا

وقال هؤلاء المكذبون بالقرآن: القرآن أحاديث الأولين وما يسطّرونه من الأباطيل، استنسخها محمد الحبيب المصطفى صلى الله عليه وسلم، فهي تُقْرأ عليه أول النهار وآخره.

هذا لا يمكن تقبله لإن لغتهم مختلفة وعقيدتهم مختلفة، البناء اللغوي والأسلوب لا يستطيع أي مخلوق أن يأتي بمثله. هذا كلام الله جل جلاله.

قُلۡ أَنزَلَهُ ٱلَّذِي يَعۡلَمُ ٱلسِّرَّ فِي ٱلسَّمَٰوَٰتِ وَٱلۡأَرۡضِۚ إِنَّهُۥ كَانَ غَفُورٗا رَّحِيمٗا

قل - أيها الرسول - لهؤلاء المكذبين: أنزل القرآنَ اللهُ الذي يعلم كل شيء في السماوات والأرض، وليس مُخْتَلَقًا كما زعمتم، ثم قال مرغبًا لهم بالتوبة: إن الله غفور لمن تاب من عباده، رحيم بهم.

أنزله الله جل جلاله ليرحم من يؤمن به ويطبق تعاليمه كلها من أراد أن ينجو من نار جهنم.

وَقَالُواْ مَالِ هَٰذَا ٱلرَّسُولِ يَأۡكُلُ ٱلطَّعَامَ وَيَمۡشِي فِي ٱلۡأَسۡوَاقِ لَوۡلَآ أُنزِلَ إِلَيۡهِ مَلَكٞ فَيَكُونَ مَعَهُۥ نَذِيرًا

وقال المشركون المكذبون بالنبي صلى الله عليه وسلم: ما لهذا الذي يزعم أنه رسول من عند الله يأكل الطعام كما يأكل غيره من الناس، ويسير في الأسواق بحثًا عن المعاش، هلَّا أنزل الله معه ملكًا يكون رفيقه يصدقه ويساعده

وهذه قدوة ومعجزة لكي يكون مثال لأمته من بعده، بأن يقيموا الدعوة مثله صلى الله عليه وسلم بهذا القرآن

أَوۡ يُلۡقَىٰٓ إِلَيۡهِ كَنزٌ أَوۡ تَكُونُ لَهُۥ جَنَّةٞ يَأۡكُلُ مِنۡهَاۚ وَقَالَ ٱلظَّٰلِمُونَ إِن تَتَّبِعُونَ إِلَّا رَجُلٗا مَّسۡحُورًا

أو ينزل عليه كنز من السماء، أو تكون له حديقة يأكل من ثمرها، فيستغني عن المشي في الأسواق وطلب الرزق، وقال الظالمون: ما تتبعون - أيها المؤمنون - رسولًا، وإنما تتبعون رجلًا مغلوبًا على عقله بسبب السحر

ٱنظُرۡ كَيۡفَ ضَرَبُواْ لَكَ ٱلۡأَمۡثَٰلَ فَضَلُّواْ فَلَا يَسۡتَطِيعُونَ سَبِيلٗا

انظر - أيها الرسول - لتتعجب منهم كيف وصفوك بأوصاف باطلة، فقالوا: ساحر، وقالوا: مسحور، وقالوا: مجنون، فضلّوا بسبب ذلك عن الحق، فلا يستطيعون سلوك طريق للهداية، ولا يستطيعون سبيلًا إلى القدح في صدقك وأمانتك

مثال أخر لنا، هذا حال المؤمنين وما يقال عليهم، في كل العصور وبالأخص في وقتنا الحالي

تَبَارَكَ ٱلَّذِيٓ إِن شَآءَ جَعَلَ لَكَ خَيۡرٗا مِّن ذَٰلِكَ جَنَّٰتٖ تَجۡرِي مِن تَحۡتِهَا ٱلۡأَنۡهَٰرُ وَيَجۡعَل لَّكَ قُصُورٗا

تبارك الله الذي إن شاء جعل لك خيرًا مما اقترحوه لك، بأن يجعل لك في الدنيا حدائق تجري الأنهار من تحت قصورها وأشجارها تأكل من ثمارها، ويجعل لك قصورًا تسكن فيها مُنَعَّمًا

تفكيرهم مادي، المرء يولد ليس لديه شيء ويدفن ومعه عمله فقط، وصدقاته الجارية.

بَلۡ كَذَّبُواْ بِٱلسَّاعَةِۖ وَأَعۡتَدۡنَا لِمَن كَذَّبَ بِٱلسَّاعَةِ سَعِيرًا

ولم يصدر منهم ما صدر من الأقوال طلبًا للحق وبحثًا عن البرهان، بل الحاصل أنهم كذبوا بيوم القيامة، واعتددنا لمن كذب بيوم القيامة نارًا عظيمة شديدة الاشتعال

إِذَا رَأَتۡهُم مِّن مَّكَانِۭ بَعِيدٖ سَمِعُواْ لَهَا تَغَيُّظٗا وَزَفِيرٗا

إذا عاينَتِ النارُ الكفارَ وهم يساقون إليها من مكان بعيد سمعوا لها غليانًا شديدًا، وصوتًا مزعجًا من شدة غضبها عليهم

وَإِذَآ أُلۡقُواْ مِنۡهَا مَكَانٗا ضَيِّقٗا مُّقَرَّنِينَ دَعَوۡاْ هُنَالِكَ ثُبُورٗا

وإذا رُمِي هؤلاء الكفار في جهنم في مكان ضيق منها مقرونة أيديهم إلى أعناقهم بالسلاسل دعوا على أنفسهم بالهلاك؛ رجاء الخلاص منها.

لَّا تَدۡعُواْ ٱلۡيَوۡمَ ثُبُورٗا وَٰحِدٗا وَٱدۡعُواْ ثُبُورٗا كَثِيرٗا

لا تدعوا - أيها الكفار - اليوم هلاكًا واحدًا، وادعوا هلاكًا كثيرًا، لكن لن تجابوا إلى ما تطلبون، بل ستبقون في العذاب الأليم خالدين

قُلۡ أَذَٰلِكَ خَيۡرٌ أَمۡ جَنَّةُ ٱلۡخُلۡدِ ٱلَّتِي وُعِدَ ٱلۡمُتَّقُونَۚ كَانَتۡ لَهُمۡ جَزَآءٗ وَمَصِيرٗا

قل لهم - أيها الرسول -: أذلك المذكور من العذاب الذي وُصِف لكم خير أم جنة الخلد التي يدوم نعيمها، ولا ينقطع أبدًا؟ وهي التي وعد الله المتقين من عباده المؤمنين أن تكون لهم ثوابًا، ومرجعًا يرجعون إليه يوم القيامة

لَّهُمۡ فِيهَا مَا يَشَآءُونَ خَٰلِدِينَۚ كَانَ عَلَىٰ رَبِّكَ وَعۡدٗا مَّسۡـُٔولٗا

لهم في هذه الجنة ما يشاؤون من النعيم، كان ذلك على الله وعدًا، يسأله إياه عباده المتقون، ووعد الله متحقق، فهو لا يخلف الميعاد

وَيَوۡمَ يَحۡشُرُهُمۡ وَمَا يَعۡبُدُونَ مِن دُونِ ٱللَّهِ فَيَقُولُ ءَأَنتُمۡ أَضۡلَلۡتُمۡ عِبَادِي هَٰٓؤُلَآءِ أَمۡ هُمۡ ضَلُّواْ ٱلسَّبِيلَ

ويوم يحشر الله المشركين المكذبين، ويحشر ما يعبدونه من دون الله، فيقول للمعبودين تقريعًا لعابديهم: أأنتم أضللتم عبادي بأمركم لهم أن يعبدوكم، أم هم ضلوا من تلقاء أنفسهم؟

أخواتي وإخواني اليهود والمسيحيين، من فضلكم لا تنتظروا يسوع أو المسيح؛ اعبدوا الله، ومحمد صلى الله عليه وسلم هو المسيح

قَالُواْ سُبۡحَٰنَكَ مَا كَانَ يَنۢبَغِي لَنَآ أَن نَّتَّخِذَ مِن دُونِكَ مِنۡ أَوۡلِيَآءَ وَلَٰكِن مَّتَّعۡتَهُمۡ وَءَابَآءَهُمۡ حَتَّىٰ نَسُواْ ٱلذِّكۡرَ وَكَانُواْ قَوۡمَۢا بُورٗا

قال المعبودون: تنزهت ربنا أن يكون لك شريك، ما يليق بنا أن نتخذ من دونك أولياء نتولاهم، فكيف ندعو عبادك أن يعبدونا من دونك؟! ولكن متعت هؤلاء المشركين بملذات الدنيا، ومتعت آباءهم من قبلهم استدراجًا لهم حتى نسوا ذكرك، فعبدوا معك غيرك، وكانوا قومًا هلكا بسبب شقائهم

فَقَدۡ كَذَّبُوكُم بِمَا تَقُولُونَ فَمَا تَسۡتَطِيعُونَ صَرۡفٗا وَلَا نَصۡرٗاۚ وَمَن يَظۡلِم مِّنكُمۡ نُذِقۡهُ عَذَابٗا كَبِيرٗا

فيقال للمشركين: لقد كذَّبكم هؤلاء الذين عبدتموهم في ادِّعائكم عليهم، فها أنتم أولاء لا تستطيعون دَفْعًا للعذاب عن أنفسكم، ولا نصرًا لها، ومَن يشرك بالله فيظلم نفسه ويعبد غير الله، ويمت على ذلك، يعذبه الله عذابًا شديدًا

وَمَآ أَرۡسَلۡنَا قَبۡلَكَ مِنَ ٱلۡمُرۡسَلِينَ إِلَّآ إِنَّهُمۡ لَيَأۡكُلُونَ ٱلطَّعَامَ وَيَمۡشُونَ فِي ٱلۡأَسۡوَاقِۗ وَجَعَلۡنَا بَعۡضَكُمۡ لِبَعۡضٖ فِتۡنَةً أَتَصۡبِرُونَۗ وَكَانَ رَبُّكَ بَصِيرٗا

وما بعثنا قبلك - أيها الرسول - من المرسلين إلا بشرًا كانوا يأكلون الطعام، ويمشون في الأسواق، فلست بِدْعًا من الرسل في ذلك، وجعلنا بعضكم - أيها الناس - لبعض اختبارًا في الغنى والفقر والصحة والمرض بسبب هذا الاختلاف، أتصبرون على ما ابتليتم به فيثيبكم الله على صبركم؟! وكان ربك بصيرًا بمن يصبر ومن لا يصبر، وبمن يطيعه ومن يعصيه

وَقَالَ ٱلَّذِينَ لَا يَرۡجُونَ لِقَآءَنَا لَوۡلَآ أُنزِلَ عَلَيۡنَا ٱلۡمَلَٰٓئِكَةُ أَوۡ نَرَىٰ رَبَّنَاۗ لَقَدِ ٱسۡتَكۡبَرُواْ فِيٓ أَنفُسِهِمۡ وَعَتَوۡ عُتُوّٗا كَبِيرٗا

وقال الكافرون الذين لا يؤمِّلون لقاءنا، ولا يخشون عذابنا: هلَّا أنزل الله علينا الملائكة، فتخبرنا عن صدق محمد صلى الله عليه وسلم، أو نشاهد ربنا عيانًا، فيخبرنا بذلك؟ لقد عظم الكِبْر في نفوس هؤلاء حتى منعهم من الإيمان، وتجاوزوا بقولهم هذا الحد في الكفر والطغيان

يَوْمَ يَرَوْنَ ٱلْمَلَٰٓئِكَةَ لَا بُشْرَىٰ يَوْمَئِذٍ لِّلْمُجْرِمِينَ وَيَقُولُونَ حِجْرًا مَّحْجُورًا

يوم يرون الملائكة عند الاحتضار، وفي القبر، ويوم القيامة، على غير الصورة التي اقترحوها لا لتبشرهم بالجنة، ولكن لتقول لهم: جعل الله الجنة مكانًا محرمًا عليكم

وَقَدِمْنَآ إِلَىٰ مَا عَمِلُوا۟ مِنْ عَمَلٍ فَجَعَلْنَٰهُ هَبَآءً مَّنثُورًا

وعمدنا إلى ما عمله الكفار في الدنيا من عمل البر والخير فصيرناه في بطلانه وعدم نفعه بسبب كفرهم مثل الغبار المفرق يراه الناظر في شعاع الشمس الداخل من النافذة

أَصْحَٰبُ ٱلْجَنَّةِ يَوْمَئِذٍ خَيْرٌ مُّسْتَقَرًّا وَأَحْسَنُ مَقِيلًا

أصحاب الجنة يوم القيامة خير مستقرًا من أهل النار وأحسن منازل في الجنة، فراحتهم تامة، ونعيمهم لا يشوبه كدر

وَيَوْمَ تَشَقَّقُ ٱلسَّمَآءُ بِٱلْغَمَٰمِ وَنُزِّلَ ٱلْمَلَٰٓئِكَةُ تَنزِيلًا

واذكر - أيها الرسول - يوم تتشقق السماء عن سحب بيضاء رقيقة، ونُزِّل الملائكة إلى أرض المحشر تنزيلًا كثيرًا لكثرتهم

ٱلْمُلْكُ يَوْمَئِذٍ ٱلْحَقُّ لِلرَّحْمَٰنِ ۚ وَكَانَ يَوْمًا عَلَى ٱلْكَٰفِرِينَ عَسِيرًا

المُلْك الذي هو المُلْك الحق الثابت يوم القيامة للرحمن سبحانه هو وحده الملك الحق أين ملوك الأرض، وكان ذلك اليوم على الكفار صعبًا بخلاف المؤمنين فإنه سهل عليهم

وَيَوْمَ يَعَضُّ ٱلظَّالِمُ عَلَىٰ يَدَيْهِ يَقُولُ يَٰلَيْتَنِي ٱتَّخَذْتُ مَعَ ٱلرَّسُولِ سَبِيلًا

واذكر - أيها الرسول - يوم يَعَضُّ الظالم بسبب ترك اتباع الرسول صلى الله عليه وسلم على يديه من شدة الندم قائلًا: يا ليتني اتبعت الرسول فيما جاء به من عند ربه، واتخذت معه طريقًا إلى النجاة

يَٰوَيْلَتَىٰ لَيْتَنِي لَمْ أَتَّخِذْ فُلَانًا خَلِيلًا

ويقول من شدة الأسف داعيًا على نفسه بالويل: يا ويلي ليتني لم أتخذ الكافر فلانًا صديقًا

لَّقَدْ أَضَلَّنِي عَنِ ٱلذِّكْرِ بَعْدَ إِذْ جَآءَنِيۗ وَكَانَ ٱلشَّيْطَٰنُ لِلْإِنسَٰنِ خَذُولًا

لقد أضلّني هذا الصديق عن القرآن بعد إذ جاءني. وكان الشيطان الرجيم خذولا للإنسان دائمًا. وفي هذه الآيات التحذير من مصاحبة قرين السوء؛ فإنه قد يكون سببًا لإدخال قرينه النار

وَقَالَ ٱلرَّسُولُ يَٰرَبِّ إِنَّ قَوْمِي ٱتَّخَذُواْ هَٰذَا ٱلْقُرْءَانَ مَهْجُورًا

وقال الرسول في ذلك اليوم شاكيًا حال قومه: يا رب، إن قومي الذين بعثتني إليهم تركوا هذا القرآن وأعرضوا عنه

هذه الآية تبين لنا قول الرسول يوم القيامة، لكن هذا هو حال كثير من المسلمين الآن.

منهم من يحفظ القرآن كله ولم يعمل به، وكثير منهم مسلمين بدون إسلام.

استقم كما أمرت وأعبد ربك كما أمرت، ليس كما يحلو لك.

هذا نداء بعدم هجر القرآن، هذا قول الرسول صلى الله عليه وسلم، فمن يعمل بالقرآن ولم يهجره فعليه ان يكون رسول ويدعو للحق والعمل بالقرآن.

إن هذه الآية تجسد روح وحياة كل عصر، وتعبر عن القرآن الحي.

فالمؤبنين الآن يمكنهم أن يرددوا هذه الآية وتكون موجهة إلى قومهم الهاجرين للقرآن، وهذا يدل على الروح والحياة الأبدية للقرآن الكائن الحي.

وَكَذَٰلِكَ جَعَلْنَا لِكُلِّ نَبِيٍّ عَدُوًّا مِّنَ ٱلْمُجْرِمِينَۗ وَكَفَىٰ بِرَبِّكَ هَادِيًا وَنَصِيرًا

ومثل ما لاقيت - أيها الرسول - من قومك من الإيذاء والصد عن سبيلك جعلنا لكل نبي من الأنبياء من قبلك عدوًّا من مجرمي قومه، وكفى بربك هاديًا يهدي إلى الحق، وكفى به نصيرًا ينصرك على عدوك

هذه الآية تسهل وتهون أمر المؤمنين في الدنيا لما يحدث لهم من مضيافات بسبب إيمانهم وتطبيق ما جاء في كتاب الله جل جلاله وسنة رسوله صلى الله عليه وسلم.

وَقَالَ ٱلَّذِينَ كَفَرُواْ لَوْلَا نُزِّلَ عَلَيْهِ ٱلْقُرْءَانُ جُمْلَةً وَٰحِدَةًۚ كَذَٰلِكَ لِنُثَبِّتَ بِهِۦ فُؤَادَكَۖ وَرَتَّلْنَٰهُ تَرْتِيلًا

وقال الذين كفروا بالله: لماذا لم يُنَزَّل على الرسول هذا القرآن دفعة واحدة، ونَزَّل عليه مفرقًا، نزّلنا القرآن كذلك مفرقًا لتثبيت قلبك - أيها الرسول - بنزوله مرة بعد مرة، وأنزلناه شيئًا بعد شيء لتسهيل فهمه وحفظه

هذه الآية تدعو لضرورة الفهم والعمل بالقرآن وهذا سوف ييسر حفظه تدريجيا. والتدريج في شرائع الإسلام السابقة مثل التوراة والإنجيل.

وَلَا يَأۡتُونَكَ بِمَثَلٍ إِلَّا جِئۡنَٰكَ بِٱلۡحَقِّ وَأَحۡسَنَ تَفۡسِيرًا

ولا يأتيك - أيها الرسول - المشركون بمَثَلٍ مما يقترحونه إلا جئناك بالجواب الحق الثابت عليه، وجئناك بما هو أحسن بيانًا

وهذا حال المؤمنين إذا تعرضوا للجدال.

مثلا؛ من يقول إن الإسلام دين رجعي ولا يعترف باللوطين.

فالرد أسهل ما يمكن؛ إذا تحول العالم كله إلى اللواط، فسينتهي كله بعد جيل واحد، فمن ينادون بالطبيعة فاللواط ضد الطبيعة.

وشرائع الإسلام السابقة مثل التوراة والإنجيل قبل التحريف تعتبر رجعية أكثر من القرآن لذلك حرفت فأصبح لا يصلح العمل بها وقد نسخها القرآن.

ٱلَّذِينَ يُحۡشَرُونَ عَلَىٰ وُجُوهِهِمۡ إِلَىٰ جَهَنَّمَ أُوْلَٰٓئِكَ شَرّٞ مَّكَانٗا وَأَضَلُّ سَبِيلٗا

الذين يُساقون يوم القيامة مسحوبين على وجوههم إلى جهنم أولئك شر مكانًا؛ لأن مكانهم جهنم، وأبعد طريقًا عن الحق؛ لأن طريقهم طريق الكفر والضلال

وَلَقَدۡ ءَاتَيۡنَا مُوسَى ٱلۡكِتَٰبَ وَجَعَلۡنَا مَعَهُۥٓ أَخَاهُ هَٰرُونَ وَزِيرٗا

ولقد أعطينا موسى التوراة، وصَيَّرنا معه أخاه هارون رسولًا ليكون له معينًا

فَقُلۡنَا ٱذۡهَبَآ إِلَى ٱلۡقَوۡمِ ٱلَّذِينَ كَذَّبُواْ بِـَٔايَٰتِنَا فَدَمَّرۡنَٰهُمۡ تَدۡمِيرٗا

فقلنا لهما: اذهبا إلى فرعون وقومه الذين كذبوا بآياتنا. فامتَثَلا أمرنا، وذهبا إليهم فدَعَوَاهم إلى توحيد الله، فكذبوهما فأهلكناهم إهلاكًا شديدًا

وَقَوۡمَ نُوحٖ لَّمَّا كَذَّبُواْ ٱلرُّسُلَ أَغۡرَقۡنَٰهُمۡ وَجَعَلۡنَٰهُمۡ لِلنَّاسِ ءَايَةٗۖ وَأَعۡتَدۡنَا لِلظَّٰلِمِينَ عَذَابًا أَلِيمٗا

وقوم نوح لما كذبوا الرسل بتكذيبهم نوحًا عليه السلام أهلكناهم بالغرق في البحر، وصيَّرنا إهلاكهم دلالة على قدرتنا على استئصال الظالمين، وأعددنا للظالمين يوم القيامة عذابًا موجعًا

قال الله" قوم نوح" عليه السلام؛ يدل على أنه الغرق كان لقوم نوح فقط في منطقة من الأرض، لم يذكر الله جل جلاله الأرض أو كل الناس أو أقواما اخري، والله جل جلاله أعلى وأعلم.

كل نبي كان مرسل إلى قوم أو عدة أمم لكنه الحبيب المصطفى صلى الله عليه وسلم بعث رحمة للعالمين كل الإنس والجن.

وَعَادٗا وَثَمُودَاْ وَأَصۡحَٰبَ ٱلرَّسِّ وَقُرُونَۢا بَيۡنَ ذَٰلِكَ كَثِيرٗا

وأهلكنا عادًا قوم هود، وثمود قوم صالح، وأهلكنا أصحاب البئر، وأهلكنا أممًا كثيرة بين هؤلاء الثلاث

وَكُلّٗا ضَرَبۡنَا لَهُ ٱلۡأَمۡثَٰلَۖ وَكُلّٗا تَبَّرۡنَا تَتۡبِيرٗا

وكل من هؤلاء المُهْلَكين وصفنا له إهلاك الأمم السابقة وأسبابه ليتعظوا، وكلًّا أهلكناه إهلاكًا شديدًا لكفرهم وعنادهم

وَلَقَدۡ أَتَوۡاْ عَلَى ٱلۡقَرۡيَةِ ٱلَّتِيٓ أُمۡطِرَتۡ مَطَرَ ٱلسَّوۡءِۚ أَفَلَمۡ يَكُونُواْ يَرَوۡنَهَاۚ بَلۡ كَانُواْ لَا يَرۡجُونَ نُشُورٗا

ولقد أتى المكذبون من قومك، في ذهابهم إلى الشام، إلى قرية قوم لوط التي أُمْطِرت بالحجارة؛ عقابًا لها على فعل الفاحشة ليعتبروا، أَفَعَمُوا عن هذه القرية فلم يكونوا يشاهدونها؟ لا، بل كانوا لا يتوقعون بعثًا يحاسبون بعده،

القرآن لم يذكر أي شيء عن قوم كنعان بالشام فهو اختراع يهودي.

وَإِذَا رَأَوۡكَ إِن يَتَّخِذُونَكَ إِلَّا هُزُوًا أَهَٰذَا ٱلَّذِي بَعَثَ ٱللَّهُ رَسُولًا

وإذا قابلك أيها الرسول؛ هؤلاء المكذبون سخروا منك قائلين على سبيل الاستهزاء والإنكار: أهذا الذي بعثه الله رسولًا إلينا؟

هذه رسالة إلى كل الدعاة دليل على روح القرآن الحية؛ شيء طبيعي أن يستهزأ بهم وبما يقلون فعليهم بالصبر كما فعل الحبيب المصطفى صلى الله عليه وسلم.

إِن كَادَ لَيُضِلُّنَا عَنۡ ءَالِهَتِنَا لَوۡلَآ أَن صَبَرۡنَا عَلَيۡهَاۚ وَسَوۡفَ يَعۡلَمُونَ حِينَ يَرَوۡنَ ٱلۡعَذَابَ مَنۡ أَضَلُّ سَبِيلًا

لقد أوشك أن يصرفنا عن عبادة آلهتنا، لولا أن صبرنا على عبادتها لَصَرَفَنا عنها بحججه وبراهينه، وسوف يعلمون حين يعاينون العذاب في قبورهم ويوم القيامة مَن أَضَلُّ طريقًا أَهُمْ أم هو؟ وسيعلمون أيهم أكثر ضلال

أَرَءَيۡتَ مَنِ ٱتَّخَذَ إِلَٰهَهُۥ هَوَىٰهُ أَفَأَنتَ تَكُونُ عَلَيۡهِ وَكِيلًا

أرأيت أيها الرسول؛ من جعل مِنْ هواه إلهًا فأطاعه، أفأنت تكون عليه حفيظًا ترده إلى الإيمان، وتمنعه من الكفر؟

من فوائد الآيات السابقة

الكفر بالله والتكذيب بآياته سبب إهلاك الأمم ·

غياب الإيمان بالبعث سبب عدم الاتعاظ ·

السخرية بأهل الحق شأن الكافرين ·

خطر اتباع الهوى ·

أَمۡ تَحۡسَبُ أَنَّ أَكۡثَرَهُمۡ يَسۡمَعُونَ أَوۡ يَعۡقِلُونَۚ إِنۡ هُمۡ إِلَّا كَٱلۡأَنۡعَٰمِ بَلۡ هُمۡ أَضَلُّ سَبِيلًا

بل أتحسب أيها الرسول؛ أن أكثر الذين تدعوهم إلى توحيد الله وطاعته يسمعون سماع قبول أو يعقلون الحجج والبراهين؟!

ليسوا إلا مثل الأنعام في السماع والتعقل والفهم، بل هم أضل طريقًا من الأنعام

أَلَمۡ تَرَ إِلَىٰ رَبِّكَ كَيۡفَ مَدَّ ٱلظِّلَّ وَلَوۡ شَآءَ لَجَعَلَهُۥ سَاكِنٗا ثُمَّ جَعَلۡنَا ٱلشَّمۡسَ عَلَيۡهِ دَلِيلٗا

ألم تر أيها الرسول؛ إلى آثار خلق الله حين بسط الظل على وجه الأرض، ولو شاء أن يجعله ساكنًا لا يتحرك لجعله كذلك، ثم صيَّرنا الشمس دلالة عليه، يطول بها ويقصر

الظل معجزة نعيشها كل لحظة في الحياة اليومية

أي: ألم تشاهد ببصرك وبصيرتك كمال قدرة ربك وسعة رحمته، أنه مد على العباد الظل وذلك قبل طلوع الشمس {ثُمَّ جَعَلْنَا الشَّمْسَ عَلَيْهِ} أي: على الظل {دَلِيلًا} فلولا وجود الشمس لما عرف الظل فإن الضد يعرف بضده

ثُمَّ قَبَضۡنَٰهُ إِلَيۡنَا قَبۡضٗا يَسِيرٗا

ثم قبضنا الظل بالنقص يتدرج شيئًا فشيئًا قبضًا قليلًا حسب ارتفاع الشمس

فكلما ارتفعت الشمس تقلص الظل شيئا فشيئا، حتى يذهب بالكلية فتوالي الظل والشمس على الخلق الذي يشاهدونه عيانا وما يترتب على ذلك من اختلاف الليل والنهار وتعاقبهما وتعاقب الفصول، وحصول المصالح الكثيرة بسبب ذلك، من أدل دليل على قدرة الله

وعظمته وكمال رحمته وعنايته بعباده وأنه وحده المعبود المحمود المحبوب المعظم، ذو الجلال والإكرام

وَهُوَ ٱلَّذِي جَعَلَ لَكُمُ ٱلَّيۡلَ لِبَاسٗا وَٱلنَّوۡمَ سُبَاتٗا وَجَعَلَ ٱلنَّهَارَ نُشُورٗا

والله هو الذي صيَّر لكم الليل بمنزلة لباس يستركم، ويستر الأشياء، وهو الذي صيَّر لكم النوم راحة تستريحون به من أشغالكم، وهو الذي صيَّر لكم النهار وقتًا تنطلقون فيه إلى أعمالكم

إذا غير الساعة البيولوجية. دليل على إن القرآن كلام الخالق الله جل يصاب الإنسان بمشاكل صحية جلاله.

وَهُوَ ٱلَّذِيٓ أَرۡسَلَ ٱلرِّيَٰحَ بُشۡرَۢا بَيۡنَ يَدَيۡ رَحۡمَتِهِۦۚ وَأَنزَلۡنَا مِنَ ٱلسَّمَآءِ مَآءٗ طَهُورٗا

وهو الذي بعث الرياح مبشرة بنزول المطر الذي هو من رحمته بعباده، وأنزلنا من السماء ماء المطر طاهرًا يتطهرون به

لِّنُحۡـِۧيَ بِهِۦ بَلۡدَةٗ مَّيۡتٗا وَنُسۡقِيَهُۥ مِمَّا خَلَقۡنَآ أَنۡعَٰمٗا وَأَنَاسِيَّ كَثِيرٗا

لنحيي بذلك الماء النازل أرضًا قاحلة لا نبات فيها بإنباتها بأنواع النبات وبث الخضرة فيها، ولنسقي بذلك الماء مما خلقنا أنعامًا وبشرًا كثيرًا

وَلَقَدۡ صَرَّفۡنَٰهُ بَيۡنَهُمۡ لِيَذَّكَّرُواْ فَأَبَىٰٓ أَكۡثَرُ ٱلنَّاسِ إِلَّا كُفُورٗا

ولقد بيّنا ونوّعنا في القرآن الحجج والبراهين ليعتبروا بها، فأبى معظم الناس إلا كفورًا بالحق وتنكرًا له

وَلَوۡ شِئۡنَا لَبَعَثۡنَا فِي كُلِّ قَرۡيَةٖ نَّذِيرٗا

ولو شئنا لبعثنا في كل قرية رسولًا ينذرهم ويخوفهم من عقاب الله، لكنا لم نشأ ذلك، وإنما بعثنا محمدًا صلى الله عليه وسلم رسولًا إلى جميع الناس.

يخبر الله تعالى عن أن مشيئته غير قاصرة عن ذلك، ولكن اقتضت حكمته ورحمته بك وبالعباد يا محمد أن أرسلك إلى جميعهم أحمرهم وأسودهم عربيهم وعجميهم إنسهم وجنهم.

فَلَا تُطِعِ ٱلۡكَٰفِرِينَ وَجَٰهِدۡهُم بِهِۦ جِهَادٗا كَبِيرٗا

فلا تطع الكفار فيما يطالبونك به من مداهنتهم، وفيما يقدمونه من اقتراحات، وجاهدهم بهذا القرآن المُنَزَّل عليك جهادًا عظيمًا بالصبر على أذاهم وتحمل المشاق في دعوتهم إلى الله

فَلَا تُطِعِ الْكَافِرِينَ في ترك شيء مما أرسلت به. وَجَاهِدْهُمْ بالقرآن جِهَادًا كَبِيرًا؛ أي: لا تبق من مجهودك في نصر الحق وقمع الباطل إلا بذلته ولو رأيت منهم من التكذيب والجراءة ما رأيت فابذل جهدك واستفرغ وسعك، ولا تيأس من هدايتهم ولا تترك إبلاغهم لأهوائهم

هذا نداء لكل المؤمنين بأن يتدبروا القرآن ويتخذونه سبيل للدعوة إلى الله جل جلاله ودين الحق، كما فعل الحبيب المصطفى صلى الله عليه وسلم.

وَهُوَ ٱلَّذِي مَرَجَ ٱلۡبَحۡرَيۡنِ هَٰذَا عَذۡبٞ فُرَاتٞ وَهَٰذَا مِلۡحٌ أُجَاجٞ وَجَعَلَ بَيۡنَهُمَا بَرۡزَخٗا وَحِجۡرٗا مَّحۡجُورٗا

والله سبحانه هو الذي خلط ماء البحرين، خلط العذب منهما بالمالح، وصيّر بينهما حاجزًا وسترًا ساترًا يمنعهما من التمازُج

وَهُوَ ٱلَّذِي خَلَقَ مِنَ ٱلۡمَآءِ بَشَرٗا فَجَعَلَهُۥ نَسَبٗا وَصِهۡرٗاۗ وَكَانَ رَبُّكَ قَدِيرٗا

وهو الذي خلق من مني الرجل والمرأة بشرًا، ومَن خلَق البشر أنشأ علاقة القرابة وعلاقة المُصَاهرة، وكان ربك أيها الرسول، قديرًا لا يعجزه شيء، ومن قدرته خلق الإنسان من مني الذكر والمرأة

وَيَعۡبُدُونَ مِن دُونِ ٱللَّهِ مَا لَا يَنفَعُهُمۡ وَلَا يَضُرُّهُمۡۗ وَكَانَ ٱلۡكَافِرُ عَلَىٰ رَبِّهِۦ ظَهِيرٗا

ويعبد الكفار من دون الله أصنامًا لا تنفعهم إن أطاعوها، ولا تضرهم إن عصوها، وكان الكافر تابعًا للشيطان على ما يسخط الله سبحانه

من فوائد الآيات السابقة

- **انحطاط الكافر إلى مستوى دون مستوى الحيوان بسبب كفره بالله**
- **ظاهرة الظل آية من آيات الله الدالة على قدرته**
- **تنويع الحجج والبراهين أسلوب تربوي ناجح**
- **الدعوة بالقرآن من صور الجهاد في سبيل الله**

وَمَآ أَرۡسَلۡنَٰكَ إِلَّا مُبَشِّرٗا وَنَذِيرٗا

وما أرسلناك أيها الرسول؛ إلا مبشرًا من أطاع الله بالإيمان والعمل الصالح، ومنذرًا من عصاه بالكفر والعصيان

والخطاب لكل المؤمنين أيضا لإن الله جل جلاله لم يذكر اسم الرسول صلى الله عليه وسلم، لكي يكون الخطاب عام لكل المسلمين، والله اعلى وأعلم

قُلۡ مَآ أَسۡـَٔلُكُمۡ عَلَيۡهِ مِنۡ أَجۡرٍ إِلَّا مَن شَآءَ أَن يَتَّخِذَ إِلَىٰ رَبِّهِۦ سَبِيلٗا

قل أيها الرسول: لا أسألكم على تبليغ الرسالة من أجر إلا من شاء منكم أن يتخذ طريقًا إلى مرضاة الله بالإنفاق فليفعل

وَتَوَكَّلۡ عَلَى ٱلۡحَيِّ ٱلَّذِي لَا يَمُوتُ وَسَبِّحۡ بِحَمۡدِهِۦۚ وَكَفَىٰ بِهِۦ بِذُنُوبِ عِبَادِهِۦ خَبِيرًا

وتوكل أيها الرسول، في جميع أمورك على الله الحي الباقي الذي لا يموت أبدًا، ونزّهه مثنيًا عليه سبحانه، وكفى به بذنوب عباده خبيرًا لا يخفى عليه منها شيء، وسيجازيهم عليها

دليل أخر على روح وحياة القرآن، فهذه الآية نداء لكل مسلم مؤمن من زمن الرسول حتى يوم القيامة

ٱلَّذِي خَلَقَ ٱلسَّمَٰوَٰتِ وَٱلۡأَرۡضَ وَمَا بَيۡنَهُمَا فِي سِتَّةِ أَيَّامٖ ثُمَّ ٱسۡتَوَىٰ عَلَى ٱلۡعَرۡشِۖ ٱلرَّحۡمَٰنُ فَسۡـَٔلۡ بِهِۦ خَبِيرٗا

الذي خلق السماوات وخلق الأرض وما بينهما في ستة أيام، ثم علا وارتفع على العرش علوًّا يليق بجلاله، وهو الرحمن، فاسأل أيها الرسول؛ به خبيرًا، وهو الله الذي يعلم كل شيء، لا يخفى عليه شيء

ثُمَّ ٱسۡتَوَىٰ عَلَى ٱلۡعَرۡشِۖ ٱلرَّحۡمَٰنُ فَسۡـَٔلۡ بِهِۦ خَبِيرٗا

استوى ولم يستريح كما يظنون، وليس الجلوس أو النوم ولا نعلم ما هو الاستواء، ولكنه استواء وعلوًّا يليق بجلاله. وجاء أسمه الرحمن لإن كل ما في خلق الله رحمة بنا وما أتينا من العلم إلا قليل، والله أعلى وأعلم.

(بعض الطيور تأكل الحشرات من فوق الحيوانات المفترسة، فهو جل جلاله يرحم الحيوانات المفترسة من ضرر الحشرات)

وَإِذَا قِيلَ لَهُمُ ٱسۡجُدُواْۤ لِلرَّحۡمَٰنِ قَالُواْ وَمَا ٱلرَّحۡمَٰنُ أَنَسۡجُدُ لِمَا تَأۡمُرُنَا وَزَادَهُمۡ نُفُورٗا۩

وإذا قيل للكفار: اسجدوا للرحمن، قالوا: لا نسجد للرحمن، وما الرحمن؟ لا نعرفه ولا نقرّ به، أنسجد لما تأمرنا بالسجود له ونحن لا نعرفه؟! وزادهم أمره لهم بالسجود له بُعْدًا عن الإيمان بالله

كيف لا يعرفونه وهو الذي خلق السماوات وخلق الأرض وما بينهما في ستة أيام!

تَبَارَكَ ٱلَّذِي جَعَلَ فِي ٱلسَّمَآءِ بُرُوجًا وَجَعَلَ فِيهَا سِرَٰجًا وَقَمَرًا مُّنِيرًا

تبارك الذي جعل في السماء منازل للكواكب والنجوم السيارة، وجعل في السماء شمسًا تشعّ النور، وجعل فيها قمرًا ينير الأرض بما يعكسه من ضوء الشمس

وَهُوَ ٱلَّذِي جَعَلَ ٱلَّيۡلَ وَٱلنَّهَارَ خِلۡفَةً لِّمَنۡ أَرَادَ أَن يَذَّكَّرَ أَوۡ أَرَادَ شُكُورًا

والله هو الذي صيَّر الليل والنهار متعاقبين يعقب أحدهما الآخر ويخلفه، لمن أراد أن يعتبر بآيات الله فيهتدي، أو أراد شكر الله على نعمه

وَعِبَادُ ٱلرَّحۡمَٰنِ ٱلَّذِينَ يَمۡشُونَ عَلَى ٱلۡأَرۡضِ هَوۡنًا وَإِذَا خَاطَبَهُمُ ٱلۡجَٰهِلُونَ قَالُواْ سَلَٰمًا

وعباد الرحمن المؤمنون الذين يمشون على الأرض بوقار متواضعين، وإذا خاطبهم الجهال لم يقابلوهم بالمثل، بل يقولون لهم معروفًا لا يجهلون فيه عليهم

وَٱلَّذِينَ يَبِيتُونَ لِرَبِّهِمۡ سُجَّدًا وَقِيَٰمًا

والذين يبيتون لربهم سجدًا على جباههم، وقيامًا على أقدامهم يصلُّون لله

وَٱلَّذِينَ يَقُولُونَ رَبَّنَا ٱصۡرِفۡ عَنَّا عَذَابَ جَهَنَّمَۖ إِنَّ عَذَابَهَا كَانَ غَرَامًا

والذين يقولون في دعائهم لربهم: ربنا، أبعد عنا عذاب جهنم، إن عذاب جهنم كان دائمًا ملازمًا لمن مات كافرًا

إِنَّهَا سَآءَتۡ مُسۡتَقَرّٗا وَمُقَامٗا

إنها ساءت مكان استقرار لمن استقرّ فيها، وساءت مقامًا لمن يقيم فيها

وَٱلَّذِينَ إِذَآ أَنفَقُواْ لَمۡ يُسۡرِفُواْ وَلَمۡ يَقۡتُرُواْ وَكَانَ بَيۡنَ ذَٰلِكَ قَوَامٗا

والذين إذا بذلوا أموالهم لم يَصِلُوا في بذلهم لها إلى حد التبذير، ولم يضيقوا في بذلها على من تجب عليهم نفقته من أنفسهم أو غيرها، وكان إنفاقهم بين التبذير والتقتير عدلًا وسطًا

من فوائد الآيات السابقة

الداعي إلى الله لا يطلب الجزاء من الناس ·

ثبوت صفة الاستواء لله بما يليق به سبحانه وتعالى ·

أن الرحمن اسم من أسماء الله لا يشاركه فيه أحد قط، دال على · صفة من صفاته وهي الرحمة

إعانة العبد بتعاقب الليل والنهار على تدارُكِ ما فاتَهُ من الطاعة · في أحدهما

من صفات عباد الرحمن التواضع والحلم، وطاعة الله عند غفلة الناس، والخوف من الله، والتزام التوسط في الإنفاق وفي غيره من الأمور

وَٱلَّذِينَ لَا يَدۡعُونَ مَعَ ٱللَّهِ إِلَٰهًا ءَاخَرَ وَلَا يَقۡتُلُونَ ٱلنَّفۡسَ ٱلَّتِي حَرَّمَ ٱللَّهُ إِلَّا بِٱلۡحَقِّ وَلَا يَزۡنُونَۚ وَمَن يَفۡعَلۡ ذَٰلِكَ يَلۡقَ أَثَامٗا

والذين لا يدعون مع الله سبحانه معبودًا آخر، ولا يقتلون النفس التي حرم الله قتلها إلا بما أذن الله به من قتل القاتل أو المرتد أو الزاني المحصن، ولا يزنون، ومن يفعل هذه الكبائر يَلْقَ يوم القيامة عقوبةَ ما ارتكبه من الإثم

يُضَٰعَفۡ لَهُ ٱلۡعَذَابُ يَوۡمَ ٱلۡقِيَٰمَةِ وَيَخۡلُدۡ فِيهِۦ مُهَانًا

يضاعف له العذاب يوم القيامة، ويخلد في العذاب ذليلًا حقيرًا

إِلَّا مَن تَابَ وَءَامَنَ وَعَمِلَ عَمَلٗا صَٰلِحٗا فَأُوْلَٰٓئِكَ يُبَدِّلُ ٱللَّهُ سَيِّـَٔاتِهِمۡ حَسَنَٰتٖۗ وَكَانَ ٱللَّهُ غَفُورٗا رَّحِيمٗا

لكن من تاب إلى الله وآمن، وعمل عملًا صالحًا يدل على صدق توبته، فأولئك يبدل الله ما عملوه من السيئات حسنات، وكان الله غفورًا لذنوب من تاب من عباده، رحيمًا بهم

وَمَن تَابَ وَعَمِلَ صَٰلِحٗا فَإِنَّهُۥ يَتُوبُ إِلَى ٱللَّهِ مَتَابٗا

ومن تاب إلى الله، وبَرْهَن على صدق توبته بفعل الطاعات وترك المعاصي فإن توبته توبة مقبولة

وَٱلَّذِينَ لَا يَشۡهَدُونَ ٱلزُّورَ وَإِذَا مَرُّواْ بِٱللَّغۡوِ مَرُّواْ كِرَامٗا

والذين لا يحضرون الباطل؛ كمواطن المعاصي والملاهي المحرمة، وإذا مَرُّوا باللغو من ساقط الأقوال والأفعال مَرُّوا مرورًا عابرًا، مُكْرِمين أنفسهم بتنزيهها عن مخالطته

وَٱلَّذِينَ إِذَا ذُكِّرُواْ بِـَٔايَٰتِ رَبِّهِمۡ لَمۡ يَخِرُّواْ عَلَيۡهَا صُمّٗا وَعُمۡيَانٗا

والذين إذا ذُكروا بآيات الله المسموعة والمشهودة لم يصموا آذانهم عن الآيات المسموعة، ولم يعموا عن الآيات المشهودة

وَٱلَّذِينَ يَقُولُونَ رَبَّنَا هَبۡ لَنَا مِنۡ أَزۡوَٰجِنَا وَذُرِّيَّٰتِنَا قُرَّةَ أَعۡيُنٖ وَٱجۡعَلۡنَا لِلۡمُتَّقِينَ إِمَامًا

والذين يقولون في دعائهم لربهم: ربنا، أعطنا من أزواجنا، ومن أولادنا من يكون قرة عين لنا لتقواه واستقامته على الحق، وصَيِّرنا للمتقين أئمة في الحق يُقْتَدى بنا

أُوْلَٰٓئِكَ يُجۡزَوۡنَ ٱلۡغُرۡفَةَ بِمَا صَبَرُواْ وَيُلَقَّوۡنَ فِيهَا تَحِيَّةٗ وَسَلَٰمًا

أولئك المتصفون بتلك الصفات يجزون الغرفات العالية في الفردوس الأعلى من الجنة بسبب صبرهم على طاعة الله، ويُلَقَّون فيها من الملائكة بالتحية والسلام، ويَسْلَمُون فيها من الآفات

خَٰلِدِينَ فِيهَاۚ حَسُنَتۡ مُسۡتَقَرّٗا وَمُقَامٗا

ماكثين فيها أبدًا، حسنت مكان استقرار يستقرون فيه، ومكان مقام يقيمون فيه

قُلۡ مَا يَعۡبَؤُاْ بِكُمۡ رَبِّي لَوۡلَا دُعَآؤُكُمۡۖ فَقَدۡ كَذَّبۡتُمۡ فَسَوۡفَ يَكُونُ لِزَامَۢا

قل أيها الرسول؛ للكفار المُصِرِّين على كفرهم: ما يبالي بكم ربي لنفع يعود إليه من طاعتكم، لولا أنَّ له عبادًا يدعونه دعاء عبادة ودعاء مسألة لما بالى بكم، فقد كذبتم الرسول فيما جاءكم به من ربكم، فسوف يكون جزاء التكذيب ملازمًا لكم

من فوائد الآيات السابقة

من صفات عباد الرحمن: البعد عن الشرك، وتجنُّب قتل الأنفس بغير حق، والبعد عن الزنى، والبعد عن الباطل، والاعتبار بآيات الله، والدعاء

التوبة النصوح تقتضي ترك المعصية وفعل الطاعة .

الصبر سبب في دخول الفردوس الأعلى من الجنة ٠

﴿قُل لَّوۡ كَانَ ٱلۡبَحۡرُ مِدَادٗا لِّكَلِمَٰتِ رَبِّي لَنَفِدَ ٱلۡبَحۡرُ قَبۡلَ أَن تَنفَدَ كَلِمَٰتُ رَبِّي وَلَوۡ جِئۡنَا بِمِثۡلِهِۦ مَدَدٗا﴾

لَوْ كَانَ الْبَحْرُ ْ أي: هذه الأبحر الموجودة في العالم مِدَادًا لِكَلِمَاتِ رَبِّي ْ أي: وأشجار الدنيا من أولها إلى آخرها، من أشجار البلدان والبراري، والبحار، أقلام، لَنَفِدَ الْبَحْرُ ْ وتكسرت الأقلام قَبْلَ أَنْ تَنْفَدَ كَلِمَاتُ رَبِّي ْ وهذا شيء عظيم، لا يحيط به أحد.

وكلام الله جل جلاله يقصد به العلوم الدنيوية والغيبية فهي لا تحصى، لكن القرآن هو ما يسره لنا لكي نتدبره ونعقله ويكون سبيلنا في الدنيا لهديتنا إلى السراط المستقيم، وسنظل نتعلم ونجد فيه الجديد كل يوم حتى نهاية الكون، لإنه كائن حي بكلمات الله جل جلاله التي ليس لها نهاية، الله يكلمنا بالقرآن لإن الله حي والقرآن متجدد.

وفي الآية الأخرى

{٢٧} وَلَوْ أَنَّمَا فِي الْأَرْضِ مِنْ شَجَرَةٍ أَقْلَامٌ وَالْبَحْرُ يَمُدُّهُ مِنْ بَعْدِهِ سَبْعَةُ أَبْحُرٍ مَا نَفِدَتْ كَلِمَاتُ اللَّهِ ۗ إِنَّ اللَّهَ عَزِيزٌ حَكِيمٌ

وهذا من باب تقريب المعنى إلى الأذهان، لأن هذه الأشياء مخلوقة، وجميع المخلوقات، منقضية منتهية، وأما كلام الله، فإنه من جملة صفاته، وصفاته غير مخلوقة، ولا لها حد ولا منتهى، فأي سعة وعظمة تصورتها القلوب فالله فوق ذلك، وهكذا سائر صفات الله تعالى، كعلمه، وحكمته، وقدرته، ورحمته، فلو جمع علم الخلائق من الأولين والآخرين، أهل السماوات وأهل الأرض، لكان بالنسبة إلى علم العظيم، أقل من نسبة عصفور وقع على حافة البحر، فأخذ بمنقاره من البحر بالنسبة للبحر وعظمته، ذلك بأن الله، له الصفات العظيمة الواسعة الكاملة، وأن إلى ربك المنتهى.

﴿قُلْ إِنَّمَا أَنَا بَشَرٌ مِّثْلُكُمْ يُوحَىٰ إِلَيَّ أَنَّمَا إِلَٰهُكُمْ إِلَٰهٌ وَاحِدٌ ۖ فَمَن كَانَ يَرْجُو لِقَاءَ رَبِّهِ فَلْيَعْمَلْ عَمَلًا صَالِحًا وَلَا يُشْرِكْ بِعِبَادَةِ رَبِّهِ أَحَدًا﴾

أي: {قُلْ} يا محمد للكفار وغيرهم: {إِنَّمَا أَنَا بَشَرٌ مِثْلُكُمْ} أي: لست بإله، ولا لي شركة في الملك، ولا علم بالغيب، ولا عندي خزائن الله، {إِنَّمَا أَنَا بَشَرٌ مِثْلُكُمْ} عبد من عبيد ربي، {يُوحَى إِلَيَّ أَنَّمَا إِلَهُكُمْ إِلَهٌ وَاحِدٌ} أي: فضلت عليكم بالوحي، الذي يوحيه الله إلي، الذي أجله الإخبار لكم: أنما إلهكم إله واحد، لا شريك له، ولا أحد يستحق من العبادة مثقال ذرة غيره، وأدعوكم إلى العمل الذي يقربكم منه، وينيلكم ثوابه، ويدفع عنكم عقابه

ولهذا قال: {فَمَنْ كَانَ يَرْجُوا لِقَاءَ رَبِّهِ فَلْيَعْمَلْ عَمَلًا صَالِحًا} وهو الموافق لشرع الله، من واجب ومستحب، {وَلَا يُشْرِكْ بِعِبَادَةِ رَبِّهِ أَحَدًا} أي: لا يرائي بعمله، بل يعمله خالصا لوجه الله تعالى، فهذا الذي جمع بين الإخلاص والمتابعة، هو الذي ينال ما يرجو ويطلب، وأما من عدا ذلك، فإنه خاسر في دنياه وأخراه، وقد فاته القرب من مولاه، ونيل رضاه.

سبحان الله جل جلاله نعلم أن الحديث في الآية السابقة كان موجه إلى محمد صلى الله عليه وسلم؛ لكن لم يذكر أسم في الآية وهذا لكي يكون الحديث موجه للقارء، ودليل على أن القرآن كائن حي ومتجدد في كل زمان ومكان وهذا ردا على من يتشدقون بأنه لا يصلح لكل أمة وزمان ومكان ويدعون أنه يجب تجديد الحوار الديني؛ يمكن أن يتغير الاسلوب، لكن سيظل القرآن والسنة بدون أي تغيير، والله جل جلاله أعلى وأعلم.

خلق الكون ونهايته:

علميا الكون انبثق من نقطة واحدة ذات كثافة لانهائية ثم فصلوا، ثم توسع بسرعة

﴿أَوَلَمْ يَرَ الَّذِينَ كَفَرُوا أَنَّ السَّمَاوَاتِ وَالْأَرْضَ كَانَتَا رَتْقًا فَفَتَقْنَاهُمَا ۖ وَجَعَلْنَا مِنَ الْمَاءِ كُلَّ شَيْءٍ حَيٍّ ۖ أَفَلَا يُؤْمِنُونَ﴾

﴿وَالسَّمَاءَ بَنَيْنَاهَا بِأَيْدٍ وَإِنَّا لَمُوسِعُونَ﴾

فيما سبق كان خلق الكون وفيما يلي نهاية الكون؛

علميا الكون سيرجع إلى مركزه ويعود إلى نقطة ساخنة وكثيفة

﴿يَوْمَ نَطْوِي السَّمَاءَ كَطَيِّ السِّجِلِّ لِلْكُتُبِ ۚ كَمَا بَدَأْنَا أَوَّلَ خَلْقٍ نُّعِيدُهُ ۚ وَعْدًا عَلَيْنَا ۚ إِنَّا كُنَّا فَاعِلِينَ﴾

إذا كنت لا تزال غير مؤمن بأن هذا الكتاب كلام الله، عليك أن تشرح لي كيف لراعي غنم من أكثر من 1440 سنة، عرف بالضبط كيف بدأ الكون، وكيف يتوسع، وكيف سينتهي.

﴿قُل لَّئِنِ اجْتَمَعَتِ الْإِنسُ وَالْجِنُّ عَلَىٰ أَن يَأْتُوا بِمِثْلِ هَٰذَا الْقُرْآنِ لَا يَأْتُونَ بِمِثْلِهِ وَلَوْ كَانَ بَعْضُهُمْ لِبَعْضٍ ظَهِيرًا﴾

وهذا دليل قاطع، وبرهان ساطع، على صحة ما جاء به الرسول صلى الله عليه وسلم وصدقه، حيث تحدى الله الإنس والجن أن يأتوا بمثله، وأخبر أنهم لا يأتون بمثله، ولو تعاونوا كلهم على ذلك لم يقدروا عليه.

ووقع كما أخبر الله، فإن دواعي أعدائه المكذبين به، متوفرة على رد ما جاء به بأي: وجه كان، وهم أهل اللسان والفصاحة، فلو كان عندهم أدنى تأهل وتمكن من ذلك لفعلوه.

فعلم بذلك، أنهم أذعنوا غاية الإذعان، طوعًا وكرهًا، وعجزوا عن معارضته. وكيف يقدر المخلوق من تراب، الناقص من جميع الوجوه، الذي ليس له علم ولا قدرة ولا إرادة ولا مشيئة ولا كلام ولا كمال إلا من ربه، أن يعارض كلام رب الأرض والسماوات، المطلع

على سائر الخفيات، الذي له الكمال المطلق، والحمد المطلق، والمجد العظيم، الذي لو أن البحر يمده من بعده سبعة أبحر مدادًا، والأشجار كلها أقلام، لنفذ المداد، وفنيت الأقلام، ولم تنفد كلمات الله.

فكما أنه ليس أحد من المخلوقات مماثلاً لله في أوصافه فكلامه من أوصافه، التي لا يماثله فيها أحد، فليس كمثله شيء، في ذاته، وأسمائه، وصفاته، وأفعاله تبارك وتعالى. فتبًا لمن اشتبه عليه كلام الخالق بكلام المخلوق، وزعم أن محمدًا صلى الله عليه وسلم افتراه على الله واختلقه من نفسه.

القرآن كائن حي، الله يكلمك من خلاله وانت تكلمه بقراءته والصلاة والدعاء به.

والله أعلى وأعلم

مناسك الحج والوثنية

سأل ملحد: ما الفائدة من الدوران حول الكعبة فوجدت الإجابة في كتاب العلامة الدكتور مصطفى محمود حوار مع صديقي الملحد

قال الملحد وهو يبتسم ابتسامة خبيثة

ألا تلاحظ معي أن مناسك الحج عندكم هي وثنية صريحة ذلك البناء الحجري الذي تسمونه الكعبة وتتمسّحون به وتطوفون حوله

ورجم الشيطان والهرولة بين الصفا والمروة وتقبيل الحجر الأسود وحكاية السبع طوافات والسبع راجمات والسبع هرولات وهي بقايا من خرافة أرقام الطلسمين في المشعوذات القديمة

وثوب الإحرام الذي تلبسونه على اللحم ...

...

لا تؤاخذني إذا كنت أجرحك بهذه الصراحة، ولكن لا حياء في العلم

قلت في هدوء

ألا تلاحظ معي أنت أيضا أن في قوانين المادة التي درستها

أن الأصغر يطوف حول الأكبر

الإلكترون في الذرّة يدور حول النواة

والقمر حول الأرض

والأرض حول الشمس

والشمس حول المجرّة

والمجرّة حول مجرّة أكبر

إلى أن نصل إلى الأكبر مطلقا وهو الله

ألا نقول الله أكبر

أي أكبر من كل شيء

وأنت الآن تطوف حوله ضمن مجموعتك الشمسية

رغم أنفك ولا تملك إلا أن تطوف

فلا شيء ثابت في الكون إلا الله

هو الصّمد الصامد الساكن والكل في حركة حوله

وهذا هو قانون الأصغر والأكبر الذي تعلمته في الفيزياء

أما نحن فنطوف باختيارنا حول بيت الله وهو أول بيت اتخذه الإنسان لعبادة الله فأصبح من ذلك التاريخ السحيق رمزا وبيتا لله ألا تطوفون أنتم حول رجل محنّط في الكرملين تعظمونه وتقولون إنه أفاد البشرية

ولو عرفتم لشكسبير قبرا لتسابقتم إلى زيارته بأكثر مما نتسابق إلى زيارة محمد عليه الصلاة والسلام

ألا تضعون باقة ورد على نصب حجري وتقولون إنه يرمز للجندي المجهول

فلماذا تلوموننا لأننا نلقي حجرا على نصب رمزي نقول إنه يرمز إلى الشيطان

ألا تعيش في هرولة من ميلادك إلى موتك

ثم بعد موتك يبدأ ابنك الهرولة من جديد

وهي نفس الرحلة الرمزية

من الصفا، الصفاء أو الخواء أو الفراغ رمز للعدم

إلى المروة، وهي النبع الذي يرمز إلى الحياة والوجود

من العدم إلى الوجود ثم من الوجود إلى العدم

أليست هذه هي الحركة البندولية لكل المخلوقات

ألا ترى في مناسك الحج تلخيصا رمزيا عميقا لكل هذه الأسرار

أما عن رقم 7 الذي تسخر منه

دعني أسألك ما السر في أن درجات السلم الموسيقي 7

«دو، ري، مي، فا، صول، لا، سي»، ثم بعد المقام السابع يأتي جواب "دو" من جديد

فلا نجد 8 وإنما نعود إلى سبع درجات أخرى وهلم جرا

وكذلك درجات الطيف الضوئي 7 وكذلك تدور الإلكترونات ... حول نواة الذرّة في نطاقات 7 والجنين لا يكتمل إلا في الشهر 7 وإذا ولد قبل ذلك يموت وأيام الأسبوع 7

ألا يدل ذلك على شيء

أم أن كل هذه العلوم هي الأخرى مشعوذات طلسمة

ألا تقبّل خطابا من حبيبتك.. هل أنت وثني؟

فلماذا تلومنا إذا قبّلنا ذلك الحجر الأسود

"الحجر الأسود أشرف حجر على وجه الأرض، وهو من الجنة، فعن عبد الله بن عباس ـ رضي الله عنه ـ أن النبي ـ صلى الله عليه وسلم ـ قال: (نزل الحجر الأسود من الجنة، وهو أشد بياضاً من اللبن، فسودته خطايا بني آدم) رواه الترمذي" صدق رسول الله صلى الله عليه وسلم

الذي حمله نبينا محمد عليه الصلاة والسلام في ثوبه وقبّله

لا وثنية في ذلك بالمرة

لأننا لا نتجه بمناسك العبادة نحو الحجارة ذاتها وإنما نحو المعاني العميقة والرموز والذكريات

إن مناسك الحج هي عدة مناسبات لتحريك الفكر وبعث المشاعر وإثارة التقوى في القلب

أما ثوب الإحرام الذي نلبسه على اللحم ونشترط ألا يكون مخيطا فهو رمز للخروج

من زينة الدنيا وللتجرد التام أمام حضرة الخالق تماما كما نأتي إلى الدنيا في اللفة

ونخرج من الدنيا في لفة وندخل القبر في لفة

ألا تشترطون أنتم لبس البدل الرسمية لمقابلة الملك

ونحن نقول:

إنه لا شيء يليق بجلالة الله إلا التجرد وخلع جميع الزينة لأنه أعظم من جميع الملوك ولأنه لا يصلح في الوقفة أمامه إلا التواضع التام والتجرد ولأن هذا الثوب البسيط الذي يلبسه الغني والفقير والمهراجا والمليونير أمام الله فيه معنى آخر للأخوة رغم تفاوت المراتب والثروات

والحج عندنا اجتماع عظيم ومؤتمر سنوي ومثله صلاة الجمعة وهي المؤتمر الصغير الذي نلتقي فيه كل أسبوع هي كلها معان جميلة لمن يفكر ويتأمل وهي أبعد ما تكون عن الوثنية

ولو وقفت معي في عرفة بين عدة ملايين يقولون ((الله أكبر)) ويتلون القرآن بأكثر من عشرين لغة ويهتفون ((لبيك اللهم لبيك)) ويبكون ويذوبون شوقا وحبا لبكيت أنت أيضا دون أن تدري وتذوب في الجمع الغفير من الخلق وأحسست بذلك الفناء والخشوع أمام الإله العظيم

إن الله جعل الكعبة مثل البيت المعمور الخاص بالملائكة، فمن يطوفون حول الكعبة يكونوا ردا على سؤال الملائكة وقت خلق آدم عليه السلام.

قال الألباني: وإسناده مرسلًا صحيح. وأخرج الطبري عن ابن عباس -رضي الله عنهما- أنه قال: والبيت المعمور هو بيت حذاء العرش، تعمره الملائكة، يصلي فيه كل يوم سبعون ألفًا من الملائكة، ثم لا يعودون إليه. فمن هذا كله؛ نخلص إلى أن البيت المعمور بمحاذاة العرش، وبمحاذاة الكعبة وأن من يطوفون الكعبة عل الأرجح أنهم أكثر من سبعين ألف والله أعلى وأعلم.

علامات الساعة والقرآن

مقدّمة

الآيات الّتي يعتمد عليها بعض الفقهاء لتبرير أحاديث علامات الساعة

رسولنا الكريم لا يعلم الغيب

النبيّ لا يعلم شيئا عن الساعة

الساعة تأتي بغتة بدون إشعار مسبق

إذا جاءت آيات الله كعلامات الساعة مثلا سينتهي الاختبار في الحال

لأنّه سيكون تفضيل وتحيّز لبعض القوم على حساب آخرين

الترتيل القرآني لكلمة الساعة

بعض الأحاديث حول الساعة

هناك أحاديث كثيرة حول علامات الساعة الكبرى والصّغرى

تروي بتدقيق كلّ ما سيحصل عند اقترابها

كان الهدف منها إخضاع الناس للخليفة بسياسة التّخويف الممنهج

فهل رسولنا روى هذا الكمّ الهائل من الرّوايات أم أنّها افتراءات كُتبت

باسمه؟

كلّ الأحاديث حول الساعة آحاد بدون استثناء

لنرى ماذا يخبرنا ترتيل القرآن في الموضوع

الآيات الّتي يعتمد عليها بعض الفقهاء

لتبرير أحاديث علامات الساعة*

﴿١٤﴾ إِنَّنِي أَنَا اللَّهُ لَا إِلَٰهَ إِلَّا أَنَا فَاعْبُدْنِي وَأَقِمِ الصَّلَاةَ لِذِكْرِي

﴿١٥﴾ إِنَّ السَّاعَةَ آتِيَةٌ أَكَادُ أُخْفِيهَا لِتُجْزَىٰ كُلُّ نَفْسٍ بِمَا تَسْعَىٰ

صدق الله العلى العظيم

(سورة: 20 - سورة طه, اية: 14-15)

هناك بعض الفقهاء الّذين يُفسّرون أكاد أخفيها بالإخفاء الشبه الكامل وليس

الكامل

مما يفتح الطّريق لروح الإبداع في تصوّر علامات الساعة

يخبرنا الله بأنّ الساعة يكاد يُخفيها لكن التساؤل يبقى مطروحا: مِن؟

حسب التفسير الميسّر من موقع مجمّع الملك فهد لطباعة المصحف

إنّ الساعة آتية أكاد أخفيها من نفسي فكيف يعلمها أحد من المخلوقات

﴿١٨﴾ فَهَلْ يَنْظُرُونَ إِلَّا السَّاعَةَ أَنْ تَأْتِيَهُمْ بَغْتَةً ۖ فَقَدْ جَاءَ أَشْرَاطُهَا ۚ فَأَنَّىٰ لَهُمْ إِذَا جَاءَتْهُمْ ذِكْرَاهُمْ

صدق الله العلى العظيم

(سورة: 47 - سورة محمد, اية: 18)

يتعلل بعض الشيوخ بهذه الآية ليؤكّدوا على شروط الساعة

لكنّ عدم تدبّرهم للقرآن يمنعهم من فهمه كما يجب

فالأشراط هنا تعني كلّ شروط الاختبار

الّتي وفّرها الله للمختبرين لكيلا يطعن شخص فيها يوم الحساب

زيادة على أنّ أوّل الآية

يُخبرنا بأنّ الساعة تأتي بغتة

فإذا كانت الأشراط هي العلامات فإنّها قد انتهت حسب الآية

وتصبح دليلا ضدّهم بدل أن تكون في صالحهم

بِسْمِ اللَّهِ الرَّحْمَٰنِ الرَّحِيمِ

﴿١﴾ اقْتَرَبَتِ السَّاعَةُ وَانْشَقَّ الْقَمَرُ

﴿٢﴾ وَإِنْ يَرَوْا آيَةً يُعْرِضُوا وَيَقُولُوا سِحْرٌ مُسْتَمِرٌّ

﴿٣﴾ وَكَذَّبُوا وَاتَّبَعُوا أَهْوَاءَهُمْ ۚ وَكُلُّ أَمْرٍ مُسْتَقِرٌّ

﴿٤﴾ وَلَقَدْ جَاءَهُمْ مِنَ الْأَنْبَاءِ مَا فِيهِ مُزْدَجَرٌ

﴿٥﴾ حِكْمَةٌ بَالِغَةٌ ۖ فَمَا تُغْنِ النُّذُرُ

﴿٦﴾ فَتَوَلَّ عَنْهُمْ ۘ يَوْمَ يَدْعُ الدَّاعِ إِلَىٰ شَيْءٍ نُكُرٍ

﴿٧﴾ خُشَّعًا أَبْصَارُهُمْ يَخْرُجُونَ مِنَ الْأَجْدَاثِ كَأَنَّهُمْ جَرَادٌ مُنْتَشِرٌ

﴿٨﴾ مُهْطِعِينَ إِلَى الدَّاعِ ۖ يَقُولُ الْكَافِرُونَ هَٰذَا يَوْمٌ عَسِرٌ

صدق الله العلي العظيم

(سورة: 54 - سورة القمر, اية: 1 - 8)

المعنى الحقيقي لانشقاق القمر

فلا علاقة له بالانقسام أو بالإعجاز العلمي

لأحد الدّعاة المشهورين الّذي يتحكّم بعقول الناس بالأكاذيب

لم تُغن النّذر شيئا ولم تنفع في إرجاعهم من إتباع الأهواء إلى الصراط المستقيم

﴿يَسْأَلُونَكَ عَنِ السَّاعَةِ أَيَّانَ مُرْسَاهَاۖ قُلْ إِنَّمَا عِلْمُهَا عِندَ رَبِّيۖ لَا يُجَلِّيهَا لِوَقْتِهَا إِلَّا هُوَۚ ثَقُلَتْ فِي السَّمَاوَاتِ وَالْأَرْضِۚ لَا تَأْتِيكُمْ إِلَّا بَغْتَةًۗ يَسْأَلُونَكَ كَأَنَّكَ حَفِيٌّ عَنْهَاۖ قُلْ إِنَّمَا عِلْمُهَا عِندَ اللَّهِ وَلَٰكِنَّ أَكْثَرَ النَّاسِ لَا يَعْلَمُونَ﴾

صدق الله العلى العظيم

(سورة: 7 - سورة الأعراف, اية: 187)

آية تحتوي على حديثين صحيحين 100% يؤكّد فيهما نبيّنا بفمه أنّ وقت الساعة

لا يعلمه إلاّ الله

ولا تأتي إلاّ بغتة ولا يجلّيها لوقتها إلاّ هو فقط

لكنّ إجابة النبيّ لم تشف فضولهم فيصرّون على معرفة الإجابة كما لو كان يُخفيها عنهم

ويعيد نفس الإجابة في حديثه الصّحيح 100% إنّما علمها عند الله

لا يعلم النبيّ شيئا عن الساعة وأهوال القيامة

لكنّ الحديث الّذي كُتب 200 سنة غنيّ بقصص ألف ليلة وليلة عن يوم الحساب

﴿يَسْأَلُكَ النَّاسُ عَنِ السَّاعَةِۖ قُلْ إِنَّمَا عِلْمُهَا عِندَ اللَّهِۚ وَمَا يُدْرِيكَ لَعَلَّ السَّاعَةَ تَكُونُ قَرِيبًا﴾

صدق الله العلى العظيم

(سورة: 33 - سورة الأحزاب, اية: 63)

حديث صحيح آخر لنبيّنا يؤكّد لما فيه بأنّ علم الساعة عند الله

ويضيف الله قائلا يمكن أن تكون قريبة فكيف لك أن تعلم

﴿فَإِن تَوَلَّوْا فَقُلْ آذَنتُكُمْ عَلَىٰ سَوَاءٍ ۖ وَإِنْ أَدْرِي أَقَرِيبٌ أَم بَعِيدٌ مَّا تُوعَدُونَ﴾

صدق الله العلى العظيم

(سورة: 21 - سورة الأنبياء, اية: 109)

لا يعلم نبيّنا شيئا عن موعد الساعة

أكّد لهم ذلك بكلّ العبارات الممكنة، لكنهم مصرون على السؤال

﴿٢٥﴾ قُلْ إِنْ أَدْرِي أَقَرِيبٌ مَا تُوعَدُونَ أَمْ يَجْعَلُ لَهُ رَبِّي أَمَدًا

﴿٢٦﴾ عَالِمُ الْغَيْبِ فَلَا يُظْهِرُ عَلَىٰ غَيْبِهِ أَحَدًا

﴿٢٧﴾ إِلَّا مَنِ ارْتَضَىٰ مِنْ رَسُولٍ فَإِنَّهُ يَسْلُكُ مِنْ بَيْنِ يَدَيْهِ وَمِنْ خَلْفِهِ رَصَدًا

﴿٢٨﴾ لِيَعْلَمَ أَنْ قَدْ أَبْلَغُوا رِسَالَاتِ رَبِّهِمْ وَأَحَاطَ بِمَا لَدَيْهِمْ وَأَحْصَىٰ كُلَّ شَيْءٍ عَدَدًا

صدق الله العلى العظيم

(سورة: 72 - سورة الجن, اية: 25 - 28)

حديث نبويّ صحيح آخر يخبرنا فيه

بأنّه لا يعلم أن كان موعد الساعة قريب أم بعيد

لا يظهر الله الغيب على أحد

إلاّ من ارتضى من رسول

ليعرف بأنّ الرّسل الّذين مرّوا قبله قد أبلغوا رسالات ربّهم

فيزداد قوّة وعزيمة لإكمال مهمّته الصّعبة

الساعة تأتي بغتة بدون إشعار مسبق

﴿٧٧﴾ وَلِلَّهِ غَيْبُ السَّمَاوَاتِ وَالْأَرْضِ ۚ وَمَا أَمْرُ السَّاعَةِ إِلَّا كَلَمْحِ الْبَصَرِ أَوْ هُوَ أَقْرَبُ ۚ إِنَّ اللَّهَ عَلَىٰ كُلِّ شَيْءٍ قَدِيرٌ

صدق الله العلى العظيم

(سورة: 16 - سورة النحل، اية: 77)

لن نأخذ الوقت لتبادل الأخبار حولها،

بل ستأتي بغتة بدون أي علامات صغرى ولا كبر

﴿٤٠﴾ بَلْ تَأْتِيهِمْ بَغْتَةً فَتَبْهَتُهُمْ فَلَا يَسْتَطِيعُونَ رَدَّهَا وَلَا هُمْ يُنْظَرُونَ

صدق الله العلى العظيم

(سورة: 21 - سورة الأنبياء, اية: 40)

وَاتَّبِعُوا أَحْسَنَ مَا أُنْزِلَ إِلَيْكُمْ مِنْ رَبِّكُمْ مِنْ قَبْلِ أَنْ يَأْتِيَكُمُ ﴿٥٥﴾ الْعَذَابُ بَغْتَةً وَأَنْتُمْ لَا تَشْعُرُونَ

(سورة: 39 - سورة الزمر, اية: 55)

أَفَأَمِنُوا أَنْ تَأْتِيَهُمْ غَاشِيَةٌ مِنْ عَذَابِ اللَّهِ أَوْ تَأْتِيَهُمُ السَّاعَةُ بَغْتَةً ﴿١٠٧﴾ وَهُمْ لَا يَشْعُرُونَ

(سورة: 12 - سورة يوسف, اية: 107)

صدق الله العلى العظيم

ستأتيهم الساعة بغتة

بدون سابق علم فلا يشعرون بها

هَلْ يَنْظُرُونَ إِلَّا السَّاعَةَ أَنْ تَأْتِيَهُمْ بَغْتَةً وَهُمْ لَا يَشْعُرُونَ ﴿٦٦﴾

(سورة: 43 - سورة الزخرف, اية: 66)

وَيَسْتَعْجِلُونَكَ بِالْعَذَابِ ۚ وَلَوْلَا أَجَلٌ مُسَمًّى لَجَاءَهُمُ الْعَذَابُ وَلَيَأْتِيَنَّهُمْ بَغْتَةً وَهُمْ لَا يَشْعُرُونَ ﴿٥٣﴾

(سورة: 29 - سورة العنكبوت, اية: 53)

فَيَأْتِيَهُمْ بَغْتَةً وَهُمْ لَا يَشْعُرُونَ ﴿٢٠٢﴾

(سورة: 26 - سورة الشعراء, اية: 202)

قَدْ خَسِرَ الَّذِينَ كَذَّبُوا بِلِقَاءِ اللَّهِ ۖ حَتَّىٰ إِذَا جَاءَتْهُمُ السَّاعَةُ بَغْتَةً قَالُوا يَا حَسْرَتَنَا عَلَىٰ مَا فَرَّطْنَا فِيهَا وَهُمْ يَحْمِلُونَ أَوْزَارَهُمْ عَلَىٰ ظُهُورِهِمْ ۚ أَلَا سَاءَ مَا يَزِرُونَ ﴿٣١﴾

(سورة: 6 - سورة الأنعام, اية: 31)

وَلَا يَزَالُ الَّذِينَ كَفَرُوا فِي مِرْيَةٍ مِنْهُ حَتَّىٰ تَأْتِيَهُمُ السَّاعَةُ بَغْتَةً أَوْ يَأْتِيَهُمْ عَذَابُ يَوْمٍ عَقِيمٍ ﴿٥٥﴾

(سورة: 22 - سورة الحج, اية: 55)

فَلَمَّا نَسُوا مَا ذُكِّرُوا بِهِ فَتَحْنَا عَلَيْهِمْ أَبْوَابَ كُلِّ شَيْءٍ حَتَّىٰ إِذَا فَرِحُوا بِمَا أُوتُوا أَخَذْنَاهُمْ بَغْتَةً فَإِذَا هُمْ مُبْلِسُونَ

(سورة: 6 - سورة الأنعام, اية: 44)

قُلْ أَرَأَيْتَكُمْ إِنْ أَتَاكُمْ عَذَابُ اللَّهِ بَغْتَةً أَوْ جَهْرَةً هَلْ يُهْلَكُ إِلَّا الْقَوْمُ الظَّالِمُونَ ﴿٤٧﴾

(سورة: 6 - سورة الأنعام, اية: 47)

صدق الله العلى العظيم

إذا جاءت آيات الله كعلامات الساعة مثلا سينتهي الاختبار في الحال

لأنّه سيكون تفضيل وتحيّز لبعض القوم على حساب آخرين

بعض أحاديث حول الساعة

حَدَّثَنِي حَرْمَلَةُ بْنُ يَحْيَى، أَخْبَرَنَا ابْنُ وَهْبٍ، أَخْبَرَنِي يُونُسُ، عَنِ ابْنِ شِهَابٍ، حَدَّثَنِي حُمَيْدُ بْنُ عَبْدِ الرَّحْمَنِ بْنِ عَوْفٍ، أَنَّ أَبَا هُرَيْرَةَ، قَالَ قَالَ رَسُولُ اللَّهِ صلى الله عليه وسلم " يَتَقَارَبُ الزَّمَانُ وَيُقْبَضُ الْعِلْمُ وَتَظْهَرُ الْفِتَنُ وَيُلْقَى الشُّحُّ وَيَكْثُرُ الْهَرْجُ". قَالُوا وَمَا الْهَرْجُ قَالَ " الْقَتْلُ".

صدق رسول الله صلى الله عليه وسلم التخريج: أخرجه مسلم (157) باختلاف يسير

حَدَّثَنِي عَبْدُ اللَّهِ بْنُ مُحَمَّدٍ، حَدَّثَنَا عَبْدُ الرَّزَّاقِ، أَخْبَرَنَا مَعْمَرٌ، عَنْ هَمَّامٍ، عَنْ أَبِي هُرَيْرَةَ ـ رضى الله عنه ـ عَنِ النَّبِيِّ صلى الله عليه وسلم قَالَ " لاَ تَقُومُ السَّاعَةُ حَتَّى يَقْتَتِلَ فِئَتَانِ، فَيَكُونَ بَيْنَهُمَا مَقْتَلَةٌ عَظِيمَةٌ، دَعْوَاهُمَا وَاحِدَةٌ، وَلاَ تَقُومُ السَّاعَةُ حَتَّى يُبْعَثَ دَجَّالُونَ كَذَّابُونَ قَرِيبًا مِنْ ثَلاَثِينَ، كُلُّهُمْ يَزْعُمُ أَنَّهُ رَسُولُ اللَّهِ ".

صدق رسول الله صلى الله عليه وسلم المصدر: صحيح البخاري الصفحة: 3609

حَدَّثَنَا سَعِيدُ بْنُ مُحَمَّدٍ، حَدَّثَنَا يَعْقُوبُ، حَدَّثَنَا أَبِي، عَنْ صَالِحٍ، عَنِ الأَعْرَجِ، قَالَ قَالَ أَبُو هُرَيْرَةَ ـ رضى الله عنه ـ قَالَ رَسُولُ اللَّهِ صلى الله عليه وسلم " لاَ تَقُومُ السَّاعَةُ حَتَّى تُقَاتِلُوا التُّرْكَ صِغَارَ الأَعْيُنِ،

حُمْرَ الْوُجُوهِ، ذُلْفَ الأُنُوفِ، كَأَنَّ وُجُوهَهُمُ الْمَجَانُّ الْمُطْرَقَةُ، وَلاَ تَقُومُ السَّاعَةُ حَتَّى تُقَاتِلُوا قَوْمًا نِعَالُهُمُ الشَّعَرُ ".

صدق رسول الله صلى الله عليه وسلم المصدر: صحيح البخاري الصفحة: 2928

حَدَّثَنَا أَبُو الْيَمَانِ، أَخْبَرَنَا شُعَيْبٌ، حَدَّثَنَا أَبُو الزِّنَادِ، عَنْ عَبْدِ الرَّحْمَنِ، عَنْ أَبِي هُرَيْرَةَ، أَنَّ رَسُولَ اللَّهِ صلى الله عليه وسلم قَالَ " لاَ تَقُومُ السَّاعَةُ حَتَّى تَقْتَتِلَ فِئَتَانِ عَظِيمَتَانِ، يَكُونُ بَيْنَهُمَا مَقْتَلَةٌ عَظِيمَةٌ، دَعْوَتُهُمَا وَاحِدَةٌ، وَحَتَّى يُبْعَثَ دَجَّالُونَ كَذَّابُونَ، قَرِيبٌ مِنْ ثَلاَثِينَ، كُلُّهُمْ يَزْعُمُ أَنَّهُ رَسُولُ اللَّهِ، وَحَتَّى يُقْبَضَ الْعِلْمُ، وَتَكْثُرَ الزَّلاَزِلُ، وَيَتَقَارَبَ الزَّمَانُ، وَتَظْهَرَ الْفِتَنُ، وَيَكْثُرَ الْهَرْجُ وَهْوَ الْقَتْلُ، وَحَتَّى يَكْثُرَ فِيكُمُ الْمَالُ فَيَفِيضَ، حَتَّى يُهِمَّ رَبَّ الْمَالِ مَنْ يَقْبَلُ صَدَقَتَهُ، وَحَتَّى يَعْرِضَهُ فَيَقُولَ الَّذِي يَعْرِضُهُ عَلَيْهِ لاَ أَرَبَ لِي بِهِ. وَحَتَّى يَتَطَاوَلَ النَّاسُ فِي الْبُنْيَانِ، وَحَتَّى يَمُرَّ الرَّجُلُ بِقَبْرِ الرَّجُلِ فَيَقُولُ يَا لَيْتَنِي مَكَانَهُ. وَحَتَّى تَطْلُعَ الشَّمْسُ مِنْ مَغْرِبِهَا، فَإِذَا طَلَعَتْ وَرَآهَا النَّاسُ ـ يَعْنِي ـ آمَنُوا أَجْمَعُونَ، فَذَلِكَ حِينَ لاَ يَنْفَعُ نَفْسًا إِيمَانُهَا لَمْ تَكُنْ آمَنَتْ مِنْ قَبْلُ، أَوْ كَسَبَتْ فِي إِيمَانِهَا خَيْرًا، وَلَتَقُومَنَّ السَّاعَةُ وَقَدْ نَشَرَ الرَّجُلاَنِ ثَوْبَهُمَا بَيْنَهُمَا، فَلاَ يَتَبَايَعَانِهِ وَلاَ يَطْوِيَانِهِ، وَلَتَقُومَنَّ السَّاعَةُ وَقَدِ انْصَرَفَ الرَّجُلُ بِلَبَنِ لِقْحَتِهِ فَلاَ يَطْعَمُهُ، وَلَتَقُومَنَّ السَّاعَةُ وَهْوَ يُلِيطُ حَوْضَهُ فَلاَ يَسْقِي فِيهِ، وَلَتَقُومَنَّ السَّاعَةُ وَقَدْ رَفَعَ أُكْلَتَهُ إِلَى فِيهِ فَلاَ يَطْعَمُهَا ". صدق رسول الله صلى الله عليه وسلم

المصدر: صحيح البخاري، الصفحة: 7121

حَدَّثَنِي إِسْحَاقُ، عَنْ جَرِيرٍ، عَنْ أَبِي حَيَّانَ، عَنْ أَبِي زُرْعَةَ، عَنْ أَبِي هُرَيْرَةَ ـ رضى الله عنه ـ أَنَّ رَسُولَ اللَّهِ صلى الله عليه وسلم كَانَ يَوْمًا بَارِزًا لِلنَّاسِ إِذْ أَتَاهُ رَجُلٌ يَمْشِي فَقَالَ يَا رَسُولَ اللَّهِ مَا الإِيمَانُ قَالَ " الإِيمَانُ أَنْ تُؤْمِنَ بِاللَّهِ وَمَلاَئِكَتِهِ وَرُسُلِهِ وَلِقَائِهِ وَتُؤْمِنَ بِالْبَعْثِ الآخِرِ ". قَالَ يَا رَسُولَ اللَّهِ مَا الإِسْلاَمُ قَالَ " الإِسْلاَمُ أَنْ تَعْبُدَ اللَّهَ وَلاَ تُشْرِكَ

بِهِ شَيْئًا، وَتُقِيمَ الصَّلاَةَ، وَتُؤْتِيَ الزَّكَاةَ الْمَفْرُوضَةَ، وَتَصُومَ رَمَضَانَ ". قَالَ يَا رَسُولَ اللَّهِ، مَا الإِحْسَانُ قَالَ " الإِحْسَانُ أَنْ تَعْبُدَ اللَّهَ كَأَنَّكَ تَرَاهُ، فَإِنْ لَمْ تَكُنْ تَرَاهُ فَإِنَّهُ يَرَاكَ ". قَالَ يَا رَسُولَ اللَّهِ مَتَى السَّاعَةُ قَالَ " مَا الْمَسْئُولُ عَنْهَا بِأَعْلَمَ مِنَ السَّائِلِ، وَلَكِنْ سَأُحَدِّثُكَ عَنْ أَشْرَاطِهَا إِذَا وَلَدَتِ الْمَرْأَةُ رَبَّتَهَا، فَذَاكَ مِنْ أَشْرَاطِهَا، وَإِذَا كَانَ الْحُفَاةُ الْعُرَاةُ رُءُوسَ النَّاسِ فَذَاكَ مِنْ أَشْرَاطِهَا فِي خَمْسٍ لا يَعْلَمُهُنَّ إِلاَّ اللَّهُ {إِنَّ اللَّهَ عِنْدَهُ عِلْمُ السَّاعَةِ وَيُنَزِّلُ الْغَيْثَ وَيَعْلَمُ مَا فِي الأَرْحَامِ} ". ثُمَّ انْصَرَفَ الرَّجُلُ فَقَالَ " رُدُّوا عَلَىَّ ". فَأَخَذُوا لِيَرُدُّوا فَلَمْ يَرَوْا شَيْئًا. فَقَالَ " هَذَا جِبْرِيلُ جَاءَ لِيُعَلِّمَ النَّاسَ دِينَهُمْ ". صدق رسول الله صلى الله عليه وسلم

المصدر: صحيح البخاري، الصفحة: 4777

لا تقومُ السَّاعةُ حتَّى لا يقالَ في الأرضِ: اللَّهُ اللَّهُ صدق رسول الله صلى الله عليه وسلم

الراوي: أنس بن مالك | المحدث: الألباني | المصدر: صحيح الترمذي

(148) التخريج: أخرجه مسلم

حَدَّثَنَا مُحَمَّدُ بْنُ بَشَّارٍ، حَدَّثَنَا ابْنُ أَبِي عَدِيٍّ، عَنْ حُمَيْدٍ، عَنْ أَنَسٍ، قَالَ قَالَ رَسُولُ اللَّهِ صلى الله عليه وسلم " لاَ تَقُومُ السَّاعَةُ حَتَّى لاَ يُقَالَ فِي الأَرْضِ اللَّهُ اللَّهُ". قَالَ أَبُو عِيسَى هَذَا حَدِيثٌ حَسَنٌ.

حَدَّثَنَا مُحَمَّدُ بْنُ الْمُثَنَّى، حَدَّثَنَا خَالِدُ بْنُ الْحَارِثِ، عَنْ حُمَيْدٍ، عَنْ أَنَسٍ، نَحْوَهُ وَلَمْ يَرْفَعْهُ وَهَذَا أَصَحُّ مِنَ الْحَدِيثِ الأَوَّلِ. صدق رسول الله صلى الله عليه وسلم

المصدر: صحيح الترمذي، الصفحة: 2207

المصدر

https://tartilalquran.com/

خَيْرَ أُمَّةٍ أُخْرِجَتْ لِلنَّاسِ

﴿كُنتُمْ خَيْرَ أُمَّةٍ أُخْرِجَتْ لِلنَّاسِ تَأْمُرُونَ بِالْمَعْرُوفِ وَتَنْهَوْنَ عَنِ الْمُنكَرِ وَتُؤْمِنُونَ بِاللَّهِ ۗ وَلَوْ آمَنَ أَهْلُ الْكِتَابِ لَكَانَ خَيْرًا لَّهُم ۚ مِّنْهُمُ الْمُؤْمِنُونَ وَأَكْثَرُهُمُ الْفَاسِقُونَ﴾ صدق الله العلى العظيم

قال عكرمة ومقاتل: نزلت في ابن مسعود وأبي بن كعب ومعاذ بن جبل وسالم مولى أبي حذيفة رضي الله عنهم، وذلك أن مالك بن الصيف ووهب بن يهودا اليهوديين قالا لهم: نحن أفضل منكم وديننا خير مما تدعوننا إليه، فأنزل الله تعالى هذه الآية؛

﴿كُنتُمْ خَيْرَ أُمَّةٍ أُخْرِجَتْ لِلنَّاسِ﴾ صدق الله العلى العظيم

حَدَّثَنَا مُسَدَّدٌ، عَنْ يَحْيَى، عَنْ شُعْبَةَ، قَالَ حَدَّثَنِي أَبُو جَمْرَةَ، حَدَّثَنَا زَهْدَمُ بْنُ مُضَرِّبٍ، قَالَ سَمِعْتُ عِمْرَانَ بْنَ حُصَيْنٍ، يُحَدِّثُ عَنِ النَّبِيِّ صلى الله عليه وسلم قَالَ " خَيْرُكُمْ قَرْنِي، ثُمَّ الَّذِينَ يَلُونَهُمْ، ثُمَّ الَّذِينَ يَلُونَهُمْ ـ قَالَ عِمْرَانُ لاَ أَدْرِي ذَكَرَ ثِنْتَيْنِ أَوْ ثَلاَثًا بَعْدَ قَرْنِهِ ـ ثُمَّ يَجِيءُ قَوْمٌ يَنْذُرُونَ وَلاَ يَفُونَ، وَيَخُونُونَ وَلاَ يُؤْتَمَنُونَ، وَيَشْهَدُونَ وَلاَ يُسْتَشْهَدُونَ، وَيَظْهَرُ فِيهِمُ السِّمَنُ ". صدق رسول الله صلى الله عليه وسلم

البخاري 6695

﴿كُنتُمْ خَيْرَ أُمَّةٍ أُخْرِجَتْ لِلنَّاسِ تَأْمُرُونَ بِالْمَعْرُوفِ وَتَنْهَوْنَ عَنِ الْمُنكَرِ وَتُؤْمِنُونَ بِاللَّهِ ۗ وَلَوْ آمَنَ أَهْلُ الْكِتَابِ لَكَانَ خَيْرًا لَّهُم ۚ مِّنْهُمُ الْمُؤْمِنُونَ وَأَكْثَرُهُمُ الْفَاسِقُونَ﴾ صدق الله العلى العظيم

أولا: اليهوديين المتكبرين والفخورون بأنهم أفضل من المسلمين، ليسوا من بني إسرائيل الذين اختارهم الله جل جلاله.

ثانيا: هم متكبرين، فالمتكبر كافر لإن ابليس حين تكبر ورفض السجود كان من الكافرين، ومطرود من رحمة الله جل جلاله،

والمطرود من رحمة الله فهو ملعون أيضا، حتى يتوب ويؤمن بالله ورسوله ويتبع ما انزل عليه.

ثالثا: بني إسرائيل كانوا مختارين في زمانهم من دون الأمم الاخرى؛ لإنهم كانوا مستضعفين ومستعبدون من فرعون، وكانوا ليس لهم وطن، وكان فرعون عالي وذو قوة وسلطان الله أيدهم بآياته لكي يؤمن السحرى وفرعون، وقد آمن السحرى لكن فرعون لم يؤمن بالله؛ عندما آمن السحرى وبعض المصريين واختلطوا مع بني إسرائيل فتحول لقبهم من بني إسرائيل إلى قوم موسى.

رابعا: بعد خروج موسى وقومه من مصر، قومه عبدوا الثور، وتاب عليهم الله، ولكن كانوا دائما يجادلون موسى عليه السلام، وجدالهم لموسى كجدالهم لالله لإن موسى عليه السلام نبي مرسل من الله، فالشتات وكثرة الجدال وعدم إيمانهم بأنبيائهم، وتحريفهم للتوراة، وكانت شريعتهم صالحة إلى أن يأتي نبي آخر الزمان، وقد اتى محمد صلى الله عليه وسلم، وكما اثبت في الفصول السابقة أنه هو الماحي ولا جدال في ذلك والله اعلى واعلم.

كانوا مختارين حتى أتى عيسى فمن آمن بعيسى عليه السلام ومن بعده محمد صلى الله عليه وسلم، فقد اختاره الله برسالاته.

خامسا: بني إسرائيل أو اليهود قد إخطارهم الله برسالته، لكن أمة محمد صلى الله عليه وسلم فهي خَيْرَ أُمَّةٍ أُخْرِجَتْ لِلنَّاسِ.

وَحَدَّثَنِي عَمْرٌو النَّاقِدُ، وَزُهَيْرُ بْنُ حَرْبٍ، قَالاَ حَدَّثَنَا هَاشِمُ بْنُ الْقَاسِمِ، حَدَّثَنَا سُلَيْمَانُ بْنُ الْمُغِيرَةِ، عَنْ ثَابِتٍ، عَنْ أَنَسِ بْنِ مَالِكٍ، قَالَ قَالَ رَسُولُ اللَّهِ صلى الله عليه وسلم " آتِي بَابَ الْجَنَّةِ يَوْمَ الْقِيَامَةِ فَأَسْتَفْتِحُ فَيَقُولُ الْخَازِنُ مَنْ أَنْتَ فَأَقُولُ مُحَمَّدٌ. فَيَقُولُ بِكَ أُمِرْتُ لاَ أَفْتَحُ لأَحَدٍ قَبْلَكَ". صدق رسول الله صلى الله عليه وسلم

(مسلم 197)

حَدَّثَنَا عَبْدُ اللَّهِ بْنُ إِسْحَاقَ الْجَوْهَرِيُّ، حَدَّثَنَا حُسَيْنُ بْنُ حَفْصٍ الأَصْبَهَانِيُّ، حَدَّثَنَا سُفْيَانُ، عَنْ عَلْقَمَةَ بْنِ مَرْثَدٍ، عَنْ سُلَيْمَانَ بْنِ بُرَيْدَةَ، عَنْ أَبِيهِ، عَنِ النَّبِيِّ ـ صلى الله عليه وسلم ـ قَالَ " أَهْلُ الْجَنَّةِ عِشْرُونَ وَمِائَةُ صَفٍّ ثَمَانُونَ مِنْ هَذِهِ الأُمَّةِ وَأَرْبَعُونَ مِنْ سَائِرِ الأُمَمِ". صدق رسول الله صلى الله عليه وسلم

(ابن ماجه 4289)

اختبار أمة محمد صلى الله عليه وسلم

كما وضحنا سابقا أن الله جل جلاله قد اختبر بني إسرائيل عدة مرات ولم ينجحوا في الاختبارات.

الآية التالية هي اختبار أمة محمد صلى الله عليه وسلم

﴿وَلْتَكُن مِّنكُمْ أُمَّةٌ يَدْعُونَ إِلَى الْخَيْرِ وَيَأْمُرُونَ بِالْمَعْرُوفِ وَيَنْهَوْنَ عَنِ الْمُنكَرِ ۚ وَأُولَٰئِكَ هُمُ الْمُفْلِحُونَ﴾

صدق الله العلي العظيم

أي: وليكن منكم أيها المؤمنون الذين مَنَّ الله عليهم بالإيمان والاعتصام بحبله { أمة }- أي: جماعة { يدعون إلى الخير } وهو اسم جامع لكل ما يقرب إلى الله ويبعد من سخطه { ويأمرون بالمعروف } وهو ما عرف بالعقل والشرع حسنه { وينهون عن المنكر } وهو ما عرف بالشرع والعقل قبحه، وهذا إرشاد من الله للمؤمنين أن يكون منهم جماعة متصدية للدعوة إلى سبيله وإرشاد الخلق إلى دينه، ويدخل في ذلك العلماء المعلمون للدين، والوعاظ الذين يدعون أهل الأديان إلى الدخول في دين الإسلام، ويدعون المنحرفين إلى الاستقامة، والمجاهدون في سبيل الله، ويتفقدون أحوال الناس وإلزامهم بالشرع كالصلوات الخمس والزكاة والصوم والحج وغير ذلك من شرائع الإسلام، وكتفقد المكاييل والموازين وتفقد أهل

الأسواق ومنعهم من الغش والمعاملات الباطلة، وكل هذه الأمور من فروض الكفايات كما تدل عليه الآية الكريمة في قوله

{ولتكن منكم أمة} إلخ-

أي: لتكن منكم جماعة يحصل المقصود بهم في هذه الأشياء المذكورة، ومن المعلوم المتقرر أن الأمر بالشيء أمر به وبما لا يتم إلا به فكل ما تتوقف هذه الأشياء عليه فهو مأمور به، كالاستعداد للجهاد بأنواع العدد التي يحصل بها نكاية الأعداء وعز الإسلام، وتعلم العلم الذي يحصل به الدعوة إلى الخير وسائلها ومقاصدها، وبناء المدارس للإرشاد والعلم، ومساعدة النواب ومعاونتهم عل{وأولئك الشرع في الناس بالقول والفعل والمال، وغير ذلك مما تتوقف هذه الأمور عليه، وهذه الطائفة المستعدة للدعوة إلى الخير والأمر بالمعروف والنهي عن المنكر هم خواص المؤمنين، ولهذا قال تعالى عنهم: { وأولئك هم المفلحون } الفائزون بالمطلوب، الناجون من المرهوب.

ما سبق كان الاختبار التي نجحت فيه أمة محمد صلى الله عليه وسلم، ولم يفشلوا كاليهود الذين توقف عندهم الزمان ولم يؤمنوا بكل أنبيائهم، والنصارى الذين آمنوا بعيسى عليه السلام إيمان خاطئ بعد موته.

بعد النجاح يأتي الفوز باللقب، ولكن بشروط

﴿كُنتُمْ خَيْرَ أُمَّةٍ أُخْرِجَتْ لِلنَّاسِ تَأْمُرُونَ بِالْمَعْرُوفِ وَتَنْهَوْنَ عَنِ الْمُنكَرِ وَتُؤْمِنُونَ بِاللَّهِ ۗ وَلَوْ آمَنَ أَهْلُ الْكِتَابِ لَكَانَ خَيْرًا لَّهُم ۚ مِّنْهُمُ الْمُؤْمِنُونَ وَأَكْثَرُهُمُ الْفَاسِقُونَ﴾ صدق الله العلي العظيم

أولا: الأمر بالمعروف

ثانيا: النهي عن المنكر

ثالثا: الإيمان بالله

وليس مثل أهل الكتاب بالتكبر واعتقادهم انهم مختارين لجنسهم، وحتى هؤلاء اليهود الموجودون في عالمنا الحالي، ليس لهم أي صلة أو علاقة باليهود الذين ذبحهم الرومان وأفنوهم وحرقوا كتبهم، وتقريبا لم يبق منهم أحد.

كنتم خير أمة أخرجت للناس تأمرون بالمعروف وتنهون عن المنكر وتؤمنون بالله

أنتم ـ يا أمة محمد ـ خير الأمم وأنفع الناس للناس، تأمرون بالمعروف، وهو ما عُرف حسنه شرعًا وعقلا وتنهون عن المنكر، وهو ما عُرف قبحه شرعًا وعقلا وتصدقون بالله تصديقًا جازمًا يؤيده العمل. ولو آمن أهل الكتاب من اليهود والنصارى بمحمد صلى الله عليه وسلم وما جاءهم به من عند الله كما آمنتم، لكان خيرا لهم في الدنيا والآخرة، منهم المؤمنون المصدقون برسالة محمد صلى الله عليه وسلم العاملون بها، وهم قليل، وأكثرهم الخارجون عن دين الله وطاعته.

(كنتم خير أمة أخرجت للناس تأمرون بالمعروف وتنهون عن المنكر وتؤمنون بالله) صدق الله العلى العظيم

يمدح تعالى هذه الأمة ويخبر أنها خير الأمم التي أخرجها الله للناس، وذلك بتكميلهم لأنفسهم بالإيمان المستلزم للقيام بكل ما أمر الله به، وبتكميلهم لغيرهم بالأمر بالمعروف والنهي عن المنكر المتضمن دعوة الخلق إلى الله وجهادهم على ذلك وبذل المستطاع في ردهم عن ضلالهم وغيهم وعصيانهم، فبهذا كانوا خير أمة أخرجت للناس، لما كانت الآية السابقة وهي قوله:

{ولتكن منكم أمة يدعون إلى الخير ويأمرون بالمعروف وينهون عن المنكر} صدق الله العلى العظيم

أمرا منه تعالى لهذه الأمة، والأمر يمتثل ويقوم به المأمور، وقد لا يقوم به.

أخبر في هذه الآية أن الأمة قد قامت بما أمرها الله بالقيام به، وامتثلت أمر ربها واستحقت الفضل على سائر الأمم { ولو آمن أهل الكتاب لكان خيرا لهم } وفي هذا من دعوته بلطف الخطاب ما يدعوهم إلى الإيمان، ولكن لم يؤمن منهم إلا قليل، وأكثرهم الفاسقون الخارجون عن طاعة الله المعادون لأولياء الله بأنواع العداوة، ولكن من لطف الله بعباده المؤمنين أنه رد كيدهم في نحورهم، فليس على المؤمنين منهم ضرر في أديانهم ولا أبدانهم، وإنما غاية ما يصلون إليه من الأذى أذية الكلام التي لا سبيل إلى السلامة منها من كل معادي، فلو قاتلوا المؤمنين لولوا الأدبار فرارا ثم تستمر هزيمتهم ويدوم ذلهم ولا هم ينصرون في وقت من الأوقات.

ملخص الحياة في الآية التالية:

﴿ لَّيْسَ الْبِرَّ أَن تُوَلُّوا وُجُوهَكُمْ قِبَلَ الْمَشْرِقِ وَالْمَغْرِبِ وَلَٰكِنَّ الْبِرَّ مَنْ آمَنَ بِاللَّهِ وَالْيَوْمِ الْآخِرِ وَالْمَلَائِكَةِ وَالْكِتَابِ وَالنَّبِيِّينَ وَآتَى الْمَالَ عَلَىٰ حُبِّهِ ذَوِي الْقُرْبَىٰ وَالْيَتَامَىٰ وَالْمَسَاكِينَ وَابْنَ السَّبِيلِ وَالسَّائِلِينَ وَفِي الرِّقَابِ وَأَقَامَ الصَّلَاةَ وَآتَى الزَّكَاةَ وَالْمُوفُونَ بِعَهْدِهِمْ إِذَا عَاهَدُوا ۖ وَالصَّابِرِينَ فِي الْبَأْسَاءِ وَالضَّرَّاءِ وَحِينَ الْبَأْسِ ۗ أُولَٰئِكَ الَّذِينَ صَدَقُوا ۖ وَأُولَٰئِكَ هُمُ الْمُتَّقُونَ ﴾ صدق الله العلي العظيم

الإيمان بالله، واليوم الآخر، والملائكة، والنبيين.

وآتيان المال على حب: ذوي القربى واليتامى والمساكين وابن السبيل والسائلين وفي الرقاب.

وإقامة الصلاة وآتيان الزكاة والإفاءة بالعهد إذا عاهدوا.

والصبر في البأساء والضراء وحين البأس.

﴿أُولَٰئِكَ الَّذِينَ صَدَقُوا ۖ وَأُولَٰئِكَ هُمُ الْمُتَّقُونَ﴾ صدق الله العلى العظيم

ليس الخير عند الله- تعالى- في التوجه في الصلاة إلى جهة المشرق والمغرب إن لم يكن عن أمر الله وشرعه، وإنما الخير كل الخير هو إيمان من آمن بالله وصدَّق به معبودًا وحدَه لا شريك له، وآمن بيوم البعث والجزاء، وبالملائكة جميعًا، وبالكتب المنزلة كافة، وبجميع النبيين من غير تفريق، وأعطى المال تطوُّعًا -مع شدة حبه- ذوي القربى، واليتامى المحتاجين الذين مات آباؤهم وهم دون سن البلوغ، والمساكين الذين أرهقهم الفقر، والمسافرين المحتاجين الذين بَعُدوا عن أهلهم ومالهم، والسائلين الذين اضطروا إلى السؤال لشدة حاجتهم، وأنفق في تحرير الرقيق والأسرى، وأقام الصلاة، وأدى الزكاة المفروضة، والذين يوفون بالعهود، ومن صبر في حال فقره ومرضه، وفي شدة القتال. أولئك المتصفون بهذه الصفات هم الذين صدقوا في إيمانهم، وأولئك هم الذين اتقَوا عقاب الله فتجنبوا معاصيه.

لَّمْ تُؤْمِنُوا

﴿۞ قَالَتِ الْأَعْرَابُ آمَنَّا ۖ قُل لَّمْ تُؤْمِنُوا، وَلَٰكِن قُولُوا أَسْلَمْنَا وَلَمَّا يَدْخُلِ الْإِيمَانُ فِي قُلُوبِكُمْ ۖ وَإِن تُطِيعُوا اللَّهَ وَرَسُولَهُ لَا يَلِتْكُم مِّنْ أَعْمَالِكُمْ شَيْئًا ۚ إِنَّ اللَّهَ غَفُورٌ رَّحِيمٌ﴾ صدق الله العلى العظيم

هم مسلمين ولم يدخل بعدُ الإيمان في قلوبكم، وفي الآية زجر لمن يُظهر الإيمان، ومتابعة السنة، وأعماله تشهد بخلاف ذلك أي إيمان بدون بصيرة، وإنما إيمان خوفًا، أو رجاء، أو نحو ذلك، مما هو السبب في إيمانهم، فلذلك لم تدخل بشاشة الإيمان في قلوبهم وإن يطيعوا الله ورسوله لا ينقصهم من ثواب أعمالهم شيئًا. إن الله غفور لمن تاب مِن ذنوبه.

﴿وَيَوْمَ يَحْشُرُهُمْ وَمَا يَعْبُدُونَ مِن دُونِ اللَّهِ فَيَقُولُ أَأَنتُمْ أَضْلَلْتُمْ عِبَادِي هَٰؤُلَاءِ أَمْ هُمْ ضَلُّوا السَّبِيلَ﴾

صدق الله العلى العظيم

ويوم القيامة يحشر الله المشركين وما كانوا يعبدونه من دونه، فيقول لهؤلاء المعبودين: أأنتم أضللتم عبادي هؤلاء عن طريق الحق، وأمرتموهم بعبادتكم، أم هم ضلوا السبيل، فعبدوكم مِن تلقاء أنفسهم؟

﴿قَالُوا سُبْحَانَكَ مَا كَانَ يَنبَغِي لَنَا أَن نَّتَّخِذَ مِن دُونِكَ مِنْ أَوْلِيَاءَ، وَلَٰكِن مَّتَّعْتَهُمْ وَآبَاءَهُمْ حَتَّىٰ نَسُوا الذِّكْرَ وَكَانُوا قَوْمًا بُورًا﴾ صدق الله العلى العظيم

قال المعبودون من دون الله: تنزيهًا لك- يا ربنا- عَمَّا فعل هؤلاء، فما يصحُّ أن نَتَّخِذ سواك أولياء نواليهم، ولكن متعتَ هؤلاء المشركين وآباءهم بالمال والعافية في الدنيا، حتى نسوا ذكرك فأشركوا بك، وكانوا قومًا هلكي غلب عليهم الشقاء والخِذْلان.

وها ينطبق على المسلمين الذين يتركون الذكر والعبادة والإحسان، ويرقدون وراء اللهو بألوانه الشتى، والأدهى من ذلك تبذير الأموال على اللهو والصد عن سبيل الله.

كل إنسان سوف يسأل عن وقته فيما قضاه، وعن ماله من اين آتى به وفيما أنفقه.

الإسلام دين الفطرة

الإنسان يولد مسلم موحد بالله جل جلاله، ولكن والديه يهودوه أو ينصروه او يكفروه.

اتحاد المسلمين فرض مثل الصلاة

يا للأسف يرددون دائما لا دين في السياسة (هذا يتعلق بالإسلام فقط).

فلماذا لا سياسة في الدين أيضا؟!

موقف يمر علينا مرتين في كل سنة ويفرق كل الأمة الإسلامية ويضعف الدعوة

حَدَّثَنَا عَبْدُ الرَّحْمَنِ بْنُ سَلاَّمٍ الْجُمَحِيُّ، حَدَّثَنَا الرَّبِيعُ، - يَعْنِي ابْنَ مُسْلِمٍ - عَنْ مُحَمَّدٍ، - وَهُوَ ابْنُ زِيَادٍ - عَنْ أَبِي هُرَيْرَةَ، - رضى الله عنه - أَنَّ النَّبِيَّ صلى الله عليه وسلم قَالَ " صُومُوا لِرُؤْيَتِهِ وَأَفْطِرُوا لِرُؤْيَتِهِ فَإِنْ غُمِّيَ عَلَيْكُمْ فَأَكْمِلُوا الْعَدَدَ". صدق رسول الله صلى الله عليه وسلم

الحديث السابق كم هو سهل في لغته واسلوبه واختصاره ولا يحتوي على كلام كثير لكي يعقده الشيوخ؛

واضح وضوح الشمس والماء الصافي

أي طفلا ممكن أن يشرحه ويفسره بدون أي مجهود أو علم بالدين

تفسير الحديث السهل الهين، شكرا لك يا حبيبي يا رسول الله، اننا نعلم جيدا ان ديننا دين يسر وليس عسر، وأسلوب محمد صلى الله عليه وسلم زاده سهولة ويسر.

صُومُوا لِرُؤْيَتِهِ؛ أي رؤية الهلال، إذا ظهر في أي بلد إسلامي على كوكب الأرض فكل المسلمين في كل الكرة الأرضية يصومون في نفس الوقت مع مراعاة فروق التوقيت.

الخبر أو الحدث الآن يمكن أن يصل لشخص يبعد عنه ملاين الاميال قبل الشخص الذي يبعد عن الحدث سنتيمترات.

يا للأسف نري بلدين على نفس الخط ولا يوجد فرق توقيت بينهم ولا يصومون في نفس الوقت، بل أحيانا يكون هناك فرق يومين في بداية صيامهم، يا الله! يا مثبت العقل!

الذي يثير السخرية حقا هو وقفة عرفة، كيف يصومون الوقفة وعيدهم ليس نفس عيد الحجيج في أرض رسول الله صلي الله عليه وسلم.

اللهم أهدي المسلمين وكل خلقك، وردهم إلى دينك ردا جميلا.

هلك المتنطعين (الْمُتَنَطِّعُون)!

هذا ليس اجتهاد!

لا اجتهاد في تسيس الدين وتفرقة الأمة، هذا له أسم واحد مشايخ السلطان ولا سلطان وملك إلا الله جل جلاله.

حَدَّثَنَا أَبُو بَكْرِ بْنُ أَبِي شَيْبَةَ، حَدَّثَنَا حَفْصُ بْنُ غِيَاثٍ، وَيَحْيَى بْنُ سَعِيدٍ، عَنِ ابْنِ، جُرَيْجٍ عَنْ سُلَيْمَانَ بْنِ عَتِيقٍ، عَنْ طَلْقِ بْنِ حَبِيبٍ، عَنِ الأَحْنَفِ بْنِ قَيْسٍ، عَنْ عَبْدِ اللَّهِ، قَالَ قَالَ رَسُولُ اللَّهِ صلى الله عليه وسلم " هَلَكَ الْمُتَنَطِّعُونَ". قَالَهَا ثَلاَثًا. صدق رسول الله صلى الله عليه وسلم مسلم 2670

قوله صلى الله عليه وسلم: (هلك المتنطعين) أي المتعمقون الغالون المجاوزون الحدود في أقوالهم وأفعالهم.

﴿إِنَّ الْمُنَافِقِينَ فِي الدَّرْكِ الْأَسْفَلِ مِنَ النَّارِ وَلَن تَجِدَ لَهُمْ نَصِيرًا﴾ صدق الله العلى العظيم

يخبر تعالى عن حال المنافقين أنهم في أسفل الدركات من العذاب، وأشر الحالات من العقاب

فهم تحت سائر الكفار لأنهم شاركوهم بالكفر بالله ومعاداة رسله، وزادوا عليهم المكر والخديعة والتمكن من كثير من أنواع العداوة للمؤمنين، على وجه لا يشعر به ولا يحس

ورتبوا على ذلك جريان أحكام الإسلام عليهم، واستحقاق ما لا يستحقونه، فبذلك ونحوه استحقوا أشد العذاب، وليس لهم منقذ من عذابه ولا ناصر يدفع عنهم بعض عقابه، وهذا عام لكل منافق إلا مَنْ مَنَّ الله عليهم بالتوبة من السيئات.

يوم القيامة

حَدَّثَنَا عَبْدُ اللَّهِ بْنُ عَبْدِ الرَّحْمَنِ، أَخْبَرَنَا الأَسْوَدُ بْنُ عَامِرٍ، حَدَّثَنَا أَبُو بَكْرِ بْنُ عَيَّاشٍ، عَنِ الأَعْمَشِ، عَنْ سَعِيدِ بْنِ عَبْدِ اللَّهِ بْنِ جُرَيْجٍ، عَنْ أَبِي بَرْزَةَ الأَسْلَمِيِّ، قَالَ قَالَ رَسُولُ اللَّهِ صلى الله عليه وسلم " لاَ تَزُولُ قَدَمَا عَبْدٍ يَوْمَ الْقِيَامَةِ حَتَّى يُسْأَلَ عَنْ عُمْرِهِ فِيمَا أَفْنَاهُ وَعَنْ عِلْمِهِ فِيمَا فَعَلَ وَعَنْ مَالِهِ مِنْ أَيْنَ اكْتَسَبَهُ وَفِيمَا أَنْفَقَهُ وَعَنْ جِسْمِهِ فِيمَا أَبْلاَهُ " . قَالَ هَذَا حَدِيثٌ حَسَنٌ صَحِيحٌ . وَسَعِيدُ بْنُ عَبْدِ اللَّهِ بْنِ جُرَيْجٍ هُوَ بَصْرِيٌّ وَهُوَ مَوْلَى أَبِي بَرْزَةَ وَأَبُو بَرْزَةَ اسْمُهُ نَضْلَةُ بْنُ عُبَيْدٍ . صدق رسول الله صلى الله عليه وسلم

الترمذي 2417

(الأنبياءُ لا يُسألونَ هذهِ الأسئلةَ الأربعةَ، يُسألونَ لإظهارِ شَرَفِهم هل بلَّغتم)

بَيَّنَ النَّبيُّ صلَّى اللهُ عليه وسلَّمَ أنَّ لِكُلِّ عَبدٍ وَقفةً بَينَ يَدَيِ اللهِ تَعالى يَومَ القيامةِ، يَسألُه اللهُ عَزَّ وجَلَّ عن كُلِّ شَيءٍ؛ وذلك حَثًّا منه صلَّى اللهُ عليه وسلَّمَ على الاستِعدادِ لِهذا المَوقِفِ، وإعدادِ الجَوابِ له.

وفي هذا الحَديثِ يَقولُ النَّبيُّ صلَّى اللهُ عليه وسلَّمَ:

"لا تَزولُ قَدَما عَبدٍ يَومَ القيامةِ" والمَعنى: لا تَتحَرَّكُ وتَنصرِفُ قَدَمُ كُلِّ إنسانٍ مِن مَوضِعِ الحِسابِ يَومَ القيامةِ حتى يَسألَه اللهُ عَزَّ وجَلَّ عن عِدَّةِ أشياءَ: "حتى يُسألَ عن عُمُرِه؛ فيمَ أفناه؟"

عن حَياتِه وزَمانِه الذي عاشَه، ماذا عَمِلَ فيه؟ وكيف استَغَلَّ أوقاتَه؟

"وعن عِلْمِه؛ فيمَ فَعَلَ فيه؟" ويَسألُه رَبُّه عَزَّ وجَلَّ عن عِلْمِه الذي تَعَلَّمَه، ماذا فَعَلَ بهذا العِلْمِ؟

هل تَعَلَّمَه لِوَجهِ اللهِ خالِصًا أم رِياءً وسُمعةً؟

وهل عَمِلَ فيما عَلِمَ أم لم يَنفَعْه عِلْمُه؟

"وعن مالِه؛ مِن أينَ اكتَسَبَه؟ وفيمَ أنفَقَه؟"

ويَسألُه رَبُّه عَزَّ وجَلَّ عن أموالِه التي جَمَعَها، أمِن حَلالٍ أم مِن حَرامٍ؟ وفيمَ أنفَقَها؟

أفي طاعةٍ أم في مَعصيةٍ؟

"وعن جِسمِه" والمُرادُ به الصِّحَّةُ؛ "فيمَ أبلاه"، وعن قُوَّتِه ماذا فَعَلَ بها؟

وفيمَ أضاعَ شَبابَه وصِحَّتَه؟

وهذا إرشادٌ مِنَ النَّبيِّ صلَّى اللهُ عليه وسلَّمَ لِأُمَّتِه إلى اغتِنامِ الفُرَصِ في الحياةِ؛ لِلعَمَلِ لِلآخِرةِ بِمَلْءِ الأوقاتِ بالطَّاعاتِ؛ لِأنَّها هي عُمُرُ الإنسانِ في الدُّنيا، وذَخيرَتُه في الآخِرةِ. وفي الحَديثِ: بَيانُ أنَّ لِكُلِّ

عَبدٍ وَقفةً لِلحِساب بَينَ يَدَيِ اللهِ تَعالى. وفيه: بَيانُ صِفةِ سُؤالِ اللهِ عَزَّ وجَلَّ لِلعَبدِ يَومَ القيامةِ

عمره

عَن عُمُرِه فيما أفناهُ' يسأل الإنسان عن كل ثانية من عمره منذ أن بلغ سن التكليف وحتى وفاته، فيسأل عن كل أعماله، هل أدى ما فرض الله عليه؟ وكم من أعماله من الطاعات وكم منها من المعاصي، فإن كان ممن استقام وأطاع الله وأدى ما فرض عليه، وغلبت حسناته سيئاته كان من الناجين بفضل الله ورحمته، وإن كان ممن أضاع عمره في الشهوات والمعاصي ولم يؤد ما كتب الله عليه من الفرائض، وغلبت سيئاته حسناته، كان من الهالكين والعياذ بالله

جسده

وعن جسدِهِ فيما أبلاهُ' يسأل الإنسان عن صحته وشبابه، فيما قضاهما وفيما استغلهما، هل استغلهما في العبادة من صوم وصلاة وأداء واجبه في عمارة الأرض؟

أم أنه استغلهما في المعاصي والشهوات وأفسد صحته بالمسكرات والمخدرات غيرها من السموم الضارة التي تنهك الجسم وتفسده؟

ويسأل عن قوته فيما استخدمها، هل استخدمها في مساعدة الناس وقضاء حوائجهم؟ أم استخدمها للتسلط على الضعفاء وإخافتهم وظلمهم وأخذ حقوقهم؟

علمه

وعن عِلمِهِ ماذا عَمِلَ فيهِ، يسأل الإنسان عن كل ما تعلم من العلم الديني والدنيوي

فيسأل عن العلم الديني المفروض، هل حرص على أن يتعلم الأمور الأساسية في دينه والتي تعرفه كيف يعبد الله عبادة صحيحة كما أمره؟

وبعد أن تعلم هذه الأمور، هل قام بالعمل وفقاً لها؟ (هل عمل بما علم؟)

وهل علَّم ما تعلم للناس من حوله؟ وأعانهم على تصحيح عباداتهم إن وجدهم على خطأ؟

أما عن العلم الدنيوي فيُسأل الإنسان إن كان قد تعلم العلم المفيد، أم أشغل نفسه بتوافه الأمور حتى شغلت أغلب وقته وألهته عن القيام بما فرض الله عليه، (كأن يلهيه تعلم أمر تافه لا نفع فيه عن أداء الصلاة، فعندها يأثم على هذا العلم)، كما يسأل عما إذا كان قد استخدم علمه المفيد في منفعة الناس أم في مضرتهم، ويسأل إن كان قد نشر علمه لينتفع به الآخرون، أم احتكره لنفسه

وفي النهاية فإن الإنسان يسأل عن كل علم تعلمه في الدنيا مهما كان

ماله

وعن مالِهِ مِنْ أَيْنَ اكْتَسَبَهُ وفيما أنفقَهُ' وهذا السؤال هو أشد سؤال على الإنسان ففيه الكثير من الأمور التي ربما عاش الإنسان حياته غير مكترث لها، لكنه سيسأل عن دقائقها وتفاصيلها يوم القيامة، فهو سيسأل عن كل مصدر اكتسب منه رزقه، هل كان حلالا خالصا لا شبهة فيه؟ أم أن الحرام خالطه؟

كما سيسأل عن كل مكان وضع ماله فيه (كيف أنفق ماله) هل أنفقه في الحلال والمباحات والطاعات؟ أم أنفقه على المحرمات وارتكب به الكثير من المعاصي

والناس عادة فيما يخص المال أربعة أصناف

فمن الناس من يكسب المال من الحلال وينفقه في الحلال فهو ناج بإذن الله

ومنهم من يكسبه من الحلال وينفقه في الحرام، فهو هالك

ومنهم من يكسبه من الحرام وينفقه كيفما شاء سواء في حلال أو حرام، فهو هالك لا محالة

ومنهم من يكسبه من الحلال وينفقه في الطاعات رياءً للناس، فهذا أيضا هالك والعياذ بالله

لطيفة: هذه الأسئلة الأربعة لعموم البشر، أما الأنبياء فسؤالهم مختلف، فهم لا يسألون عن هذه الأمور، وإنما يُسألون عن تبليغ رسالتهم، وهذا السؤال ليس للحساب، وإنما هو تشريف لهم وإقامة للحجة على من كفر بهم

كانت تلك بعض الشروط للشعب المختار والأمة الأفضل للبشرية.

وهذا يعني أنه إذا لم يحققوا الشروط التي تم ذكرها، فإنهم ليسوا مختارين. ومع ذلك، فإن كل شيء يعتمد على النية ورحمة الله، سبحانه وتعالى

محمد (صلى الله عليه وسلم) وأصحابه حققوا جميع الشروط، وحكموا العالم أكثر من 1000 عام، وبسببهم نحن مسلمون الآن. نحن نحاول أن نكون مثلهم وأن نكون معهم في الجنة، بإذن الله

الشعب المختار ومستقبلهم الذي مضى 711

الحق:

لا اختيار في الحق أي الله جل جلاله، لإن الحق واحد وهو أسم من أسماء الله الحسنى

الحق في الدنيا هو القرآن وهو قانون ومنهاج الحياة، يتضمن الماضي الحق،

والحاضر الحق (إن قومي اتخذوا هذا القرآن مهجورا) مسلمين بدون إسلام، مسلمين في غفلة، بإذن الله سيستيقظون.

التفاف اليهود وتجمعهم في فلسطين (حاضر مذكور بالقرآن).

المستقبل الحق، وضوح وظهور الحق وما يحدث بفلسطين (حاضر مذكور بالقرآن)؛

هذا المستقبل القريب جدا، أقرب للحاضر (انتهاء الكيان الصهيوني وعودة الأقصى).

عليك بطريق الحق، ولا تستوحش لقلة السالكين، وإياك وطريق الباطل، ولا تغتر بكثرة الهالكين.

الاختيار:

الله جل جلاله اختار الإنسان من دون الكائنات ليميزه بالعقل وان يكون مخير، واختار الأرض من دون الكواكب ليخلق من ترابها ومائها الإنسان، وتكون سكنا ومعاش له.

ويدفن فيها ويبعث منها.

الله جل جلاله اختار ابليس لكي يكون عاصي له وهو يعلم حقا أن الله جل جلاله هو الخالق والمعبود ولا يجب عصيانه أبدا، لكنها حكمة الله جل جلاله في خلقه لنتعلم أن من يعبد الله ويحمده على نعمه يخلد في الجنة، ومن يعصيه فقد خاب وخسر في الدنيا والآخرة ويكون من أهل النار.

عدم سجود إبليس لآدام عليه السلام، نتعلم منه عدة دروس، فيما يلي بعض من هذه الدروس؛

1. عدم طاعة ابليس للخالق:

وهو يعلم بدون أدنى شك أن الله جل جلاله هو الخالق.

كان ابليس من الجن لكنه لم يطع عندما أمره الله جل جلاله بالسجود، وجزاء هذه السيئة انه خرج من رحمة الله جل جلاله ومن يطرد من رجمة الله فهذا الخسران العظيم.

2.التكبر:

إبليس يظن أنه أفضل من آدم؛ فالتكبر كان نتيجة أن ابليس يعتقد أنه أعلم من آدم عليه السلام، لكن العلم والكمال لله وحده، وانه أفضل منه لإنه مخلوق من نار.

فالتكبر سمة الأغبياء، ومن ظن أنه الأفضل، وتكبر بما أنعم الله جل جلاله عليه فسوف يطرد من رحمة الله حتى يتوب.

المتكبر يجب أن يعي أنه مخلوق من طين ويأكل من الطين، وهذه حكمة الله جل جلاله لكي يتذكر أي إنسان متكبر أصله، وأنه يدوس ويمشي على الأرض التي خلق منها، ونهايته أنه سيموت ويدفن بدون ان يأخذ أي شيء معه إلا عمله.

المتكبر يتكبر على ماذا وهو خرج من مخرج البول مرتين؛

خرج من مخرج البول من أبيه وخرج من مخرج البول من أمه.

فالمتكبر عليه أن يعامل الناس بالمعروف لكي يجد من يدفنه.

فقد خلقنا الله جل جلاله أمم وشعوب حتى نساعد بعضنا البعض بتبادل المعرفة، ونعلم جيدا ان أفضلنا عند الله جل جلاله أتقانا، والتقوى لا يعلمها إلا الله لإنه هو وحده الذي يعلم بسرائر القلوب وما تخفي الأنفس، إذا لا مجال للتكبر بين البشر، وبالطبع المؤمن الحق لا يتكبر أبدا.

فمن ظن أن الله جل جلاله اختاره لجنسه، أو لعرقه، او لونه، أو أرضه، أو ماله، أو اولاده...الخ..... الخ

فقد اصابه غباء إبليس عليه اللعنة وضل الطريق.

3. العلم:

من ظن أنه يعلم كل شيء، سيصيبه مرض التكبر ويكون مثل إبليس عليه اللعنة.

الله جل جلاله علم آدم أسماء كل شيء بكل اللغات، لكن اول كلمة نطق بها آدم عليه السلام هي الحمد لله وهي بالغة العربية.

وهذا ردا على من يدعون أنه كان هناك إنسان بدائي لا يعلم شيء أو الإنسان أصله قرد أو حجر فكل هذه أفكار إلحادية ليس لها أي أصل من الواقع او الحقيقة.

فسيدنا إدريس عليه السلام أول من خط بالقلم والله جل جلاله علمه خياطة الملابس، أي أن فكرة أن البشر كانوا عراة ليس لها أي أصل من الصحة، وهو من هدى شعب مصر للتوحيد والإسلام لله.

4. الوسوسة والتزيين والإغراء:

لقد أمهل الله جل جلاله ابليس وتركه يغوي ويزين المعاصي لآدم وذريته ويضلهم عن الصراط المستقيم حتى يوم القيامة، وقليل هم الناجين من شر الشيطان.

الشيطان ليس له اي سلطان على البشر فهو يغوي، فقط يرسم ويزين السوء والمعاصي للبشر للتكبر والعلو والخلود.

لكن أباءنا آدم وحواء كانا عندهما كل شيء، ولا يبغون علو ولا تكبر، وكانا في الجنة.

ولكن زين لهم الشيطان الشجرة المحرمة، زاعمًا أنها شجرة الخلود ليعيشوا في الجنة إلى الأبد. من أخبرهم أنهم سيموتون؟ الجنة هي الحياة الأبدية، لكنه أضلهم.

لا يجب أن ننبهر بزينة الحياة الدنيا، وعلى الأخص ثرواتها الطبيعية فلا يجب الإفراط فيها، ولا يجب استعباد البشر ونهب ثروات بلادهم للتباهي بها كفرعون وقارون، وما أكثر من أمثالهم في عصرنا.

إنهم يحتلون بلداناً أخرى ويزعمون أنهم اكتشفوا أراضٍ جديدة؛ لكنهم لم يكتشفوا شيئاً، لأن هذه الأراضي مأهولة بالفعل بشعوبهم، وقد قاموا باغتيالهم.

5.الشجرةالتي اكلا منها:

بالنسبة لنا الآن في الدنيا فهي مثل المحرمات والإسراف في أي نوع من أنواع الرزق، كلما عصينا فيها الله جل جلاله، كلما نزلنا إلى المراتب الدنيا وبعدنا عن الجنة، والله أعلى وأعلم.

تجسد الشيطان في صورة ثعبان شيء غير واقعي، كما هو وارد في الإنجيل.

وسوسة الشيطان إلى حواء لتأكل من الشجرة ومن ثم حواء تغري آدم أن يأكل من الشجرة المحرمة، كما هو وارد في الإنجيل، غير صحيح ويدعو لكراهية المرأة وتشبيهها بالشيطان وأنها أساءت للبشرية جمعاء.

نحن نعلم جيدا ان الله جل جلاله كرم حواء وخلقها من آدم، وكرمت في القرآن بفصل كامل من الفصول الكبيرة وأسمه النساء، الله جل جلاله أعطى المرأة حقوقها من أكثر من 1440 عام.

كثير من حقوق المرأة التي أعطاها الإسلام الغرب لم يعطها لها الغرب حتى الآن، يكفي انها تحتفظ باسم عائلتها بعد الزواج.

فالصحيح إن الشيطان وسوس للإثنين ليأكلا من الشجرة، وليس واضح انها كانت شجرة تفاح كما يزعمون؛ هذا غير واقعي لإن التفاح ليس محرم، والله جل جلاله اعلى وأعلم.

﴿والتين والزيتون وطور سينين. وهذا البلد الأمين﴾ صدق الله العلي العظيم

أقسم الله بهذه الثلاثة؛ لأن الأول ﴿والتين والزيتون﴾ أرض فلسطين التي فيها الأنبياء، وآخر أنبياء بني إسرائيل هو عيسى بن مريم عليه الصلاة والسلام، وبطور سينين لأنه الجبل الذي أوحى الله تعالى إلى موسى حوله، وأما البلد الأمين فهي مكة (بكة بالعربي أيضا وكما ذكرت في الإنجيل) الذي بعث الله منها محمداً صلى الله عليه وسلم. وقوله: ﴿وطور سينين﴾ أي طور البركة؛ لأن الله تعالى وصفه وما حوله بالوادي المقدس.

وقد حدد مكان الكعبة وبعده بأربعين عام بيت المقدس، فكل ما حولهم هي الأرض المقدسة، وكانت دعوة إبراهيم عليه السلام لأهله أن الله جل جلاله يختص منطقة مكة بالخيرات.

﴿وَإِذْ قَالَ إِبْرَاهِيمُ رَبِّ اجْعَلْ هَٰذَا بَلَدًا آمِنًا وَارْزُقْ أَهْلَهُ مِنَ الثَّمَرَاتِ مَنْ آمَنَ مِنْهُم بِاللَّهِ وَالْيَوْمِ الْآخِرِ ۖ قَالَ وَمَن كَفَرَ فَأُمَتِّعُهُ قَلِيلًا ثُمَّ أَضْطَرُّهُ إِلَىٰ عَذَابِ النَّارِ ۖ وَبِئْسَ الْمَصِيرُ﴾ صدق الله العلى العظيم

﴿لقد خلقناً الإنسان في أحسن تقويم﴾ صدق الله العلى العظيم

أقسم الله تعالى أنه خلق الإنسان في أحسن تقويم، أحسن هيئة وخِلقة وفطرة وقصداً؛ لأنه لا يوجد أحد من المخلوقات أحسن من بني آدم خلقة، فالمخلوقات الأرضية كلها دون بني آدم في الخلقة، لأن الله تعالى قال: ﴿لقد خلقنا الإنسان في أحسن تقويم﴾ صدق الله العلى العظيم

وهذا يعني أن كل البشر بجميع أجناسهم والوانهم سواء، فمن يدعي أنه ابن الرب او ان باقي البشر ليسوا ببشر فقد كفر بالله جل جلاله، لإنه يعترض بذلك على خلق الله، ولا يصح التقليل من شأن أي إنسان أو وصفه بالحيوان.

ثم قوله تعالى:

﴿ثم رددناه أسفل سافلين﴾ صدق الله العلى العظيم

إن أحسن تقويم تشمل حتى الفطرة التي جبل الله الخلق عليها، والعبادة التي تترتب أو تتبنى على هذه الفطرة فالإنسان يولد مسلما موحدا بالله جل جلاله، فإن هذه إشارة أنه بعض من الناس من يتغير به حاله، والعياذ بالله أن يشرك أو يكفر بالله ويعبد شيء آخر دون الله، بعد أن كان في أعلى قمة من الإيمان.

وهذا ليس تقليل من شأن أي إنسان في الدنيا يعبد أي شيء دون الله جل جلاله، فالله تكون نظرته للقلوب والأعمال في الدنيا لا لصور والوان البشر، فلذلك الإسلام يقيم العدل بين كل البشر باختلاف ألوانهم ومعتقداتهم ولذلك أرسل الله 128000 نبي ورسول لتذكير البشر بوحدانية الله كلما انحرفوا عن التوحيد لذلك كان الإسلام عدل للبشر والإنسانية حين حكم العالم أكثر من ألف سنة، ولذلك المسلمين

هم الذين يذكرون باقي الخلق بالله بعد خاتم الأنبياء صلى الله عليه وسلم.

وهذه دقة الآية؛ فسوف يرد إلى أسفل سافلين بعد الموت، لإن أي إنسان كافر أو مشرك بالله يمكن أن يؤمن قبل الموت والإسلام يمحي ما قبله، فلحظة إيمانه بالله تكون لحظة مولده مرة أخرى من جديد على فطرة التوحيد بالله جل جلاله.

كل إنسان له الحق أن يعتقد ويدين بما يؤمن به؛ هذا لا يمنع من التعايش السلمي بين الأمم، أكبر مثال على ذلك أفضل فترة عاشها اليهود في سلام كانت في عصور الخلافة الإسلامية وآخرها الخلافة العثمانية، والدليل عل ذلك أن اليهود طردوا من إسبانيا بعد سقوط الحكم الإسلامي.

ولا إكراه في الدين، لإن الإكراه لا يولد (أو ينتج) مؤمنين، بل يولد منافقين؛ فمن أكره على الإيمان فهو كافر، ومن أكره على الكفر فهو مؤمن؛ والله جل جلاله أعلى واعلم.

الله جل جلاله ترك الاختيار للإنسان فمن شاء إن يؤمن بالله ومن شاء فليكفر حرية تامة في الدنيا دار الاختبار وفي الآخرة الحياة الأبدية إما في الجنة أو النار.

ثم قال تعالى:

﴿إلا الذين آمنوا وعملوا الصالحات فلهم أجر غير ممنون﴾ صدق الله العلى العظيم

هذا استثناء من قوله:

﴿ثم رددناه أسفل سافلين﴾ صدق الله العلى العظيم

يعني إلا المؤمنين الذين آمنوا وعملوا الصالحات فإنهم لا يردون إلى أسفل السافلين، لأنهم متمسكون بإيمانهم وأعمالهم، فيبقون على الفترة وإيمانهم إلى أن يموتوا.

وقوله:﴿ فلهم أجر ﴾ أي ثواب ﴿ غير ممنون ﴾أي: مقطوع، ولا ممنون به أيضاً فكلمة ﴿ ممنون ﴾ صالحة لمعنى القطع، وصالحة لمعنى المنة، فهم لهم أجر لا ينقطع، ولا يمن عليهم به، يعني أنهم إذا استوفوا هذا الأجر لا يمن عليهم فيقال: أعطيناكم وفعلنا وعملنا، وإن كانت المنة لله عز وجل عليهم بالإيمان والعمل الصالح والثواب، كلها منّة من الله، لكن لا يمن عليهم به، أي: لا يؤذون بالمن كما يجري ذلك في أمور الدنيا، إذا أحسن إليك أحد من الناس فربما يؤذيك بمنه عليك، في كل مناسبة يقول: فعلت بك، أعطيتك وما أشبه ذلك، وهذا يدل على أن أسفل سافلين بعد الموت.

ثم قال الله تبارك وتعالى:

﴿فما يكذبك بعد بالدين﴾ صدق الله العلى العظيم

انتقل الله تعالى من الكلام على وجه الغيبة إلى الكلام على وجه المقابلة والخطاب، قال:

﴿فما يكذبك بعد بالدين﴾:

أي شيء يكذبك أيها الإنسان بعد هذا البيان ﴿بالدين﴾ أي بما أمر الله به من الدين، ولهذا كلما نظر الإنسان إلى نفسه وأصله وخلقته، وأن الله اجتباه وأحسن خلقته، وأحسن فطرته، فإنه يزداد إيماناً بالله عز وجل، وتصديقاً بكتابه وبما أخبرت به رسله.

ثم قال:

﴿أليس الله بأحكم الحاكمين﴾ صدق الله العلى العظيم

وهذا الاستفهام للتقرير، يقرر الله عز وجل أنه أحكم الحاكمين، وأحكم هنا اسم تفضيل، وهو مأخوذ من الحكمة، ومن الحكم، فالحكم الأكبر الأعظم الذي لا يعارضه شيء هو حكم الله عز وجل، والحكمة العليا البالغة هي حكمة الله عز وجل، فهو سبحانه وتعالى أحكم الحاكمين قدراً وشرعاً، وله الحكم، وإليه يرجع الأمر كله.

فشيء طبيعي أن الله جل جلاله أعطانا الدين متمثلا في القرآن والسنة، وفيه وضوح وتسهيل لسبل الحياة وتنظيم الوقت بالصلاة اليومية *(نصف ساعة باليوم لقضاء الخمس صلوات)* والبعد عن كل الموبقات التي بها إفساد للمال والصحة، وكل تعاليمه وشرائعه أسهل مما ورد في التوراة قبل تحريفها.

الخروج من الجنة واختيار الأرض:

بعد أن أكلا من الشجرة المحرمة وهذا كان أول ذنب أرتكب في تاريخ البشرية ثم تاب الله جل جلاله عليهما وهبطوا من الجنة، لكي يبدأ الكد والعمل والبحث عن الطعام والماء والصراع مع الشيطان الذي لا يفارق الإنسان إلا بعد الموت.

(الله تاب على آدم، لم يطلب من أحد منهما أن يصلب لكي يمحي ذنب آدم أو حواء، فقط عليه أن يستغفر ربه، هذا هو الإسلام، فطرة آدم وحواء والبشرية كلها، فلا تهودوا أو تنصروا أو تكفروا أولادكم لإنهم ولدوا مسلمين)

آدم عليه السلام هو أبو البشرية وأول نبي، كل أبنائه كانوا مسلمون موحدون ويعلمون الخير ومن الشر.

مع مرور الوقت وتوالي الأجيال وبحكم حب الدنيا ووسوسة الشياطين فالإنسان ينسى ذكر الله، فلذلك أرسل الأنبياء والرسل تترا للتذكير بالله جل جلاله والنجاة من عذاب النار والفوز بنعيم الجنة.

كما ذكرنا سابقا أن طوفان نوح عليه السلام كان في جزء من الأرض.

الله جل جلاله اتخذ إبراهيم عليه السلام خليلا وكان أبنائه وأحفاده انبياء بدأ من إسماعيل عليه السلام ونهاية بخاتم الأنبياء والرسل الحبيب المصطفى محمد صلى الله عليه وسلم

إبراهيم عليه السلام أبو الأنبياء؛ كانت دعوته في الأرض المقدسة، بدأ من العراق ثم الذهاب إلى الشام ومن بعد مصر، ثم العودة مرة أخرى إلى الشام، ثم الذهاب مع هاجر عليها السلام بأمر من الله جل جلاله لكي يتركها وحدها في مكة وكانت ارض لا يوجد بها زرع ولا ماء.

تلد وحدها نبي الله إسماعيل عليه السلام، ويحدث معجزة وهو طفل رضيع ويفجر بئر زمزم؛ نرى تشابه كبير جدا بين مريم وهاجر عليهن السلام وإسماعيل وعيسى عليهما السلام.

فاليهود لا يعترفون بهاجر كزوجة لإبراهيم وبالتالي لا يعترفون بإسماعيل، ويعتبرون مريم استغفر الله زانية، معجزة إسماعيل البئر الذي كان المصدر الرئيسي لعمران مكة، ومعجزة عيسى أنه تكلم وهو في المهد ليبرئ أمه، الإثنين ساعدوا أمهاتهم وهم في المهد.

كان اليهود يعلمون أن عيسى (عليه السلام) كان نبيًا لأنه تحدث وهو طفل للدفاع عن والدته؛ ونتيجة لذلك، لم يقتلوها بالرجم. المسيحيون لا يذكرون أبدًا أن عيسى تحدث عندما كان طفلًا لأنه قال:

"أنا عبد الله"

إسماعيل عليه السلام كان الجد الأكبر لخاتم الأنبياء، وعيسى عليه السلام جاء ليبشر وينبئ بعلامات آخر الأنبياء الحبيب المصطفى

أحمد صلى الله عليه وسلم، ويخبر اليهود بنهاية العمل بالتوراة عند نزول القرآن.

نشأة بني إسرائيل(يعقوب) في مصر:

يرزق إبراهيم عليه السلام من سارة بإسحاق، ويرزق إسحاق بيعقوب (إسرائيل)، يهاجر يعقوب مع أبنائه لابنه يوسف عليه السلام من الشام إلى مصر ويعيشون في مصر، وينشئ اليهود في مصر؛ في هذا الوقت كانوا يتحدثون الأشورية والعربية بالشام والمصرية (القبطية) بمصر، ولم يكن لبني إسرائيل لغة بعد، فهم عائلة واحدة أقل من سبعين فردا كيف أن يكون لهم لغة وهم عائلة صغيرة.

خروج اليهود من مصر والتيه في جزيرة العرب:

كبر وعاش موسى عليه السلام في قصر فرعون مصر، فبالطبع تكلم لغة المصرين والفراعنة، ثم هرب من مصر إلى مدين وهم عرب فتكلم العربية، ثم عاد إلى مصر وخرج ومعه بني إسرائيل من مصر إلى جزيرة العرب.

تيه بني إسرائيل 40 سنة

أمر الله موسى عليه السلام أنْ يسير ببني إسرائيل إلى الأرض المقدسة، وهناك كان يعيش قوم عماليق *(احتمال أن يكونوا قبيلة من قبائل العرب وهذا دليل من بعض الادلة أن اليهود من بعض القبائل العربية وأن العرب ولغتهم العربية أقدم بكثير من اليهود والله اعلى وأعلم)* فرفض بنو إسرائيل الاستجابة لموسى عليه السلام دخول الأرض طالما هؤلاء الناس فيها،

حاول معهم فرفضوا

وأصروا وقالوا اذهب أنت ورب فقاتلا يا قَوْمِ ادْخُلُوا الأَرْضَ المُقَدَّسَةَ الَّتِي كَتَبَ اللهُ لَكُمْ وَلاَ تَرْتَدُّوا عَلَى أَدْبَارِكُمْ فَتَنقَلِبُوا خَاسِرِينَ

(22) قَالُوا يَا مُوسَى إِنَّ فِيهَا قَوْمًا جَبَّارِينَ وَإِنَّا لَن نَّدْخُلَهَا حَتَّىَ
يَخْرُجُواْ مِنْهَا فَإِن يَخْرُجُواْ مِنْهَا فَإِنَّا دَاخِلُونَ (23) قَالَ رَجُلاَنِ مِنَ
الَّذِينَ يَخَافُونَ أَنْعَمَ اللَّهُ عَلَيْهِمَا ادْخُلُواْ عَلَيْهِمُ الْبَابَ فَإِذَا دَخَلْتُمُوهُ فَإِنَّكُمْ
غَالِبُونَ وَعَلَى اللَّهِ فَتَوَكَّلُواْ إِن كُنتُم مُّؤْمِنِينَ (24) قَالُواْ يَا مُوسَى إِنَّا
لَن نَّدْخُلَهَا أَبَدًا مَّا دَامُواْ فِيهَا فَاذْهَبْ أَنتَ وَرَبُّكَ فَقَاتِلا إِنَّا هَاهُنَا
قَاعِدُونَ (25) قَالَ رَبِّ إِنِّي لا أَمْلِكُ إِلاَّ نَفْسِي وَأَخِي فَافْرُقْ بَيْنَنَا وَبَيْنَ
الْقَوْمِ الْفَاسِقِينَ صدق الله العلى العظيم

هنا دعا عليهم موسى عليه السلام، فحرّم الله عليهم دخولها (40) سنة، وكتب عليهم الشتات في الأرض يسيرون بلا مأوى قَالَ

فَإِنَّهَا مُحَرَّمَةٌ عَلَيْهِمْ أَرْبَعِينَ سَنَةً يَتِيهُونَ فِي الأَرْضِ فَلاَ تَأْسَ عَلَى الْقَوْمِ الْفَاسِقِينَ صدق الله العلى العظيم

إضاعة بني إسرائيل لتابوت الميثاق

أضاع اليهود تابوت الميثاق في حرب كانت بينهم وبين العماليق، فقد ورد أن العماليق من سلب منهم التابوت الذي يتباركون فيه في تلك الحرب، واستاؤوا للذل والهوان الذي وصلوا إليه، ولحظتها عادوا إلى رشدهم، وطلبوا العون من الله، فأرسل لهم نبي الله "أشمويل" لينتشلهم من التيه الذي هم فيه، ويساعدهم في استرداد التابوت

هنا نجد الرد على من يقولون كيف ينزل الله شريعة ولم يحفظها، هم يردون على أنفسهم.

مملكة اليهود

حكم نبي الله داود مملكة اليهود بعد وفاة طالوت، وبايعوه اليهود، فقد آتاه الله مع الملك النبوة، وجعله رسولاً إلى اليهود يحكم بالتوراة وأنزل عليه الزبور (أحد الكتب السماوية)، ودام ملكه فيها 40 عاماً، ومن ثم توفى بعد أن أوصى الملك لابنه سليمان

حكم سليمان اليهود

تولى سليمان عليه السلام الحكم وهو 12 عاماً، ولكن آتاه الله الحكمة والفطنة وحسن السياسة، وقد سخر له الجنود من الجن والإنس والطير، يجتمعون بأمره ويطيعونه، وقد ظل سيدنا سليمان يحكم بني إسرائيل 40 سنة ومن ثم توفاه الله في عام 931 قبل الميلاد

اليهود منذ نشأتهم لا يستطيعون ان ينجزوا أي نصر بدون نبي من الله وبالرغم من ذلك يعودون للاستهزاء بأنبيائهم وتصل إلى قتل الأنبياء

الهيكل المزعوم

في عام 597 قبل الميلاد، دخل نبوخذ نصر ملك مملكة بابل الأرض المقدسة، وقد شرَّد اليهود، وسوى أرض المقدس، وهنا ظهر اسم هيكل سليمان للمرة الأولى، فقد ادعى اليهود حينها أن نبي الله سليمان قد بنى لهم معبد، والحقيقة أنه لم نعلم وجود لهيكل سليمان، بل فقط قصر وملك عظيم لسليمان، ومع ذلك لفقوا الأكاذيب وقالوا إن نبوخذ عندما طردهم من المنطقة، هَدم المعبد تماماً، وقالوا إن بيت المقدس قد بني على الهيكل "المزعوم.

وأصبح لا وجود للتوراة ولا أحد يحفظها عن ظهر قلب وبالطبع لا يمكن لاحد أن يحفظ كتاب منزل مكتوب وغير ميسر للحفظ وفوق كل ذلك محرف.

مرة أخرى نجد الجواب لمن يقول كيف أنزل الله شريعة ولم يحفظها فهم يجيبون بأنفسهم الجواب الشافي من كتبكم وتاريخكم أخواتي وإخواني اليهود والنصارى بإذن الله.

بعد ما شردهم نبوخذ، بقي الفلسطينيون سكان الأرض، والفلسطينيون هم من سكنوا فلسطين 8000 سنة قبل الميلاد، وبذلك تاريخيا يكون

الفلسطينيون هم أقدم وأول من سكن فلسطين لأنه لا يوجد شيء يسمى الكنعانيون ولم يغادروا أرضهم.

عودة اليهود .... واختلاف الحكام

في عام 539 قبل الميلاد، قام ملك الفرس كورش بالقضاء على مملكة نبوخذ، التي تشكل مملكة بابل والأرض المقدسة، وهنا بدأ اليهود بالعودة للأراضي المقدسة وهم من قبل كانوا في أريحا التي دخلوها مع يوشع بن نون.

ولكن كما هو حالهم في السابق، كانوا أقلية، وسكنوا البادية، ولم يكونوا لا حكام المنطقة ولا أسيادها، وظلوا هكذا، ولكن ظلت المنطقة هدفاً لكل ملك، يأتي بجيشه ويستولي عليها، فقد استولى عليها الإسكندر الأكبر، ملك الدولة المقدونية، ومن ثم البطالسة المصريين، ومن ثم السلوقيين السوريين، وظلت على هذا النحو 400 سنة.

(من بعد خرجهم من مصر عاش اليهود مع العرب وأصبحوا قبيلة من قبائل العرب، لكن قبيلة عمهم إسماعيل عليه السلام أقدم وأكبر من قبيلتهم اليهودية.

ونشأت اللغة العبرية القديمة وأصلها من اللغة العربية ومزيج من المصرية والآرامية التي نزلت بها التوراة ومع ذلك لا يوجد دليل قاطع عل وجود اللغة العبرية، فهي بدعة لأن الحروف المستخدمة حروف اللغة الآرامية).

ظل بني إسرائيل خلال تلك الفترة يحاولون إقامة دولة لهم على الأرض المقدسة، وفي فترة الحكم الروماني 63 قبل الميلاد، سمح لهم الملك أن يحكموا عدد من المناطق تحت ولايته أي ليس لهم سيادة تامة.

ولادة سيدنا عيسى عليه السلام

ولد سيدنا عيسى عليه السلام في بيت لحم بمعجزة من الله، وقد اتهموا اليهود السيدة مريم (كان عمرها 10 سنوات والله أعلم) في حملها، وكانوا هم السبب الرئيسي في مقاتلة الروم للنبي عيسى عليه السلام، فهم من حرض الملك الروماني على عيسى عليه السلام، ما جعل النصارى مضطهدين في تلك المنطقة.

ففرقة آمنت أن المسيح ابن الله وأخرى آمنت أن المسيح هو الله وفي هذا الوقت لم يكن قد اخترع الثالوث قط ولم يكتب الانجيل.

بولس

كان اسمه عند الولادة شاول وترعرع في كنف أسرة يهودية منتمية لسبط بنيامين بحسب شهادته في رسالته إلى أهل روما، كما أنه كان أيضاً مواطناً رومانياً.

أول من قد حرف الإنجيل هو بولس؛ فقد اعتبروه قديس أو مرسل ولا يقولون عليه نبي، فهذا عجيب، لإن المرسل يكون نبي مرسل برسالة.

قد إدعى أنه رأى عيسى عليه السلام أربع مرات، فجعل عيسى هو ابن الرب وجعل نفسه مرسل من عيسى.

قد نبه عيسى عليه السلام من الأنبياء الكذبة، فها هو بولس النبي الكذاب وكل من كتبوا الإنجيل.

نقطة التحول الكبيرة وتضليل العالم:

كان بولس يهوديًا فريسيًا، في القرن الأول الميلادي، ثم ظهر له يسوع المسيح في رؤية، كلفه فيها بأن يكون رسولًا (مبشرًا) للأمم

(غير اليهود)، وبعد هذه التجربة، طاف على نطاق واسع في جميع أنحاء الإمبراطورية الرومانية، لينشر "البشارة" التي مفادها أن يسوع سيعود قريبًا من السماء ليعلن ملكوت الله على الأرض، *(خيال رائع مستوحى من ابليس)*.

التوراة رسالة موجهة لليهود، وعيسى مرسل لتصحيح ما حرف في التوراة، ويحلل لهم بعض مما كان محرم عليهم، ويبشر بأحمد ابن الإنسان كما هو مذكور في الإنجيل.

فعدم الإيمان بعيسى وتحريف ما قاله كانت نقطة التحول، فتوقفت الرسالة الإلهية وحرفت فانتهى العمل بها حتى يأتي نبي آخر الزمان بقانون البشرية الخالد.

فمن انتظر محمد الحبيب المصطفى صلى الله عليه وسلم من اليهود والنصارى، وامن به فهم المسلمين حقا ذرية إبراهيم من بني إسماعيل وإسحاق، وكما إن النبي المنجى محمد صلى الله عليه وسلم مرسل للعالمين فكل من آمن به فهو مسلم من ملة آدم وإبراهيم عليهما السلام.

محمد صلى الله عليه وسلم آخر الأنبياء والمرسلين والمخلص المنجى:

اليهود لا يؤمنون بعيسى وينتظرون المسيح كيف لا يؤمنون بعيسى وقد قال إن الهيكل سيهدم وقد هدم، ويتوهمون أن إذا قاموا ببناء الهيكل الوهمي سوف ينزل المسيح.

فقد بني مرة أو مرتين لما لم يأت المسيح. نحن نتعامل مع الخالق ليس إنسان، فهي ليست لعبة، نريد أن ندمر العالم ونذبح البشر الذين يعتبرونهم حيوانات لكي يضعوا على أشلائهم وجسسهم حجارة على أمل أن الرب يرسل المخلص، أي مخلص يأتي لقوم جبارين ليس في قلوبهم ذرة من الرحمة، ويقلون على عباد

الرحمن حيوانات، الله خلق الإنسان وأمر الملائكة وهم أطهر خلقه، أن يسجدوا لهذا الإنسان المخلوق من طين.

يجب احترام كل الأمم بجميع أديانهم ومعتقداتهم بما فيهم اليهود والمسحيين، إن لم يعتدوا،

وهذه تعاليم الإسلام لكي يعيش العالم في محبة وسلام، لإن أي إنسان ممكن أن يؤمن بالله ويسلم قبل موته.

أما المسحيين فقد ضلوا وحرف دينهم، الذي لا ينبغي أن يكون دين من الأصل؛ فهم ينتظرون عودة المسيح، فلن يعود ابدا، لأن محمد صلى الله عليه وسلم، هو ابن الإنسان قد أتى بالفعل.

(حوار مع قس)

يسوع يحبك ومات من اجلك:

لم أفعل شيء من 2000 سنة لكي يموت من أجلي

{الرب في ارميا ،30،31 يقول كل واحد يموت بذنبه كل إنسان يأكل الحصرم تضرس أسنانه}

لا انت لا تفهم، كلنا ورثنا خطيئة آدم الذي أكل من الشجرة.

عجيب آدم يأكل ويتمتع وأنا أدفع الثمن لماذا؟!

{الرب يقول في حزقيال 18: 20 «النفس التي تخطئ هي تموت. الابن لا يحمل من إثم الأب، والأب لا يحمل من إثم الابن. برّ البار عليه يكون. وشرّ الشرير عليه يكون}

لكن أنت ورثت خطيئة ابوك آدم والرب سيحاسبك عليها،

لكن ربي سيحاسبني على أعمالي فقط كما ورد في كتاب رومية 2:6

{وَلكِنَّكَ مِنْ أَجْلِ قَسَاوَتِكَ وَقَلْبِكَ غَيْرِ التَّائِبِ، تَذْخَرُ لِنَفْسِكَ غَضَبًا فِي يَوْمِ الْغَضَبِ وَاسْتِعْلاَنِ دَيْنُونَةِ اللهِ،

الَّذِي سَيُجَازِي كُلَّ وَاحِدٍ حَسَبَ أَعْمَالِهِ}

لا يجب أن تفهم وتقبل تضحية الرب لكي تنول الخلاص يوم الدينونة

ربي الذي خلقني لماذا يضحي من أجلى، إذا كان سيحاسبني على اعمالي، كما قال يسوع

متى 12 الي 37

{ضع مكانة عالية للكلام لأنك بكلامك تتبرر وبكلامك تدان}

إن لم تقبل عطية يسوع ستدخل الهلاكوت،

لماذا أدخل الهلاكوت ما دمت لم اخطئ، والرب لا يدين إلا الخطائين كما قال في

رومية 2-3

{دينونة الله هي حسب الحق على ما يفعلون مثل هذه الخطايا}

{أنت "بلا عذر"، الله يقول لك، كما كتب بولس الرسول "لذلك أنت بلا عذر أيها الإنسان كل من يدين. لأنك فيما تدين غيرك تحكم على نفسك. لأنك أنت الذي تدين تفعل تلك الأمور بعينها. ونحن نعلم ان دينونة الله هي حسب الحق على الذين يفعلون مثل هذه. أتظن هذا أيها الإنسان الذي تدين الذين يفعلون مثل هذه وأنت تفعلها أنك تنجو من دينونة الله." رومية 2: 1-3 الإنسان الذي يفعل خطية عندما يقف أمام الله لا يستطيع أن يقدم أي عذر لأنه فعل خطية وسيدينه ويرسله إلى جهنم}

الرب مات لإنه يحبك ويريد أن يغفر لك

أكيد الذي مات ليس الرب، لان الله قال إنه لا يموت، في

تيوسي 6:16

{الذي وحده له عدم الموت}

{الَّذِي وَحْدَهُ لَهُ عَدَمُ الْمَوْتِ، سَاكِنًا فِي نُورٍ لاَ يُدْنَى مِنْهُ، الَّذِي لَمْ يَرَهُ أَحَدٌ مِنَ النَّاسِ وَلاَ يَقْدِرُ أَنْ يَرَاهُ، الَّذِي لَهُ الْكَرَامَةُ وَالْقُدْرَةُ الأَبَدِيَّةُ.} 1 تي 6: 16

لا ليس الاب الذي مات، يسوع الإله المتجسد هو الذي مات من اجلك

لكن يسوع قال انه انسان في

يوحنا 8:40

{انا انسان}

{وَلكِنَّكُمُ الآنَ تَطْلُبُونَ أَنْ تَقْتُلُونِي، وَأَنَا إِنْسَانٌ قَدْ كَلَّمَكُمْ بِالْحَقِّ الَّذِي سَمِعَهُ مِنَ اللهِ. هذَا لَمْ يَعْمَلْهُ إِبْرَاهِيمُ.} يوحنا 8: 40

قد كلمكم بالحق الذي سمعه من الله، والرب نهانا ان نتكل على انسان معرض للموت كما مات يسوع،

{كفو عن الاتكال على الإنسان العرض للموت فأي قيمة له؟ اشعياء 2:22}

كلما أقول لك شيء، تأتيني بنقيضه من الكتاب المقدس

لإن الأصل في الإيمان هو ان يكون بالكتاب المقدس تثنية 2:4

{لا تزيدوا على الكلام الذي انا اوصيكم به ولا تنقصوا منه لتحظوا وصايا الرب}

{أَجَابَهُ يَسُوعُ: أَنَا كَلَّمْتُ الْعَالَمَ عَلاَنِيَةً. أَنَا عَلَّمْتُ كُلَّ حِينٍ فِي الْمَجْمَعِ وَفِي الْهَيْكَلِ حَيْثُ يَجْتَمِعُ الْيَهُودُ دَائِمًا، وَفِي الْخَفَاءِ لَمْ أَتَكَلَّمْ بِشَيْءٍ} (يوحنا 18: 20)

يسوع كانت كل تعاليمه علانية، وفي الخفاء لم يتكلم بشيء كما في يوحنا 18:20، ولم يقل ابدا جئت من اجل الخطيئة الجديدة، ولم يقل ابدا جئت من اجل الصلب والفداء، ولم يقل أبدا أنا الله الظاهر في الجسد، ولم يقل ابدا انا الروح القدس إله، ولم يقل ابدا أن الله ثلاث أقانيم، ولم يقل أبدا انا الاقنوم الثاني.

يسوع لم يقل أبدا انه سيعود، لكن قال إنه ابن الإنسان الذي سيأتي بكتاب واضح

أين كان يسوع وقت خلق آدم؟، لماذا لم يذكره أي من الأنبياء الذي يزيد عددهم عن مئة وعشرون ألفا نبي.

من أين جئتم بعقيدتكم

(انتهى الحوار)

أما المسلمين فهم ينتظرون عودة عيسى عليه السلام وهذا لن يحدث، لإن محمد صلى الله عليه وسلم آخر المرسلين ولا نبي بعده وهو الماحي.

لقد تأثر رواة الحديث بأكاذيب اهل الكتاب

الدليل على موت عيسى عليه السلام:

رفع عيسى عليه السلام كان تكريما له وليس لتخليده.

﴿وَلَقَدْ يَسَّرْنَا الْقُرْآنَ لِلذِّكْرِ فَهَلْ مِن مُّدَّكِرٍ﴾ صدق الله العلى العظيم

القرآن كتاب واضح وسهل للفهم والحفظ وهذا ما نبأ به عيسى عليه السلام، أن الكتاب الذي سينزله الله كتاب واضح ليس كالتوراة والإنجيل وناسخ لهما ولجميع الكتب من قبل.

﴿إِذْ قَالَ اللَّهُ يَا عِيسَىٰ إِنِّي مُتَوَفِّيكَ وَرَافِعُكَ إِلَيَّ وَمُطَهِّرُكَ مِنَ الَّذِينَ كَفَرُوا وَجَاعِلُ الَّذِينَ اتَّبَعُوكَ فَوْقَ الَّذِينَ كَفَرُوا إِلَىٰ يَوْمِ الْقِيَامَةِ ۖ ثُمَّ إِلَيَّ مَرْجِعُكُمْ فَأَحْكُمُ بَيْنَكُمْ فِيمَا كُنتُمْ فِيهِ تَخْتَلِفُونَ﴾ صدق الله العلى العظيم

إني متوفيك؛ أي مميته، عندما تتوفى النفس أي يموت الإنسان والمتوفي استوفى عمله واجله وقبضت روحه، قال الله، إِلَيَّ مَرْجِعُكُمْ أي كلهم سوف يرجعون إلى الله يوم القيام لم يخص عيسى عليه السلام بالعودة إلى الدنيا.

﴿اللَّهُ يَتَوَفَّى الْأَنفُسَ حِينَ مَوْتِهَا وَالَّتِي لَمْ تَمُتْ فِي مَنَامِهَا ۖ فَيُمْسِكُ الَّتِي قَضَىٰ عَلَيْهَا الْمَوْتَ وَيُرْسِلُ الْأُخْرَىٰ إِلَىٰ أَجَلٍ مُّسَمًّى ۚ إِنَّ فِي ذَٰلِكَ لَآيَاتٍ لِّقَوْمٍ يَتَفَكَّرُونَ﴾ صدق الله العلى العظيم

النفس هي علاقة الروح بالجسد، فإذا توفت النفس أي انفصلت الروح عن الجسد، فيموت الإنسان وهو نائم، لإن ملك الموت قد قبض روحه؛ والذي لم يمت وهو نائم، سوف يموت عندما يأتي اجله.

الله- سبحانه وتعالى- هو الذي يقبض الأنفس حين موتها، وهذه الوفاة الكبرى، وفاة الموت بانقضاء الأجل، ويرسل التي لم تمت في منامها، وهي الموتة الصغرى، فيحبس من هاتين النفسين النفس التي قضى عليها الموت، وهي نفس مَن مات أي توفى وصعدت نفسه إلى الرفيق الأعلى، ويرسل النفس الأخرى إلى استكمال أجلها ورزقها، وذلك بإعادتها إلى جسم صاحبها، إن في قبض الله نفس الميت والنائم وإرساله نفس النائم، وحبسه نفس الميت لَدلائل واضحة على قدرة الله لمن تفكر وتدبر.

﴿وَهُوَ الَّذِي يَتَوَفَّاكُم بِاللَّيْلِ وَيَعْلَمُ مَا جَرَحْتُم بِالنَّهَارِ ثُمَّ يَبْعَثُكُمْ فِيهِ لِيُقْضَىٰ أَجَلٌ مُّسَمًّى ۖ ثُمَّ إِلَيْهِ مَرْجِعُكُمْ ثُمَّ يُنَبِّئُكُم بِمَا كُنتُمْ تَعْمَلُونَ﴾ صدق الله العلى العظيم

وهو سبحانه الذي يقبض أرواحكم بالليل بما يشبه قبضها عند الموت، ويعلم ما اكتسبتم في النهار من الأعمال، ثم يعيد أرواحكم إلى أجسامكم باليقظة من النوم نهارًا بما يشبه الإحياء بعد الموت؛ لتُقضى آجالكم المحددة في الدنيا، ثم إلى الله تعالى معادكم بعد بعثكم من قبوركم أحياءً، ثم يخبركم بما كنتم تعملون في حياتكم الدنيا، ثم يجازيكم بذلك.

ثُمَّ يَبْعَثُكُمْ فِيهِ لِيُقْضَىٰ أَجَلٌ مُّسَمًّى. صدق الله العلى العظيم

لم يذكر الرحمن عن عودة عيسى عليه السلام كما ورد في الكلمات السابقة؛ فعودة عيسى عليه السلام أمرا هام، لذكر هذا الأمر وإيضاحه في القرآن لأهون ذكره من الآية السابقة.

لم يذكر في التوراة أو الإنجيل أو القرآن أن عيسى عليه السلام سيعود

﴿وَمَا جَعَلْنَا لِبَشَرٍ مِّن قَبْلِكَ الْخُلْدَ ۖ أَفَإِن مِّتَّ فَهُمُ الْخَالِدُونَ﴾ صدق الله العلى العظيم

عيسى عليه السلام بشر، ولا يوجد بشر مخلد من قبل محمد صلى الله عليه وسلم، عصور المعجزات، وأهل الكهف والعزير.... الخ، البشر الذين يموتون ويحييهم الله جل جلاله، هذا كله قد انتهى بقدوم الحبيب المصطفى محمد صلى الله عليه وسلم، ونزول القرآن بالمعجزات الخالدة التي لا تحصى وسوف نظل لا نعلم كثير من اسراره حتى يوم البعث وما يعلم تأويله إلا الله جل جلاله.

عيسى عليه السلام يعود أو لم يعود هذا لا يؤثر في عقيدة أي مسلم؛ لإن الرواة أخطأوا فهم بشر ليسوا معصومون من الخطأ كان الرسول صلى الله عليه وسلم هو فقط المعصوم، والله أعلى وأعلم

بعد معجزات محمد صلى الله عليه وسلم، تأتي معجزات المؤمنين بتأييد من الله

﴿الْآنَ خَفَّفَ اللَّهُ عَنكُمْ وَعَلِمَ أَنَّ فِيكُمْ ضَعْفًا ۚ فَإِن يَكُن مِّنكُم مِّائَةٌ صَابِرَةٌ يَغْلِبُوا مِائَتَيْنِ ۚ وَإِن يَكُن مِّنكُمْ أَلْفٌ يَغْلِبُوا أَلْفَيْنِ بِإِذْنِ اللَّهِ ۗ وَاللَّهُ مَعَ الصَّابِرِينَ﴾ صدق الله العلى العظيم

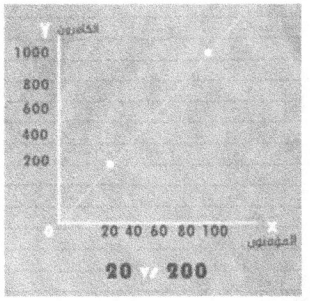

إعجاز علمي بمدد من الله للمؤمنين الصابرين؛ فالآية بها نقطتين يمثلنا الخط المستقيم الذي يبين عدد المؤمنين الذين يتنصرون على الكافرين ومضاعفاتهم؛ والله يؤيد المؤمنين وقليلا هم، ولا يؤيد المسلمين على الأخص في مسألة النصر، فالنصر من عند الله، وإذا هزم المؤمنين يمكن أن يكون اختبار من الله جل جلاله.

{إِذْ تَسْتَغِيثُونَ رَبَّكُمْ فَاسْتَجَابَ لَكُمْ أَنِّي مُمِدُّكُمْ بِأَلْفٍ مِنَ الْمَلَائِكَةِ مُرْدِفِينَ} صدق الله العلى العظيم

﴿يَا أَيُّهَا الَّذِينَ آمَنُوا اذْكُرُوا نِعْمَةَ اللَّهِ عَلَيْكُمْ إِذْ جَاءَتْكُمْ جُنُودٌ فَأَرْسَلْنَا عَلَيْهِمْ رِيحًا وَجُنُودًا لَّمْ تَرَوْهَا ۚ وَكَانَ اللَّهُ بِمَا تَعْمَلُونَ بَصِيرًا﴾ صدق الله العلى العظيم

مثل هذه الآيات قد حدث ويحدث وسوف يحدث مع المؤمنين حقا

جاءتكم جنود:

الأحزاب يوم الخندق

التفسير: يا معشر المؤمنين اذكروا نعمة الله تعالى التي أنعمها عليكم في "المدينة" أيام غزوة الأحزاب -وهي غزوة الخندق-، حين اجتمع عليكم المشركون من خارج "المدينة"، واليهود والمنافقون من "المدينة" وما حولها، فأحاطوا بكم، فأرسلنا على الأحزاب ريحًا شديدة اقتلعت خيامهم ورمت قدورهم، وأرسلنا ملائكة من السماء لم تروها، فوقع الرعب في قلوبهم. وكان الله بما تعملون بصيرًا، لا يخفى عليه من ذلك شيء

﴿هُوَ الَّذِي أَنزَلَ السَّكِينَةَ فِي قُلُوبِ الْمُؤْمِنِينَ لِيَزْدَادُوا إِيمَانًا مَّعَ إِيمَانِهِمْ ۗ وَلِلَّهِ جُنُودُ السَّمَاوَاتِ وَالْأَرْضِ ۚ وَكَانَ اللَّهُ عَلِيمًا حَكِيمًا﴾ صدق الله العلى العظيم

السكينة: السكون والطمأنينة والثبات، جند من جنود الله

التفسير: هو الله الذي أنزل الطمأنينة في قلوب المؤمنين بالله ورسوله يوم "الحديبية" فسكنت، ورسخ اليقين فيها؛ ليزدادوا تصديقًا لله واتباعًا لرسوله مع تصديقهم واتباعهم.

ولله سبحانه وتعالى جنود السماوات والأرض ينصر بهم عباده المؤمنين. وكان الله عليمًا بمصالح خلقه، حكيمًا في تدبيره وصنعه

هذا حدث في زمان الرسول صلى الله عليه وسلم ومن بعده في الفتوحات الإسلامية؛ وسيظل تايد الله للمؤمنين إلى يوم الدين.

﴿وَإِنَّ جُندَنَا لَهُمُ الْغَالِبُونَ﴾ صدق الله العلى العظيم

التفسير: ولقد سبقت كلمتنا -التي لا مردَّ لها- لعبادنا المرسلين، أن لهم النصرة على أعدائهم بالحجة والقوة، وأن جندنا المجاهدين في سبيلنا لهم الغالبون لأعدائهم في كل مقام.

ويمدهم أيضا بالملائكة ويغشي عيون الكفار.

وهذا ما هو جاري حاليا في غزة العالم أجمع يحارب بأقوى الأسلحة والمعدات، والحصار، ولكن المقاتلين

30000 مقاتل فقط، جائع وبدون ماء، لكن الله معهم.

المعجزات الآن تأتي جزاء لحسن العمل والإيمان يجب إتباع كل أوامر الله، وأستقم كما أمرت.

القرآن كائن حي، لكل الإنس والجن في كل زمان ومكان.

إن قومي اتخذوا هذا القرآن مهجورا، فهي آية لكل زمان من عهد الرسول حتى عهدنا وإلى يوم القيامة.

كل نبي ورسول، أرسل إلى قومه، للدعوة إلى الله والامر بالمعروف والنهي عن المنكر.

كل شريعة كانت لقوم كل نبي ولم تكن للعالمين

التوراة والانجيل لا يصلحوا لكل زمان؛ فالتوراة كانت شريعة لكي يحكم بها اليهود، وحرفت وجاء عيسى عليه السلام لكي يصحح ما حرف ويحلل لهم بعض ما حرم عليهم، فالإنجيل أنزل لتصحيح التوراة، فمن آمن بعيسى عليه السلام ومن بعد آمن بمحمد صلى الله عليه وسلم فهم شعب الله المختار.

شعب الله المختار من آدم عليه السلام حتى يوم الدين، هم المؤمنين بالله وكل الرسل وخاتم الأنبياء محمد صلى الله عليه وسلم.

"مثل اليهود الذين آمنوا بأنبيائهم ومن بعد بعيسى ومن بعد بمحمد عليهما لصلاة والسلام"

فإذا كان يعتقد اليهود انهم كانوا مختارين وحدهم في زمان موسى، فهذا غير صحيح، لإنهم كانوا مختارين في هذه المنطقة لكي تنزل عليهم شريعة، ولم يطبقوا هذه الشريعة ولم يحفظوها، وكلما أرسل إليهم رسول كذب أو قتل واخر رسول كان عيسى عليه السلام

ففي زمن اليهود من كان في الهند أو الصين أو في بقعة أخرى من الأرض، وكان يؤمن بالله وحده ولم يكن مكلف بشريعة مثل اليهود، فقد اختاره الله لكي يكون من أهل الجنة، والله اعلى وأعلم

ثلثي أهل الجنة هم من أمة محمد صلى الله عليه وسلم

فمن آمن بعيسى عليه السلام فهو من المختارين من اهل الجنة، حتى مجيئي الحبيب المصطفى خاتم الأنبياء صلى الله عليه وسلم ابن الإنسان كما ورد في التوراة والإنجيل، فالإيمان بمحمد صلى الله عليه وسلم وبما انزل عليه، جزء لا يتجزأ من الإيمان بعيسى عليه السلام.

عيسى عليه السلام قد أخبر اليهود أن المعبد سيهدم، وقد هدم، ولم يؤمن اليهود كلهم بعد تحقيق هذه النبوءة.

ألف ولا تؤلفان:

في اعتقاد النصارى أن عيسى عليه السلام، سوف يعود ويحكم العالم ألف سنة في رخاء وسلام، وأن العالم سوف ينتهي قبل أن يصل لعام ألفين ميلادية، فعليهم أن يعيدوا النظر في معتقداتهم، ويؤمنوا بان ابن الإنسان هو محمد صلى الله عليه وسلم، واسمه الحبيب والمصطفى ومذكور عندهم بهذين الاسمين، وكيف يكون عيسى ابن الإنسان وهم يعتقدون أنه الإله أو ابن الإله.

ولادة الإمبراطورية العربية الإسلامية:

في سنة 633 بدأ أبو بكر الفتوحات الإسلامية وعند الوصول إلى **سنة 711 كانت تضم 60%** من الإمبرطورية الرومانية وكل الإمبراطورية الفاريسية، وقد تنبأ وجهز محمد صلى الله عليه وسلم لكل ما حدث، ووصلت لوسط أسيا والهند

بدأت بعدد قليل من المسلمين، لكن في سنة 711 كان عدد المسلمين حوالي 5% من سكان الإمبراطورية.

أغلب سكان الإمبراطورية كانوا 60% نصارى، في الحقيقة تقريبا 60% من النصارى في العالم كله كانوا في الإمبراطورية العربية الإسلامية.

هذا يعتبر صعب للفهم، ان60 % من العالم نصارى، وان 60% من الإمبراطورية العربية الإسلامية نصارى، في 711 الإمبراطورية كانت بدايتها.

من 633 إلى 711 أقل من 80 سنة، أحد الاسباب التي جعلت المسلمين كانوا ليس بالكثير لإنهم لم ينشروا الإسلام بالسيف، لا إكراه في الدين، وكانت فتوحات دفاعية للحفاظ على الإسلام، ومن كان نصراني أو يهودي أو أي دين اخر، فكان له الحق أن يمارس دينه بكل حرية، ولهذا السبب وعدالة الحكم الإسلامي، كانت الشعوب ترحب بالحكم الإسلامي لعدله.

مثال:

عندما تسلم عمر بن الخطاب مفتاح القدس، وجاء ميعاد الصلاة وكان في الكنيسة، قال له القس يمكن أن تصلي هنا، فرفض عمر حتى لا يحول المسلمين الكنائس إلى مساجد من بعده، وعاد اليهود للعيش مع المسلمين والنصارى بالقدس في سلام، علما بأن الرومان قد هدموا

معبدهم وذبحوا اليهود ولم يتركوا يهوديا بفلسطين، وحولوا مكان المعبد إلى مزبلة.

هكذا عاش اليهود والنصارى في سلام في ظل الحكم الإسلامي.

فقد تحققت نبوءات عيسى عليه السلام:

- هدم الرومان المعبد وذبحوا اليهود وطردوهم من فلسطين.

- جاء المسيح ماحي الكفر ابن الإنسان، الحبيب المصطفى صلى الله عليه وسلم ومعه القرآن، ناسخ التوراة والإنجيل.

- وكلام الله سوف يظل معنا حتى يوم الدين وهو كلام سهل وواضح، لإن القرآن كائن حي ومتجدد لكل زمان ومكان ليس كالتوراة والإنجيل، فهم لليهود فقط ولزمنهم فقط، ولا يوجد عماليق ولا توجد ألواح التوراة ولا يوجد التابوت الذي كانوا يتباركون به، وهدم المعبد المزعوم وغير معروف أين مكانه، وحرفت كل كتبهم، فهذا الدين ماضي وتاريخ، لكنهم قاموا بترجمته من كتب النصارى وتأليف لغة عبرية وكل هذا لإنهم كانوا يعيشوا في سلام وأمان تحت الحكم الإسلامي، لدرجة أنه عندما ضعفت الخلافة الإسلامية في إسبانيا، طردتهم المملكة الإسبانية.

- الإمبراطوريات الأربع قد هزموا، والخلافة الإسلامية حكمت العالم أكثر من ألف عام، وهي من أخرجت أوروبا من عصور الظلام إلى النور، بتطوير جميع العلوم والدراسات وابتكار علوم ودارسات جديدة مثل الجبر واستخدام الأرقام العربية، واهم شيء الصفر فكان لا يعلم من قبل فكانت الجامعات العربية هي مركز العلم للعالم أجمع، فهذا موضوع يطول شرحه ليس هنا المجال للتبحر فيه

إقراء عن *(العصر الذهبي الإسلامي)*.

- *معركة هر مجدون قد حدثت وهي موقعة اليرموك.*

- *يأجوج ومأجوج هم الفايكنج، قد خرجوا من سدهم وهزموا من المسلمين في الأندلس واختفوا أو انقرضوا.*

- *في بعض الأحيان كان يفيض المال في بيت المال، ولم يوجد فقير او مسكين أو محتاج لكي يعطى الزكاة، والسلام كان يعم الإمبراطورية الإسلامية، والمسلمين لا يحاربون في الأشهر الحرم.*

مما سبق يتضح لنا، أن اليهود والنصارى ينتظرون مستقبل قد مضى.

ألف ولا الفين:

النصارى بعد سنة ألفين توقفوا عن ترديد هذه المقولة، التي أصابتني بصداع منذ طفولتي من كثرة ترديدهم لها.

إذا كانت هذه المقولة حقيقية، فيمكن أن تكون لها علاقة بحديث الرسول صلى الله عليه وسلم

وَحَدَّثَنَا أَبُو غَسَّانَ الْمِسْمَعِيُّ، حَدَّثَنَا مُعْتَمِرٌ، عَنْ أَبِيهِ، عَنْ مَعْبَدٍ، عَنْ أَنَسٍ، قَالَ قَالَ رَسُولُ اللَّهِ صلى الله عليه وسلم " بُعِثْتُ أَنَا وَالسَّاعَةُ كَهَاتَيْنِ". قَالَ وَضَمَّ السَّبَّابَةَ وَالْوُسْطَى. صدق رسول الله صلى الله عليه وسلم

2951 مسلم

- **وأشار بالسبابة والوسطى**، أليس أكثر من 1440 سنة مدة كبيرة ؟!؛ وهذا لإنه نبي آخر الزمان، ويمكن كل إصبع يشير إلى

قرن، أي القيامة في حدود قرنين من مجيئه صلى الله عليه وسلم، لكن هذا إذا صحت مقولة النصارى، والله أعلى وأعلم.

لكن المسلمين أيضا ينتظرون مستقبل قد مضى:

الْيَوْمَ أَكْمَلْتُ لَكُمْ دِينَكُمْ وَأَتْمَمْتُ عَلَيْكُمْ نِعْمَتِي وَرَضِيتُ لَكُمُ الْإِسْلَامَ دِينًا. صدق الله العلى العظيم

هذه أكبر نعم الله تعالى على هذه الأمة حيث أكمل تعالى لهم دينهم، فلا يحتاجون إلى دين غيره، ولا إلى نبي غير نبيهم صلوات الله وسلامه عليه، ولهذا جعله الله تعالى خاتم الأنبياء وبعثه إلى الإنس والجن، فلا حلال إلا ما أحله، ولا حرام إلا ما حرمه، ولا دين إلا ما شرعه، **وهذه الأمة إمامها من صلبها.**

وَحَدَّثَنِي عَبْدُ بْنُ حُمَيْدٍ، أَخْبَرَنَا جَعْفَرُ بْنُ عَوْنٍ، أَخْبَرَنَا أَبُو عُمَيْسٍ، عَنْ قَيْسِ، بْنِ مُسْلِمٍ عَنْ طَارِقِ بْنِ شِهَابٍ، قَالَ جَاءَ رَجُلٌ مِنَ الْيَهُودِ إِلَى عُمَرَ فَقَالَ يَا أَمِيرَ الْمُؤْمِنِينَ آيَةٌ فِي كِتَابِكُمْ تَقْرَءُونَهَا لَوْ عَلَيْنَا نَزَلَتْ مَعْشَرَ الْيَهُودِ لاَتَّخَذْنَا ذَلِكَ الْيَوْمَ عِيدًا . قَالَ وَأَىُّ آيَةٍ قَالَ { الْيَوْمَ أَكْمَلْتُ لَكُمْ دِينَكُمْ وَأَتْمَمْتُ عَلَيْكُمْ نِعْمَتِي وَرَضِيتُ لَكُمُ الإِسْلاَمَ دِينًا} فَقَالَ عُمَرُ إِنِّي لأَعْلَمُ الْيَوْمَ الَّذِي نَزَلَتْ فِيهِ وَالْمَكَانَ الَّذِي نَزَلَتْ فِيهِ نَزَلَتْ عَلَى رَسُولِ اللَّهِ صلى الله عليه وسلم بِعَرَفَاتٍ فِي يَوْمِ جُمُعَةٍ .

قد أهدانا الله جل جلاله القرآن في يوم عرفة ويوم الجمعة أي عيدين لكي نتذكر جيدا، أجمل هدية في الكون كلام الله ودينه كامل، ويجب أن نصون ونحفظ هذه الهدية، التي وصلها لنا حبيبنا صلى الله عليه وسلم وأصحابه.

كل مسلم مؤمن ومستقيم كما أمر الله، وليس كما يهوى ويريد تغيير ما لا يعجبه في الدين، فيجب الالتزام بكل حرف من تعاليم ديننا الحنيف وهو دين أبونا إبراهيم وآخر شريعة للخلق فهي

سهلة وميسرة للتطبيق إلى يوم الدين لكيلا يكون هناك مجال للتحريف ولا يمكن أن يحرف لإنه محفوظ بأمر الله، علينا أن نحمل هذه الرسالة بأمانة، فلهذا كل مؤمن حقا سوف يردد الآية التالية؛

﴿وَقَالَ الرَّسُولُ يَا رَبِّ إِنَّ قَوْمِي اتَّخَذُوا هَٰذَا الْقُرْآنَ مَهْجُورًا﴾ صدق الله العلى العظيم

يَا رَبِّ إِنَّ قَوْمِي اتَّخَذُوا هَٰذَا الْقُرْآنَ مَهْجُورًا

فعلى كل مؤمن حقا أن يقرأ ويتدبر القرآن:

﴿اقْرَأْ بِاسْمِ رَبِّكَ الَّذِي خَلَقَ﴾ صدق الله العلى العظيم

فهذا كلام الله، والله حي ولهذا القرآن مستمد الروح في كل معانيه من الحي جل جلاله الذي لا يموت، الله يأمرك ايه المسلم ان تقرأ وتتدبر وتفهم أن هذا القرآن لكل المخلوقات، ليس للإنس والجن فقط، بل الملائكة وكل الكائنات تسمعه وتهتدي به لأنهم يعلمون أنه كلام الله جل جلاله.

هذا نداء (دعوة) لغير المسلمين لقراءة وفهم دينهم، وعدم السماح لأي شخص بفرض كيفية عبادتهم. بعد قراءة دينهم بعمق، يجب عليهم البدء في قراءة القرآن الكريم، لأن الحياة زائلة. من يدري، ربما يكون اليوم أو غداً هو نهاية الكون؟ لا أحد يعرف متى سيموت، وسنُبعَث بعد الموت للمحاسبة والحياة الأبدية. اتخذ الخيار الصحيح قبل أن تحل أحد النهايتين

قال جبريل متى الساعة قال: ما المسؤول عنها بأعلم من السائل وسأخبرك عن أشراطها إذا ولدت الأمة ربها وإذا تطاول رعاة الإبل البهم في البنيان (العرب) في خمس لا يعلمهن إلا الله ثم تلا النبي صلى الله عليه وسلم الآية {إن الله عنده علم الساعة} ثم أدبر.

ذكرت المقطع السابق كان جزء من حديث طويل؛ لإنه يدل على أن الأحاديث الخاصة بالساعة وأشراطها، أخطأ الرواة في روايتها أو موضوعاتها.

وما ذكر في القرآن عن الساعة وأشراطها لا يتوافق مع تلك الأحاديث.

نزول التوراة على اليهود قد تكون حكمة الله للبشرية، لكي يفهموا أنه لا أحد يرث إيمان وأمانة أسلافه. من ناحية أخرى، ربما يكون اليهود الذين آمنوا بمحمد (صلى الله عليه وسلم) هم أحفاد إسحاق (عليه السلام)، والله أعلى وأعلم.

سَنُرِيهِمْ آيَاتِنَا فِي الْآفَاقِ وَفِي أَنفُسِهِمْ

﴿سَنُرِيهِمْ آيَاتِنَا فِي الْآفَاقِ وَفِي أَنفُسِهِمْ حَتَّىٰ يَتَبَيَّنَ لَهُمْ أَنَّهُ الْحَقُّ ۗ أَوَلَمْ يَكْفِ بِرَبِّكَ أَنَّهُ عَلَىٰ كُلِّ شَيْءٍ شَهِيدٌ﴾
صدق الله العلى العظيم

سَنُري هؤلاء المكذبين آياتنا من الفتوحات وظهور الإسلام على الأقاليم وسائر الأديان، وفي أقطار السماوات والأرض، وما يحدثه الله فيهما من الحوادث العظيمة، وفي أنفسهم وما اشتملت عليه من بديع آيات الله وعجائب صنعه، حتى يتبين لهم من تلك الآيات بيان لا يقبل الشك أن القرآن الكريم هو الحق الموحَى به من رب العالمين. أولم يكفهم دليلا على أن القرآن حق، ومَن جاء به صادق، شهادة الله تعالى؟ فإنه قد شهد له بالتصديق، وهو على كل شيء شهيد، ولا شيء أكبر شهادة من شهادته سبحانه وتعالى

إخواني اليهود والمسحيين (بإذن الله)

في بداية كتابكم تذكرون أن الرب خلق السماوات والأرض في ستة أيام وتعب واستراح في اليوم السابع، فهذا غير صحيح لإن الله ما مسه من لغوب.

إذا كان يحتاج إلى شيء، فإنه سيحدث، لكن لا أستطيع أن أقول "في ثانية" لأن الله ليس لديه وقت مثلنا، بل يقول كن فيكون. لذلك، إذا فهمت من هو الله، ستؤمن بالقدير على الفور دون أي شك. لكي تفهم من هو الله، سبحانه وتعالى، استمع إليه من خلال قراءة القرآن. بعد ذلك، تحدث إليه، سبحانه وتعالى، من خلال الصلاة؛ سوف يستمع اليك

وتذكرون أن الرب بعد خلق السماوات والأرض، أدرك انه ظلام فخلق النور، وهذا غير صحيح واقعيا ولا علميا؛

لإن القرآن الذي انزل على خاتم الأنبياء، محمد صلى الله عليه وسلم منذ أكثر من 1445 عام، رد على كتابكم الذي كتب بأيديكم، فيثبت مفاهيم اكتشفها العلم بعد قرون من نزوله، ويثبت كل يوم أنه الحق

﴿خَلَقَ السَّمَاوَاتِ وَالْأَرْضَ بِالْحَقِّ ۖ يُكَوِّرُ اللَّيْلَ عَلَى النَّهَارِ وَيُكَوِّرُ النَّهَارَ عَلَى اللَّيْلِ ۖ وَسَخَّرَ الشَّمْسَ وَالْقَمَرَ ۖ كُلٌّ يَجْرِي لِأَجَلٍ مُّسَمًّى ۗ أَلَا هُوَ الْعَزِيزُ الْغَفَّارُ﴾ صدق الله العلى العظيم

ففي الآية السابقة إثبات أن الليل والنهار آيتين متلازمتين، ويكورهم وهذا دليل قاطع على كروية الأرض، وإثبات أن كتبكم لا يصح أن تتبع، فكيف سوف يحاسبكم هذا الرب الذي يخطأ في كتابه ولا يدري كيف خلق الكون، وتعتقدون أنه إنسان يتعب ويجهد فعليه أن يستريح، والغريب ان التوراة كتاب المسحين واليهود، لكن اليهود يقولون إنه استراح يوم السبت، والمسحين يقولون الأحد، لماذا لم يتفقوا على ذات اليوم للراحة؟

﴿لَا الشَّمْسُ يَنبَغِي لَهَا أَن تُدْرِكَ الْقَمَرَ وَلَا اللَّيْلُ سَابِقُ النَّهَارِ ۚ وَكُلٌّ فِي فَلَكٍ يَسْبَحُونَ﴾ صدق الله العلى العظيم

أن الشمس لا يمكن أن تدرك القمر لإنهم يسبحون بقدرة الله جل جلاله؛ سبحان الله في قوله **يسبحون** ولم يقل يدورن فهذه الكلمة آية ومعجزة قرآنية، لإنهم حقا يسبحون بطريقة دورانية ويعلم هذا جيدا علماء الفضاء.

وَلَا اللَّيْلُ سَابِقُ النَّهَارِ. صدق الله العلى العظيم

أي أن الليل لم يكن قبل النهار ولا يسبقه ولم يكن هناك ظلام كما ذكر في التوراة

﴿وَأَشْرَقَتِ الْأَرْضُ بِنُورِ رَبِّهَا وَوُضِعَ الْكِتَابُ وَجِيءَ بِالنَّبِيِّينَ وَالشُّهَدَاءِ وَقُضِيَ بَيْنَهُم بِالْحَقِّ وَهُمْ لَا يُظْلَمُونَ﴾ صدق الله العلي العظيم

وأضاءت الأرض يوم القيامة إذ سيتجلى الحق جل جلاله للخلائق للفصل والقضاء، ونشرت الملائكة صحيفة كل فرد، وجيء بالنبيين والشهود على الأمم؛ ليسأل الله النبيين عن التبليغ وعما أجابتهم به أممهم، كما تأتي أمة محمد صلى الله عليه وسلم؛ لتشهد بتبليغ الرسل السابقين لأممهم إذا أنكرت هذا التبليغ، فتقوم الحجة على الأمم، وقضى ربُّ العالمين بين العباد بالعدل التام، وهم لا يُظلمون شيئًا بنقص ثواب أو زيادة عقاب.

في الآية الله جل جلاله يقص علينا مشهد يوم القيامة في الماضي، فالحياة والكون ويوم القيامة عند الله ماضي قد حدث بالفعل.

في الآية السابقة: أَشْرَقَتِ الْأَرْضُ بِنُورِ رَبِّهَا وهذا يوم القيامة، أي عندما خلق الكون لم يكن مظلما، لإن نور الله جل جلاله أفضل نور في الكون والله اعلى وأعلم.

القرآن ومعجزة تجمع اليهود بفلسطين

ونهاية تجمعهم

الله أخبارنا منذ أكثر من 1445 عام باغتصاب اليهود لفلسطين وبنهاية تجمعهم

﴿سُبْحَانَ الَّذِي أَسْرَىٰ بِعَبْدِهِ لَيْلًا مِّنَ الْمَسْجِدِ الْحَرَامِ إِلَى الْمَسْجِدِ الْأَقْصَى الَّذِي بَارَكْنَا حَوْلَهُ لِنُرِيَهُ مِنْ آيَاتِنَا ۚ إِنَّهُ هُوَ السَّمِيعُ الْبَصِيرُ﴾
صدق الله العلى العظيم

يمجِّد الله نفسه ويعظم شأنه، لقدرته على ما لا يقدر عليه أحد سواه، لا إله غيره، ولا رب سواه، فهو الذي أسرى بعبده محمد صلى الله عليه وسلم زمنًا من الليل بجسده وروحه، يقظة لا منامًا، من المسجد الحرام بـ "مكة" إلى المسجد الأقصى بـ "بيت المقدس" الذي بارك الله حوله في الزروع والثمار وغير ذلك، وجعله محلا لكثير من الأنبياء؛ ليشاهد عجائب قدرة الله وأدلة وحدانية الله، أي كل شبه الجزيرة العربية مباركة لإنها حول المسجدين. والله أعلى وأعلم

تبدأ السورة بإسراء الرسول صلى الله عليه وسلم إلى المسجد الأقصى، ويريد الله تذكير العالم أجمع أنه في ذات الزمان لم يكن بفلسطين أو المسجد الأقصى أي يهودي، ويذكر المسلمين بأهمية المسجد الثاني لآدم عليه السلام بعد مكة، والقبلة الأولى للمسلمين.

اليهود قبل أن يطردهم الرومان من فلسطين لم يكونوا يعيشون وحدهم بفلسطين، كان الفلسطينيين يعيشون معهم، الدليل على أن فلسطين لم تكن وطن لليهود، أنه عندما تردهم الرومان لم يتمسكوا بها وخرجوا كلهم.

ثم عرج صلى الله علي وسلم إلى السماء وقول الله جل جلاله عرج او معراج وليس صعد، لإن العلم أكتشف أن الصعود إلى السماوات

العلى والفضاء لا يكون بشكل مستقيم، بل شكل منحني أو دائري، فهذا إعجاز قرآني يدل على أنه كلام الخالق وان محمد صلى الله عليه وسلم

﴿وَمَا يَنْطِقُ عَنِ الْهَوَى * إِنْ هُوَ إِلَّا وَحْيٌ يُوحَى﴾ صدق الله العلى العظيم

﴿وَقَضَيْنَا إِلَىٰ بَنِي إِسْرَائِيلَ فِي الْكِتَابِ لَتُفْسِدُنَّ فِي الْأَرْضِ مَرَّتَيْنِ وَلَتَعْلُنَّ عُلُوًّا كَبِيرًا﴾ صدق الله العلى العظيم

وأخبرنا بني إسرائيل في التوراة التي أُنزلت عليهم بأنه لا بد أن يقع منهم إفساد مرتين في الأرض، بالظلم وقَتْل الأنبياء والتكبر والطغيان والعدوان، وعمل المعاصي والبطر لنعم الله والعلو في الأرض والتكبر فيها

﴿فَإِذَا جَاءَ وَعْدُ أُولَاهُمَا بَعَثْنَا عَلَيْكُمْ عِبَادًا لَّنَا أُولِي بَأْسٍ شَدِيدٍ فَجَاسُوا خِلَالَ الدِّيَارِ ۚ وَكَانَ وَعْدًا مَّفْعُولًا﴾

صدق الله العلى العظيم

فإذا وقع منهم الإفساد الأول سَلَّطْنا عليهم عبادًا لنا ذوي شجاعة وقوة شديدة، يغلبونهم ويقتلونهم ويشردونهم، فطافوا بين ديارهم، وكان ذلك وعدًا لا بدَّ مِن وقوعه؛ لوجود سببه منهم وهذا تحذير لهم وإنذار لعلهم يرجعون فيتذكرون

العلو والإفساد الأول: كان في وقت الرسول صلى الله عليه وسلم في شبه جزيرة العرب؛

فقد تجمع اليهود في جزيرة العرب لإنهم يعلمون جيدا من التوراة أن نبي آخر الزمان ومخلصهم سيأتي من جزيرة العرب، فإذا به عربي وليس يهودي، ولكن هو أخ لموسى من نسب إبراهيم، لكن لم يعجبهم هذا، يريدونه من نسل إسحاق أو داود ليس من نسل إسماعيل عليه السلام.

اليهود في زمن محمد صلى الله عليه وسلم، كانوا عدة قبائل ذو قوة ومركز، وكانوا يتكبرون على العرب لإن لديهم التوراة، وأن نبي آخر الزمان سيأتي إليهم من شبه جزيرة العرب ولذلك أتوا إلى الجزيرة العربية.

وقد آمن بمحمد صلى الله عليه وسلم بعض من اليهود.

عاهدهم الرسول صلى الله عليه وسلم بأن يعيشوا في سلام مع المسلمين، ولكنهم نقدو العهد وحاولوا قتل الرسول صلى الله عليه وسلم، وتحالفوا مع الكفار ضد المسلمين وكانت هزيمتهم على يد المسلمين وكسر شوكتهم وتكبرهم في الأرض.

﴿ثُمَّ رَدَدْنَا لَكُمُ الْكَرَّةَ عَلَيْهِمْ وَأَمْدَدْنَاكُم بِأَمْوَالٍ وَبَنِينَ وَجَعَلْنَاكُمْ أَكْثَرَ نَفِيرًا﴾ صدق الله العلى العظيم

ثم رَدَدْنا لكم يا ايها اليهود؛ الغلبة والظهور على عبادنا، وأكثرنا أرزاقكم وأولادكم، وقَوَّيناكم وجعلناكم أكثر عددًا من عبادنا.

﴿إِنْ أَحْسَنتُمْ أَحْسَنتُمْ لِأَنفُسِكُمْ ۖ وَإِنْ أَسَأْتُمْ فَلَهَا ۚ فَإِذَا جَاءَ وَعْدُ الْآخِرَةِ لِيَسُوءُوا وُجُوهَكُمْ وَلِيَدْخُلُوا الْمَسْجِدَ كَمَا دَخَلُوهُ أَوَّلَ مَرَّةٍ وَلِيُتَبِّرُوا مَا عَلَوْا تَتْبِيرًا﴾ صدق الله العلى العظيم

إن أحسنتم أفعالكم وأقوالكم فقد أحسنتم لأنفسكم؛ لأن ثواب ذلك عائد إليكم، وإن أسأتم فعقاب ذلك عائد عليكم، فإذا حان موعد الإفساد الثاني سَلَّطْنا عليكم عبادنا مرة أخرى؛ ليذلوكم ويغلبوكم، فتظهر آثار الإهانة والمذلة على وجوهكم، وليدخلوا عليكم المسجد، كما دخلوه أول مرة، ويستردوا ما أخذ وأغتصب منهم.

ليسوؤوا وُجوهكم: ليُحزنوكم حزنا يبدو في وجوهكم، وأكثر شيء يحزن أي كاذب هو إظهار الحقيقة، وهو ما يحدث الآن، العالم كله يري ويسمع ويتيقن أنهم كاذبين وأوليائهم يحالون أن يغطوا على

فسادهم وظلمهم وكل أكاذيبهم، وقتلهم الأبرياء والتطهير العرقي للفلسطينيين أصحاب الأرض، وإتهام المقاومة بالإرهاب.

المحتل ليس له الحق في الدفاع عن نفسه.

يسووؤوا: كلمة واحدة، معجزة من معجزات القرآن، نسمعها ونرها عبر الشاشات ومنصات التواصل الاجتماعي أمام أعيننا كل يوم، وكل العالم يعلم الآن جيدا حقيقة ما يفعلوه اليهود بالفلسطينيين، لكن العالم، جزء منه في صدمة مما يحدث والجزء الآخر يريد تكذيب الحقيقة لأغراض مادية وشخصية ودينية غير صحيحة.

﴿عَسَىٰ رَبُّكُمْ أَن يَرْحَمَكُمْ ۚ وَإِنْ عُدتُّمْ عُدْنَا ۘ وَجَعَلْنَا جَهَنَّمَ لِلْكَافِرِينَ حَصِيرًا﴾ صدق الله العلى العظيم

تحذير إلى اليهود من الله جل جلاله: احتمال أن يرحمهم، ودليل أنهم في حرب دائمة مع الله، لإنه جل جلاله يذكرهم مرة أخرى بأنهم إذا عادوا للتكبر والظلم سوف يرسل عليهم من ينتصر عليهم، ويذكرهم أيضا بعذاب جهنم.

﴿وَقُلْنَا مِن بَعْدِهِ لِبَنِي إِسْرَائِيلَ اسْكُنُوا الْأَرْضَ فَإِذَا جَاءَ وَعْدُ الْآخِرَةِ جِئْنَا بِكُمْ لَفِيفًا﴾ صدق الله العلى العظيم

وقلنا من بعد هلاك فرعون وجنده لبني إسرائيل: اسكنوا الأرض، الله لم يحدد أرض محددة، وهذا ما حدث بالفعل فهم في شتات في جميع أنحاء العالم، فإذا جاء وعد المرة الأخيرة جمعناكم كلكم في مكان واحد ألا وهو فلسطين،

جِئْنَا بِكُمْ لَفِيفًا: معجزة قرآنية ان يتجمع اليهود كلهم في مكان واحد كما ذكر الله جل جلاله، والغالبية العظمى من يهود العالم يجمعون أموالهم وأرواحهم لكي يدعموا هذا الكيان الذي مصيره الفناء.

لفيفا: إعجاز قرآني في كلمة واحدة، ليس جمعهم في مكان واحد فحسب، لكن التفاف ودعم اليهود والعالم حولهم.

كان لديهم العديد من الخيارات حول مكان الدولة التي تجمعهم، مثل الأرجنتين، البحرين، أوغندا، وغيرها، لكن الله تعالى جعلهم يجتمعون في فلسطين لإثبات صدق القرآن الكريم

قد تنبأ القرآن بالأحداث الدائرة في العالم سابقا وحاليا:

العلو والإفساد الثاني والهزيمة

جمعهم في فلسطين وعلوهم وإفسادهم الثاني، ونحن الآن في مرحلة إظهار الحقيقة، والذين يظهرون الحقيقة هم جند الله بفلسطين؛

قال صلى الله عليه وسلم:

حَدَّثَنِي هَارُونُ بْنُ عَبْدِ اللَّهِ، وَحَجَّاجُ بْنُ الشَّاعِرِ، قَالاَ حَدَّثَنَا حَجَّاجُ بْنُ مُحَمَّدٍ، قَالَ قَالَ ابْنُ جُرَيْجٍ أَخْبَرَنِي أَبُو الزُّبَيْرِ، أَنَّهُ سَمِعَ جَابِرَ بْنَ عَبْدِ اللَّهِ، يَقُولُ سَمِعْتُ رَسُولَ اللَّهِ صلى الله عليه وسلم يَقُولُ " لاَ تَزَالُ طَائِفَةٌ مِنْ أُمَّتِي يُقَاتِلُونَ عَلَى الْحَقِّ ظَاهِرِينَ إِلَى يَوْمِ الْقِيَامَةِ". صدق رسول الله صلى الله عليه وسلم. مسلم 1923

عباد الله:

في هذا الحديث العظيم يخبرنا الرسول صلى الله عليه وسلم باستمرار هذا الدين والقائمين لله بالحُجَّة، من خلال طائفة تقوم بحمل همِّ هذا الدين والدفاع عنه، وأخبر أن هذه الطائفة منصورةٌ وظاهرةٌ، لا يضرهم خِذلان العدو والصديق، ولا خذلان من ترك نصرتهم ومعاونتهم، وهم كذلك حتى يأتي أمر الله؛

فهم بضعة آلاف من المقاومين ليس لديهم عتاد ومحاصرين وبدون طعام وماء واهاليهم يقتلون بالآلاف؛ يقاتلون الجيش الإسرائيلي من أقوى الجيوش بالعالم، ومعه حلف امريكي إنجليزي فرنسي عربي.

الهزيمة الجزئية قد حدثت، بل النهاية قريبة:

عسكريا أي جيش نظامي يمكنه أن يسيطر على منطقة مثل غزة في 48 ساعة، لكن الجيش الإسرائيلي ومعه كل جيوش العالم، وحصاره لغزة لأكثر من عام لم يستطيع حتى الآن، السيطرة على شيء، اليهود وحلفائهم لا يريدوا أن يصدقوا انهم أمام معجزة وأنهم يحاربون الله وجنوده.

وستأتي الهزيمة النهائية بإذن الله قريبا جدا

ليس لتحقيق هذه الآية

(فَإِذَا جَاءَ وَعْدُ الْآخِرَةِ ليسوؤوا وُجُوهَكُمْ وَلِيَدْخُلُوا الْمَسْجِدَ كَمَا دَخَلُوهُ أَوَّلَ مَرَّةٍ وَلِيُتَبِّرُوا مَا عَلَوْا تَتْبِيرًا)

صدق رسول الله صلى الله عليه وسلم

فحسب، بل الهزيمة ستكون لتحقيق الآية القادمة

{وإذا أردنا أن نهلك قرية أمرنا مترفيها ففسقوا فيها فحق عليها القول} صدق رسول الله صلى الله عليه وسلم

يخبر تعالى أنه إذا أراد أن يهلك قرية من القرى الظالمة ويستأصلها بالعذاب أمر مترفيها أمرا قدريا ففسقوا فيها واشتد طغيانهم، {فَحَقَّ عَلَيْهَا الْقَوْلُ} أي: كلمة العذاب التي لا مرد لها فَدَمَّرْنَاهَا تَدْمِيرًا.

فاليهود بفلسطين يقتلون النساء والأطفال والمدنيين العزل، ويدمرون كل شيء، ولا يوجد ذرة رحمة في قلوبهم ولا قلوب حلفائهم الذين يمدونهم بأسلحة الدمار الشامل، ليقتلوا أهل فلسطين الذين يعتبرونهم حيوانات شرسة حسب عقيدتهم ولا أحد من حلفاءيهم يستنكر ذلك وهذا ان دل فيدل على أن حلفاءهم يعتبرون أهل فلسطين حيوانات.

وبما أن التوراة تامرهم ان يقتلوا كل جيرانهم (أطفال، نساء، ورجال) إن لم يستسلموا، فهذا شيء طبيعي بالنسبة لحلفائهم أيضا.

وشيء طبيعي جدا لهم أن يقتلوا كل الفلسطينيين، فهم حسب دينهم كل البشر حيوانات، بل حيوانات شرسة، ليس فقط الفلسطينيين، يا لها من معتقدات.

فهذه الأمة التي تسمى بإسرائيل، الخير أنقطع تماما منها، فهي أمة مدمرة لكل شيء، وستدمر نفسها بعصيان الله والفساد في الأرض.

الله يزيدهم في طغيانهم ويستدرجهم لتكون نهايتهم، على ايدي جنود الرحمن الذين يساندهم الله بالملائكة، بل كل شهيد يستشهد ينزل من السماء ألاف الملائكة ليطهروه ويعطروه ويؤيدوا أهله ويبشروهم بالنصر القريب بإذن الله جل جلاله.

آيات ومعجزات القرآن دائرة وتتحقق أمام أعينكم كل يوم.

سورة المسد، وتسمى أيضا سورة أبي لهب، وأبو لهب واسمه عبد العزى بن عبد المطلب، هو عم النبي صلى الله عليه وسلم، وإنما سمي بأبي لهب لإشراق وجهه، وكان هو وامرأته أمّ جميل من أشد الناس إيذاء لرسول الله صلى الله عليه وسلم وللمؤمنين به

حَدَّثَنَا مُحَمَّدُ بْنُ سَلاَمٍ، أَخْبَرَنَا أَبُو مُعَاوِيَةَ، حَدَّثَنَا الأَعْمَشُ، عَنْ عَمْرِو بْنِ مُرَّةَ، عَنْ سَعِيدِ بْنِ جُبَيْرٍ، عَنِ ابْنِ عَبَّاسٍ، أَنَّ النَّبِيَّ صلى الله عليه وسلم خَرَجَ إِلَى الْبَطْحَاءِ فَصَعِدَ إِلَى الْجَبَلِ فَنَادَى " يَا صَبَاحَاهْ ". فَاجْتَمَعَتْ إِلَيْهِ قُرَيْشٌ فَقَالَ " أَرَأَيْتُمْ إِنْ حَدَّثْتُكُمْ أَنَّ الْعَدُوَّ مُصَبِّحُكُمْ أَوْ مُمَسِّيكُمْ، أَكُنْتُمْ تُصَدِّقُونِي ". قَالُوا نَعَمْ. قَالَ " فَإِنِّي نَذِيرٌ لَكُمْ بَيْنَ يَدَىْ عَذَابٍ شَدِيدٍ ". فَقَالَ أَبُو لَهَبٍ أَلِهَذَا جَمَعْتَنَا تَبًّا لَكَ. فَأَنْزَلَ اللَّهُ عَزَّ وَجَلَّ {تَبَّتْ يَدَا أَبِي لَهَبٍ} إِلَى آخِرِهَا. صدق رسول الله صلى الله عليه وسلم
البخاري 4972

سورة المسد

بِسْمِ اللَّهِ الرَّحْمَٰنِ الرَّحِيمِ

﴿١﴾ تَبَّتْ يَدَا أَبِي لَهَبٍ وَتَبَّ

﴿٢﴾ مَا أَغْنَىٰ عَنْهُ مَالُهُ وَمَا كَسَبَ

﴿٣﴾ سَيَصْلَىٰ نَارًا ذَاتَ لَهَبٍ

﴿٤﴾ وَامْرَأَتُهُ حَمَّالَةَ الْحَطَبِ

﴿٥﴾ فِي جِيدِهَا حَبْلٌ مِنْ مَسَدٍ. صدق الله العلي العظيم

والتباب: الهلاك والبوار والقطع، وتبت الأولى دعاء، وتبت الثانية تقرير لوقوع هذا الدعاء: هلكت نفس أبي لهب، وقد هلك، ما نفعه ماله وما كسبه بماله من الربح والجاه، سيدخل نارا ذات لهب، ونجد هنا تناسقا في اللفظ، فجهنم هنا ذات لهب يصلاها أبو لهب

أبو لهب كان يمكنه أن يسلم ويؤمن كذبا بالله وبمحمد صلى الله عليه وسلم، حتى يفسد دعوة محمد صلى الله عليه وسلم ويكذب القرآن، لكنه لم يفعل ذلك وهذه معجزة وآية لإثبات أن هذا القرآن لا ريب فيه ومنزل من عند الرحمن العليم.

نهاية العالم لكل إنسان يوم موته

إخواني وأخواتي اليهود والنصارى أقرؤا كتبكم جيدا فستدركون أنها من صنع بشر، اقرؤا القرآن ستجدون حلاوة الإيمان بالله.

آمنوا بالله ورسوله ولا تكونوا مثل أبو لهب.

في هذا الفصل ذكرت فقط بعض المعجزات الخاصة بموضوع الكتاب

فلسطين

(معركة هر مجدون 636م)

حكاية فلسطين ومن هم الفلسطينيين

الفلسطينيين هم شعب فلسطين من قديم الأزل مثلهم مثل السوريين والمصريين والعراقيين...الخ

كلمة كنعان أو كنعانيون أو شعب كنعان ليس لها وجود بالتاريخ، فهي تعني شيء قبيح بالعبرية نسبة إلى كنعان الأبن العاصي لنوح عليه السلام.

عندما هدم معبد اليهود الأول (وجود معبد أول أمر مشكوك فيه)، المعبد اليهودي الأول في القدس الذي بناه الملك سليمان حسب معتقدات اليهود، وقد دمره نبوخذ نصر الثاني سنة 587 قبل الميلاد. طردوا اليهود من أرض فلسطين وبقي الشعب الفلسطيني بفلسطين، فالفلسطينيين لم يتركوا أرضهم.

تم بناء الهيكل الثاني في نفس الموقع في 516 قبل الميلاد، الذي تم توسيعه بشكل كبير في 19 قبل الميلاد ودمر في نهاية المطاف من قبل الرومان في 70 م، لكن هذا المعبد بالفعل كان له وجود لإن عيسى عليه السلام نبأ بهدمه، ولم يذكر بناء معبد يهودي آخر، لإنه بعد مجيئي نبي آخر الزمان، سينسخ الإنجيل ومعه التوراة لإنها جزء منه، فالمفروض أن يؤمن النصارى واليهود بمحمد صلى الله عليه وسلم، ويتركوا كتبهم المحرفة التي لا يصلح الحكم بها، ولذلك لا يزالوا يحرفونها كل يوم.

عندما هدم الرومان المعبد، وقتلوا كل اليهود وفر الباقي من فلسطين، ظل الشعب الفلسطيني في ارضه ولم يغادر فلسطين؛ فمنهم من

أعتنق المسحية، فكان الرومان يذوقونهم جميع أنواع العذاب، لكن لم يفروا ويتركوا ارضهم.

خرافة بناء هيكل جديد

حسب اعتقاد اليهود، قد بني الهيكل مرتين ولم يأت المخلص، فلماذا بناء هيكل ثالث؟

إذا فرضنا أنهم بنوا هيكل ثالث ولم يأت المخلص، ولن يأتي لإنه قد أت فهو محمد صلى الله عليه وسلم، أتمنى أن يكفوا عن خرافة المعبد لإنهم إذا قاموا ببناء معبد لن يأتي المخلص الذي يريدونهم على هواهم؛ لكي يطلبوا منه أن يأتي بدين كما يحلو لهم وأن يكونوا شعب الله المختار بدون أي شروط، وأن يظلوا يقتلوا ويظلموا ويعتبروا خلق الله حيوانات شرسة ومن ثم لا يعذبون في الآخرة، إخواني اليهود والنصارى هذا لن يحدث أبدا، أتمنى أن تستيقظوا من هذا الحلم لإنكم تعيشون في الماضي، والمستقبل الذي تحلمون به قد حدث بالفعل.

فهي ليست لعبة، لا يوجد أي علاقة بين بناء معبد او هيكل ونزول أو مجيئي المخلص، إن لم تؤمنوا أن محمد صلى الله عليه وسلم هو المخلص، عليكم ان تعيشوا في سلام ولا تدقون طبول الحرب في جميع أنحاء العالم لكي تبيعوا السلاح وتتدعون أنكم تفعلون الخير.

الله يعلم جيدا أن هؤلاء الناس في كل عصر وزمان، لإن كل هذه الحياة والعالم الذي نعبش فيه ماضي قد حدث عند الله جل جلاله، وقد ذكر في القرآن ما يحدث الآن:

﴿قُلْ هَلْ نُنَبِّئُكُمْ بِالْأَخْسَرِينَ أَعْمَالًا﴾

﴿الَّذِينَ ضَلَّ سَعْيُهُمْ فِي الْحَيَاةِ الدُّنْيَا وَهُمْ يَحْسَبُونَ أَنَّهُمْ يُحْسِنُونَ صُنْعًا﴾

﴿أُولَٰئِكَ الَّذِينَ كَفَرُوا بِآيَاتِ رَبِّهِمْ وَلِقَائِهِ فَحَبِطَتْ أَعْمَالُهُمْ فَلَا نُقِيمُ لَهُمْ يَوْمَ الْقِيَامَةِ وَزْنًا﴾

﴿ذَٰلِكَ جَزَاؤُهُمْ جَهَنَّمُ بِمَا كَفَرُوا وَاتَّخَذُوا آيَاتِي وَرُسُلِي هُزُوًا﴾ صدق الله العلى العظيم

إخواني وأخواتي اليهود:

من اين جاءتكم فكرة أن الرب يختار أحد لجنسه فقط بدون شرط أو اختبار؟؛ سيدنا يونس عليه السلام غادر المدينة بدون إذن من الله جل جلاله، كان عقابه أن بلعه الحوت، وخرج لإنه كان من المسبحين المستغفرين.

عزرا لم تنجحوا في أي اختبار، وآخر اختبارين، كان الإيمان بعيسى عيه السلام ومحمد صلى الله عليه وسلم، بعض منكم ومن المسحين قد آمن بالفعل بعيسى ومن بعده محمد صلى الله وسلم عليهما، فهم حقا المختارين.

أنظروا إلى أنفسكم، تعتبرون أن أي كائن غير يهودي، حيوان مفترس، ألا تعلمون أن الله كرم بني آدم.

أنتم لستم من نسل يعقوب، ويمكنكم التأكد باختبار الحمض النووي، لكن أكيد لن تفعلوا ذلك لإنكم متأكدين أنكم لستم من بني إسرائيل ولستم يهود ولستم تدينون باليهودية.

معركة اليرموك

(معركة هر مجدون) 636م

ير= هر، موك = مجدون

التي ينتظرها اليهود والمسحين وبعض المسلمين ويسمونها الملحمة الكبرى

كانت بالفعل ملحمة كبرى وغيرت مجرى التاريخ وحققت نبوءات الإنجيل بهزيمة إمبراطورية الرومان، واحدة من الأربع إمبراطوريات اللواتي هوزمن من الإمبراطورية الإسلامية.

تحول النهر إلى اللون الأحمر من دماء القتلى الذين سقطوا بالنهر كما هو مذكور في كتبهم المحرفة.

فاتحة الإسلام في الشام وكبرى هزائم الروم ..

معركة وقعت بين المسلمين والروم البيزنطيين قرب نهر اليرموك في غور الأردن، أغسطس/آب 636م، الموافق رجب عام 15هـ. وتصنف بأنها واحدة من أكبر المعارك حسما في التاريخ، وقد وُصفت بأنها "معركة القرن" و"أهم المعارك المحورية في تاريخ العالم"، ووُصف قائدها خالد بن الوليد في بعض المصادر الغربية بأنه "أعظم عقلية عسكرية في تلك الحقبة.

بدأها الروم بسبب خساراتهم المتلاحقة لعدة أراض لصالح المسلمين، كانت آخرها بعلبك الحامية الرئيسية للروم ثم حمص، فجهزوا لملاقاة المسلمين أكثر من 200 ألف من الجنود، ولاقاهم المسلمون بـ 46 ألفا يقودهم خالد بن الوليد، واستمر القتال 6 أيام حتى هُزم الروم، ودخلت بلاد الشام في الإسلام.

سُميت المعركة معركة نهر اليرموك وجابية اليرموك، وأخذت اسمها من نهر اليرموك في غور الأردن الذي ينبع من جبال حوران، ويجري قرب الحدود بين سوريا وفلسطين، ثم يصب في غور الأردن في البحر الميت.

الأسباب

فور تولي أبي بكر الصديق الخلافة بعد وفاة النبي صلى الله عليه وسلم، وجه فتوحاته نحو الشام وعيّن على رأس الجيش خالد بن الوليد، الذي هزّ جيشه أوساط البيزنطيين، فهزمهم في أجنادين عام 634م، ثم عين عمر بن الخطاب بعد توليه الخلافة أبا عبيدة بن الجراح واليا على الشام.

وفي زمن عمر بن الخطاب فُتحت دمشق عام 634م، وهزم البيزنطيون في فلسطين بمعركة فحل بعدها بعام (13هـ)، ثم فتحت حمص العام التالي.

وقد تكبد الروم وعلى رأسهم هرقل؛ خسائر كبيرة، حيث خسروا مدن الشام مدينة تلو أخرى، حتى رأوا الشام تخرج من أيديهم إلى أيدي المسلمين.

قرر هرقل الذي كان حينها يقيم في أنطاكية؛ حشد ما يستطيع من مقاتلي القسطنطينية والشام وروما، وتجهّز للمعركة الفاصلة التي هدف منها إلى إيقاف المد الإسلامي عن الأراضي الشامية. فأمر بتجنيد كل من بلغ الحلم من سكان إمبراطوريته وجمع متطوعين من أرمينية وأنطاكية والقسطنطينية؛ فاستطاع حشد نحو 240 ألفا من الجنود من جميع أنحاء مملكته، وجمعهم في وادي اليرموك بالشام.

ولمّا وصلت أنباء تجهيزات جيش البيزنطيين إلى أبي عبيدة بن الجراح الذي كان حينها في حمص، اجتمع مع قادة المسلمين، وقرروا بعد المشاورة أن تخرج القوات الإسلامية من المدن التي

فتحتها وتتمركز كلها في موقع قريب من بلاد الحجاز حتى يعدّوا جيشا واحدا لملاقاة الروم، ثم يرسلوا إلى الخليفة عمر بن الخطاب لطلب المدد منه.

تشكيلة الجيشين

كانت جيوش المسلمين سابقا تعتمد في تشكيلتها ما يسمى "تنظيم الخميس"، ولم تكن تعرف تنظيم الكراديس (الكتائب)، فرأى خالد بن الوليد أن جيشه بحاجة إلى تنظيم جديد، ولا أفضل في مواجهة الروم من مواجهتهم بتنظيمهم، فاعتمد لأول مرة في تاريخ الحروب الإسلامية "تنظيم الكراديس" بجانب تنظيم الخميس، وهو ما سُمِّي "التعبئة الخالدية.

قسم خالد جيشه إلى ما بين 36 و40 كردوسا (كتيبة)، في كل كردوس منها ما بين 600 وألف مقاتل، وأضاف إليها فِرَقًا بها ما بين عشرة وعشرين كردوسا موزعة على حسب التجمعات القبلية، وقسمها إلى 3 جوانب: ميمنة وقلب وميسرة، وجعل على كل واحدة منها أميرا.

التجهيز للمعركة

طلب أبو عبيدة من جيوش المسلمين في المناطق التي فتحوها الانسحاب والتجمهر في دمشق، وأمر بردّ أموال الجزية إلى أصحابها معلّلًا ذلك بقوله لعامل الخراج: أردد على القوم الذين صالحناهم من أهل البلد ما كنا أخذنا منهم، فإنه لا ينبغي لنا إذا لم نمنعهم أن نأخذ منهم شيئا، وقل لهم نحن على ما كنا عليه فيما بيننا وبينكم من الصلح لا نرجع فيه إلا أن ترجعوا عنه، وإنما رددنا عليكم أموالكم أنّا كرهنا أن نأخذ أموالكم، ولا نمنع بلادكم، ولكنا نتنحى إلى بعض الأرض، ونبعث إلى إخواننا، فيتقدموا علينا ثم نلقى

عدونا فنقاتلهم، فإن أظفرنا الله بهم وفينا لكم بعهدكم إلا أن لا تطلبوا ذلك.

فرد المسلمون أموال الجزية التي كانوا قد أخذوها من أصحاب الأرض، إذ كان الاتفاق بينهم أن يحموهم بها، فلما خرجوا فُضَّ الاتفاق، فأعادوا إليهم أموالهم وفاءً بهذا العهد. وكان الخليفة عمر قد أَلِم من ترك البلاد التي فتحوها خوفًا من أن يعود إليها البيزنطيون، لكنه عند ما وصل إليه إجماع القادة على ذلك من أبي عبيدة اطمأن وأمدهم بقوة عسكرية إضافية على رأسها سعيد بن عامر.

ورأى المسلمون أن في مسار الروم حركة التفاف قُصد بها خط الرجعة عليهم، فخرجوا من دمشق باتجاه الجابية حيث سيلتقون بجيش عمرو بن العاص في فلسطين، ومنها ينتظرون مدد الخليفة عمر بن الخطاب

وقيل إن سبب خروج جيش المسلمين للجابية نقض بعض سكان الأقاليم المفتوحة عهدهم مع المسلمين، وإثارتهم اضطرابات عليهم؛ مما أثر في الوجود الإسلامي في الأردن وفلسطين، فرفع عمرو بن العاص إلى أبي عبيدة تقريرا بذلك، فقرر القادة بعد عقدهم اجتماعا الخروج إلى الجابية.

ولمّا تقدمت جيوش الروم إلى نهر الأردن باتجاه المسلمين في الجابية، تراجع المسلمون إلى اليرموك خشية أن يحاصرهم الروم ويقطعوا خط إمدادتهم ويحولوا بينهم وبين شمال الأردن والبلقاء التي تربطهم بالحجاز

وفي هذه الأثناء فوّض أبو عبيدة سلطانه لخالد بن الوليد الذي اختار اليرموك مركزا لتجمع القوات، وذلك للابتعاد عن مناطق الإنزال البحري للبيزنطيين الذين كانوا يسيطرون على البحر المتوسط،

وللاحتماء داخل البلاد والانسحاب عند الضرورة إلى الصحراء العربية

وعندما وصلت جيوش المسلمين وجدوا أن الروم قد سبقوهم وتمركزوا غرب وادي الهرير من الضفة الشمالية لليرموك، فانتشر خالد بجيشه شرق الوادي، وامتد عسكره من تل الأشعري عند مجرى اليرموك جنوبا، فصار وادي الهرير من الشرق خلفه، وعلى يساره اليرموك جنوبا، وعلى يمينه طريق مفتوح نحو شمال "نوى"، وبذلك سد على البيزنطيين منفذهم الوحيد إلى الشمال

أما فاهان فقد وضع المعسكر الرئيسي قرب الياقوصة للدفاع عن طريق واصل بين مصر وسوريا، وجعل وادي الرقاد المتفرع من نهر اليرموك خلفه، ومدّ جيشه على طول الوادي المقابل للرقاد

ووضع الجيشان خططا ليجهز كل منهما على الآخر، وكل منهما يتربص بالثاني ويراقبه، وقضيا الشهور الأخيرة من فصل الربيع وأوائل الصيف في ذلك تمهيدا لليوم الفاصل

وتذكر المصادر الغربية أن الروم لم يكونوا على عجلة من أمرهم، وجاءتهم أوامر بالمماطلة قدر الإمكان، ومحاولة دفع المال للمسلمين لحثهم على العودة إلى جزيرة العرب، أو المماطلة بالمفاوضات حتى يستعد الساسانيون الفرس لمهاجمة العراق، لكن تأخيرهم هذا كان فرصة لتجهّز المسلمين ووصول المدد الذي أمدّهم به الخليفة عمر بن الخطاب.

شعر قائد الروم فاهان بالقلق خوف فقدانهم التفوق العددي بعد وصول المدد إلى المسلمين، فذهب لملاقاة خالد بن الوليد بنفسه، وكان يرى أن العرب ليسوا سوى قوم جائعين تعساء فقراء، فعرض عليهم في هذا اللقاء الطعام والذهب على أن يغادروا، فقال خالد "لم يأت بنا الجوع إلى هنا"، ودعاه إلى الإسلام مقابل السلام وإلا

فالحرب، وقال له "إنك ستواجه رجالا يحبون الموت كما تحب أنت الحياة"، فرد فاهان "حاول رجال أفضل منكم الاستيلاء على أراضينا فهزموا جميعا"، وهكذا انتهت المفاوضات.

بداية المعركة

وبدأت مبارزة بين الطرفين في اليوم الأول، فخرج من المسلمين عبد الرحمن بن أبي بكر، لملاقاة أقوى رجال الروم، فأجهز عليه وعلى 4 آخرين، فقرر فاهان بدء المعركة خوفًا على معنويات جيشه الذي شاهد النزال الخاسر، وبدأت بعدها المعركة.

بدأ الروم زحفهم نحو المسلمين، وقيل إن صوت زحفهم كان له دوي كدوي الرعد، فلما رأى خالد ذلك، أمر جنوده بالثبات ما أمكن حتى تنكسر شوكة العدو ويضعف هجومهم، فيبدأ حينها هجومه المضاد، إذ رأى ألا ينهك قواته في معارك جانبية، وأراد التركيز على فصل الجيش البيزنطي عن قواعده وقطع إمداداتهم.

حاول خالد استدراج البيزنطيين جنوبا باتجاه الطريق المفتوحة للمسلمين لضمان استمرار إمداداتهم والانسحاب إذا خسروا المعركة، ونجح في ذلك حيث أبعد البيزنطيين عن طريق إمداداتهم الآتية من الشمال، واستدرجهم إلى أودية صغيرة ضيقة شديدة الانحدار حماية لجنوده. وانتهى اليوم بإصابات شديدة في المسلمين من نبال الروم.

اليوم الثاني

في اليوم الثاني حاول الروم مباغتة المسلمين أثناء أدائهم صلاة الفجر، وهاجموا ميمنة المسلمين بقوة فأجبروهم على التراجع حتى المعسكر، وهناك تدخلت نساؤهم وقاتل بعضهن معهم، ووزعن الجمال حول المعسكر وربطنها، فتوقفت أحصنة الروم عن التقدم لما شمت رائحة الجمال الهائجة، فعرقل ذلك تقدم الروم

وفي الميسرة عانى جناح يزيد بن أبي سفيان وأجبر على التراجع إلى المعسكر، وخرجت النساء هناك أيضا وتدخلن في القتال، وقتلوا كثيرا من الروم، وكنّ يشجعن رجالهن على الثبات والقتال ويزجرن من يتراجع من المسلمين حتى يعود لأرض المعركة.

وقد استغل الروم انشغال خالد بن الوليد بالميمنة فظنوا أنهم تمكنوا منهم حتى ظهرت خيالة خالد الذي كان يتوقع مجريات المعركة، وأرسل فرقة لمهاجمة وسط جيش الروم واستمر في طريقه إلى الميسرة وهناك قطع المدد عن الأعداء.

وكان القتال هذا اليوم شديدا على المسلمين، وتدخل خالد في الميمنة والميسرة وحاصر المشركين هناك حتى أجبرهم على التراجع وأعاد ضبط المعركة لصالحه. وقد تأثر جيش المسلمين في البداية وخاصة ميمنته من جيش الأرمن المدعوم بالخيالة العرب المسيحيين، لكن تدخل خالد قلب موازين المعركة يومها فضعفت معنويات الروم لما أحسوا أنه طوّقهم.

اليوم الثالث

في هذا اليوم حاول فاهان إعادة الهجوم على المسلمين، وكان خالد حينها قد أعاد تنظيم خطته لما وجد فيها بعض الثغرات، وكان فاهان مركزا في معركته هذه على الجناح الأيمن معتمدا فيه على سلاح الفرسان الثقيل بقيادة قناطير ويظن أنه عبر ذلك سيحدث ضررا أكبر.

أظهر الروم تقدما كبيرا بقيادة قناطير الذي يقود السلافيين على الميسرة، وجبلة الذي يقود العرب الغساسنة، فاضطر الجناح الأيمن إلى التراجع وكذا جزء من الوسط، فتدخل خالد عبر الثغرة قاصدا فرق جبلة وحاصرها، فقتل فيها كثيرًا من الروم الذين انسحبوا من

فورهم بلا تنظيم، ولما رأى قناطير ذلك تقهقر مع جنده، فأوقف خالد بذلك المعركة يومها لصالحه.

اليوم الرابع

في اليوم الرابع، استمر فاهان في هجومه وأمر قناطير وجبلة ببدء المعركة، وتعرض المسلمون لضغط شديد هناك، ثم أمر فاهان بتقدم قواته الأرمينية واليونانية ببطء، فقلق خالد من هجوم شامل قد لا يقدر على صده بعدما استشهد كثير من جنده، لذا أمر أبا عبيدة بن الجراح بالتقدم ومهاجمة فاهان ومن معه لتأخيرهم عن الوصول إلى خط المواجهة.

حاول خالد بن الوليد تخفيف الضغط على ميمنة جيشه حينها فناور مناورات ذكية أدت إلى تراجع الأرمن، فتراجع جيش بيزنطة من هناك، أما في جانب أبي عبيدة بن الجراح فقد اشتدّ القتال حتى فقد كثير من المسلمين أبصارهم بضرب النبال، فتراجعوا قليلا لتفادي السهام، وسُمي ذلك اليوم "يوم فقع العيون"

رأت النساء في المعسكر الأيسر تراجع قوات يزيد إثر تقدم قوات الروم، فخرجن بأسلحتهن وانضممن إلى القتال، فزاد ذلك من قوة المسلمين المجاهدين لما رأوا نساءهم يقاتلن ويدعونهم إلى القتال وعدم التراجع، وكان للنساء في معركة اليرموك دور بارز في دعم المجاهدين، وتسببت تدخلاتهن الذكية في قلب الموازين حينها.

بعدما اشتد القتال في اليوم الرابع، ولاحت للمسلمين علامات انهزام، نادى عكرمة بن أبي جهل جيش المسلمين طالبًا من يبايعه على النصر أو الشهادة، فخرج معه 400 مجاهد، قاتلوا الروم وأوقفوا زحفهم وكبدوهم خسائر كبيرة، واستشهدوا جميعا، ولما اطمأن عكرمة للنصر، حمد الله مرتاحا ثم استشهد متأثرا بجروحه.

اليوم الخامس

في اليوم الخامس فاوض الروم المسلمين على هدنة، فاجتمع قادة المسلمين، ورأى بعضهم الهدنة نصرا، ورأى آخرون الاستراحة والعودة في يوم آخر؛ فالجنود مصابون ومنهكون، لكن خالد بن الوليد أقنع قائد جيش المسلمين (أبا عبيدة بن الجراح) برفض الهدنة؛ إذ أدرك أن الروم لم يعودوا قادرين على النزال، ورأى حسم المعركة لا التنازل، وقرر تحويل الإستراتيجية من الدفاع إلى الهجوم، وأجرى تغييرات على فرق الخيالة، وجعلها كلها تحت قيادته.

قرر خالد حينها عزل الفرسان عن المشاة في جيش الروم، لتبقى نواة جيشهم بلا حماية، وأن يهجم في الوقت ذاته على ميسرة جيشهم لإخراجها نحو الغرب. وأرسل فرقة مناورة للاستيلاء على الجسر الحيوي عبر ممر رقاد الذي كان خطا رئيسا بين الجيش البيزنطي ومعسكره. وجعل خلف جميع فرق المشاة فرسانا ليوهم الروم أن التشكيلة لم تتغير، وأبقى فرقة من الفرسان مخبأة بين منخفضات السهول.

اليوم السادس.. نهاية المعركة

بقي قلب جيش المسلمين صامدا ومن ورائه فريق أبي عبيدة بن الجراح، وعلى مدار خمسة أيام غير متتالية شاركوا في سلسلة معارك شرسة، أنهوها بمعركة " الواقوصة "

في اليوم الأخير خرج أبو عبيدة لمنازلة قائد الجناح الأيمن غريغوري بعدما طلب منه الأخير ذلك، وكان مقاتلا قويا معروفا وذا بنية جسدية ضخمة، وكان أبو عبيدة نحيلا طويلا قد طعن في السنّ. وكلّف أبو عبيدة خالد بن الوليد بخلافته في الولاية إذا قُتل في هذا النزال، وتوجه نحو غريغوري، وبدآ النزال تحت أنظار الجيشين، وحاول القائد الروماني قتل والي المسلمين بالحيلة، لكنه لم يتوقع

خطوة أبي عبيدة الذي هجم عليه بسيفه فأصاب عنقه فقتله، فاشتدت حماسة المسلمين وكبروا ليأمر خالد بالهجوم الشامل.

أجهز المسلمون على البيزنطيين في اليوم السادس الذي كان شديد الحرارة مع وجود عاصفة رملية لافحة، وقد رجح خالد أن البيزنطيين سيتجنبون المواجهة في الأيام الحارة، فاستغل الظاهرة الطبيعية التي أرهقت الروم وشتت تركيزهم بعدما ضربت الرمال وجوههم وثقلت أجسادهم من عتادهم وسلاحهم، وارتعبوا من مبادرة المسلمين بالهجوم رغم قلّة عددهم وكثرة خسائرهم.

كان فاهان قائد جيش البيزنطيين يراقب مجريات المعركة وتطورها فلاحظ أن جنوده بدأوا يخسرون المعركة، ثم ما لبث أن لمح سحابة غبار قادمة من الشمال، وكانت تلك هي الفرقة السرية التي خبّأها خالد لتهاجم البيزنطيين من الخلف، فالتمس فاهان من فوره طريقا عبر الشمال ليفرّ مع 40 ألفا من فرسانه.

وصل خالد فأجهز على من كان هناك، فانسحبت قوات جبلة من المعركة ورأت الطريق مسدودا فتشتت الجند وفر كل واحد منهم بطريق حفظا لنفسه. وعندما انتبه خالد لفرار فاهان الذي كان قاصدا دمشق، لحقه بعدما استأذن أبي عبيدة، واشتبك خالد وفلول الجيش البيزنطي فقُتل فاهان وكثير من جنده.

حوصرت قوات قناطير من كل الجهات، فتسبب ذلك في زعزعة استقرار جيش الروم الذي فقد ترابطه ودفع إلى المنحدرات، فسقط منهم كثير في الجرف دون أن يشعروا، وكان ذلك أهون عليهم من أن يقعوا في أيدي جيش زرع الخوف في أوصالهم، ومنهم من قتل ومن أسر.

ولما انتهت المعركة أرسل والي الشام أبو عبيدة بن الجراح إلى الخليفة عمر بن الخطاب يعلمه بالنصر عبر سفارة صغيرة ترأسها

حذيفة بن اليمان، وكان عمر رضي الله عنه لم ينم منذ ثلاثة أيام انتظارًا لخبر من اليرموك، فلما وصلته البشرى خرّ ساجدا شكرًا لله.

نتائج المعركة

تسببت المعركة في خسائر مدوية للروم، وكانت من أعظم المعارك تأثيرًا في الفتوحات الإسلامية.

وبعد المعركة استقر المسلمون في بلاد الشام بعدما فتحوها كلها مدينة تلو الأخرى، ثم وصلوا منها إلى الشمال الأفريقي، فكانت فاتحة للتمدد الإسلامي في القرون التالية.

وكان من الأحداث البارزة في المعركة أن أسلم أحد قادة جيش الروم واسمه جرجة بن توذرا، وقد خرج لمبارزة خالد بن الوليد، فدار بينهما حوار قبل النزال، سأله فيه توذرا عن الإسلام، واستأمنه ألا يكذب عليه، فاطمأن قلبه للإسلام، وأعلن إسلامه وقاتل إلى جانب المسلمين واستشهد في المعركة.

الخسائر البشرية

تحول لون نهر اليرموك للون الأحمر لكثرة القتلى الملقون بالنهر.

استشهد من المسلمين 3 آلاف، وخسر البيزنطيون 70 ألفا، وقال بعض المؤرخين إنهم وصلوا إلى 120 ألفا، وكان من شهداء المسلمين عكرمة بن أبي جهل، وضرار بن الأزور، وهشام بن العاص، وأبان بن سعيد.

كانت هذه معركة هر مجدون التي ينتظرونها، كيف لكم أن تنتظروا معركة بالسيوف والخيول في عصرنا الحالي؟

إخواني وأخواتي

اليهود ينتظرون المخلص، فمن آمن منهم بمحمد صلى الله عليه وسلم، قد جائه المخلص

والذين لم يؤمنوا بمحمد كما فعلوا مع عيسى، فدينهم منسوخ، ويعيشون في الماضي والخيال.

المسحيين ينتظرون عودة المخلص عيسى عليه السلام، بالصورة والمواصفات التي اتى بها محمد صلى الله عليه وسلم، فمن آمن منهم بمحمد صلى الله عليه وسلم، قد جائه المخلص

والذين لم يؤمنوا بمحمد، فدينهم منسوخ، ويعيشون في الماضي والخيال

المعتقد الإنجيلي ألف وليس ألفان: أثبت عدم صحته مرتين

لم تأت معركة هر مجدون (لإنها قد حدثت بالفعل "اليرموك") ولا يعود عيسى عليه السلام وينتهي العالم، يجوز إن صح هذا المعتقد فتكون 2000 هجرية، ولا يعلم الغيب إلا الله.

المسلمين ينتظرون المهدي الذي سيكون أسمه محمد أو أحمد بن عبد الله ومواصفاته واخلاقه وصفاته كصفات ومواصفات الرسول صلى الله عليه وسلم ويكون به علامة النبوة (ما هذا توأم الرسول صلى الله عليه وسلم؟!)، ويكون وقت الهدنة السابعة مع هرقل، وقد مات هرقل، فأي مهدي ينتظرون.

وينتظرون أيضا عيسى عليه السلام، لكي يكسر الصليب ويقتل الخنزير، لكن عيسى قد توفاه الله، ومحمد صلى الله عليه وسلم خاتم الأنبياء والرسل، ولم يجعل الله لبشر من قبله الخلد.

نستدل مما سبق على أن اليهود والمسحين والمسلمين ينتظرون معركة قد حدثت بالفعل

فلسطين في العصر الإسلامي

كانت القدس مدينة مهمة من المقاطعة البيزنطية في السنوات قبل الفتح الإسلامي، وفي عام 614 م غزا الساسانيون المدينة أثناء الحروب الساسانية البيزنطية، وقام الفرس بنهب المدينة، وذبحوا 90 ألف مسيحي، واضطهدوا جميع من في المدينة، وكان ذلك بمساعدة اليهود.

بعد وفاة الرسول صلى الله عليه وسلم، خلفه أبو بكر الصديق، الذي قام بـ "حروب الرِّدة" وأرجع السيادة على الجزيرة العربية، وبدأ الفتح الإسلامي في الشرق من خلال غزو العراق، مقاطعة من الإمبراطورية الفارسية الساسانية. وعلى الجبهة الغربية، غزت جيوشه الإمبراطورية البيزنطية.

بعد وفاة أبي بكر الصديق، خلفه عمر بن الخطاب، وفي عهده أطلق الإمبراطور هرقل حملة كبيرة لاستعادة الأراضي المفقودة، لكن خاب ظنه وهُزم في معركة اليرموك عام636 م.

وبعد أن انتصر المسلمون في اليرموك، أمر أبو عبيدة خالدا أن يخرج في اثر الروم إلى أن وصل حمص، وأخذ أبو عبيدة جيشه إلى دمشق؛ فقسم أبو عبيدة رضي الله عنه منطقة الشام إلى 4 مناطق: "الأولى: دمشق وما حولها بإمارة يزيد بن أبي سفيان، الثانية: منطقة فلسطين بإمرة عمرو بن العاص، الثالثة: منطقة الأردن بإمرة شُرَحْبِيل بن حسنة. الرابعة: حمص وما حولها، بإمرته هو."

لما انتهى أبو عبيدة بن الجراح رضي الله عنه من فتح دمشق، كتب إلى أهل إيلياء (وإيلياء هي القدس) يدعوهم إلى الله وإلى الإسلام، فرفضوا أن يُجِيبوا إلى ما دعاهم إليه، فركب إليهم في جنوده، واستخلف على دمشق سعيد بن زيد، ثم حاصر بيت المقدس، وطلب من أهلها الصلح، ولكنهم رفضوا، وقال رهبانهم: "لن يفتحها إلا

رجلٌ، وذكروا بعض الأوصاف الجسمية لرجل معين، وأن اسمه يتكون من ثلاثة حروف، فوجد المسلمون أن هذه المواصفات لا تنطبق إلا على الفاروق عمر بن الخطاب رضي الله عنه وأرضاه.

قام عمر بن الخطاب باستشارة عثمان بن عفان وعلي بن أبي طالب للذهاب إليهم بنفسه، فأشار عليه عثمان بألا يذهب، وأشار عليه على بأن يذهب، فأخذ عمر برأي علي بن أبي طالب، فجاء عمر رضي الله عنه من المدينة المنورة ليتسلم مفاتيح القدس، وقام باستخلاف على رضي الله عنه على المسلمين في المدينة المنورة.

ذهب عمر ليتسلم مفاتيح القدس، ولكنه لم يدخل عمر إلى القدس مباشرة، وإنما ذهب إلى منطقة الجابية وكان المسلمون هناك مستعدين لاستقباله مع أبي عبيدة بن الجراح وخالد ويزيد، فرحبوا به ترحيبا عظيما، وقام عمر يخطب فيهم خطبة ويقول: "أيها الناسُ أصلحوا سرائركم تَصلُحْ علانيا تكم، واعملوا لآخرتكم تُكْفَوْا أَمْرَ دنياكم"، وقال أيضا: فمن أراد بحبوحة الجنة فليلزم الجماعة فإن الشيطان مع الواحد، وهو من الاثنين أبعد.

بعد ذلك دخل عمر بن الخطاب بيت المقدس وتسلم مفاتيحه وأعطى المسيحيين الأمان والحرية في عبادتهم وشعائرهم الدينية، ثم حضر العوّام والي القدس إلى الجابية واتفقا على صلح القدس، وكتب عمر بن الخطاب (العهدة العمرية)، التي سطرها التاريخ بحروف من نور، وأجمع عليها صحابة رسول الله صلى الله عليه وسلم، وهذا نصها.

العهدة العمرية

بسم الله الرحمن الرحيم؛ هذا ما أعطى عبد الله عمر أمير المؤمنين أهل إيلياء من الأمان أعطاهم أمانا لأنفسهم وأموالهم، ولكنائسهم وصلبانهم، وسقيمها وبربيئها وسائر ملتها، أنه لا تسكن كنائسهم ولا

تهدم، ولا ينتقص منها ولا من حيزها، ولا من صليبهم، ولا من شيء من أموالهم، ولا يُكرَهون على دينهم، ولا يُضَارّ أحدٌ منهم، ولا يسكن بإيلياء معهم أحد من اليهود، (لأن النصارى كانوا يعادون اليهود عداءً حقيقيا)، وعلى أهل إيلياء أن يعطوا الجزية كما يعطي أهل المدائن، وعليهم أن يخرِجُوا منها الروم، ومن أحب من أهل إيلياء أن يسير بنفسه وماله مع الروم ويخلي بيعهم وصُلُبَهم فإنهم آمنون على أنفسهم وعلى بيعهم وصلبهم حتى يبلغوا أمنهم، ومن أقام منهم فعليه مثل ما على أهل إيلياء، ومن شاء أن يسير مع الروم، سار مع الروم وهو آمن، ومن شاء أن يرجع إلى أهله، رجع إلى أهله، وهو آمن، وعلى ما في هذا الكتاب عهد الله وذمة رسوله وذمة الخلفاء وذمة المؤمنين إذا أعطوا الذي عليهم من الجزية، شهد على ذلك خالد بن الوليد، وعمرو بن العاص، وعبد الرحمن بن عوف، ومعاوية بن أبي سفيان وكُتِبَ وحُضِرَ سنة خمس عشرة

بعد ذلك دعاه البطريرك صفرونيوس لتفقد كنيسة القيامة، فلبّى دعوته، وأدركته الصلاة وهو فيها، فالتفت إلى البطريرك، وقال له: "أين أصلي؟"، فقال: "صلِّ مكانك"، فخشي عمر أن يصلي فيها فيتخذها المسلمون من بعده مسجدا، فقال: "ما كان لعمر أن يصلي في كنيسة فيأتي المسلمون من بعدي ويقولون هنا صلى عمر ويبنون عليه مسجدا، وابتعد عنها رمية حجر وفرش عباءته وصلى

بعد ذلك بُني مسجد "عمر" في البقعة نفسها التي صلى فيها الخليفة عمر بن الخطاب، واستمر الحكم الإسلامي على القدس لمدة 400 سنة متتالية، إلى أن جاءت الحملة الصليبية الأولى في عام 1099

وقد حذر عاموس شعبه من أن الإله سيحطم جماعة إسرائيل بسبب فسادها

"هَلْ قَدَّمْتُمْ لِي ذَبَائِحَ وَتَقْدِمَاتٍ فِي الْبَرِّيَّةِ أَرْبَعِينَ سَنَةً يَا بَيْتَ إِسْرَائِيلَ؟ بَلْ حَمَلْتُمْ خَيْمَةَ مَلْكُومِكُمْ، وَتِمْثَالَ أَصْنَامِكُمْ، نَجْمَ إِلهِكُمُ الَّذِي صَنَعْتُمْ

لِنُفُوسِكُمْ. فَأَسْبِيكُمْ إِلَى مَا وَرَاءَ دِمَشْقَ» قَالَ الرَّبُّ إِلهُ الْجُنُودِ اسْمُهُ". (عاموس 18/5) وأكد كل من إرميا وحزقيال (إرميا 29/31- 30, حزقيال 18) المسؤولية الفردية كما أكد كثير من الأنبياء أن النفي عقوبة تستحقها جماعة إسرائيل

إسلام الشعب الفلسطيني:

أعتنق نصف الفلسطينيين تقريبا الإسلام، وأصبحوا أهل فلسطين، مسحين ومسلمين يتكلمون اللغة العربية.

الحكم الإسلامي العادل:

عندما حكم العرب المسلمين فلسطين، لم يوجد أي يهودي بفلسطين.

بدأ يهود الخرز يتوافدون على الإمبراطورية الإسلامية، لعلمهم أن الحكم الإسلامي لا يعتدي على أي دين.

إخواني وأخواتي اليهود والمسحيين بإذن الله:

موسى مصري وتزوج عربية، واليهود في مصر اختلطوا وتزوجوا بالمصريين، وفي الشتات اختلطوا وتزوجوا بالعرب، والعرب هم أولاد إبراهيم، واليهود عاشوا مع العرب في الجزيرة العربية.

يوجد كتاب انزله الله منذ أكثر من 1440 يوضح لكم من هو الشعب المختار وشروط الاختيار، والخريطة التالية توضح لكم الإراضين التي تدعون أنها ارض الميعاد، قد فتحها الذين نجحوا في اختبارات الاختيار، وتنطبق عليهم كل المواصفات التي ذكرت في كتبكم، ولا يزالون حتى يومنا هذا يحكمون هذه الأرض.

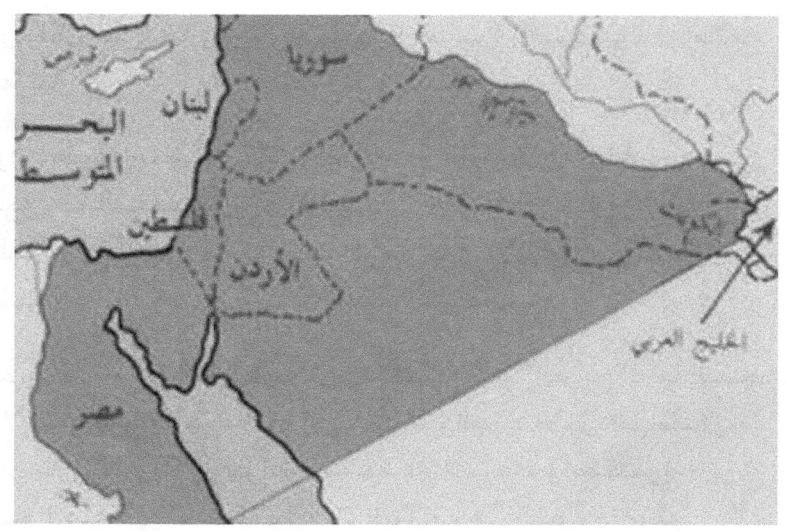

ان آدم عليه السلام أول محطة في قطار الأنبياء، فمن نزل عند موسى عليه السلام لم يكمل الرحلة الدينية، ومن نزل عند عيسى عليه السلام فقد ترك القطار والرحلة. لكن من أكمل وأخذ القرآن من محمد صلى الله عليه وسلم، فهذا الذي أكمل الرحلة وفهم لماذا أرسل الله محطات الأنبياء

الصلبين

في عام 1099 سقطت القدس في يد الصليبيين وحولوا بعض مساجدها إلى كنائس

في طريقهم إلى القدس، انتهج الصليبيون القتل بحق كل من مروا به، وكانوا يطرحون على الجميع إما التعاون معهم أو القتل، فتعاون بعض الناس حفاظا على حياتهم.

وبعد حصار لعدة أيام مارسوا خلالها طقوسا دينية عند أسواق المدينة المقدسة، اقتحم الصليبيون القدس وأوغلوا ذبحا وقتلا، وكانت البداية بمجزرة جماعية قتلوا فيها الناس بالشوارع والمنازل والأزقة، لدرجة

أن القتل استهدف يهودا ومسيحيين ومسلمين لأنهم جميعا ذو ملامح عربية.

وفي مذبحة استمرت عشرة أيام يرجح المؤرخون أنها أودت بحياة نحو مئة ألف مقدسي، أحرقت الجثث وقطعت الأصابع وشقت البطون بحثا عن الذهب والجواهر، وحول الأقصى إلى اصطبل للخيول

ثم حولوا مسجد قبة الصخرة إلى "كنيسة السيد المسيح"؛ أما المسجد الأقصى فحولوا جزءاً منه إلى كنيسة، والجزء الآخر إلى مسكن لفرسان "الداوية"، وبنوا فيه مستودعاً للأسلحة، واستخدموا السراديب التي تحته كإسطبلات خيول؛ وهي المعروفة باسم "الأقصى القديم، والمصلى المرواني"، واستمر الاحتلال الصليبي للمدينة 88 سنة.

غفل المسلمين فهجم الصليبيين على الشرق الأوسط، لكن شعوب الشام وفلسطين لم يفروا ويغادروا ارضهم، وظلوا ببلادهم تحت الحكم الصليبي الظالم.

حرر القائد المسلم صلاح الدين الأيوبي القدس ودخلها يوم الجمعة 27 رجب من عام 1187 وصلى في المسجد الأقصى، وبقيت حتى عام 1229

عادت القدس لحكم الصليبين بعد أن قام الملك الكامل الأيوبي بالاستنجاد بفريدريك الثاني الذي قاد الحملة الصليبية السادسة على القدس، وثم خضعت بعد ذلك لحكم المماليك بعد أن هزموا المغول في معركة عين جالوت عام 1260

احتل السلطان العثماني سليم الأول القدس عام 1715 بعد انتصاره على المماليك في معركة مرج دابق عام 1516، خلفه من بعد

السلطان سليمان القانوني الذي بنى سور القدس وعدد من التكايا والمراكز الإسلامية وعمر قبة الصخرة

دخل إبراهيم باشا القدس عام 1831 دون أية مقاومة

الاحتلال البريطاني والهجرة اليهودية إلى فلسطين

دخل الجنرال اللنبى القدس عام 1917 وأصبحت مركزا للنشاط السياسي والجماهيري الفلسطيني ضد الاحتلال البريطاني والهجرة اليهودية إلى فلسطين

خريطة فلسطين العربية
الجمهورية اللبنانية
الجمهورية العربية السورية
الجولان
رأس الناقورة
الجليل
صفد
عكا
حيفا
طبريا
الناصرة
قيسارية
جنين
بيسان
نهر الأردن
تانيا
طولكرم
نابلس
قلقيلية
السلط
رام الله
يافا
تل الربيع
اللد
الرملة
القدس
أريحا
البحر الأبيض المتوسط
أسدود
عسقلان
بيت لحم
البحر الميت
المملكة الأردنية الهاشمية
الخليل
غزة
بئر السبع
الكرك
النقب
جمهورية مصر العربية
سيناء
أم الرشراش
العقبة
طابا
خليج العقبة
المملكة العربية السعودية
Ahmed Obaid

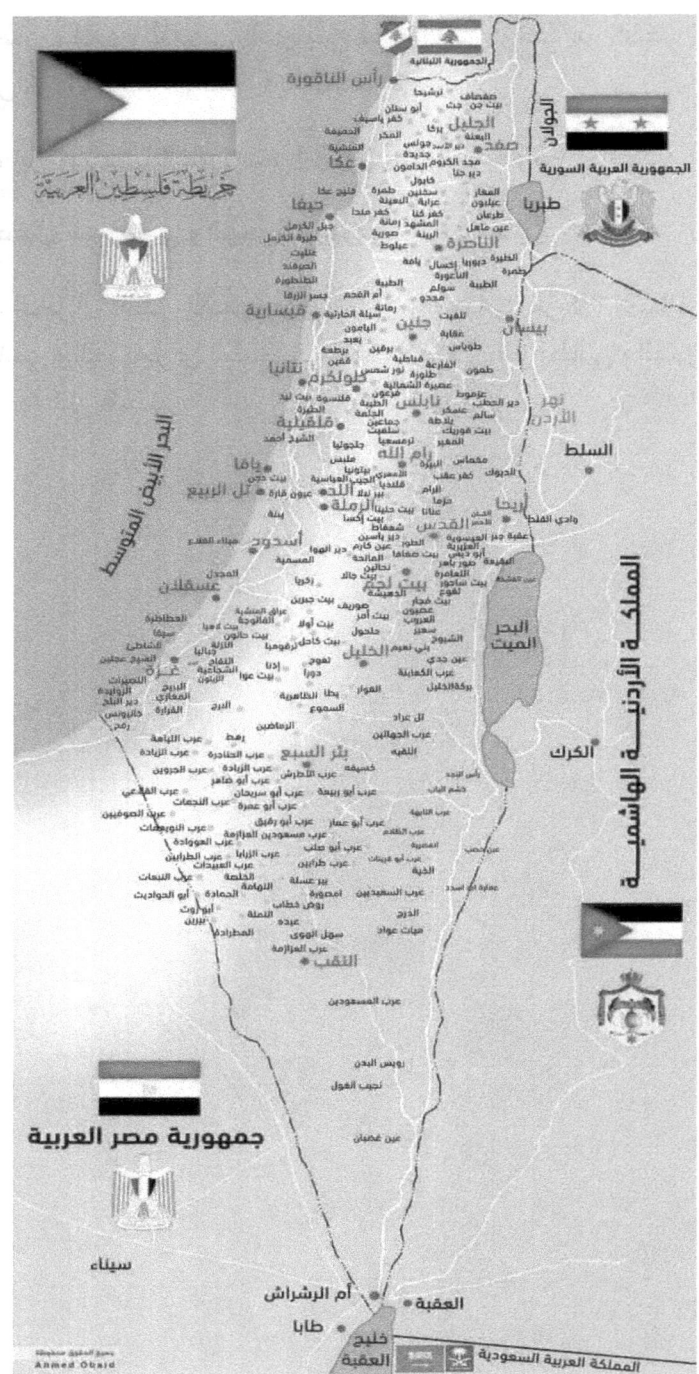

الهجرة اليهودية لفلسطين بدأت 1917:

هجرة مادية سياسية ليست إنسانية أو دينية، كما يزعمون.

ليست بسبب المحرقة كما يدعون لإنها بدأت من سنة 1917

ليست لسبب أرض الميعاد وإنها كانت ارض أجدادهم لإنهم؛ كانوا يفكرون في الأرجنتين، وهاجر إليها يهود كثيرون بالفعل.

كان أول اقتراح هو مدينة آرارات ولم ينجح هذا الاقتراح

ثم مدغشقر وأوغندا لكن لم يقبلوا اليهود بذلك المقترح

طلب اليهود أن تكون هجرتهم إلى البحرين والأحساء، لكن الإنجليز لم يوافقوا على ذلك الطلب.

ثيودور هرتزل المؤسس الحقيقي لدولة اليهود

يعتبر المؤسس الحقيقي لدولة اليهود رغم أنه لم يزر فلسطين ولم نظم المؤتمر الصهيوني والشهير في بازل يتعلم العبرية في سويسرا، ورأس المنظمة الصهيونية العالمية التي انبثقت عن المؤتمر حتى وفاته عام 1904.

لا دين ولا لغة ولم يزورا الأرض التي يدعون إنها أرضهم ويبتدعون أرض الميعاد؛ من أين أتى هذا!؟

في 29 أغسطس/آب 1897عقد أول مؤتمر صهيوني في مدينة "بال "بسويسرا، وكانت أبرز قضاياه تعزيز الهوية اليهودية عند يهود أوروبا الغربية، وتعليم اللغة العبرية لليهود، وتحويل أنظارهم ومشاعرهم عن أميركا الجنوبية وتوجيهها نحو فلسطين.

(كانت أرض الميعاد بأمريكا الجنوبية ولما لم تكن أمريكا الشمالية أو إنجلترا أو فرنسا)

مندوبا عن أُرسل وزير الخارجية البريطاني جيمس آرثر بلفور رئيس الوزراء البريطاني لوير جورج 2نوفمبر/تشرين الثاني 1917 للتفاوض مع الحركة الصهيونية بشأن مطالبها في فلسطين

أرسل بلفور رسالته المشهورة في 2 نوفمبر/تشرين الثاني 1917 إلى رئيس الجالية اليهودية في بريطانيا

اللورد ليونيل روتشيلد، والتي قال فيها

Foreign Office,
November 2nd, 1917.

Dear Lord Rothschild,

I have much pleasure in conveying to you, on behalf of His Majesty's Government, the following declaration of sympathy with Jewish Zionist aspirations which has been submitted to, and approved by, the Cabinet

"His Majesty's Government view with favour the establishment in Palestine of a national home for the Jewish people, and will use their best endeavours to facilitate the achievement of this object, it being clearly understood that nothing shall be done which may prejudice the civil and religious rights of existing non-Jewish communities in Palestine, or the rights and political status enjoyed by Jews in any other country"

I should be grateful if you would bring this declaration to the knowledge of the Zionist Federation.

Yours,
Arthur James Balfour

إن حكومة صاحب الجلالة تنظر بعين العطف إلى تأسيس وطن قومي للشعب اليهودي في فلسطين وستبذل قصارى جهدها لتحقيق هذه الغاية، على ألا يجري أي شيء قد يؤدي إلى الانتقاص من الحقوق المدنية والدينية للجماعات الأخرى المقيمة في فلسطين، أو من الحقوق التي يتمتع بها اليهود في البلدان الأخرى أو يؤثر على وضعهم السياسي

"ليس لهم أي وجه حق في هذا القرار، مع الأسف رغم أنه قرار سافر فأنهم لم ينفذوا ما ورد به، فاغتصبوا كل أرض فلسطين، واعتدوا على جيرانهم العرب، مع العلم أن اليهود عاشوا أفضل عصورهم في ظل الحكم الإسلامي العربي."

(وفور وصول البريطانيين واليهود لفلسطين، بدأ القتل والذبح بدم بارد، والدمار والتطهير العرقي للشعب الفلسطيني وحتى اليوم، يحاصروهم ويمنعوا عنهم الأكل والماء وكل سبل الحياة، وكل الدول تمد إسرائيل لكي يبيدوا أصحاب أرض فلسطين، الفلسطينيين من يوم خلق الله الكون، فهم من تحول بعض منهم من الكفر إلى اليهودية ثم المسيحية ثم إلى الإسلام، وهم الآن مسيحيين ومسلمين ولغتهم العربية، فهم مثل المصريين، والعراقيين، والليبيين، والسورين.. الخ وكل الدول العربية التي تحولوا من الكفر وهم يهود ومسحيين ومسلمين وهم السكان الأصليين، إنما هؤلاء القادمين من أوربا وأمريكا لا ينتسبون لهذه المنطقة، ولا ينتسبوا لليهودية، فقط اليهود العرب من حقهم أن يبقوا بفلسطين)

وهكذا تمت الخطة لوضع صيغة ما عرف بـ "وعد بلفور"، ووقعت عليه الحكومة البريطانية، وكان هدفها الأساسي استقطاب يهود ألمانيا لينضموا إلى يهود بريطانيا لمساعدة الإنجليز.

وعندما انتهت الحرب تكثفت الدعوات لنقل اليهود من أوروبا وأميركا، ثم بدأت الهجرات اليهودية بأعداد هائلة تُنقل عبر خط سكة حديد يافا-القدس، الذي استولى عليه البريطانيون تماما.

في عام 1918 قررت الحكومة البريطانية إرسال وفد إلى فلسطين البريطانية في فلسطين من أجل ضم حاييم وايزمان قائد القوات دراسة مدى إمكانية تطبيق وعد بلفور

وعرضت الحكومة البريطانية في السنة ذاتها نص تصريح بلفور على الرئيس الأميركي الأسبق وودرو ولسون، ووافق على محتواه قبل نشره، وأقرته كل من فرنسا وإيطاليا رسميا

من الجدير بالذكر أن وايزمان كان رئيسا للمنظمة الصهيونية العالمية منذ عام 1920 حتى عام 1946، وتم انتخابه أول رئيس لدولة إسرائيل عام 1949 كما يعد أشهر الشخصيات الصهيونية بعد هرتزل

كانت خطة الصهاينة لدفع اليهود للهجرة إلى فلسطين بأن يمارسوا الإرهاب مع إخوانهم اليهود وأبناء جلدتهم، بالقتل والترهيب ووضع الدماء على أبواب منازلهم، ويدعون أن الأوربيون هم من يفعلون ذلك، مناحيم بيجين كان زعيم هذه العصابات، ونفذ أيضا عمليات إرهابية في فلسطين أقوها فندق الملك داود في القدس.

كان مناحيم بيجين مطلوب دوليا من الإنتربول، وأصبح رئيس وزراء في إسرائيل، ثم حاز على جائزة نوبل للسلام، وأغلب زعماء دولة إسرائيل الإرهابية كانوا في الأصل زعماء عصابات وإرهابيين، أين القانون الدولي ومكافحة الإرهاب، أو أنه من تدرج من رئيس عصابة إلى أي منصب سياسة يغفر له ما تقدم من إرهاب، هذا هو الدين السياسي، ولذلك لم ينفذ حكم المحكمة الدولية للقبض على رئيس وزراء الكيان الحالي بالرغم أنه غادر فلسطين أكثر من مرة.

تفجير فندق الملك داود......

تفجير الفندق أثار الغضب البريطاني، حين نظم "مركز مناحيم بيغن للتراث" مؤتمرا في يوليو 2006 للاحتفال بالذكرى 60 لأول تفجير إرهابي متعدد جنسيات الضحايا في المنطقة العربية، وكان في حضور رئيس الوزراء، "بنيامين نتنياهو" إضافة لأعضاء في منظمة "ارغون" منفذة الاعتداء، واحتج السفير البريطاني بتل أبيب والقنصل العام في القدس المحتلة، قائلَين إنه "ليس من الصواب القيام بإحياء ذكرى عمل إرهابي أدى إلى فقدان عدد من الأرواح" ثم طالبت الحكومة البريطانية بإزالة لوحة تذكارية تحتفي بالتفجير وتم عرضها في الحفل

إرجون: كان إرجون، أو إتزل، منظمة صهيونية شبه عسكرية تعمل في فلسطين بين عامي 1931 و1948. كانت فرعًا من المنظمة اليهودية شبه العسكرية الأكبر

والأقدم هاجاناه. وقد تم اعتبار إرجون منظمة إرهابية أو منظمة نفذت أعمالًا إرهابية..

في 22 تموز/ يوليو 1946، أصدر مناحيم بيغن، الذي كان آنذاك **رئيس الإرغون**، أمراً بتفجير الجناح الجنوبي لـ فندق الملك داود في القدس.

كان الجناح المقرّ الرئيسي للإدارة المدنيّة البريطانية. وقد أودى التفجير بحياة 91 موظفاً وزائراً مدنياً، منهم 41 عربياً و28 بريطانياً و17 يهودياً. في 24 تموز/ يوليو 1946، ما زال المدنيون والجنود يحاولون إنقاذ الضحايا المحاصرين تحت الأنقاض

Zionist terror bombing of King David Hotel

Menachem Begin - wanted terrorist

Ended as prime minister of Israel

القيادي الثاني في "إرغون"، كان في إيرلندا بهدف لقاء كبار الضباط في الجيش الجمهوري الأيرلندي، لدراسة أساليبهم المعتمدة في الهجوم على البريطانيين آنذاك، حيث اعتمدوا الكثير من تكتيكاتهم، ورأى و" أن الحل الوحيد لبقاء اليهود هو حصولهم على دولة خاصة بهم، ولا يتأتى ذلك إلا بقوة السلاح

كانوا يقفون في وجه تأسيس دولتنا" ضربة الإرهاب الموجعة " للمحتل

تفاصيل العملية: تنكروا بزي عربي، وأدخلوا المواد المتفجرة في عبوات حليب، زرعوها في الجناح الغربي من المبنى، وعندما شعرت عاملات قسم الاتصال بفوضى تحدث قمن بإخبار الضابط المسؤول الذي حرّك قوة بدأت بإطلاق النار، مما أدى إلى قتل أحد المتسللين

انهار الجناح الغربي تماما، كان الهجوم عنيفا، ومن أعنف الأعمال الإرهابية على الإطلاق، وقتل على الفور 65 قتيلا، بينما كان عدد المفقودين الذي لا يرجى العثور عليهم أكثر من خمسين

نسخة من صحيفة "هاماشكيف" الصادرة في 1946/7/22 نشر فيها الخبر، وذكرت أن 41 قيلا و52 مفقودا، بينما كان عدد الجرحى

53. وأعلنت جماعة "إرغون" الإرهابية -التي أسسها اليهودي الروسي "زئيف جابوتنسكي" - مسؤوليتها عن الحادث

هجرة يهود العالم.. عقيدة جماعة "إرغون" الإرهابية

كان "جابوتنسكي" يعتقد أن دولة إسرائيل لن تقوم إلا بهجرة جماعية من كل يهود العالم إلى فلسطين، وكان مقتنعا أن هذا لن يكتمل إلا بالمقاومة المسلحة، ولذلك قام بتشكيل عصابة متطرفة ستكون نواة للجيش الصهيوني الذي آمن به، وهو صاحب فكرة الجدار الحديدي، ويعتقد الكثيرون أنه كان فاشي النظرة ويكره العرب وكان يراهم عقبة يجب التخلص منها لتحقيق أحلامه

(العرب هم الذين أكرموا اليهود، وأوروبا وإسبانيا تشهد على ذلك، لولا ما حافظ العرب على اليهود، ما وجد يهودي اليوم)

"جابوتنسكي" توجه إلى أمريكا وخاطب الأيرلنديين وتحدث إلى اليهود الأمريكيين، وحرضهم على فعل شيء من أجل إقامة دولتهم، وحذرهم من أن مصيرهم سيكون الإبادة إذا لم يصنعوا دولتهم بأنفسهم فلن يصنعها لهم أحد غيرهم

أحد قادة "إرغون": كان ابن ١٦ عاما عندما انضم إلى "إرغون"، انحدر من عائلة أرثوذكسية متدينة، ولكنه ألقى بالكتاب المقدس جانبا وحمل البندقية، كان شديد الإعجاب بشخصية "جابوتنسكي" ومفتونا به، ترقى في المنظمة بسرعة، وفي عام 1937 أُرسل إلى أوروبا لتسهيل الهجرة غير الشرعية ليهود أوروبا إلى فلسطين

ملاذ الدولار الآمن.. وقود الجرائم الصهيونية

بعد الغزو النازي لبولندا استنتج "جابوتنسكي" أن الملاذ الآمن والوحيد لزعماء اليهود هو أمريكا، فطرح أفكاره للمشاهير وأصحاب النفوذ في أمريكا، وقد قام بتنظيم عرضين ضخمين جدا، كان اسم

أحدهما "لن نموت أبدا"، وركّز على إبادة اليهود، وأهداه إلى اليهود الذين ماتوا في أوروبا، وشارك فيه ألف عارض

أما العرض الثاني فكان اسمه "ولادة علَم"، شارك فيه العديد من مشاهير هوليود والفنانين الموهوبين، وقال عنه في مقابلة تلفزيونية إن حضوره كان هائلا؛ لقد امتلأت ساحة "ماديسون سكوير" مرتين في ليلة واحدة، كان جريئا، حرّك مشاعر المشاهير وأعضاء مجلس الشيوخ لإنقاذ اليهود من مخالب النازية، ثم لتمويل قيام دولتهم المستقلة

كان الحاضرون يتبرعون بسخاء في السلال التي أعدها المشرفون على الحفل، لم يكونوا يسألون ما إذا كانت هذه الدولارات ستذهب إلى "إرغون" المتطرفة أم "الهاغانا" المتوحشة، كل ما كان يقوله المشرفون أنها "ستنفق على أفضل وجه"، يا للسخرية، لم يرد بخلد المتبرعين كم أرواحا سيزهقون بدولاراتهم.

كانت "إرغون" منظمة هرمية تعتبر نفسها شبه عسكرية، واختير "مناحيم بيغن" قائد المنظمة في فلسطين.

ترعرع "بيغن" في روسيا وأرسله والداه للالتحاق بحركة "بيتار"، وهي حركة الشباب الصهيونية التي يقودها "زئيف جابوتنسكي"، وقد عين قائدا للمنظمة في فلسطين عام 1943، حيث استأنف هناك العمليات الإرهابية العنيفة ضد العرب والإنجليز، وكان من أبرزها الهجوم على فندق الملك داود الذي شكّل ضربة قوية للبريطانيين، ثم تلتها ضربة أقوى تمثلت في إعدام رقيبين بعد اختطافهما.

ديفيد بن غوريون أول رئيس وزراء لدولة الاحتلال الصهيوني بعد إعلان قيامها في 14 مايو/أيار 1948

لم تهدأ هجمات إرغون وشتيرن على الجنود الإنجليز ومعسكراتهم، فبحسب شهادات بعض الجنود الإنجليز المخضرمين، كان الصهاينة يباغتونهم ليلا بالأسلحة الرشاشة، ويلوذون بالفرار بسيارات عسكرية متطورة في ذلك الوقت

وقع تفجير قطار ركاب أمامي وقتل 26 شخصا، وكان ذلك بأوامر من "بيغن"، هذا الإرهابي الذي أصبح فيما بعد رئيس حكومة

مقارنة غير موفقة بين عمليات الجيش الجمهوري الأيرلندي الذي كان يبحث عن استقلال بلاده من احتلال الإنجليز، وبين عصابات إرغون وشتيرن التي شنت عمليات الإرهاب المتطرفة على أرض ليست لهم، ضد المواطنين الفلسطينيين العزل هم أهل البلاد الأصليون.

إسرائيل.. دولة جيش بلا حدود ولا دستور

في مايو/أيار عام 1947 وبعد أشهر على العملية المروعة في فندق الملك داود أجلت بريطانيا جنودها عن فلسطين، وفتحت الباب على مصراعيه أمام عصابات الصهاينة لتدمير الأرض والإنسان الفلسطيني، وإنشاء دولة إسرائيل في 14 مايو/أيار 1948، وقد أعلنها "بن غوريون" وكان أول رئيس لحكومتها

كانت "إرغون" في نظر البعض حركة سياسية، وكانت لها مفاهيمها الحكيمة في أسلوب قيام الدولة، ولكن "بيغن" لم يكن كذلك، فلم يفهم كيفية الترويج لفكرة قيام الدولة كما يراها البعض، وكان يتفاخر بأنشطته الإرهابية.

ناضل اليهود من أجل أن يحصلوا على وطن قومي لهم على حساب أرض وشعب فلسطين الذي لن يتنازل ولن يستسلم.

لم يعتذر أحد عن هذه الجريمة، ولم يتصل أحد بأهل الضحايا للتعزية أو المواساة، ولم يتحمل أحد من المجرمين المسؤولية عن هذه المجزرة، البعض من اليهود ما زال غاضبا على "بيغن" وعصابته، وحزين، بعد الحادث قاموا بنقلهم إلى تل أبيب، وعند عودتهم إلى بيوتهم في القدس وجدوا أنهم قد سرقوا منها كل شيء.

وفي تبريره لفعلته الشنيعة يقول "مناحيم بيغن": نشبت معارك كثيرة بين المسلحين والقوات المسلحة الإنجليزية، لم نلجأ لأسلوب الاغتيالات قط، ولم نكن ننوي إيذاء المدنيين، واعتدنا تحذيرهم من دخول المناطق الخطرة، ولم نلجأ قط للإرهاب، إطلاقا.

(هذا ما يحدث الآن في غزة، يطلبوا من الفلسطينيين أن يرحلوا إلى منطقة آمنة، ويقتلوهم في الليل وهم عزل نيام في الخيام.)

لم يتغير شيء بعد "الاستقلال، عقلية الدولة الإرهابية هي السائدة، إسرائيل دولة بدون دستور ولا حدود حتى هذه اللحظة، "بن غوريون" سرق الجمعية التأسيسية ووجّهها إلى غير الوجهة التي انتخبت لأجلها، وشطبت كلمات اليهود المعتدلين من بروتوكول الكنيست، وبعد 70 عاما ما زالوا يبحثوا عن الذات، ويتلمسوا حدود لدولتهم."

جدلية المناضل والإرهابي..

وعن تداعيات الجريمة ومنفذ العملية: ظل فخورا بكونه منفذ عملية التفجير، كان يعلم اولاده أن الحرية لها مذاق مميز، كان يحلم أن يكون القائد العام للجيش الإسرائيلي **(رئيس عصابة أخر).**

المقاومة ضد المحتل المغتصب حق مشروع للشعب الفلسطيني حتى يسترد أرضه كاملة، وهذا في ميثاق الأمم الولايات المتحدة! عفوا الأمم المتحدة.

نستدل من الصورة السابقة، ان حل الدولتين ما هو إلا مضيعة للوقت، وتنويم للشعوب، فهذا المخلوق يريد أن يوسع احتلاله لتكون دولته كل الرقعة الخضراء.

7 أكتوبر الكاشفة

كشفت العالم الذي يدعي أنه عالم متحضر ويطالب بحقوق الإنسان والحيوان والبيئة، والأمم المتحدة والمحاكم الدولية وكل المؤسسات الدولية أنها ليس لها أي قيمة لرفع الظلم عن الشعوب، بل تزيد الظلم، وأكبر مثال علي ذلك، دمروا العراق وقتلوا أكثر من مليون عراقي وفي النهاية، اين حق العراقيين وحق المليون شهيد، وأين

حقوق الأفغانيون وحقوق السوريون وأين حقوق الرواندين والقنغونين وأين حقوق السودانيين. الخ.

كشفت ازدواجية المعاير

كشفت انهم يستغلون الدين ***(وهم ليس لهم أي علاقة بالدين)*** لأطماع مادية وسياسية وعندما يريد أحد أن يمارس دينه يتهمونه بالتطرف والكفر والإرهاب.

كشفت ان فكرة ارض الميعاد أكذوبة وهي إرهاب إسرائيلي، وإبادة لأصحاب الأرض، وليس لديهم أي ميعاد ولا رب.

كشفت أنهم يمارسون الإرهاب وقتل الأبرياء ويحققون خرافة هر مجدون لكي ينزل المسيح (لن ينزل، لإنه محمد، ومحمد صلى الله عليه وسلم لن يعود)، وهر مجدون هي اليرموك وقد حدثت منذ أكثر من 1400 عام.

الإنجيلين يدعمون اليهود لكي يفسدوا في فلسطين، لكي تكون حرب عظمى (هر مجدون)، ويسيطروا من بعد على ثروات المنطقة، الفاسد تكون نهايته عندما يصل لقمة الفساد والطغيان، هذا شرع الله وسنته في الحياة.

﴿سُنَّةَ اللَّهِ فِي الَّذِينَ خَلَوْا مِن قَبْلُ ۖ وَلَن تَجِدَ لِسُنَّةِ اللَّهِ تَبْدِيلًا﴾ صدق الله العلى العظيم

إخواني اليهود (بإذن الله):

إسرائيل كيان محتل مغتصب لإراضي فلسطين والمحتل ليس لديه الحق في الدفاع عن نفسه.

من تحاربون الآن هم جند الله، وهؤلاء الجند سيظلون في حرب حتى يعود لهم حقهم أو تقو م الساعة، فقد نبا بهم محمد صلى الله عليه

وسلم، فلا يغرنكم كثرتكم أو قوتكم، فعليكم بالسلام قبل فوات الأوان ويأتي أمر الله.

﴿وَإِن جَنَحُوا لِلسَّلْمِ فَاجْنَحْ لَهَا وَتَوَكَّلْ عَلَى اللَّهِ ۚ إِنَّهُ هُوَ السَّمِيعُ الْعَلِيمُ﴾
صدق الله العلى العظيم

فالسلام أفضل للعالم أجمع، وكل شخص سوف يمارس تعاليم دينه ولا يعتدي على الأخر، إلا في حالة العنف والاعتداء على الغير بأكاذيب ليس لها أي أساس من الصحة، فله الحق الدفاع عن نفسه.

الفلسطينيين هم أصحاب الأرض منذ بدأ الخلق، تغيرت ديانتهم ولغاتهم لكن لم تتغير أصولهم أو ألوانهم، منهم من أصل عربي لكنهم قليل، لإن العرب حين حكموا العالم أكثر من 10 قرون، كانوا يمثلون خمسة بالمائة فقط من أي شعب يحكمونه.

إن الدنيا ما هي إلا ساعة أو يوم أو بعض يوم، فلنعيشها في سلام أفضل لنا جميعا، اخواتي وإخواني اليهود والمسحين وأصحاب الديانات الأخرى (بإذن الله جل جلاله).

من يعتقد في الدجال؛ فالإعلام الأعور هو الدجال

في لحظة واحدة يصور لك الخير شر، والشر خير، واي شخص ممكن أن يكون في لحظة إرهابي وهو في حقيقة الأمر ملاك، يصور أصحاب الأرض والحق لصوص وارهابيين.

في لحظة واحدة يقنعك بدواء انه سوف يشفيك ويجعل صحتك أقوى من أي شاب في ريعان شبابه، وفي الحقيقة هو سم وأعراضه الجانبية قاتلة.

يروجون لجميع ألوان الطعام المصنع الذي ضرره أكثر من فائدته، ويصيبك بالأمراض المزمنة القاتلة.

موضوع الإعلام الدجال يطول شرحه، وأكتفي بهذا القدر لإني لا أعتقد في الدجال، لإن الإعلام الكاذب، والإشاعات من قدم الإزل، وكانت في زمن الرسول صلى الله عليه وسلم، بدأت في غزوة أحد.

أما الأحاديث الواردة عن الساعة والدجال كما تقدم فهي أحاديث موضوعة مدسوسة مأخوذة من الإنجيل، وبظهور محمد صلى الله عليه وسلم نسخت، فهو صلى الله عليه وسلم والقرآن من علامات الساعة كما ذكر عيسى عليه السلام. والله أعلم

الإعلام الكاذب أو الدجال يختلف على مر العصور، لكنه في عصرنا في كثير من الأوقات يسبق الحدث فسرعته كالدجال، ويصور التراب ذهب، وجنته نار (إعلان عن مشروب مع وجبة شهية تنقل آكلها إلى الرفيق الأعلى).

مواقع التواصل الاجتماعي كانت في بادئ الأمر تنقل الحقيقة، لكن الإعلام الأعور لم يتركها وأرسل إليها الذباب الإليكتروني.

رغم أن موضوع أشراط الساعة ليس بالدقيق أو مؤكد في بعض الأحاديث، فآيات القرآن الخاصة بالساعة تفيد بأنها تأتي فجأة، بعض إنذارات، ولكن هذه الإنذارات كالكوارث الطبيعية فمن الصعب أن نأخذ حذر منها أو مثل ما ورد في سورة التكوير

إِذَا ٱلشَّمۡسُ كُوِّرَتۡ ﴿١﴾ وَإِذَا ٱلنُّجُومُ ٱنكَدَرَتۡ ﴿٢﴾ وَإِذَا ٱلۡجِبَالُ سُيِّرَتۡ ﴿٣﴾ وَإِذَا ٱلۡعِشَارُ عُطِّلَتۡ ﴿٤﴾ وَإِذَا ٱلۡوُحُوشُ حُشِرَتۡ ﴿٥﴾ وَإِذَا ٱلۡبِحَارُ سُجِّرَتۡ ﴿٦﴾ وَإِذَا ٱلنُّفُوسُ زُوِّجَتۡ ﴿٧﴾ وَإِذَا ٱلۡمَوۡءُۥدَةُ سُئِلَتۡ ﴿٨﴾ بِأَيِّ ذَنۢبٖ قُتِلَتۡ ﴿٩﴾ وَإِذَا ٱلصُّحُفُ نُشِرَتۡ ﴿١٠﴾ وَإِذَا ٱلسَّمَآءُ كُشِطَتۡ ﴿١١﴾ وَإِذَا ٱلۡجَحِيمُ سُعِّرَتۡ ﴿١٢﴾ وَإِذَا ٱلۡجَنَّةُ أُزۡلِفَتۡ ﴿١٣﴾ عَلِمَتۡ نَفۡسٞ مَّآ أَحۡضَرَتۡ ﴿١٤﴾ صدق الله العلى العظيم

أو كطوفان نوح عليه السلام على وجه المثال قد أنذر قومه ولم يصدقوا ما قال.

إخواني انتظروا الساعة أو الموت وهو قيامة كل إنسان، ايهما أقرب، فقد حدثت أشراطها بالفعل والله أعلى وأعلم.

﴿قَدْ نَعْلَمُ إِنَّهُ لَيَحْزُنُكَ الَّذِي يَقُولُونَ ۖ فَإِنَّهُمْ لَا يُكَذِّبُونَكَ، وَلَٰكِنَّ الظَّالِمِينَ بِآيَاتِ اللَّهِ يَجْحَدُونَ﴾ صدق الله العلى العظيم

الصامت عن الحق شيطان اخرس

محمد

صلى الله عليه وسلم

محمد صلى الله عليه وسلم في التوراة و الإنجيل

ويقول اليهود والمسيحيون: إن النبى الأمى المماثل لموسى، المكتوب عنه فى الإصحاح الثامن عشر من سفر التثنية: «يقيم لك الرب إلهك نبيا من وسطك من إخوتك مثلى له تسمعون...» فى الأيام الأولى لظهوره سيشن حربا شديدة جداً على الذين لا يؤمنون به من: أ . اليهود. ب . والأمم. وذلك لأن موسى قال فى أوصافه: «ويكون أن كل نفس لا تسمع لذلك النبى؛ تُباد من الشعب»

وهذه الحرب تُعرف بيوم الرب؛ لأنها من أجل الإيمان بالله وسيادة شريعته على العالم. ويقولون جميعاً: إن يوم الرب هو يوم معركة الساعة.

يُقِيمُ لَكَ الرَّبُّ إِلهُكَ نَبِيًّا مِنْ وَسَطِكَ مِنْ إِخْوَتِكَ مِثْلِي. لَهُ » تَسْمَعُونَ." (تث 18: 15)

هذا النبي، محمد (صلى الله عليه وسلم)، هو أخو موسى من نسب جدهما إبراهيم، وسيبدأ حربًا ضد الكافرين، بما في ذلك اليهود وأمم أخرى.

عندما خان اليهود محمد (صلى الله عليه وسلم) وحاولوا قتله (كما فعلوا مع معظم أنبيائهم)، واتحدوا مع الكافرين ضده، بدأوا الحرب، وطردهم الرسول (صلى الله عليه وسلم) من المدينة. وقد كان هذا بداية يوم الله.

سفر أعمال الرسل 3

فَإِنَّ مُوسَى قَالَ لِلآبَاءِ: إِنَّ نَبِيًّا مِثْلِي سَيُقِيمُ لَكُمُ الرَّبُّ إِلهُكُمْ مِنْ إِخْوَتِكُمْ. لَهُ تَسْمَعُونَ فِي كُلِّ مَا يُكَلِّمُكُمْ بِهِ.

(أع 3: 22)

وَيَكُونُ أَنَّ كُلَّ نَفْسٍ لاَ تَسْمَعُ لِذلِكَ النَّبِيِّ تُبَادُ مِنَ الشَّعْبِ. (أع 3: 23)

سفر إرميا

فَهذَا الْيَوْمُ لِلسَّيِّدِ رَبِّ الْجُنُودِ يَوْمُ نَقْمَةٍ لِلانْتِقَامِ مِنْ مُبْغِضِيهِ، فَيَأْكُلُ " السَّيْفُ وَيَشْبَعُ وَيَرْتَوِي مِنْ دَمِهِمْ. لأَنَّ لِلسَّيِّدِ رَبِّ الْجُنُودِ ذَبِيحَةً فِي أَرْضِ الشِّمَالِ عِنْدَ نَهْرِ الْفُرَاتِ." (إر 46: 10)

كانت تلك نبوءة محمد (صلى الله عليه وسلم) لتطبيق الشريعة الإلهية (القرآن) على الإمبراطوريات الفارسية والرومانية وبقية العالم، وكان يعد الجيش لتلك الحروب. ومع ذلك، فإن أتباعه، الصحابة، قد استولوا على الإمبراطوريات الأربع، كما ذكر هو وعيسى. وقد وُصِف الخلفاء الأربعة بأنهم يشبهونه

حَدَّثَنَا إِسْمَاعِيلُ ب".ْ رِ بْنِ مَنْصُورٍ، وَإِسْحَاقُ بْنُ إِبْرَاهِيمَ السَّوَّاقُ، قَالاَ حَدَّثَنَا عَبْدُ الرَّحْمَنِ بْنُ مَهْدِيٍّ، عَنْ مُعَاوِيَةَ بْنِ صَالِحٍ، عَنْ ضَمْرَةَ بْنِ حَبِيبٍ، عَنْ عَبْدِ الرَّحْمَنِ بْنِ عَمْرٍو السَّلَمِيِّ، أَنَّهُ سَمِعَ الْعِرْبَاضَ بْنَ سَارِيَةَ، يَقُولُ وَعَظَنَا رَسُولُ اللَّهِ ـ صلى الله عليه وسلم ـ مَوْعِظَةً ذَرَفَتْ مِنْهَا الْعُيُونُ وَوَجِلَتْ مِنْهَا الْقُلُوبُ فَقُلْنَا يَا رَسُولَ اللَّهِ إِنَّ هَذِهِ لَمَوْعِظَةُ مُوَدِّعٍ فَمَاذَا تَعْهَدُ إِلَيْنَا قَالَ " قَدْ تَرَكْتُكُمْ عَلَى الْبَيْضَاءِ لَيْلُهَا كَنَهَارِهَا لاَ يَزِيغُ عَنْهَا بَعْدِي إِلاَّ هَالِكٌ مَنْ يَعِشْ مِنْكُمْ فَسَيَرَى اخْتِلاَفًا كَثِيرًا فَعَلَيْكُمْ بِمَا عَرَفْتُمْ مِنْ سُنَّتِي وَسُنَّةِ الْخُلَفَاءِ الرَّاشِدِينَ الْمَهْدِيِّينَ عَضُّوا عَلَيْهَا بِالنَّوَاجِذِ وَعَلَيْكُمْ بِالطَّاعَةِ وَإِنْ عَبْدًا حَبَشِيًّا فَإِنَّمَا الْمُؤْمِنُ كَالْجَمَلِ الأَنِفِ حَيْثُمَا قِيدَ انْقَادَ " . صدق رسول الله صلى الله عليه وسلم. سنن ابن ماجه 43

حَدَّثَنِي مُحَمَّدُ بْنُ بَشَّارٍ، حَدَّثَنَا مُحَمَّدُ بْنُ جَعْفَرٍ، حَدَّثَنَا شُعْبَةُ، عَنْ فُرَاتٍ الْقَزَّازِ، قَالَ سَمِعْتُ أَبَا حَازِمٍ، قَالَ قَاعَدْتُ أَبَا هُرَيْرَةَ خَمْسَ سِنِينَ، فَسَمِعْتُهُ يُحَدِّثُ، عَنِ النَّبِيِّ صلى الله عليه وسلم قَالَ " كَانَتْ بَنُو إِسْرَائِيلَ تَسُوسُهُمُ الأَنْبِيَاءُ، كُلَّمَا هَلَكَ نَبِيٌّ خَلَفَهُ نَبِيٌّ، وَإِنَّهُ لاَ نَبِيَّ بَعْدِي، وَسَيَكُونُ خُلَفَاءُ فَيَكْثُرُونَ. قَالُوا فَمَا تَأْمُرُنَا قَالَ فُوا بِبَيْعَةِ الأَوَّلِ فَالأَوَّلِ، أَعْطُوهُمْ حَقَّهُمْ، فَإِنَّ اللَّهَ سَائِلُهُمْ عَمَّا اسْتَرْعَاهُمْ ". صدق رسول الله صلى الله عليه وسلم. البخاري 3455

وابن الإنسان: هو محمد ﷺ صاحب ملكوت السموات الذى أنبأ عن قيامه دانيال فى الإصحاح السابع بعد انتهاء أمة الروم، المعدودة مع الممالك الأربعة. والتى سيهلك اليهود عقب زوالها. كما جاء فى القرآن الكريم: ﴿وَلَئِنْ أَخَّرْنَا عَنْهُمُ الْعَذَابَ إِلَى أُمَّةٍ مَعْدُودَةٍ لَيَقُولُنَّ مَا يَحْبِسُهُ أَلَا يَوْمَ يَأْتِيهِمْ لَيْسَ مَصْرُوفًا عَنْهُمْ وَحَاقَ بِهِمْ مَا كَانُوا بِهِ يَسْتَهْزِئُونَ﴾(١)

وهى: بابل وفارس واليونان والرومان.

ومن ذلك يعلم الارتباط الوثيق بين أ ـ هرمجدون. ب ـ ويوم الرب. ج ـ وظهور محمد ﷺ الملقب فى سفر دانيال بلقب ابن الإنسان. وكل ذلك قد حصل فى فتح أورشليم فى زمن عمر بن الخطاب ﷺ.

مثل ابن الإنسان في سفر دانيَّال:

رأى دانيال النبي في أولى رؤياه التي رآها ودوَّنها في سفره بالروح القدُس أربع حيوانات خارجة من البحر الكبير والذي يمثِّل العالم؛ الأول كالأسد وله جناحا نسر، والثاني مثل الدبِّ، والثالث مثل النمر وله على ظهره أربعة أجنحة طائر كما كان له أربعة رؤوس، والرابع هائل وقويّ جدًا وله أسنان كبيرة من حديد وقد سَحَقَ الثلاثة السابقين عليه وداسهم برجليه، وكان له عشرة قرون طلع بينها قرن صغير له عيون كعيون الإنسان وكان يجدِّف علي الله وعلي قدِّيسيه. وكانت هذه الحيوانات ترمز وتمثل الإمبراطوريَّات الأربعة التي سادت على العالم من القرن السادس قبل الميلاد إلى القرن السادس عشر الميلادي، وهي بابل وفارس واليونان والرومان، كما كان يرمز القرن الصغير لضد المسيح الذي سيسبق المجيء الثاني. وقد تلي هذه الرؤيا رؤيا أخرى للعرش الإلهيّ حيث يجلس الله كالقديم الأيام، أي الأزليّ الذي لا بداية له، في مشهد سمائيّ مَهيب وحوله قدِّيسوه وقد فُتحت الأسفار، أي أسفار الدينونة (دا7: 1-12).

فقد أتى محمد صلى الله عليه وسلم، تم هزيمة هذه الإمبراطوريات وأصبحت تحت الحكم الإسلامي. فلا عودة لعيسى عليه السلام، وهذه الإمبراطوريات أصبحت تاريخًا. احترموا ما هو باقي في كتبكم بدون تحريف وآمنوا بالله ورسوله صلى الله عليه وسلم، فهو صلى الله عليه وسلم والخلفاء الذين حطموا هؤلاء الإمبراطوريات. يجب علينا جميعًا أن نعيش في الحاضر ولا نصر على العناد ونبحث عن مستقبل قد حدث بالفعل.

"سأضع كلماتي في فمه" إنه محمد (صلى الله عليه وسلم)؛ الروح جبريل قد وضع الكلمات

(القرآن الكريم) في فمه.

ففى الأصحاح الثامن عشر من سفر التثنية:

أن الله لما كلم بنى إسرائيل على جبل طور سيناء، حدث من هيبة الله رعد وبرق وارتجف كل الجبل وظهرت نار ودخان. ولما حدث هذا قال بنو إسرائيل لموسى: إذا أراد الله أن يكلمنا مرة أخرى فليكن عن طريقك يا موسى، ونحن لك نسمع ونطيع. فرد الله عليهم بأنه لن يكلمهم عن طريق موسى، وإنما سيكلمهم فى المستقبل عن طريق نبى غيره. وهذا هو النص:

«يقيم لك الرب إلهك نبيا من وسطك من إخوتك مثلى، له تسمعون، حسب كل ما طلبت من الرب إلهك فى حوريب يوم الاجتماع قائلاً: لا أعود أسمع صوت الرب إلهى، ولا أرى هذه النار العظيمة أيضاً لئلا أموت، قال لى الرب: قد أحسنوا فى ما تكلموا. أقيم لهم نبيا من وسط إخوتهم مثلك،

﴿٢﴾ غُلِبَتِ الرُّومُ ﴿٣﴾ فِي أَدْنَى الْأَرْضِ وَهُمْ مِنْ بَعْدِ غَلَبِهِمْ سَيَغْلِبُونَ ﴿٤﴾ فِي بِضْعِ سِنِينَ ۗ لِلَّهِ الْأَمْرُ مِنْ قَبْلُ وَمِنْ بَعْدُ ۚ وَيَوْمَئِذٍ يَفْرَحُ الْمُؤْمِنُونَ. صدق الله العلى العظيم

هذا من القرآن ويصف مناظرة بين محمد (صلى الله عليه وسلم) واليهود.

أخبرهم (صلى الله عليه وسلم) أن الرومان سيهزمون في الشام على يد الإمبراطورية الفارسية.

"هزم الفرس الرومان في مكان قريب من 'الشام' و'فارس'، وسيهزم الرومان الفرس خلال فترة لا تتجاوز عشر سنوات ولا تقل عن ثلاث.

" في البداية، لم يصدقوا أن الرومان سيهزمون، لكن ذلك حدث بالضبط في نفس الموقع المذكور في القرآن. بعد هزيمة الرومان، أصبحوا ضعفاء جداً، وبدت فكرة هزيمتهم للفرس مرة أخرى مستحيلة. ومع ذلك، حدث كما قال محمد (صلى الله عليه وسلم)، وعاد بعض اليهود إلى الإسلام بسبب هذين المعجزتين (النبوءتين)

حيث هُزم الرومان، اكتشفت العلوم حديثًا أن هذه المنطقة، منطقة البحر الميت، هي أدنى نقطة على وجه الأرض، وقد ذكرت في القرآن منذ أكثر من1445 عام.

يا إلهي، لا تزالوا لا تصدقون أنه محمد صلى الله عليه وسلم، خاتم الأنبياء وأن القرآن الكريم هو المعجزة المنزلة من عند الله جل جلاله.

فيما يلي، استنادًا إلى بعض نبوءات الحديث:

حَدَّثَنِي زُهَيْرُ بْنُ حَرْبٍ، وَعُبَيْدُ اللَّهِ بْنُ سَعِيدٍ، قَالاَ حَدَّثَنَا وَهْبُ بْنُ جَرِيرٍ، حَدَّثَنَا أَبِي، سَمِعْتُ حَرْمَلَةَ الْمِصْرِيَّ، يُحَدِّثُ عَنْ عَبْدِ الرَّحْمَنِ بْنِ شُمَاسَةَ، عَنْ أَبِي بَصْرَةَ، عَنْ أَبِي، ذَرٍّ قَالَ قَالَ رَسُولُ اللَّهِ صلى الله عليه وسلم " إِنَّكُمْ سَتَفْتَحُونَ مِصْرَ وَهِيَ أَرْضٌ يُسَمَّى فِيهَا الْقِيرَاطُ فَإِذَا فَتَحْتُمُوهَا فَأَحْسِنُوا إِلَى أَهْلِهَا فَإِنَّ لَهُمْ ذِمَّةً وَرَحِمًا " . أَوْ قَالَ "

ذِمَّةً وَصِهْرًا فَإِذَا رَأَيْتَ رَجُلَيْنِ يَخْتَصِمَانِ فِيهَا فِي مَوْضِعِ لَبِنَةٍ فَاخْرُجْ مِنْهَا " . قَالَ فَرَأَيْتُ عَبْدَ الرَّحْمَنِ بْنَ شُرَحْبِيلَ بْنِ حَسَنَةَ وَأَخَاهُ رَبِيعَةَ يَخْتَصِمَانِ فِي مَوْضِعِ لَبِنَةٍ فَخَرَجْتُ مِنْهَا .

صدق رسول الله صلى الله عليه وسلم. مسلم 2543ب

مصر أصبحت دولة إسلامية

حَدَّثَنَا مُوسَى، حَدَّثَنَا أَبُو عَوَانَةَ، عَنْ عَبْدِ الْمَلِكِ، عَنْ جَابِرِ بْنِ سَمُرَةَ، عَنِ النَّبِيِّ صلى الله عليه وسلم قَالَ " إِذَا هَلَكَ قَيْصَرُ فَلاَ قَيْصَرَ بَعْدَهُ، وَإِذَا هَلَكَ كِسْرَى فَلاَ كِسْرَى بَعْدَهُ، وَالَّذِي نَفْسِي بِيَدِهِ لَتُنْفَقَنَّ كُنُوزُهُمَا فِي سَبِيلِ اللَّهِ ". صدق رسول الله صلى الله عليه وسلم. البخاري 6629

لقد انتصر المسلمون على الفرس والروم

حَدَّثَنَا الْحُمَيْدِيُّ، حَدَّثَنَا الْوَلِيدُ بْنُ مُسْلِمٍ، حَدَّثَنَا عَبْدُ اللَّهِ بْنُ الْعَلاَءِ بْنِ زَبْرٍ، قَالَ سَمِعْتُ بُسْرَ بْنَ عُبَيْدِ اللَّهِ، أَنَّهُ سَمِعَ أَبَا إِدْرِيسَ، قَالَ سَمِعْتُ عَوْفَ بْنَ مَالِكٍ، قَالَ أَتَيْتُ النَّبِيَّ صلى الله عليه وسلم فِي غَزْوَةِ تَبُوكَ، وَهْوَ فِي قُبَّةٍ مِنْ أَدَمٍ فَقَالَ " اعْدُدْ سِتًّا بَيْنَ يَدَىِ السَّاعَةِ، مَوْتِي، ثُمَّ فَتْحُ بَيْتِ الْمَقْدِسِ، ثُمَّ مُوتَانٌ يَأْخُذُ فِيكُمْ كَقُعَاصِ الْغَنَمِ، ثُمَّ اسْتِفَاضَةُ الْمَالِ حَتَّى يُعْطَى الرَّجُلُ مِائَةَ دِينَارٍ فَيَظَلُّ سَاخِطًا، ثُمَّ فِتْنَةٌ لاَ يَبْقَى بَيْتٌ مِنَ الْعَرَبِ إِلاَّ دَخَلَتْهُ، ثُمَّ هُدْنَةٌ تَكُونُ بَيْنَكُمْ وَبَيْنَ بَنِي الأَصْفَرِ فَيَغْدِرُونَ، فَيَأْتُونَكُمْ تَحْتَ ثَمَانِينَ غَايَةً، تَحْتَ كُلِّ غَايَةٍ اثْنَا عَشَرَ أَلْفًا ". صدق رسول الله صلى الله عليه وسلم

البخاري 3176

وقد فتحت القدس بعد خمس سنوات من وفاته، أي في العام الخامس عشر الهجري، تبعها طاعون عمواس، وقع سنة ثماني عشر للهجرة، الذي أودى بحياة العديد من الصحابة، واستفاضة المال، في عهد الخليفة عثمان بن عفان (رضى الله عنه) في سنة ثلاثة وعشرين للهجرة، نتيجة الفتوحات على كل جبهة. أما عن الفتنة التي لم تترك بيت من العرب إلا دخلته، فقد حدث هذا بعد اغتيال عثمان بن عفان (رضى الله عنه) في السنة السابعة والثلاثين للهجرة، لأن اغتياله

أسفر عن انشقاق وفوضى جابت كل مكان. أما بالنسبة لهدنة (بني الأصفر) البيزنطيين ومحنتهم

أَخْبَرَنَا عِيسَى بْنُ يُونُسَ، قَالَ حَدَّثَنَا ضَمْرَةُ، عَنْ أَبِي زُرْعَةَ السَّيْبَانِيِّ، عَنْ أَبِي سُكَيْنَةَ، - رَجُلٌ مِنَ الْمُحَرَّرِينَ - عَنْ رَجُلٍ، مِنْ أَصْحَابِ النَّبِيِّ صلى الله عليه وسلم قَالَ لَمَّا أَمَرَ النَّبِيُّ صلى الله عليه وسلم بِحَفْرِ الْخَنْدَقِ عَرَضَتْ لَهُمْ صَخْرَةٌ حَالَتْ بَيْنَهُمْ وَبَيْنَ الْحَفْرِ فَقَامَ رَسُولُ اللَّهِ صلى الله عليه وسلم وَأَخَذَ الْمِعْوَلَ وَوَضَعَ رِدَاءَهُ نَاحِيَةَ الْخَنْدَقِ وَقَالَ " { تَمَّتْ كَلِمَةُ رَبِّكَ صِدْقًا وَعَدْلاً لاَ مُبَدِّلَ لِكَلِمَاتِهِ وَهُوَ السَّمِيعُ الْعَلِيمُ } " . فَنَدَرَ ثُلُثُ الْحَجَرِ وَسَلْمَانُ الْفَارِسِيُّ قَائِمٌ يَنْظُرُ فَبَرَقَ مَعَ ضَرْبَةِ رَسُولِ اللَّهِ صلى الله عليه وسلم بَرْقَةٌ ثُمَّ ضَرَبَ الثَّانِيَةَ وَقَالَ " { تَمَّتْ كَلِمَةُ رَبِّكَ صِدْقًا وَعَدْلاً لاَ مُبَدِّلَ لِكَلِمَاتِهِ وَهُوَ السَّمِيعُ الْعَلِيمُ } " . فَنَدَرَ الثُّلُثُ الآخَرُ فَبَرَقَتْ بَرْقَةٌ فَرَآهَا سَلْمَانُ ثُمَّ ضَرَبَ الثَّالِثَةَ وَقَالَ " { تَمَّتْ كَلِمَةُ رَبِّكَ صِدْقًا وَعَدْلاً لاَ مُبَدِّلَ لِكَلِمَاتِهِ وَهُوَ السَّمِيعُ الْعَلِيمُ } " . فَنَدَرَ الثُّلُثُ الْبَاقِي وَخَرَجَ رَسُولُ اللَّهِ صلى الله عليه وسلم فَأَخَذَ رِدَاءَهُ وَجَلَسَ . قَالَ سَلْمَانُ يَا رَسُولَ اللَّهِ رَأَيْتُكَ حِينَ ضَرَبْتَ مَا تَضْرِبُ ضَرْبَةً إِلاَّ كَانَتْ مَعَهَا بَرْقَةٌ . قَالَ لَهُ رَسُولُ اللَّهِ صلى الله عليه وسلم " يَا سَلْمَانُ رَأَيْتَ ذَلِكَ " . فَقَالَ إِي وَالَّذِي بَعَثَكَ بِالْحَقِّ يَا رَسُولَ اللَّهِ . قَالَ " فَإِنِّي حِينَ ضَرَبْتُ الضَّرْبَةَ الأُولَى رُفِعَتْ لِي مَدَائِنُ كِسْرَى وَمَا حَوْلَهَا وَمَدَائِنُ كَثِيرَةٌ حَتَّى رَأَيْتُهَا بِعَيْنَىَّ " . قَالَ لَهُ مَنْ حَضَرَهُ مِنْ أَصْحَابِهِ يَا رَسُولَ اللَّهِ ادْعُ اللَّهَ أَنْ يَفْتَحَهَا عَلَيْنَا وَيُغَنِّمَنَا دِيَارَهُمْ وَيُخَرِّبَ بِأَيْدِينَا بِلاَدَهُمْ . فَدَعَا رَسُولُ اللَّهِ صلى الله عليه وسلم بِذَلِكَ " ثُمَّ ضَرَبْتُ الضَّرْبَةَ الثَّانِيَةَ فَرُفِعَتْ لِي مَدَائِنُ قَيْصَرَ وَمَا حَوْلَهَا حَتَّى رَأَيْتُهَا بِعَيْنَىَّ " . قَالُوا يَا رَسُولَ اللَّهِ ادْعُ اللَّهَ أَنْ يَفْتَحَهَا عَلَيْنَا وَيُغَنِّمَنَا دِيَارَهُمْ وَيُخَرِّبَ بِأَيْدِينَا بِلاَدَهُمْ . فَدَعَا رَسُولُ اللَّهِ صلى الله عليه وسلم بِذَلِكَ " ثُمَّ ضَرَبْتُ الثَّالِثَةَ فَرُفِعَتْ لِي مَدَائِنُ الْحَبَشَةِ . وَمَا حَوْلَهَا مِنَ الْقُرَى حَتَّى رَأَيْتُهَا بِعَيْنَىَّ " . قَالَ رَسُولُ اللَّهِ صلى الله عليه وسلم عِنْدَ ذَلِكَ " دَعُوا الْحَبَشَةَ مَا وَدَعُوكُمْ وَاتْرُكُوا التُّرْكَ مَا تَرَكُوكُمْ "

الراوي: البراء بن عازب | المحدث: ابن حجر العسقلاني | المصدر: فتح الباري لابن حجر | الصفحة أو الرقم: 7/458 | خلاصة حكم المحدث: إسناده حسن | التخريج: أخرجه النسائي في ((السنن الكبرى)) (8858)، والروياني في ((المسند)) (410)، والبيهقي في ((دلائل النبوة)) (3/421)

صدق رسول الله صلى الله عليه وسلم النسائي 3176

تلك النبوءات كافية للموضوع.

الحديث الوارد في الثناء على فاتح القسطنطينية، قد أخرجه الإمام أحمد في مسنده، عن عبد الله بن بشر الخثعمي، عن أبيه أنه سمع النبي صلى الله عليه وسلم يقول: لتفتحن القسطنطينية، فلنعم الأمير أميرها، ولنعم الجيش ذلك الجيش. والحديث مختلف في صحته، فقد صححه الحاكم والذهبي، وضعفه الألباني

لكنه يوجد عدة أحاديث أخرى عن فتح القسطنطينية، لكن أغلبية العلماء يقولون إنه سيكون هناك فتح ثانٍ في آخر الزمان.

ومن أين جاءتهم فكرة أننا لسنا في آخر الزمان، ونبينا محمد صلى الله عليه وسلم هو نبي آخر الزمان؟

لكم كل الاحترام، وعليكم أن تتدبروا وتبحثوا فيما ذكرته في كتابي هذا.

بإذن الله لا وجود لفتح ثانٍ، لكي تنتظروا أشياء مدسوسة في السنة وليس لها وجود.

يجب عليكم اتباع سنة الخلفاء الراشدين، وتراجعوا هذه الأحاديث المدسوسة مع ما ورد في القرآن والواقع والأحداث التي حدثت بالفعل. لأن فتح القسطنطينية قد حدث بالفعل، ولم يذكر الرسول صلى الله عليه وسلم إنها ستفتح مرتين. كيف ستفتح مرة أخرى، ولا توجد الآن مدينة بهذا الاسم؟

تقريباً العالم أجمع الذي يدرس التاريخ المشوه لا يعلم بوجود مدينة اسمها القسطنطينية، وإنما إسطنبول فقط. ولن تعود القسطنطينية بإذن الله، لأنني لا أريد الكفر لإخواني الأتراك.

تفكروا وتدبروا، ولا تجعلوها بدعة مثل بدعة الهيكل.

تفكروا وتأملوا ولا تجعلوها بدعة مثل بدعة هيكل اليهود الذي استوحى الأوهام من الماضي وما زال يهدف إلى بناء المعبد. أعتقد أنهم يجب أن يتوقفوا عن استخدام الطائرات المقاتلة لقتل الأطفال والنساء والمدنيين الأبرياء، وأن يبدأوا باستخدام الخيول والسيوف في الحرب لأن المعركة التي ينتظرونها

(هر مجدون) موصوفة في كتبهم المقدسة على هذا النحو.

علماً بأن كل أحاديث الساعة لا تؤثر في عقيدة المسلم، وكل ما ذكر في كتابي هو حق بإذن الله، والله أعلى وأعلم.

وأنبياء بنى إسرائيل قد بينوا لليهود وللأمم أن الكافرين بالنبى الآتى: سيهلكون على يديه فى الأيام الأولى لظهوره. وأن أيام الهلاك ستكون معروفة بيوم الرب. أى يوم ظهور نبى الرب. وسبب بيانهم: هو أن «عَزرا» لما حرف التوراة عمدا فى «بابل» كان غرضه من التحريف: أن لا تدل التوراة على محمد ﷺ بوضوح تام ليكون اليهود فى أيامه أحرارا فى أن يؤمنوا به او لا يؤمنوا. وقد أرسل الله النبيين ليبينوا أن رفضه لن يكون هينا عند الله. فإن من يرفضه فى يوم ظهوره سيهلك هلاكا رديا.

ومن أوصاف محمد ﷺ فى التوراة: أن يخبر عن غيوب تحدث من بعده. وإذا حدثت يعلم الناس منها أنه هو النبى الأمى الآتى مثل موسى: ذلك قوله: «وإن قلتم فى قلوبكم: كيف نعرف الكلام الذى لم يتكلم به الرب؟ فأجيبكم: أن النبى الذى تكلم باسم الرب، ولم يحدث كلامه بصدق؛ فذلك الكلام لم يتكلم به الرب، بل زاد فيه النبى على الحقيقة. فلا تخافوا منه»

٣ . قال موسى . عليه السلام .: «يقيم لك الرب إلهك نبيا . من وسطك من إخوتك. مثلى. له تسمعون. حسب كل ما طلبت من الرب إلهك فى حوريب يوم الاجتماع قائلاً: لا أعود أسمع صوت الرب إلهى ولا أرى هذه النار العظيمة أيضاً لئلا أموت. قال لى الرب: قد أحسنوا فى ما تكلموا. أقيم لهم نبيا من وسط إخوتهم. مثلك وأجعل كلامى فى فمه. فيكلمهم بكل ما أوصيه به.

ويكون أن الإنسان الذى لا يسمع لكلامى الذى يتكلم به باسمى؛ أنا أطالبه. وأما النبى الذى يُطغِى فيتكلم باسمى كلاما لم أُوصِه أن يتكلم به، أو الذى يتكلم باسم آلهة أخرى؛ فيموت ذلك النبى. وإن قلت فى قلبك: كيف نعرف الكلام الذى لم يتكلم به الرب؟ فما تكلم به النبى باسم الرب ولم يحدث ولم يصر؛ فهو الكلام الذى لم يتكلم به الرب. بل بطغيان تكلم به النبى. فلا تخف منه» (تثنية ١٨: ١٥ ـ ٢٢)

٤ ـ «وهذه هى البركة التى بارك بها موسى، رسول الله، بنى إسرائيل قبل موته. فقال: **جاء الله من طور سيناء ويشرق لنا من ساعير، واستعلن من جبل فاران، ومعه ربوة من أطهار الملائكة عن يمينه**. فوهب لهم وأحبهم ورحم شعبهم، وباركهم وبارك على أطهاره وهم يدركون آثار رجليك، ويقبلون من كلمتك. أسلم لنا موسى مثله، وأعطاهم ميراثاً لجماعة يعقوب...» (تثنية ٣٣: ١ ـ ٤)

وفى ترجمة الكتاب المقدس ـ كتاب الحياة عربى/ إنجليزى ـ سنة ١٩٩٩ بريطانيا العظمى:

«وهذه هى البركة التى بارك بها موسى، رجل الله، بنى إسرائيل قبل موته. فقال: أقبل الرب من سيناء، وأشرف عليهم من سعير، وتألّق فى جبل فاران. جاء محاطا بعشرات الألوف من الملائكة، وعن يمينه يُومض برق عليهم. حقاً إنك أنت الذى أحببت الشعب، وجميع القديسين فى يدك، ساجدون عند قدميك، يتلقون منك أقوالك»

كيف تكون ارض الميعاد في فلسطين وينزل المسيح الذي ينتظرونه في الجزيرة العربية، هذا يثبت التأليف والخديعة. أو لم يقرأوا كتبهم.

وفى ترجمة الكتاب المقدس - كتاب الحياة عربى/ إنجليزى - سنة ١٩٩٩ بريطانيا العظمى:

«وهذه هى البركة التى بارك بها موسى، رجل الله، بنى إسرائيل قبل موته. فقال: أقبل الرب من سيناء، وأشرف عليهم من سعير، وتألّق فى جبل فاران. جاء محاطا بعشرات الألوف من الملائكة، وعن يمينه يُومض برق عليهم. حقاً إنك أنت الذى أحببت الشعب، وجميع القديسين فى يدك، ساجدون عند قدميك، يتلقون منك أقوالك»

والنصارى على مجىء المسيا - الذى تفسيره المسيح - تدل كلها على محمد رسول الله - ﷺ - وبناء على ذلك: يكون هو المسيا المنتظر.

قال الله للنبى المنتظر: إنى معك أسمع وأرى.

ففى إنجيل متى: «وفيما كان الفرّيسيون مجتمعين. سألهم يسوع، قائلاً: ماذا تظنون فى المسيح؟ ابن من هو؟ قالوا: ابن داود. قال لهم: فكيف يدعوه داود بالروح ربا قائلاً: «قال الرب لربى: اجلس عن يمينى، حتى أضع أعداءك موطئاً لقدميك؟» فإن كان داود يدعوه ربا، فكيف يكون ابنه؟ فلم يستطع أحد أن يجيبه بكلمة، ومن ذلك اليوم لم يجسر أحد أن يسأله بتة» (مت ٢٢: ٤١ - ٤٦)

وفى مرقس: «ثم أجاب يسوع وقال فى الهيكل: كيف يقول الكتبة: إن المسيح ابن داود؟ لأن داود نفسه قال بالروح القدس: قال الرب لربى: اجلس عن يمينى حتى أضع أعداءك موطئاً لقدميك، فداود نفسه يدعوه ربا، فمن أين هو ابنه؟ وكان الجمع يسمعه بسرور» (مر ١٢: ٣٥ - ٣٧)

وفى لوقا: «وقال لهم: كيف يقولون: إن المسيح ابن داود؟ وداود نفسه يقول فى كتاب المزامير: قال الرب لربى: اجلس عن يمينى حتى أضع أعداءك موطئاً لقدميك، فإذاً داود يدعوه ربا، فكيف يكون ابنه؟» (لو ٢٠: ٤١ - ٤٣)

وفى إنجيل بَرنابا: «أجاب يعقوب: يا معلّم. قل لنا بمن صنع هذا العهد فإن اليهود يقولون بإسحق، والإسماعيليون يقولون بإسماعيل؟ أجاب يسوع: ابن من كان داود؟ ومن أى ذرية؟ أجاب يعقوب: من إسحاق. لأن

(١) فى ترجمة البروتستانت ١١٠.

إسحاق كان أبا يعقوب، ويعقوب كان أبا يهوذا، الذى من ذريته داود. فحينئذ قال يسوع: ومتى جاء رسول الله فمن نسل من يكون؟ أجاب التلاميذ: من داود. فأجاب يسوع: لا تغشوا أنفسكم؟ لأن داود يدعوه فى الروح ربا قائلاً هكذا: «قال الله لربى: اجلس عن يمينى حتى أجعل أعداءك موطئاً لقدميك. يرسل الرب قضيبك الذى سيكون ذا سلطان فى وسط أعدائك» **فإذا كان رسول الله الذى تسمونه مسيا ابن داود، فكيف يسميه داود ربا؟ صدقونى لأنى أقول لكم الحق: إن العهد صنع بإسماعيل لا بإسحق... إلخ»** (بر ٤٣ و ٤٤)

والمعنى: أن داود ـ عليه السلام ـ عبر عن المسيا المنتظر بأنه (سيده) وبناء على قوله إنه سيده، لا يكون المسيا الذى هو المسيح من نسل داود، لأن الابن مهما علا قدره؛ لا يكون سيدا لأبيه.

معلمكم واحد: المسيح. وأكبركم يكون خادماً لكم. فمن يرفع نفسه يتضع، ومن يضع نفسه يرتفع» (متى ٢٣: ١ ـ ١٢)

وفى نهاية الخطاب يقول عيسى ـ عليه السلام ـ: إن ملك بنى إسرائيل وشريعتهم إلى الزوال إذا جاء المبارك باسم الرب، وهو المسيا المنتظر. يقول ـ عليه السلام ـ: «يا أورشليم. يا أورشليم. يا قاتلة الأنبياء وراجمة المرسلين إليها. كم مرة أردت أن أجمع أولادك كما تجمع الدجاجة فراخها تحت جناحيها. ولم تريدوا. هوذا بيتكم يترك لكم خرابا. لأنى أقول لكم: إنكم لا تروننى من الآن حتى تقولوا: مبارك الآتى باسم الرب»(١) (متى ٢٣: ٣٧ ـ ٣٩)

والأيام الأخيرة ويُطلق عليها نهاية العالم أو نهاية الدهر: هى آخر أيام بركة إسحاق وبدء أيام بركة إسماعيل. وذلك لأن البركة تفسر بـ أ ـ الملك ب ـ والنبوة. وآخر أيام بركة بنى إسحاق هى المعروفة بآخر الأيام. فإن يعقوب عليه السلام لما حضره الموت، قال لبنيه: «اجتمعوا لأنبئكم بما يصيبكم فى آخر الأيام» ثم قال لهم: «لا يزول قضيب من يهوذا، ومشترع من بين رجليه، حتى يأتى شيلون. وله يكون خضوع شعوب» فإذا جاء شيلون يكون مجيؤه فى آخر أيام ملكهم وشريعتهم. وحيث لإسماعيل بركة؛ فإن نبيا سيظهر من نسله ليؤسس لله ملكا على الأرض بشريعة مثل شريعة موسى عليه السلام.

وقد تكلم النبى المعظم دانيال فى رؤيا عن زمن ظهور نبى، يظهر ليؤسس لله ملكوتا، (١) ويظل ملكوته إلى يوم القيامة. وذكر عن زمن ظهوره نبوءتين. فى الأصحاح الثانى والسابع. قال فيهما: إن أربعة ممالك ستقوم على الأرض، والذى يزيل المملكة الرابعة يكون هو هذا النبى. وقد اتفقت كلمة اليهود والمسيحيين والمسلمين على أن المملكة الرابعة هى مملكة الرومان. ولم يزلها إلا المسلمون أتباع محمد ﷺ فيكون هو النبى المنتظر، الذى هو فى لسانهم «المسيح المنتظر» أو «المَسِيا المنتظر» ومما جاء فى القرآن عن هذه الرؤيا:

---

(١) فى سورة يس: ﴿فَسُبْحَانَ الَّذِي بِيَدِهِ مَلَكُوتُ كُلِّ شَيْءٍ﴾

الممالك الاربعة هم:

اليونانية والبابلية والفارسية والرومانية

أن «ابن الإنسان» الذى يأتى ليدين العالم، هو نبى الإسلام، وكذلك: هو «الملك» والمراد بالملائكة القديسيين: أصحابه الأخيار، والمراد بمباركى أبيه: أصحابه المباركون من الله عز وجل؛ لأنه اصطفاهم فى سابق علمه. وليست الأبوة على الحقيقة، بل على الأبوة الروحية، كما هى العادة فى تعبيرات التوراة والإنجيل. والمراد بتمييز الخراف من الجداء: هو الكناية عن التمييز بين الأخيار والأشرار. وبين المؤمنين والمنافقين. والنصارى يقولون فى هذه الفقرات: «هنا نرى المسيح كما فى كل مناسبة أخرى عندما يتكلم عن الدينونة الأخيرة يدعو نفسه «ابن الإنسان» لأنه سوف يدين بنى البشر(٢)»

ابن الإنسان

كان عيسى عليه السلام، يتحدث دائمًا عن ابن الإنسان، ويقول المسيحيون إن ابن الإنسان هو عيسى. أليس غريبًا أن يتحدث شخص عن نفسه كما لو كان شخصًا آخر؟ إذا كان هو ابن الإنسان، فهذا يعني أن عيسى إنسان، وليس إلهًا

إذا كان عيسى عليه السلام يتحدث عن نفسه، فمن الطبيعي أن يقول أنا، ولايتكم عن نفسه بضمير الغائب.

ابن الإنسان، قالها عيسى (صلى الله عليه وسلم) عدة مرات، لكنه لم يذكر على الأقل مرة واحدة أنه هو ابن الإنسان أو أنه سيعود إلى الأرض، فهو بالتأكيد يتكلم عن محمد صلى الله عليه وسلم.

أوصاف النبي صلى الله عليه وسلم

الوصف الأول

ملك

«ثم يقول الملك للذين عن يمينه: تعالوا يا مباركى أبى، رثوا الملكوت المعد لكم، منذ تأسيس العالم»

لقد عبر عيسى ﷺ عن نبى الإسلام ﷺ بالملك، على طريقتهم فى التعبير وعبر بالبنوة المجازية على طريقتهم أيضاً. لأنه منهم ويخاطبهم بلغتهم على قدر عقولهم. فهم فى التوراة يطلقون على الله لفظ «الأب» وعلى جميع الناس لفظ «الأبناء» مجازا، لا حقيقة. ففى سفر ملاخى هكذا: «أليس أب واحد لكلنا؟ أليس إله واحد خلقنا؟» (ملاخى ٢: ١٠) وقوله: إن الملكوت معدّ منذ تأسيس العالم، معناه: أن الله قد رتب فى أحكامه الأزلية مجىء محمد رسول الله ﷺ ووصفهم فى التوراة والإنجيل من قبل أن يكونوا.

الوصف الثانى

أتباعه أطهار

«ومتى جاء ابن الإنسان فى مجده، وجميع الملائكة القديسين معه» لما كان من المحتمل أن أتباع الملوك على دين ملوكهم. وقد يكون الملوك أشراراً، وقد يكونون أخياراً؛ عبر عيسى ﷺ عن أتباع ابن الإنسان بلقب القديسين الصالحين، كما حكى الله عنهم فى القرآن الكريم بقوله: ﴿أَشِدَّاءُ عَلَى الْكُفَّارِ رُحَمَاءُ بَيْنَهُمْ تَرَاهُمْ رُكَّعًا سُجَّدًا يَبْتَغُونَ فَضْلاً مِّنَ اللَّهِ وَرِضْوَانًا سِيمَاهُمْ فِي وُجُوهِهِم مِّنْ أَثَرِ السُّجُودِ﴾

الوصف الثالث

محارب منتصر

«يجتمع أمامه جميع الشعوب فيميز بعضهم من بعض، كما يميز الراعى الخراف من الجداء» إنه لن يحارب كفار فقط. والمراد بقومه؛ اليهود فإنهم من نسل إبراهيم ﷺ. بل سيحارب كفار العالم. وسيميز الأخيار من الأشرار. ويتمتع الأخيار فى ملكه بسلام دائم. والأشرار سيهلكهم هلاكاً رديا.

الوصف الرابع

صاحب شريعة إلهية

«يميز بعضهم من بعض» لما كان ملكه باقيا إلى يوم القيامة، وأتباعه على سنته وشريعته، سيكون معه كتاب فيه تعاليم. من يعمل بها؛ ينجو، ومن يهملها؛ يضل. وفيه تعاليم يميز بها الأخيار من الأشرار ويميز أتباعه من بعده. ومن الآيات التى فى القرآن عن التمييز: ﴿عَفَا اللَّهُ عَنكَ لِمَ أَذِنتَ لَهُمْ حَتَّىٰ يَتَبَيَّنَ لَكَ الَّذِينَ صَدَقُوا وَتَعْلَمَ الْكَاذِبِينَ﴾ (١)

الوصف الخامس

فقير

«جُعْتُ فأطعمتمونى. عطشت فسقيتمونى» ليس الوصف خاصاً بنبى الإسلام وحمده بل به وبأتباعه. بدليل: أن الأبرار لما قالوا: «متى رأيناك جائعاً فأطعمناك أو عطشانا فسقيناك؟... إلخ» رد عليهم بقوله: «الحق أقول لكم: بما أنكم فعلتموه بأحد إخوتى هؤلاء الأصاغر، فبى فعلتم»

(١) سورة التوبة: الآية ٤٣.

ومعنى ذلك: أن المؤمنين أخوة. والنصارى يطبقون هذا الوصف على تلاميذ عيسى عليه السلام. يقول متى هنرى: «أى جاع تلاميذى وأتباعى، **إما باضطهاد الأعداء لهم بسبب فعل الخير، أو لأن الفقر كان نصيبهم**» ويقولون: إن هذه التعابير مجازية. يقول متى هنرى: «إن التعبير مجازى. والقصد منه: إظهار هذه الحقائق بشدة» وحيث أن التعابير مجازية، والأوصاف السابقة كلها تتحدث عن أمر واحد هو مجىء ابن الإنسان؛ فإن هذا الوصف لازم له. وفى القرآن الكريم فى سورة الضحى، عن نبى الإسلام ﷺ: **﴿أَلَمْ يَجِدْكَ يَتِيمًا فَآوَىٰ ؟ وَوَجَدَكَ ضَالاً فَهَدَىٰ ؟ وَوَجَدَكَ عَائِلاً فَأَغْنَىٰ ؟﴾**(١)

الوصف السادس

غريب

«ومتى رأيناك غريباً فآويناك؟»

لقد كان النبى ﷺ فى مكة، فأصبح غريبا فى «يثرب» بعد الهجرة، وكان أصحابه فى «مكة» فتغربوا فى أرض السودان ويثرب، وتفرقوا فى الأرض كما جاء فى القرآن الكريم: **﴿وَإِذْ يَمْكُرُ بِكَ الَّذِينَ كَفَرُوا لِيُثْبِتُوكَ أَوْ يَقْتُلُوكَ أَوْ يُخْرِجُوكَ وَيَمْكُرُونَ وَيَمْكُرُ اللَّهُ وَاللَّهُ خَيْرُ الْمَاكِرِينَ﴾** (٢)

وَمَتَى رَأَيْنَاكَ غَرِيبًا فَآوَيْنَاكَ، أَوْ عُرْيَانًا فَكَسَوْنَاكَ؟" (مت 25: 38)"

الوصف السابع

مضطهد

«متى رأيناك مريضاً أو محبوساً فأتينا إليك؟» ولقد كان الرسول ﷺ وأصحابه فى بدء الدعوة، فى غاية الشدة، حتى أكلوا ورق الشجر من شدة الجوع، وكانوا يستخفون من الكفار خوفا من الأذى. إلى أن أتم الله عليهم نعمته، وبدلهم من بعد خوفهم أمنا، ومن بعد عسرهم يسرا.

في القرآن الكريم

﴿٦﴾ أَلَمْ يَجِدْكَ يَتِيمًا فَآوَى

﴿٧﴾ وَوَجَدَكَ ضَالًّا فَهَدَىٰ

﴿٨﴾ وَوَجَدَكَ عَائِلًا فَأَغْنَىٰ. صدق الله العلى العظيم

وفى نهاية الأوصاف يقول عيسى عليه السلام: إن الأشرار إلى عذاب أبدى يمضون، ويمضى الأبرار إلى حياة أبدية «أى أنهم يرثون الملكوت» كما يفسرها متى هنرى. وهذا كله فى الحياة الدنيا، وقت الحرب، التى تحدث فى احتلال أورشليم (القدس) على يد المسلمين. والنصارى يفسرون العذاب والنعيم فى المجيء الثانى للمسيح. وتفسيرهم خاطئ لأنهم يقولون بتأسيس الملكوت فى يوم الخميس، ولأنهم يقولون: بالمجيء الروحى.

وهذه الأوصاف والعلامات لحدث واحد، ونبى واحد، يُرى رأى العين فى هذه الحياة الدنيا، بعد ظهور العلامات التى تحدث عنها المسيح عليه السلام فى هذا الحديث.

ولا يعترض أحد بأن النص يقصد ابن الإنسان نفسه، وهو نفسه لم يذهب إلى فلسطين.

أولاً: لأن أبا بكر رضي الله عنه الذى سير الجيوش لأورشليم (القدس) متبع لا مبتدع. وثانى اثنين إذ هما فى الغار.

وثانياً: لأن رسول الله ﷺ أعد الجيش قبل موته، ووصى فى مرضه الذى مات فيه بقوله: «أنفذوا بعث أسامة» فأبو بكر لما سير الجيش، كان منفذا لخطة موضوعة من النبى نفسه.

وثالثاً: لأن الجيوش التى تغزو فى سبيل الإسلام، كل فرد فى الجيش نائب عن رسول الله ﷺ فى نشر الدعوة. فكأنه هو.

ورابعاً: إن النصارى الذين رأوا فتح المسلمين لأورشليم، قالوا: إن ذلك ما يشير إليه دانيال النبى، ولو كان المقصود النبى ما قالوا.

وخامساً: لأن الأتباع فى كل ملة يخاطبون فى شخص معلمهم ومرشدهم. ومن ذلك ما جاء فى التوراة: «اسمع يا إسرائيل» والمراد بنو إسرائيل: ومن يدخل فى شريعتهم من الأمم.

وقد وضح لنا مما سبق ذكره: أن المراد بالعالم: عالم الملك والشريعة فى بنى إسرائيل، وليس المراد بالعالم انتهاء الحياة الدنيا ومجىء الآخرة. ووضح: أن خراب أورشليم وهدم الهيكل يكونان بعد العلامات كلها، ويكونان على يد ابن الإنسان، الآتى باسم الرب. وليس المراد: التوطئة لانتشار الإنجيل ليحل محل التوراة،

محمد صلى الله عليه وسلم في انجيل برنابا

نبوءة عيسى عليه السلام عن أن محمدا ﷺ
جاء بعد ١٤٤٠٠٠ ألف نبى فى إنجيل برنابا:

يقول عيسى عليه السلام: «لأن كل الأنبياء البالغين مئة وأربعة وأربعين ألفا، الذين أرسلهم الله إلى العالم؛ قد تكلموا بالمعيّات بظلام، ولكن سيأتى بعدى بهاء كل الأنبياء والأطهار؛ فيشرق نورًا على ظلمات سائر، قال الأنبياء؛ لأنه رسول الله» (برنابا ١٧: ٢١ - ٢٣)

٣ ـ أن وعد الله لداود بأن يظل نسله ملكا على اليهود؛ مشروط بأن يكون النسل عاملا بالشريعة هو واليهود. وقد بين فى الكتاب: أن اليهود عبدوا الأصنام من دون الله وزاغوا وفسدوا. ولذلك قال بعد الوعد: «لكنك رفضت ورذلت. غضبت على مسيحك. نقضت عهد عبدك. نجست تاجه فى التراب. هدمت كل جدرانه. جعلت حصونه خرابا... إلخ» (مز ٨٩: ٣٨ ـ)

وفى القرآن الكريم عن هذا الوعد خاصة: ﴿أَوَ لَمْ تَكُونُوا أَقْسَمْتُم مِّن قَبْلُ مَا لَكُم مِّن زَوَالٍ﴾[1] أى أن اليهود كذبوا على الله وقالوا: إنه أقسم لداود أن نسله يكون إلي الدهر، وبذلك لا يزول ملك اليهود من فلسطين والعالم. وكتبوا: «مرة حلفت بقدسى أنى لا أكذب لداود. نسله إلى الدهر يكون وكرسيه كالشمس أمامى. مثل القمر يُثبّت إلى الدهر. والشاهد فى السماء أمين» (مز ٨٩: ٣٥ ـ ٣٧)

ولو صح هذا القَسَم فكيف تتحقق بركة إسماعيل فى الأمم؟

فى نبوءات المسيح عن محمد ﷺ

كان تبشير المسيح عيسى عليه السلام عن محمد ﷺ مستندا على نبوءات التوراة عنه. وقد دونه فى الأناجيل كتّابها الأمناء. وفى مجمع نيقية سنة ٣٢٥م رأى اليهود الذين تظاهروا بالإيمان بالنصرانية. جعل عيسى عليه السلام بدل محمد ﷺ فلذلك قالوا: إن عيسى كان يبشر بنفسه فى مجيئه الثانى المتزامن مع يوم القيامة، وحرفوا الأناجيل لتؤيد هذا المعنى. وكتبوا سفرا ونسبوه إلى يوحنا بأسلوب رمزى خرافى [1] ووضعوا فيه نبوءات من نبوءات التوراة والإنجيل التى هى لمحمد ﷺ، ووضعوها لتدل على عيسى، ووضعوا معها ما يُلغز معناها.

ان عيسى ﷺ يقول: «لأن كل الأنبياء البالغين مئة وأربعة وأربعين ألفا، الذين أرسلهم الله إلى العالم قد تكلموا بالمعميات بظلام، ولكن سيأتى بعدى بهاء كل الأنبياء والأطهار؛ فيشرق نورا على ظلمات سائر ما قال الأنبياء؛ لأنه رسول الله»

يريد أن يقول: إن الأنبياء قد تكلموا بكلام غير واضح للأميين، وأن الذى سيكون كلامه واضحا تماما هو النبى الذى سيأتى من بعدى.

وهذا هو النص بتمامه من إنجيل برنابا:

النص:

«١ - ولما قال يسوع ذلك أجاب فيلبس: إننا لراغبون فى خدمة الله ولكننا نرغب أيضا أن نعرف الله. ٢ - لأن إشعياء النبى قال: حقا إنك لإله محتجب. ٣ - وقال الله لموسى عبده: أنا الذى هو أنا

٤ - أجاب يسوع: يا فيلبس إن الله صلاح بدونه لا صلاح. ٥ - إن الله موجود بدونه لا وجود. ٦ - إن الله حياة بدونه لا أحياء. ٧ - هو عظيم حتى أنه يملأ الجميع وهو فى كل مكان. ٨ - هو وحده لا ند له. ٩ - لا بداية ولا نهاية له ولكنه جعل لكل شىء بداية وسيجعل لكل شىء نهاية. ١٠ - لا أب ولا أم له. ١١ - لا أبناء ولا إخوة ولا عشراء له. ١٢ - ولما كان ليس لله جسم فهو لا يأكل ولا ينام ولا يموت ولا يمشى ولا يتحرك. ١٣ - ولكنه يدوم إلى الأبد بدون شبيه بشرى. ١٤ - لأنه غير ذى جسد وغير مركب وغير مادى وأبسط البسائط. ١٥ - وهو جواد لا يحب إلا الجود. ١٦ - وهو مقسط

حتى إذا هو قاص أو صفح فلا مرد له. ١٧ - وبالاختصار أقول لك يا فيليبس: إنه لا يمكنك أن تراه وتعرفه على الأرض تمام المعرفة. ١٨ - ولكنك ستراه فى مملكته إلى الأبد حيث يكون قوام سعادتنا ومجدنا

أمثال كثيرة لا يجب أن تأخذها بالحرف بل بالمعنى. ٢١ ـ **لأن كل الأنبياء البالغين مئة وأربعة وأربعين ألفا الذين أرسلهم الله إلى العالم قد تكلموا بالمعميات بظلام ولكن سيأتي بعدي بهاء كل الأنبياء والأطهار فيشرق نورا على ظلمات سائر ما قال الأنبياء. ٢٣ ـ لأنه رسول الله.** ٢٤ ـ ولما قال هذا تنهد يسوع وقال: ٢٥ ـ إرأف بإسرائيل أيها الرب الإله وانظر بشفقة على إبراهيم وعلى ذريته لكي يخدموك بإخلاص قلب. ٢٦ ـ فأجاب تلاميذه: ليكن كذلك أيها الرب الإله. ٢٧ ـ وقال يسوع: الحق أقول لكم: إن الكتبة والعلماء قد أبطلوا شريعة الله بنبواتهم الكاذبة المخالفة لنبوات أنبياء الله الصادقين. ٢٨ ـ لذلك غضب الله على بيت إسرائيل وعلى الجيل القليل الإيمان. ٢٩ ـ فبكى تلاميذه لهذه الكلمات وقالوا: ارحمنا يا االله. ترأف على الهيكل والمدينة المقدسة ولا تدفعها إلى احتقار الأمم لكي لا يحتقروا عهدك. ٣٠ ـ فأجاب يسوع: وليكن كذلك أيها الرب إله آبائنا.

«وسيقيم الله أيضا الملائكة الأربعة المقربين لله الذين ينشدون رسول الله. فمتى وجدوه قاموا على الجوانب الأربعة للمحل حراسا له»

أ ـ الملائكة الأربعة وهم جبريل وميكائيل وإسرافيل وعزرائيل

ب ـ الجوانب الأربعة

ثم اقرأ هذا النص في سفر الرؤيا: «وبعد هذا رأيت **أربعة ملائكة واقفين على أربع زوايا الأرض»**

لاحظ:

«فيذهب خوفه، ويتقدم إلى العرش بمحبة واحترام» ـ «لذلك يسجد كل **مخلوق** لله»

﴿٤٢﴾ يَوْمَ يُكْشَفُ عَنْ سَاقٍ وَيُدْعَوْنَ إِلَى السُّجُودِ فَلَا يَسْتَطِيعُونَ ﴿٤٣﴾ خَاشِعَةً أَبْصَارُهُمْ تَرْهَقُهُمْ ذِلَّةٌ ۖ وَقَدْ كَانُوا يُدْعَوْنَ إِلَى السُّجُودِ وَهُمْ سَالِمُونَ. صدق الله العلى العظيم

من لم يداوم على الصلاة في هذه الدنيا لن يستطيع السجود في الآخرة، والله أعلم

وبعد هذا رأيت أربعة ملائكة واقفين على أربع زوايا الأرض، ممسكين أربع رياح الأرض لكيلا تهب ريح على الأرض، ولا على البحر، ولا على شجرة ما (رؤيا يوحنا اللاهوتي 7:1)

وأجاب واحد من الشيوخ قائلا لي: هؤلاء المتسربلين بالثياب البيض، من هم؟ ومن أين أتوا

(رؤيا يوحنا اللاهوتي 7:13)

فقلت له: يا سيد، أنت تعلم. فقال لي: هؤلاء هم الذين أتوا من الضيقة العظيمة، وقد غسلوا ثيابهم وبيضوا ثيابهم في دم الخروف (رؤيا يوحنا اللاهوتي 7:14)

الملائكة الأربعة هم: جبريل وميكائيل وإسرافيل وعزرائيل

ما علمنا أن اليهود أو النصارى يلبسون الأبيض أو لهم علاقة بالخروف، وهذا وإن دل يدل على المسلمين بلباس الحج أو الكفن، والكل يعلم، ما أشهر علاقة المسلمين بالخروف!

وَسَمِعْتُ أَنَّ عَدَدَ الْمَخْتُومِينَ، مِئَةُ وَأَرْبَعَةٌ وَأَرْبَعُونَ أَلْفاً، مِنْ جَمِيعِ أَسْبَاطِ بَنِي إِسْرَائِيلَ.

رؤيا يوحنا اللاهوتي 7: 4

يا إلهي، لقد حولوا المئة وأربعة وأربعين ألف نبي إلى قبائل يهودية، مدعين أن الكون بأسره وكل الأنبياء ينتمون إلى اليهود. إن هذا حقًا تشويه وكذبة مؤكدة. هل يرى الله اليهود فقط؟!

"إنهم لا يدركون أن البشر كانوا على الأرض لأكثر من 200,000 سنة"

إذا افترضنا أنهم كانوا الوحيدين المختارين ليكون لديهم أنبياء، فلماذا لم يكن لديهم وطن؟ ولماذا لم يكن لديهم لغة؟ وماذا عن

كونهم عبيدًا في مصر؟ ماذا عن حقيقة أنهم بعد الخروج، عاشوا مع العرب، مما يعني العودة إلى أصولهم؟

بهذا الخداع، يدعون أنه لم يكن هناك أنبياء قبل اليهود. ماذا عن نوح والأنبياء قبله؟!

اليهود يعلمون جيدًا أن عيسى عليه السلام نبي الله، لأنهم لم يرجموا مريم عليها السلام بعد أن تكلم عيسى وهو رضيع ليبرئ أمه، والمسيحيون لم يذكروا أن عيسى تكلم وهو رضيع، لأنه قال: "أنا عبد الله"

ثم اقرأ هذا النص فى سفر الرؤيا: «وجميع الملائكة كانوا واقفين حول العرش **والشيوخ** والحيوانات الأربعة، وخروا أمام العرش على وجوههم، وسجدوا لله»

لاحظ:

«ويكون مكتوبا على جبهة كلٍّ علامة رسول الله»

ثم اقرأ هذا النص فى سفر الرؤيا: «وقيل له: أن لا يضر عشب الأرض، ولا شيئا أخضر ولا شجرة ما، إلا الناس فقط الذين ليس لهم ختم الله على جباههم» (رؤ ٩:٤) - «حتى نختم عبيد إلهنا على جباههم»

سيماهم فى وجوههم

ومما يدل على أن سفر رؤيا يوحنا اللاهوتى مكتوب بأسلوب أسطورى خرافى للغو فى نبوءات التوراة والإنجيل لئلا تدل على محمد ﷺ بوضوح:

أن عيسى عليه السلام يقول: «ويفتح الله الكتاب الذى فى يد رسوله؛ فيقرأ رسوله فيه، وينادى كل الملائكة والأنبياء وكل المختارين، ويكون مكتوبا على جبهة كل؛ علامة رسول الله»

وفى سفر الرؤيا: «حتى نختم عبيد إلهنا على جباههم»

تطابق كلام المسيح مع القرآن الكريم:

يقول الله تعالى: ﴿يَوْمَ يَقُومُ الرُّوحُ وَالْمَلائِكَةُ صَفًّا لاَّ يَتَكَلَّمُونَ إِلاَّ مَنْ أَذِنَ لَهُ الرَّحْمَنُ وَقَالَ صَوَابًا (٣٨) ذَلِكَ الْيَوْمُ الْحَقُّ فَمَن شَاءَ اتَّخَذَ إِلَىٰ رَبِّهِ مَآبًا (٣٩) إِنَّا أَنذَرْنَاكُمْ عَذَابًا قَرِيبًا يَوْمَ يَنظُرُ الْمَرْءُ مَا قَدَّمَتْ يَدَاهُ وَيَقُولُ الْكَافِرُ يَا لَيْتَنِي كُنتُ تُرَابًا﴾(١)

(١) سورة النبأ: آية ٣٨ ـ ٤٠.

المراد بالروح: محمد ﷺ بحسب لسان أهل الكتاب؛ لأن عيسى عليه السلام قال «المعزِّى الروح القدس». أى: أحمد ﷺ. والملائكة: المراد الأربعة فقط. وقد جاء فى الأصحاح المائة والسابع والثلاثين من برنابا: «فيأمر الله حينئذ الملائكة الأربعة المقربين لله»

وقوله ﴿وَيَقُولُ الْكَافِرُ: يَا لَيْتَنِي كُنتُ تُرَابًا﴾ جاء فى معناه: «حينئذ يعيد الله إلى التراب كل نفس حية أدنى من الإنسان ويرسل إلى الجحيم الفجار، الذين يرون مرة أخرى فى أثناء سيرهم ذلك التراب، الذى يعود إليه الكلاب والخيل وغيرها من الحيوانات النجسة. فحينئذ يقولون: أيها الرب الإله أعدنا إلى هذا التراب، ولكن لايُعطون سؤلهم» (برنابا ٥٧)

﴿وَمَا جَعَلْنَا لِبَشَرٍ مِّن قَبْلِكَ الْخُلْدَ ۖ أَفَإِن مِّتَّ فَهُمُ الْخَالِدُونَ﴾ صدق الله العلى العظيم

عندما يذكر الله جل جلاله حدث أو شخص ولم يذكر اسمه أو مكانه أو وقته فالإخفاء لكي يمكن أن يطبق على اي شخص أو مكان أو زمان والله جل جلاله أعلى وأعلم.

قال الله تعالى: هذا طريق مسلوك، ومعبد منهوك، فلم نجعل لبشر {مِنْ قَبْلِكَ} يا محمد {الْخُلْدِ} في الدنيا، فإذا مت، فسبيل أمثالك، من الرسل والأنبياء، والأولياء، وغيرهم. {أَفَإِنْ مِتَّ فَهُمُ الْخَالِدُونَ}

بما إن المصطفى صلى الله عليه وسلم خاتم الأنبياء والمرسلين وذكر الله جل جلاله في الآية إنه لا يوجد نبي أو مرسل مخلد قبل محمد

صلى الله عليه وسلم وإذا مات محمد صلى الله عليه وسلم سوف يخلد بعده، أي عيسى عليه السلام قد مات وهو آخر نبي قبل الحبيب صلى الله عليه وسلم

هذه الآية دليل أن عيسى عليه السلام قد توفاه الله جل جلاله وانتقل إلى الرفيق الأعلى ككل البشر مثل الحبيب المصطفى صلى الله عليه وسلم.

﴿وَإِن مِّنْ أَهْلِ الْكِتَابِ إِلَّا لَيُؤْمِنَنَّ بِهِ قَبْلَ مَوْتِهِ ۖ وَيَوْمَ الْقِيَامَةِ يَكُونُ عَلَيْهِمْ شَهِيدًا﴾ صدق الله العلى العظيم

وهذا لمن آمن بمحمد صلى الله عليه وسلم أو قبل نزول القرآن، لإنه إذا آمن بعيسى عليه السلام كما يدعون عند نزوله، فهذا إيمان ناقص لإنه لم يؤمن بمحمد صلى الله عليه وسلم، من قبل، ولم يؤمن بكل الشواهد والأحداث التي تتوافق مع كل النبوءات الواردة في كتبهم.

الآية تتحدث عن اهل الكتاب، أي كتاب، كتاب عيسى عليه السلام الصحيح ليس له وجود، الآية كانت لهؤلاء الذين كانوا قبل التحريف وقبل محمد صلى الله عليه وسلم.

عيسى عليه السلام نبي لليهود، لكن محمد صلى الله عليه وسلم مرسل للعالمين، وقد قالها عيسى عليه السلام أن كل الأنبياء كانوا مرسلين لأمة واحدة (أي كل نبي لأمته) لكن ابن الإنسان (محمد صلى الله عليه وسلم) سيرسل لجميع الأمم.

إذا فرضنا نزول عيسى عليه السلام سيكون للعالمين، وهذا يكذب عيسى ومحمد عليهما السلام، ويكذب القرآن أيضا.

﴿٤٠﴾ مَا كَانَ مُحَمَّدٌ أَبَا أَحَدٍ مِنْ رِجَالِكُمْ، وَلَٰكِنْ رَسُولَ اللَّهِ وَخَاتَمَ النَّبِيِّينَ ۗ وَكَانَ اللَّهُ بِكُلِّ شَيْءٍ عَلِيمًا.

صدق الله العلى العظيم

الآية السابقة تشهد أن محمد صلى الله عليه وسلم لا نبي بعده، هذا رد على من يقول إن عيسى عليه السلام سيعود قبل يوم القيامة، لكن بدون تشريع جديد.

قتل الخنزير رسالة وتشريع لإن محمد (صلى الله عليه وسلم) والصحابة لم يفعلوا هذا الفعل

كسر الصليب رسالة وتشريع لإن محمد (صلى الله عليه وسلم) والصحابة لم يفعلوا هذا الفعل

وهكذا تفكروا يا أولي الألباب

وهذا يعتبر تكذيب عيسى ومحمد عليهما الصلاة والسلام وتكذيب القرآن كتاب الله.

عيسى لم يقل أبدا أنه سوف يعود وبشر بآخر نبي ورسول، خاتم النبيين.

محمد صلى الله عليه وسلم لم يذكر أن عيسى عليه السلام سيعود الى الدنيا وكل الأحاديث المذكور فيها عودة عيسى علي السلام لا يصح تصديقها لأنها منقولة من التوراة والإنجيل وكانت عن نبي اخر الزمان محمد صلى الله عليه وسلم، لكن نسبوها لعيسى عليه السلام ويدعو أنه ابن الإنسان، كيف وهو ابن الرب!

الله كما رأينا قال جل جلاله أن محمد صلى الله عليه وسلم خاتم النبيين، وبنزول عيسى يصبح القرآن غير صحيح، لإن عيسى عليه السلام سيكون أخر النبيين وليس محمد صلى الله عليه وسلم.

نحن نؤمن ونصدق الأحاديث لكنها إن لم تتوافق مع القرآن، فتصبح بدون أي تفكير ملغاة ويتم حذفها على الفور، بالأخص إذا كان بعضها بنفس الصيغة الواردة في كتب إخواننا اليهود والنصارى (بإذن الله)

لا تكونوا ككفار قريش وهرقل

﴿إِنَّ الَّذِينَ يَتْلُونَ كِتَابَ اللَّهِ وَأَقَامُوا الصَّلَاةَ وَأَنفَقُوا مِمَّا رَزَقْنَاهُمْ سِرًّا وَعَلَانِيَةً يَرْجُونَ تِجَارَةً لَّن تَبُورَ﴾

صدق الله العلي العظيم

كان كفار قريش يعلمون جيدا أن محمد صلى الله عليه وسلم على حق، لكنهم كانوا يخافون من بعضهم البعض، ويخافون على تجارتهم ومراكزهم، وأنهم سيخسرون أموال كثيرة إذا أسلموا، لإن تجارة الأصنام والحج كانت مربحة، لكن الحمد لله تمت كلمة الله.

قال هرقل لما سمع بمحمد صلى الله عليه وسلم: هذا نبي آخر الزمان، ولكنه آثر المال والجاه على الإسلام.

كل أنواع المعاصي والذنوب التي أبيدت بها الأمم التي سبقتنا توجد في عالمنا الآن، بل أكثر بكثير، بل البشر يرتكبون معاصي وذنوب لم يكن لها وجود في الأمم السابقة؛ مثال على ذلك: من يساعد بطريقة مباشرة أو غير مباشرة في تمويل حروب الإبادة في جميع أنحاء العالم، وهم يعلمون جيدا بما يمارسونه من تضليل إعلامي وكذب، فكل هؤلاء قتلة ومشتركين في كثير من المعاصي والذنوب، كالغش، السرقة، المال الحرام، قتل النفس، إهدار المال العام، الكذب، التلاعب بعقول وأموال الناس، معاصي وكبائر لا يمكن حصرها، والله أعلم بعباده.

سارق 100 دولار من شخص، سوف يسأل صاحب المال المسروق يوم القيامة أن يسامحه.

لكن سارق المال العام أو الإعلامي الكاذب، عليه أن يطلب السماح من كل المتضررين أو المسروقين، وفي بعض الأحيان يمكن أن يكون أضر العالم أجمع والله أعلى وأعلم.

إخواني وأخواتي، هذه تذكرة، وكما يقول المثل: "الكفن ليس له جيوب".

تجارة الله رابحة في الدنيا والآخرة

عمِّروا آخرتكم قبل دنياكم، فسلعة الله سهلة ورخيصة، لا تشتروا الحياة الدنيا بالآخرة.

﴿أُولَٰئِكَ الَّذِينَ اشْتَرَوُا الْحَيَاةَ الدُّنْيَا بِالْآخِرَةِ ۖ فَلَا يُخَفَّفُ عَنْهُمُ الْعَذَابُ وَلَا هُمْ يُنصَرُونَ﴾ صدق الله العلى العظيم

إخواني رجال الدين المسلمين واليهود والمسحيين والأديان الأخرى، لا تخافوا على أموالكم ومراكزكم وابحثوا واظهروا الحقيقة، التجارة مع الله رابحة في الدنيا والأخرة.

والله جل جلاله اعلى وأعلم.

محمد صلي الله عليه وسلم لقد كانت لمحمد صلى الله عليه وسلم معجزات ونبوءات كثيرة، ومعجزات ونبوءات محمد صلى الله عليه وسلم مسجلة في كتب الحديث، وتثبتها العلوم والحوادث، وفي كل يوم تكشف لنا العلوم والحوادث نبوءاته صلى الله عليه وسلم وسيظلون يكتشفون إلى يوم القيامة.

وما ينطق عن الهوى إن هو إلا وحيا يوحى. صدق الله العلى العظيم

فكثير من عاداته وحياته اليومية وأسلوب أكله كلها مفيدة للصحة والحياة بشكل عام... إلخ.

واليوم ومع الأبحاث والنظريات العلمية نكتشف أن كل تصرفاته حتى في أبسط تفاصيل حياته اليومية تعتبر معجزة علمية اليوم.

وهذا رد على الانتقادات في كثرة زيجاته صلى الله عليه وسلم فهذا يسر لنا المعرفة والحصول على كل تفاصيل حياته بدقة لكي نتبعها ولا نضيع الوقت في البحث للطريق الافضل في العيش.

سأذكر فقط نمطين من حياته، كان يقوم بهما الرسول صلى الله عليه وسلم، واكتشف الطب أهميتهما:

كان يشرب الماء على ثلاث دفعات وهو جالس.

بالإضافة إلى صيام رمضان، كان الرسول صلى الله عليه وسلم يصوم يوم الاثنين والخميس من كل أسبوع.

وكانت في حياته اليومية معجزات كثيرة أخرى اكتشفها الطب، لكنها ليست موضوع الكتاب، ويمكنكم البحث في أحاديثه وفي القرآن الكريم.

على الرغم من أن الحبيب، صلى الله عليه وسلم، كان لديه معجزات لا حصر لها ونبوءات تحققت، إلا أن أعظم حدث في تاريخ البشرية كان إعداده للجيوش التي هزمت ممالك عظيمة مثل الفرس والروم، مما أدى إلى سيطرة الإسلام على العالم بأسره لأكثر من ألف عام.

وهذا ما قاله عيسى عليه السلام على الماحي الحبيب المصطفى صلى الله عليه وسلم.

فالمعجزة الكبرى للحبيب صلى الله عليه وسلم الباقية إلى يوم الدين هي القرآن الكريم.

﴿يَا أَيُّهَا النَّاسُ قَدْ جَاءَكُم بُرْهَانٌ مِّن رَّبِّكُمْ وَأَنزَلْنَا إِلَيْكُمْ نُورًا مُّبِينًا﴾.
صدق الله العلي العظيم

والمراد بالبرهان هنا الحبيب المصطفى صلى الله عليه وسلم بما معه من الدلائل والمعجزات الدالة على صدقه فيما يبلغه عن ربه.

نداء الله جل جلاله تنبيها عاما إلى الناس بما أوصل إليهم من البراهين القاطعة والأنوار الساطعة، ويقيم عليهم الحجة، ويوضح لهم المحجة، فقال:

{يَأَيُّهَا النَّاسُ قَدْ جَاءَكُم بُرْهَانٌ مِن رَّبِّكُمْ}. صدق الله العلى العظيم

أي: حجج قاطعة على الحق تبينه وتوضحه، وتبين ضده

وهذا يشمل الأدلة العقلية والنقلية، الآيات الأفقية والنفسية

{سَنُرِيهِمْ آيَاتِنَا فِي الْآفَاقِ وَفِي أَنْفُسِهِمْ حَتَّى يَتَبَيَّنَ لَهُمْ أَنَّهُ الْحَقّ}.
صدق الله العلى العظيم

وفي قوله: {مِن رَّبِّكُمْ} ما يدل على شرف هذا البرهان وعظمته، حيث كان من ربكم الذي رباكم التربية الدينية والدنيوية، فمن تربيته لكم التي يحمد عليها ويشكر، أن أوصل إليكم البينات، ليهديكم بها إلى الصراط المستقيم، والوصول إلى جنات النعيم

وَأَنزَلْنَا إِلَيْكُمْ نُورًا مُّبِينًا وهو هذا القرآن العظيم، الذي قد اشتمل على علوم الأولين والآخرين والأخبار الصادقة النافعة، والأمر بكل عدل وإحسان وخير، والنهي عن كل ظلم وشر، فالناس في ظلمة إن لم يستضيئوا بأنواره، وفي شقاء عظيم إن لم يقتبصوا من خيره

{ٱلَّذِينَ كَفَرُواْ وَصَدُّواْ عَن سَبِيلِ ٱللَّهِ أَضَلَّ أَعۡمَٰلَهُمۡ}. صدق الله العلى العظيم

الذين جحدوا أن الله هو الإله الحق وحده لا شريك له، وصدوا الناس عن دينه، أَذْهَبَ الله أعمالهم، وأبطلها، وأشقاهم بسببها

﴿وَالَّذِينَ آمَنُوا وَعَمِلُوا الصَّالِحَاتِ وَآمَنُوا بِمَا نُزِّلَ عَلَىٰ مُحَمَّدٍ وَهُوَ الْحَقُّ مِن رَّبِّهِمْ ۙ كَفَّرَ عَنْهُمْ سَيِّئَاتِهِمْ وَأَصْلَحَ بَالَهُمْ﴾. صدق الله العلى العظيم
والذين صدَّقوا الله واتَّبعوا شرعه وصدَّقوا بالكتاب الذي أنزل على

محمد صلى الله عليه وسلم، وهو الحق الذي لا شك فيه من ربهم، عفا عنهم وستر عليهم ما عملوا من السيئات، فلم يعاقبهم عليها، وأصلح شأنهم في الدنيا والآخرة.

المسلمون الآن لا يتبعون ما أنزل على محمد صلى الله عليه وسلم كما فرض عليهم، وكل على هواه.

لمن يسأل عن معجزة محمد صلى الله عليه وسلم

عيسى عليه السلام كان لديه معجزات وهو شخصية مهمة في القرآن

موسى عليه السلام كان لديه معجزات وذُكر 44 مرة في القرآن، وهو شخصية مهمة في القرآن.

أما معجزات محمد صلى الله عليه وسلم، فأغلبها مجموعة في القرآن، فالقرآن هو معجزة محمد صلى الله عليه وسلم الرئيسية، ويكفي أنها متجددة وباقية للأبد وليست كمعجزات باقي الأنبياء، التي تُعتبر ذكرى انتهت بموتهم.

إذا وجد أحد يمكنه أن ينتج كتابًا مثله، فسوف يكون هذا القرآن زائفًا، ومحمد صلى الله عليه وسلم كاذبًا.

والقرآن الكريم محفوظ إلى الأبد، ويوجد في بيوت المسلمين ما لا يقل عن عشرة مليارات نسخة منه، كلها متطابقة بعضها مع بعض، ناهيك عن تلك الموجودة في أماكن أخرى كالمساجد والمكتبات.

﴿وَإِن كُنتُمْ فِي رَيْبٍ مِّمَّا نَزَّلْنَا عَلَىٰ عَبْدِنَا فَأْتُوا بِسُورَةٍ مِّن مِّثْلِهِ وَادْعُوا شُهَدَاءَكُم مِّن دُونِ اللَّهِ إِن كُنتُمْ صَادِقِينَ﴾. صدق الله العلي العظيم

وإن كنتم -أيها الكافرون المعاندون- في شَكٍّ من القرآن الذي نَزَّلناه على عبدنا محمد صلى الله عليه وسلم، وتزعمون أنه ليس من عند

الله، فهاتوا سورة تماثل سورة من القرآن، واستعينوا بمن تقدرون عليه مِن أعوانكم، إن كنتم صادقين في دعواكم

وهذا دليل عقلي على صدق رسول الله صلى الله عليه وسلم، وصحة ما جاء به، فقال:

{وإن كنتم} معشر المعاندين للرسول، الرادين دعوته، الزاعمين كذبه في شك واشتباه، مما نزلنا على عبدنا، هل هو حق أو غيره؟

فهاهنا أمر منصف، فيه الفيصل بينكم وبينه، وهو أنه بشر مثلكم، ليس بفصحكم ولا بعلمكم وأنتم تعرفونه منذ نشأ بينكم، لا يكتب ولا يقرأ، فأتاكم بكتاب زعم أنه من عند الله، وقلتم أنتم أنه تقوَّله وافتراه، فإن كان الأمر كما تقولون، فأتوا بسورة من مثله، واستعينوا بمن تقدرون عليه من أعوانكم وشهدائكم، فإن هذا أمر يسير عليكم، خصوصا وأنتم أهل الفصاحة والخطابة، والعداوة العظيمة للرسول، فإن جئتم بسورة من مثله، فهو كما زعمتم، وإن لم تأتوا بسورة من مثله وعجزتم غاية العجز، ولن تأتوا بسورة من مثله، ولكن هذا التقييم على وجه الإنصاف والتنازل معكم، فهذه آية كبرى، ودليل واضح وجلي على صدقه وصدق ما جاء به، فيتعين عليكم اتباعه، واتقاء النار التي بلغت في الحرارة العظيمة والشدة، أن كانت وقودها الناس والحجارة، ليست كنار الدنيا التي إنما تتقد بالحطب، وهذه النار الموصوفة معدة ومهيأة للكافرين بالله ورسله

فاحذروا الكفر برسوله، بعد ما تبين لكم أنه رسول الله

وهذه الآية ونحوها يسمونها آيات التحدي، وهو تعجيز الخلق أن يأتوا بمثل هذا القرآن، قال تعالى

{قُل لَّئِنِ اجْتَمَعَتِ الْإِنسُ وَالْجِنُّ عَلَىٰ أَن يَأْتُوا بِمِثْلِ هَٰذَا الْقُرْآنِ لَا يَأْتُونَ بِمِثْلِهِ وَلَوْ كَانَ بَعْضُهُمْ لِبَعْضٍ ظَهِيرًا}

. صدق الله العلى العظيم

وكيف يقدر المخلوق من تراب، أن يكون كلامه ككلام رب الأرباب؟ أم كيف يقدر الناقص الفقير من كل الوجوه، أن يأتي بكلام ككلام الكامل، الذي له الكمال المطلق، والغنى الواسع من كل الوجوه؟ هذا ليس في الإمكان، ولا في قدرة الإنسان، وكل من له أدنى ذوق ومعرفة بأنواع الكلام، إذا وزن هذا القرآن العظيم بغيره من كلام البلغاء، ظهر له الفرق العظيم

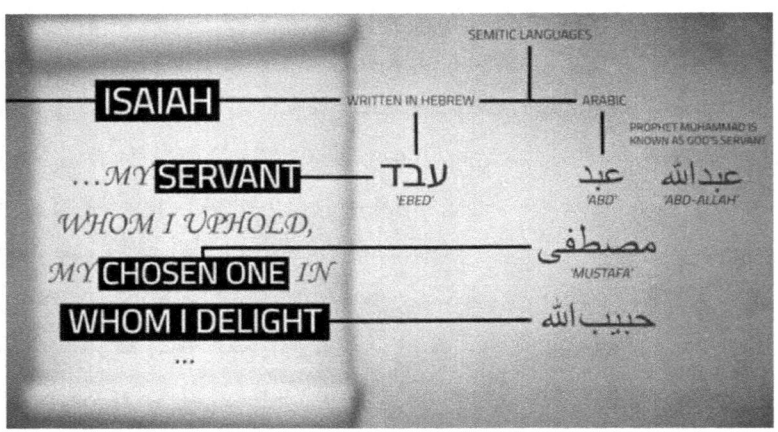

الصورة السابقة توضح أسم محمد صلى الله عليه وسلم في التوراة والإنجيل

هو مصطفى صلى الله عليه وسلم عبد الله وحبيب الله

حَدَّثَنَا بِشْرُ بْنُ مُحَمَّدٍ، حَدَّثَنَا عَبْدُ اللَّهِ، قَالَ يُونُسُ قَالَ الزُّهْرِيُّ أَخْبَرَنِي سَعِيدُ بْنُ الْمُسَيَّبِ، فِي رِجَالٍ مِنْ أَهْلِ الْعِلْمِ أَنَّ عَائِشَةَ قَالَتْ كَانَ النَّبِيُّ صلى الله عليه وسلم يَقُولُ وَهْوَ صَحِيحٌ " إِنَّهُ لَمْ يُقْبَضْ نَبِيٌّ حَتَّى يَرَى مَقْعَدَهُ مِنَ الْجَنَّةِ، ثُمَّ يُخَيَّرَ ". فَلَمَّا نَزَلَ بِهِ وَرَأْسُهُ عَلَى فَخِذِي غُشِيَ عَلَيْهِ، ثُمَّ أَفَاقَ، فَأَشْخَصَ بَصَرَهُ إِلَى سَقْفِ الْبَيْتِ ثُمَّ قَالَ " اللَّهُمَّ الرَّفِيقَ الأَعْلَى ". فَقُلْتُ إِذًا لاَ يَخْتَارُنَا. وَعَرَفْتُ أَنَّهُ الْحَدِيثُ الَّذِي كَانَ يُحَدِّثُنَا

وَهُوَ صَحِيحٌ قَالَتْ فَكَانَتْ آخِرَ كَلِمَةٍ تَكَلَّمَ بِهَا " اللَّهُمَّ الرَّفِيقَ الأَعْلَى ".
صدق رسول الله صلى الله عليه وسلم البخاري 4463

كان الرسول صلى الله عليه وسلم مخيرا أن يكمل حياته او يموت

﴿١٩٢﴾ وَإِنَّهُ لَتَنْزِيلُ رَبِّ الْعَالَمِينَ ﴿١٩٣﴾ نَزَلَ بِهِ الرُّوحُ الْأَمِينُ
﴿١٩٤﴾ عَلَىٰ قَلْبِكَ لِتَكُونَ مِنَ الْمُنْذِرِينَ

﴿١٩٥﴾ بِلِسَانٍ عَرَبِيٍّ مُبِينٍ ﴿١٩٦﴾ وَإِنَّهُ لَفِي زُبُرِ الْأَوَّلِينَ ﴿١٩٧﴾ أَوَلَمْ
يَكُنْ لَهُمْ آيَةً أَنْ يَعْلَمَهُ عُلَمَاءُ بَنِي إِسْرَائِيلَ ﴿١٩٨﴾ وَلَوْ نَزَّلْنَاهُ عَلَىٰ
بَعْضِ الْأَعْجَمِينَ ﴿١٩٩﴾ فَقَرَأَهُ عَلَيْهِمْ مَا كَانُوا بِهِ مُؤْمِنِينَ
﴿٢٠٠﴾ كَذَٰلِكَ سَلَكْنَاهُ فِي قُلُوبِ الْمُجْرِمِينَ ﴿٢٠١﴾ لَا يُؤْمِنُونَ بِهِ حَتَّىٰ
يَرَوُا الْعَذَابَ الْأَلِيمَ ﴿٢٠٢﴾ فَيَأْتِيَهُمْ بَغْتَةً وَهُمْ لَا يَشْعُرُونَ
﴿٢٠٣﴾ فَيَقُولُوا هَلْ نَحْنُ مُنْظَرُونَ ﴿٢٠٤﴾ أَفَبِعَذَابِنَا يَسْتَعْجِلُونَ
﴿٢٠٥﴾ أَفَرَأَيْتَ إِنْ مَتَّعْنَاهُمْ سِنِينَ

﴿٢٠٦﴾ ثُمَّ جَاءَهُمْ مَا كَانُوا يُوعَدُونَ ﴿٢٠٧﴾ مَا أَغْنَىٰ عَنْهُمْ مَا كَانُوا
يُمَتَّعُونَ ﴿٢٠٨﴾ وَمَا أَهْلَكْنَا مِنْ قَرْيَةٍ إِلَّا لَهَا مُنْذِرُونَ ﴿٢٠٩﴾ ذِكْرَىٰ
وَمَا كُنَّا ظَالِمِينَ ﴿٢١٠﴾ وَمَا تَنَزَّلَتْ بِهِ الشَّيَاطِينُ ﴿٢١١﴾ وَمَا يَنْبَغِي
لَهُمْ وَمَا يَسْتَطِيعُونَ. صدق الله العلى العظيم 26: 192-211

تم بحمد الله

رَبَّنَا أَفْرِغْ عَلَيْنَا صَبْرًا وَثَبِّتْ أَقْدَامَنَا وَانصُرْنَا

أخوكم

باسل أحمد عايد

المصادر

حقائق

التاريخ

العلوم

التوراة

التلمود

الأناجيل

القرآن الكريم

https://sunnah.com

تاريخ العرب

معركة هر مجدون ونزول عيسى والمهدي المنتظر

(بين النفي والإثبات في التوراة والإنجيل والقرآن

د. أحمد حجازي السقا

أستاذ مقارنة الأديان — جامعة الأزهر

الفهرس

رقم الصفحة	رقم الفصل
1	1. مقدمة الكتاب
4	حقوق الطبع والنشر
5	تمهيد
6	2. الخيال والحقيقة
15	3. بحث وتعليق على بعض ما ورد في التوراة والانجيل
56	**4. الأديان**
98	5. أكذوبة شعب كنعان
105	6. وهم الهيكل
116	7. هوية اللغة العبرية
143	8. المسيح المخلّص والمهدي المنتظر
155	9. وهم ظهور الدجال ونزول عيسى عليه السلام
189	10. القرآن الكريم
224	11. مناسك الحج والوثنية

228	12.	علامات الساعة والقرآن
238	13.	خَيْرَ أُمَّةٍ أُخْرِجَتْ لِلنَّاسِ
253	14.	الشعب المختار ومستقبلهم الذي مضى 711
285	15.	سَنُرِيهِمْ آيَاتِنَا فِي الْآفَاقِ وَفِي أَنفُسِهِمْ
296	16.	فلسطين (معركة هر مجدون 636م)
336	17.	محمد (صلى الله عليه وسلم)
370	18.	المصادر
371	19.	الفهرس